Staub's Kommentar

zum

Handelsgesetzbuch.

Zehnte und elfte Auflage.

Bearbeitet von

Heinrich Koenige,
Senatspräsident am
Reichsgericht in Leipzig,

Albert Pinner,
Justizrat in Berlin,

Dr. Felix Bondi,
Geheimer Justizrat
in Dresden.

Registerband.

Berlin und Leipzig 1921.
Vereinigung wissenschaftlicher Verleger
Walter de Gruyter & Co.
vormals G. J. Göschen'sche Verlagshandlung — J. Guttentag, Verlagsbuchhandlung —
Georg Reimer — Karl J. Trübner — Veit & Comp.

Roßberg'sche Buchdruckerei, Leipzig

Gesetzesregister.

Übersicht über die in nachfolgendem Register berücksichtigten Gesetze, Verordnungen, Erlasse usw.

I. Reichsgesetze (einschließlich Verordnungen usw.).

Nr.		Seite
1.	Einführungsgesetz zum Handelsgesetzbuch (neu)	1541
2.	Einführungsgesetz zum Bürgerlichen Gesetzbuch	1541
3.	Bürgerliches Gesetzbuch	1541
4.	Handelsgesetzbuch (alte Fassung)	1550
5.	Einführungsgesetz zum Gesetz betr. Änderung der Konkursordnung v. 17. Mai 1898	1550
6.	Konkursordnung	1550
7.	Anfechtungsgesetz	1551
8.	Reichsgesetz betr. private Versicherungsunternehmungen v. 12. Mai 1901	1551
9.	Reichsgesetz über den Versicherungsvertrag v. 30. Mai 1908	1551
10.	Reichsgesetz gegen den unlauteren Wettbewerb	1552
11.	Warenzeichengesetz von 1894	1552
12.	Wuchergesetz v. 24. Mai 1880/19. Juli 1893	1552
13.	Patentgesetz	1552
14.	Gesetz betr. die Abzahlungsgeschäfte v. 16. Mai 1894	1552
15.	Grundbuchordnung	1552
16.	Gesetz betr. die Gesellschaften m. b. H.	1552
17.	Reichsstrafgesetzbuch	1552
18.	Wechselordnung	1552
19.	Scheckgesetz	1552
20.	Börsengesetz v. 22. Juni 1896	1553
21.	Börsengesetz v. 8. Mai 1908	1553
22.	Bankgesetz v. 14. März 1875	1553
23.	Hypothekenbankgesetz v. 13. Juli 1899	1553
24.	Bankdepotgesetz v. 5. Juli 1896	1553
25.	Gesetz v. 19. Juli 1901 betr. Verlagsrecht	1553
26.	Totalisatorgesetz v. 5. Juni 1905	1553
27.	Gesetz betr. Angelegenheiten der freiwilligen Gerichtsbarkeit	1553
28.	Gerichtsverfassungsgesetz	1554
29.	Einführungsgesetz zur Zivilprozeßordnung	1554
30.	Zivilprozeßordnung	1554
31.	Gewerbeordnung	1555
32.	Stellenvermittlergesetz v. 2. Juni 1910	1555
33.	Gewerbegerichtsgesetz	1555
34.	Gesetz betr. Kaufmannsgerichte	1555
35.	Lohnbeschlagnahmegesetz	1556
36.	Konsulargerichtsbarkeitsgesetz v. 7. April 1900	1556
37.	Schutzgebietsgesetz v. 25. Juli 1900	1556
38.	Eisenbahnverkehrsordnung v. 23. Dez. 1908	1556
39.	Haftpflichtgesetz v. 7. Juni 1871	1556
40.	Postgesetz v. 28. Okt. 1871/20. Dez. 1899	1556
41.	Postordnung v. 20. März 1900/8. April 1901	1556
42.	Gesetz über das Telegraphenwesen	1556
43.	Gesetz betr. die Privatpostanstalten	1556

Nr.		Seite
44.	Binnenschiffahrtsgesetz	1556
45.	Flößereigesetz	1556
46.	Vereinszollgesetz	1556
47.	Münzgesetz	1556
48.	Darlehenskassengesetz	1556
49.	Reichskassenscheingesetz	1556
50.	Strafprozeßordnung	1556
51.	Genossenschaftsgesetz	1556
52.	Reichsversicherungsordnung	1556
53.	Gesetz betr. die Bestrafung der Entziehung der elektrischen Arbeit	1556
54.	Reichsmilitärgesetz	1556
55.	Reichsbeamtengesetz	1556
56.	Reichsstempelgesetz	1556
57.	Grunderwerbssteuergesetz	1557
58.	Umsatzsteuergesetz v. 26. Juli 1918	1557
59.	Umsatzsteuergesetz v. 24. Dez. 1919	1557
60.	Warenzeichengesetz	1557
61.	Gesetze und Verordnungen betr. Höchstpreise, übermäßige Preissteigerungen, Preiswucher, Kettenhandel usw.	1557
62.	Bundesratsverordnung vom 8. Juni 1916 betr. Bewilligung richterlicher Zahlungsfristen	1557
63.	Bekanntmachung des Bundesrats über die Folgen der nicht rechtzeitigen Zahlung vom 18. August 1914	1557
64.	Bekanntmachung des Bundesrats über die Geltendmachung von Hypotheken, Grundschulden und Rentenschulden vom 8. Juni 1916	1557
65.	Reichsgesetz über einen allgemeinen Feiertag	1557

II. Gesetze der Länder.

a) **Preußen.**

66.	Ausführungsgesetz zum Bürgerlichen Gesetzbuch	1557
67.	Ausführungsgesetz zum Handelsgesetzbuch	1557
68.	Verordnung betr. das Handelsregister des Amtsgerichts Berlin-Mitte	1557
69.	Gesetz betr. die Angelegenheiten der freiwilligen Gerichtsbarkeit	1557
70.	Allgemeine Verfügung des Justizministers über die Führung des Handelsregisters v. 7. Nov. 1896	1557
71.	Allgemeine Verfügung des Justizministers v. 4. Dez. 1900	1557
72.	Geschäftsanweisung für Gerichtsvollzieher	1557
73.	Gesetze v. 24. Febr. 1870, 19. Aug. 1897 und 2. Juni 1902	1557
74.	Gesetz betr. Eisenbahnen	1557
75.	Haftpflichtgesetz	1557
76.	Allgemeines Landrecht	1557
77.	Enteignungsgesetz	1557
78.	Preußisches Strafgesetzbuch	1557
79.	Berggesetz	1557
80.	Stempelsteuergesetz	1557
81.	Gesetz betr. das Pfandleihgewerbe	1557

b) **Bayern.**

82. Ausführungsgesetz zum Bürgerlichen Gesetzbuch . . . 1557

c) **Hessen.**

83. Polizeistrafgesetz v. 30. Okt. 1855 . . . 1557

d) **Mecklenburg-Schwerin.**

84. Ausführungsverordnung zum Bürgerlichen Gesetzbuch . . . 1557

e) **Lübeck.**

85. Teerhofsordnung . . . 1557

III.

86. Berner Frachtübereinkommen . . . 1558

IV.

87. Corpus juris . . . 1558

Verzeichnis der angezogenen Gesetzesstellen.

(Die kleinen Zahlen bezeichnen die Nummern der Anmerkungen. E bezeichnet die Einleitung zu Beginn des Kommentars, 𝔈 die Einleitung zu Beginn der einzelnen Paragraphen. Anh. zu bedeutet: Anhang zu, Vorb. v. bedeutet: Vorbemerkung vor.

I. Reichsgesetze.

1. Einführungsgesetz zum neuen Handelsgesetzbuch.

Art.
1 E[7], § 59[1].
2 § 414[15], § 416[5], § 343[16], § 470[4], Anh. zu § 359[1].
2 Abs. 1 § 178[6].
2 Abs. 2 E[21], § 248[7].
3 E[22], § 1[1], § 248[7].
4 E[59], [75].
5 § 2[4].
9 Abs. 1 Anh. zu § 37[1].
9 Abs. 2 § 236[12].
9 Abs. 3 Anh. zu § 37[3].
14 § 384[44].
15 E[19], § 424[13].
16 § 424[13], § 416 𝔈.
16 ff. E[19].
17 Anh. zu § 363[1].
18 Anh. zu § 346[10].
21 Anh. zu § 363[1].
22 § 18[15], § 20[4], § 30[13], § 37[4], § 182[16].
22 Abs. 2 Anh. zu § 37[3].
22—28 E[8].
23 § 178[2].
24 § 180[16].
25 § 228[6].
28 § 283[3].
30 E[13].
95 § 83.
153—218 E[19].
170 E[10], [12].

2. Einführungsgesetz zum Bürgerlichen Gesetzbuch.

Art.
2 E[30], § 350[46].
3 E[19].
7 E[75], § 6[3] Anh. zu § 372[11].
7—31 E[6].
10 § 105[46].
11 § 350[93], Anh. zu § 361[24], Anh. zu § 372[4], [14].
12 Anh. zu § 372[4], [19].
18 Anh. zu § 346[16].
30 E[13], § 25 𝔈, § 67[6], Anh. zu § 201[19], Anh. zu § 372[11], Anh. zu § 346[1], [3], § 372[5], [11].
32 E[21].
36 E[75].
36 Abs. 1 E[39], [75].
47 Anh. zu 346[15].
55 E[19].
61 § 366[76].
69 § 350[39].
75 § 1[63a].
75 ff. E[19], § 350[94].
81 § 368[103].
88 § 6[3], § 210[7].
92 Anh. zu § 372[88].
94 Vorb. v. § 373[54], § 366[54], [74].
95 § 59[21].
105 § 459[21].
109 Anh. zu § 349[37].
112 § 235[11].
143 § 350[66].
163 § 33[2].
169 § 160[8], § 470[4].
170 E[12], Vorb. v. § 93[45], § 349[63], Anh. zu § 349[37], § 352[17], § 353[14], § 364[20], § 372[69], Vorb. v. § 373[89].
170 ff. § 105[46].
171 § 236[16].
174 § 361[26].
176 § 381[10].
192 § 368[110].
213 § 27[33].
218 E[19].

3. Bürgerliches Gesetzbuch.

§§
1 § 1[4].
3 § 1[21], § 74[4], § 74a[11].
7 Anh. zu § 372[20].
10 Anh. zu § 372[20].
12 § 4[23], § 17[7], § 18[9], § 37[12].
21 § 6[1], § 182[19], § 210[1].
22 § 178[6].
24 Anh. zu § 372[20], § 182[17].
26 § 231[3], § 335[26].
27 Abs. 2 § 231[14].
28 § 125[12], § 231[8], § 232[28].
28 Abs. 2 § 232[12].
29 § 231[20], § 272[5], § 295[8].
31 Anh. zu § 58[84], § 126[4], § 189[25], § 232[37], [38], [39], [44], § 246 𝔈, Anh. zu § 346[55].
32 § 231[8], § 119[1].
33 § 256[9].
34 § 231[8], § 119[1].
35 § 250[9].
37 § 354[17].
40 § 125[12], § 232[12], [42].
41 § 33[14], § 34[2].
42 § 34[2].
43 Anh. zu § 346[39], [57].
45 § 300[2].
48 § 295[8].
49 § 1[25], § 149[19], § 292[1].
54 § 1[4], § 200[13], § 225[3], Anh. zu 346[39].
67 § 34 𝔈.
68 § 335[26].
70 § 33[14], § 335[26].
71 ff. § 34 𝔈.
72 § 188[4].
73 § 34[2].
74 § 34 𝔈.
74 Abs. 2 § 34[2].
74 Abs. 3 § 34[3].
76 § 34 𝔈.
80—89 § 33[1].
89 § 33[1], § 89 𝔈.
90 § 1[38], § 22[6c], § 179[8], § 213[14], § 366[6], § 368[11], Vorb. v. § 373[16], § 377[56].
91 § 111[5], § 363[23], § 381[15].
92 E[68], § 22[17].
92 Abs. 2 Anh. zu § 382[89].

§§
93 § 419[4].
94 § 1[45], Anh. zu § 382[72].
94 Abs. 2 § 1[48].
95 § 1[45], § 381[17], Anh. zu § 382[72].
97 § 1[51], § 22[23], § 213[14], § 381[17].
99ff. § 213[2].
100 § 252[6].
101 § 213[15].
104 § 347[12].
104ff. § 1[20], Anh. zu § 346[2], § 355[29], Anh. zu § 363[3].
108 § 59[35a].
108ff. § 366[36].
109 § 116[3], § 355[16].
110—122 § 109[8].
112 Abs. 1 § 59[35a].
112 Abs. 2 § 59[35a].
113 § 59[35a].
114 § 1[21].
116 Anh. zu § 88[14], § 189[26], § 346[2].
117 § 346[2], § 368[96], Vorb. v. § 373[51].
117ff. Anh. zu § 376[172].
118 Anh. zu § 361[94].
119 § 70[25], § 115[7], § 116[3], § 260[4], Anh. zu § 346[7], § 349[17], § 350[78], § 376[27], Anh. zu § 382[82b, 94], Vorb. v. § 373[23].
119ff. Anh. zu § 37[9], § 54[13], Vorb. v. § 373[47].
119 Abs. 2 § 70[24], § 126[17], Vorb. v. § 373[39], § 377[56], § 381[6].
120 § 347[2], Anh. zu § 361[32, 42, 93].
121 § 84[18], § 94[3], § 137[1], § 240[7], § 259[10], Anh. zu 348[6], § 363[14], Anh. zu § 361[53], § 377[29].
121 Abs. 2 § 362[13], § 373[50].
122 § 15[7], § 54[22], Anh. zu § 58[26], § 136[3].
122 Abs. 2 Anh. zu § 58[54], § 202[21], Anh. zu § 361[52].
123 § 186[20], § 260[4], Anh. zu § 343[27], § 347[2], § 349[17], Vorb. v. § 373[49], § 377[56a, 148, 155, 162, 173, 177], § 383[21].
123 Abs. 2 Anh. zu § 58[26], § 84[31], § 123[12], Anh. zu § 350[10, 23], § 377[165].
124 § 377[164].
125 § 22[20], § 181[1], § 189[1], § 259[11], § 309[2], § 350[36, 45, 48, 74, 81].
125 Abs. 2, § 350[75], Anh. zu § 361[85].
125ff. § 426[14].
126 § 17[1, 13], § 51[2], § 73[4], § 76[13], § 78[2], § 79[2], § 181 E, § 189[2], § 233[6], § 252[16], § 344[8], § 350[54, 55], Anh. zu § 361[14, 24], § 426[14].
126 Abs. 1 § 12[2], § 350[68], § 363[22].
126 Abs. 2 § 350[62, 63].
126 Abs. 3 § 350[67].
127 § 344[8], § 350[60, 65], § 378[13].
128 § 182[13], § 350[66]ff., Anh. zu § 361[14, 76].
129 § 12[2].
130 § 12[7a], § 54[13], § 85[3], § 95[1, 3], § 189[22], § 195[5], § 346[15], § 349[4], Anh. zu § 361[14], Anh. zu § 372[14].
130 Abs. 2 Anh. zu § 361[15, 80].
130ff. § 66[9], § 78[2], § 139[8, 10], § 350[64].
132 § 53[7], § 66[9], § 220[3], Anh. zu § 361[9], § 422[2].
132 Abs. 2 § 52[14a], § 66[9], § 368[45], § 373[49].
133 § 54[6], § 74[9], § 346[1]ff., [43]ff., § 348[7], Anh. zu § 350[10], Anh. zu § 372[6b], Anh. zu § 374[27a], § 382[15]ff., § 384[7], § 386[6], § 390[7], § 394[2], § 400[6].
134 § 40[2], § 61[7], § 81[1], Vorb. v. § 93[44], § 205[3], § 209[10], § 223[26], § 237[20], Anh. zu § 376 E.
135 § 301[10], § 302[10].
135 Abs. 2 § 366[76].
135ff. § 369[18].
136 § 366[76], § 381[8].
137 § 137[2], Anh. zu § 346[35].
138 § 1[22], § 59[46], § 67[2], § 70[10], § 74a E., [14], § 75f, [2], Vorb. v. § 93[12, 21], § 117[5], 126[15], § 127[6], § 132[1], § 213[9], § 252[26], § 290[15], § 335[22], § 339[28], § 346[21], Anh. zu § 346[18], Anh. zu § 372[11], § 407[25].
138 Abs. 1 Anh. zu § 346[1–9, 18], § 350[16], § 368[96a], Anh. zu § 372[11].
138 Abs. 2 § 74[5], § 84[22a], Vorb. v. § 93[12], Anh. zu § 346[22].
139 § 22[20], § 23[2], Anh. zu § 62[2], Vorb. v. § 93[44], § 105[42], § 132[1, 3], § 133[23], § 226[9], § 237[10], § 245[6], § 279[5], § 335[23], Anh. zu § 346[37], § 348[5], § 350[28, 40, 43, 64, 74, 88], Vorb. v. § 373[47], Anh. zu § 376[16, 27], § 377[121, 165], § 381[6], § 471[4].
140 § 4[24], § 363 E., [29].
141 § 25[10], § 74[4], § 186[9, 18], § 205[3], § 350[88].
141 Abs. 1 § 377[167].
142 § 25[10], § 58[52], Vorb. v. § 93[21], § 125[10], § 133 E., § 350[25], § 366[48], § 377[165, 165a].
142 Abs. 2 § 366[17].
143 § 25[10], § 377[164, 165].
143 Abs. 4 § 25[10].
144 § 25[10], § 350[88], Vorb. v. § 373[47], § 377[163].
145ff. § 139[9], § 350[64].
146 Anh. zu § 361[18–25, 33].
147 § 54[13], Anh. zu § 361[26–42, 44], § 377[61].
148 Anh. zu § 361[27, 28, 43–50].
149 § 95[2], Anh. zu § 361[51–56].
150 Anh. zu § 361[57–65], Anh. zu § 382[20], § 385[9].
151 § 66[8], Anh. zu § 350[3], Anh. § 361[23, 24, 27, 66–73a, 76], § 362[19].
152 § 350[54], Anh. zu § 361[23, 24].
153 § 354[6], Anh. zu § 361[79–81].
154 § 109[6], Anh. zu § 348[2], § 350[69], § 355[13], Anh. zu § 361[82–97b], Anh. zu § 372[38c], Vorb. v. § 373[22].
154 Abs. 2 § 350[69, 88].
155 § 360[64], Anh. zu § 361[88–94].
156 § 220[13].
157 E [25, 28, 30a, 31, 34, 35], § 5[1], § 22[37], § 59[35, 35b], § 74[9], § 344[14], § 346 E., [1–13, 20, 21], § 347[3], Anh. zu § 348[3], § 349[40], Anh. zu § 350[10], § 354[6], § 355[22], § 358[1], § 361[1], § 363[14], § 368[99], Anh. zu § 372[6b], Vorb. v. § 373[21], Anh. zu § 374[22, 36, 49b], § 377[37, 41b, 55, 69, 193], § 379[28], Anh. zu § 382[15], § 384[7], § 390[7], § 394[2, 11], § 400[6].
158 § 353[7], § 366[28], § 368[95], § 377[46].
158 Abs. 2 Anh. zu § 346[17], Anh. zu § 350[8], Anh. zu § 374[3], § 382[23, 68], Anh. zu § 382[91].
158ff. Anh. zu § 382[23, 54, 65],
159 § 26[4], Anh. zu § 382[54], § 414[4].
160 § 414[4].
160 Abs. 1 Anh. zu § 382[16].
161 § 368[95].
161 Abs. 2 Anh. zu § 382[68].
161 Abs. 3 § 366[77], § 368[108].
162 Vorb. v. § 93[17].
163 § 353[7].
164 § 27[6], § 51[2], Anh. zu § 53[1], Anh. zu § 58 E., [10, 17, 61, 62], § 108[4], § 126[16, 17], § 232[30, 35, 36], § 344[8], § 349[59], Anh. zu § 350[16], Anh. zu § 376[26], Anh. zu § 382[62].
164 Abs. 3 Anh. zu § 58[29], § 373[14].
164ff. Anh. zu § 58[1].
165 § 48[3], § 210[4], § 231[10].

§§
166 Anh. zu § 58[27, 61, 62], Anh. zu 85[3], § 232[33].
166 Abs. 1 § 366[16].
167 § 48[8], § 49[2], § 51[2], § 54[4, 14], § 346[1], § 350[24], § 373[14].
167 Abs. 2 § 48[6], § 51[2], § 54[14], § 182[11], § 189[2], § 350[58, 59].
167 ff. § 182[13], § 350[66], Vorb. v. § 373[64c].
168 § 52[1, 3, 5, 7, 10], Anh. zu § 58[65], § 59[32], § 127[9], Anh. zu § 424 E., § 231[21], Anh. zu § 454 E., § 368[114].
168 Satz 2 § 350[24].
169—173 § 366[18].
171 § 48[7], § 52[3], § 54[4, 22], § 234[12], Anh. zu § 424[18].
174 § 48[7], § 66[12], § 95[2], § 132[7], § 232[10], Anh. zu § 374[15], § 377[27], § 382[19].
177 Anh. zu § 58[12], § 85[3], § 232[11], Anh. zu § 361[42], Vorb. v. § 373[64e].
179 § 48[12], § 98[3], § 125[9], § 126[20], § 128[20], § 149[37], § 200[8], § 232[4, 6, 47], § 246 E, Anh. zu § 376[26], § 383[14], § 384[39].
179 Abs. 3 § 303[7].
180 Anh. zu § 58[12], § 66[12], § 377[27].
181 § 76[15], § 88[3], § 105[37], § 111[11], § 124[37], § 126[14], § 151[2], § 155[2], § 232[48], § 247[1], § 255[6], § 350[46], § 366[12a], § 368[82, 9a], § 379 [24], § 383[33].
182 § 132[7], § 189[2], § 212[11], § 222[3], § 236[6], § 350[47, 70], Anh. zu 361[42].
182 ff. § 207[6].
183 § 60[9], § 236[6], § 303[8], § 326[6].
184 Anh. zu 58[46], § 60[9], § 85[3], § 326[6], § 377[137].
185 E[45], § 366[58], § 368[24], Anh. zu § 382[64].
186 Anh. zu § 359[23, 38].
187 § 27[20], § 63[5], § 75a[4], § 77[1], § 78[4], Anh. zu § 359[18, 19], § 440[8].
187 ff. § 75a[4], § 78[4], § 132[8].
188 § 67[5], § 132[8], § 266[13], Anh. zu § 359[25].
188 Abs. 2 § 159[11].
189 § 359[1], Anh. zu § 359[25, 28].
190 Anh. zu § 359[29], § 414[4].
191 Anh. zu § 359.
192 § 359[1], Anh. zu § 359[33].
193 § 64[2], § 66[11], § 159[11], § 255[4], § 359[1], Anh. zu § 359[31, 34, 37–41], § 440[8].
195 § 377[146, 136, 192, 140, 193], § 472[22].

§§
196 § 1[1], § 26[2], § 59[33], § 65[10], § 70[21], § 74b[1], § 76[11], Vorb. v. § 93[40], § 231[38], § 344[7], § 345[5], § 396[10], § 400[28], Anh. zu § 415[8], § 439[2].
196 Abs. 2 § 88[19], Vorb. v. § 93[40], § 400[28], Anh. zu § 415[8].
197 § 213[16], § 352[16], § 363[32].
198 § 206[1], § 241[19], Anh. zu § 365[6], § 400[28], § 439[2].
199 § 159[10].
201 § 88[19], § 99[6], § 113[9], § 400[28], § 439[2].
202 § 377[190a], § 346[18], Anh. zu § 350[6], § 377[139a], Vorb. v. § 373[64c], § 439[2].
202 ff. § 26[8], § 159[15–17].
205 § 470[5].
206 § 27[21], § 139[8].
208 § 355[16], § 377[138a], § 160[2].
208 ff. § 159[14].
209 § 160[2], § 377[140].
211 § 377[140].
211 ff. § 160[2].
212 § 377[139].
215 § 368[34].
217 § 160[1].
218 § 26[3], § 349[14], § 377[135], § 368[34], § 159[18].
219 § 377[135].
220 § 377[135].
222 § 369[8], § 377[134, 141].
222 ff. § 159[12].
223 § 369[56].
223 Abs. 2 § 368[94].
224 § 61[11], § 236[11], § 348[39], § 352[16].
225 § 159[13], § 377[188, 190a, 192], § 414[4].
226 § 59[29], § 115[9], § 122[2], § 74[8], Anh. zu § 346[7, 41], § 377[55].
232 ff. § 289[5], § 365[13], § 368[34], § 369[54], § 349[38, 47].
241 § 212[4], Anh. zu § 376[67].
241 ff. § 218[7].
242 E[25], Anh. zu § 5[1], § 22[37], § 59[35, 35b], § 118[2], § 344[15], § 346 E, [7, 20], Anh. zu § 346[18], § 347[3], § 348[33], § 349[33], § 354[6], § 358[1], Anh. zu § 359[5], § 361[1], Anh. zu § 361[29], § 363[14], § 368[99], Anh. zu § 372[24, 36], § 373[22, 56, 56b, 61, 64a, 69], § 373[14, 26, 46], Anh. zu § 374[11, 15, 22, 49b, 51, 54, 57, 60, 89, 102, 139, 149, 179], § 377[67, 193], § 378[13], Anh. zu § 382[6a], § 379[28], § 384[17], § 386[6], § 409[2], § 418[2].
243 § 360[1], § 373[24] (Abs. 2),

§§
Vorb. v. § 373[70, 20a], Anh. zu § 374[166], § 377[91].
244 Anh. zu § 58[11], § 347[25], § 361[3–7].
245 § 361[3–7], § 352[2].
246 § 353[12], § 352[2, 7, 13, 14], Anh. zu § 374[75].
247 § 352[14].
248 § 1[64].
248 Abs. 1 § 353[4].
249 Anh. zu § 58[60], § 59[47], § 70[19], Anh. zu § 346[5, 13, 25], § 347[25], § 349[65], Anh. zu § 349[28], § 368[50], § 408[19], § 430[2].
249 ff. § 37[23], § 61[2], § 209[7], § 202[12], § 241[29], § 347[17], § 377[165b, 171, 86], § 430[2, 4, 10], § 445[2], § 203[7], Anh. zu § 346[12].
249 Satz 1 Anh. zu § 374[28].
250 § 58[60], Anh. zu § 349[28].
251 § 347[25], Anh. zu § 346[12a], § 377[169].
252 § 37[23], § 70[19], § 202[12], § 203[7].
253 § 202[12].
254 Anh. zu § 58[67], § 70[20], § 111[12], § 133[12], § 202[12], § 349[37], § 373[38], § 352[8], § 354[14], Anh. zu § 374[31, 33, 66, 68, 69, 71, 72, 90], § 377[38], § 408[3], § 426[16], § 427[5], § 429[16], § 459[19], § 465[8], § 472[12].
255 Anh. zu § 349[30], § 366[82, 12a].
256 § 352[8], Anh. zu § 374.
257 § 349[61].
259 § 59[44], § 65[5], § 74c[9], § 114[8], Anh. zu § 141[28], § 154[8], § 231[36], Anh. zu § 342[3], § 384[17].
260 Anh. zu § 374[27], § 91[4], § 378[14].
261 Anh. zu § 372[2].
262 Vorb. v. § 373[26], 348[33], Anh. zu § 372[23].
262 ff. § 61[1], § 113[1], § 141[4], § 348[15], § 349[14].
263 ff. Anh. zu § 58[58], § 374[152].
264 Anh. zu § 58[58], Vorb. v. § 373[71].
264 Abs. 1 Anh. zu § 374[152].
266 § 364[18], § 373[14], Anh. zu § 374[45, 150, 111], § 373[36].
267 § 349[44], Anh. zu § 372[69], § 373[27a].
268 § 349[44], Anh. zu § 372[69].
268 Abs. 3 § 369[32].
269 § 40[4], § 75[9], § 84[29], Vorb. v. § 93[42], § 355[28], § 363[15], Anh. zu § 372[4] ff., [15], § 373, Vorb. v. § 373[72], Anh. zu

§§

§ 374[27], § 377[84], [89], [75a], [106], [168], Anh. zu § 382[33], § 420[5], § 409[4].

269ff. § 64[7], § 88[48], § 337[8], Anh. zu § 372[2], [4].

270 § 118[2], Anh. zu § 372[13], [32], [48], [50], [52], [57a], [66], § 374[13], § 377[67], [75a].

270 Abs. 2 § 13[3].

270 Abs. 4 § 377[75a].

271 Anh. zu § 141[9], § 353[7], Anh. zu § 359[3], [9], [11], [39], Anh. zu § 361[83], Vorb. v. § 273[71].

272 Anh. zu § 359[12].

273 § 59[45], [47], § 74c[10], § 88[20], § 221[5], Anh. zu § 346[7], § 348[10], § 369[13], § 373[52], Anh. zu § 374[13], [36], [37], [38a], [76], [126], [200], § 397[13], Anh. zu § 424[15], § 440[13].

273ff. Vorb. v. § 369[1], [2], § 369[1], [2].

274 § 115[5], Vorb. v. § 369[12], § 369[1], [2], Anh. zu § 372[69], Vorb. v. § 373[79].

275 § 222[3], § 350[82], Vorb. v. § 373[65a], [70a], § 373[25], Anh. zu § 374[47], [47b], Anh. zu § 382[39], [55a], § 408[15].

275—279 Anh. zu § 382.

276 § 15[7], § 62[13], § 111[12], § 114[13], § 192[8], § 212[20], § 347[2], [3], [11], [12], [28], Anh. zu § 349[8], [14], [15], [12], [28], [34], [42], Vorb. v. § 373[42], [56a], [70c], § 374[13], Anh. zu § 374[46], [169], [175], § 377[1], [54], [100], [105], [130], [201], § 378[13], Anh. zu § 382[16], [30], [40], [43], [45a], [53], § 408[25], § 417[7], Anh. zu § 424[13], § 426[17], § 430[12], § 472[11].

276 Abs. 2 § 114[18], § 241[1], § 347[28], Anh. zu § 349[35], [43], Anh. zu § 363[5].

276ff. Vorb. v. § 93[37], § 218.

277 § 62[13], § 114[14], § 335[32].

278 Anh. zu § 58[27], § 62[13], § 75[8], § 84[21], Vorb. v. § 93[34], § 212[20], § 232[33], [44], § 347[4], [13], Anh. zu § 349[14], [38], Anh. zu § 361[31], § 372[32], Anh. zu § 372[71], Vorb. v. § 373[56a], Anh. zu § 374[2a], [13], [46], § 377[65], [101], [150a], [174], Anh. z. § 382[32], [38], § 408[4], [25], § 417[7], Anh. zu § 424[13], § 426[16], § 427[5], § 429[14], § 431[1], [7], § 472[11].

279 Vorb. v. § 373[65c], Anh. zu § 374[47], [166], Anh. zu § 382[51], Anh. zu § 424[13].

280 § 212[24], § 347[11], Anh. zu § 374[126], [130], [155], [164], § 377[98], Anh. zu § 382[59a].

281 Anh. zu § 374[48]; § 377[65].

283 Vorb. v. 93[39], § 96[2], Vorb. v. § 373[83], Anh. zu § 374[49b], [110], [149], [149a], [150], [165], § 375[18], § 376[25], § 377[98], [109].

284 § 64[6], § 74b[2], § 337[4], Anh. zu § 359[6], Anh. zu § 374[15], [17], [51].

284ff. § 55[6], § 347[11], § 348[10], § 366[71], Anh. zu 374[16a].

285 § 74b[2], § 215[7], § 347[10], § 348[14], Vorb. v. § 373[65c], Anh. zu § 374[13], [14], [47a].

286 § 59[40], § 212[21], § 218[9], § 347[11], Anh. zu § 372[27], Anh. zu § 374[20–22], [56], [164], [174], § 375[5b], § 377[98], [100], [109], Anh. zu § 382[16].

287 § 347[9], Anh. zu § 374[13], [26b], [47], [112], [166], § 377[66], Anh. zu § 382[51], [52a].

288 § 64[6], § 74b[2], § 218[9], § 337[3], [4], § 348[16], § 352[8], § 352[7–9], § 353[13], Vorb. v. § 373[63], § 377[22].

289 § 353[4], § 364[7].

291 § 350[82], § 352[6], § 353[4], [13], Vorb. v. § 373[63].

293 § 70[4], § 353[10], Anh. zu § 359[6], Vorb. zu § 373[65c], § 373 E[14].

294 § 377[94], Anh. zu § 382[52].

295 § 70[4], § 231[34], Anh. zu § 359[4], § 372[27], Anh. zu § 372[69], Vorb. v. § 373[57a], [66], [68], [69], [70b], [80], § 373[1], [13], [19], [27a], Anh. zu § 374[9], [16], § 375[2], [15], § 435[6].

296 § 353[8], [10], Anh. zu § 359[5], § 373[12], [24], § 375[3], Anh. zu § 382[45].

297 § 373[17], Anh. zu § 374[8], [112], § 375[15].

298 § 373[7], Anh. zu § 374[155], § 437[1].

299 Anh. zu § 359[40], § 373[9].

300 § 347[6], Anh. zu § 372[9], Vorb. v. § 373[70], § 373[24], § 374[5], Anh. zu § 374[166], § 377[65], [201], § 379[16], Anh. zu § 382[45c].

300—304 Anh. zu 374[8].

301 § 353[8], [10], § 374[5].

302 § 374[5].

303 Anh. zu § 374[2].

304 Anh. zu § 372[57], Vorb. v. § 373[24], [79], § 374[1], [2], § 375[17], § 377[201], § 435[5].

305 § 349[4], Anh. z. § 361[10].

306 Anh. zu § 361[92], Vorb. v. § 373[60].

306ff. Vorb. v. § 373[9].

307 Anh. zu § 58[26], § 346[18].

309 Anh. zu § 58[26].

309 Abs. 2 Anh. zu § 382[45c].

310 Abs. 2 § 345[5].

311 § 22[20], § 105[41], § 186[19], § 303[15], § 335[23], § 350[3], [42], [52], [86], Anh. zu § 350[19], Vorb. v. § 373[17].

312 Abs. 2 § 350[44], Vorb. v. § 373[3].

313 § 22[20], Vorb. v. § 93[22], § 105[41], § 182[35], § 186[19], § 335[23], § 343[26], § 350[20–27], [30], [32], [88], [90], Anh. zu § 372[11], Vorb. v. § 373[19], [24].

314 § 213[14], § 368[32], Vorb. v. § 373[56].

315 § 59[34], § 74[2], Anh. zu § 141[6], Anh. zu § 359[3], § 372[44], Vorb. v. § 373[25], [26], [28].

315ff. Vorb. v. § 93[11], § 121[3], § 354[11], Anh. zu § 361[90].

316 Vorb. v. § 373[25], [26], [28], § 420[1].

317 Anh. zu § 141[6].

318 Vorb. v. § 373[24].

319 Vorb. v. § 373[24].

320 § 70[16], § 99[2], Anh. zu § 359[8], Vorb. v. § 363[5], § 369[5], [13], Anh. zu § 374[8], [36], [51], [136a].

320 Abs. 2 § 348[12], Anh. zu § 372[58], Vorb. v. § 373[78], Anh. zu § 374[2a].

320 Abs. 3 § 437[7].

320ff. § 109[5], § 373[24].

321 § 289[4], § 292[2], § 349[53], Vorb. v. § 373[40–46], Anh. zu § 374[2b], [148], Anh. zu § 382[81].

322 Anh. zu § 336[7], Anh. zu § 359[5], § 372[15], Vorb. v. § 373[72], [79d], Anh. z. § 374[8], [44], [149a], § 377[72].

322 Abs. 2 Vorb. v. § 373[79].

323 § 63 E, [8a], § 231[25], § 349[65], Anh. zu § 374[150], Anh. zu § 382[39], [58].

323 Abs. 2 § 383[32].

323 Abs. 3 § 385[7].

323ff. § 231[25], Vorb. v. § 373[60], Anh. zu § 374[36], [49], [130], [163], § 376[26], § 377[45], [56], § 428[7].

324 § 70[4], § 74c[1], [2], § 89[5], Anh. zu § 382[66].

324 Abs. 2 § 373[25], § 375[24], Anh. zu § 382[45c], [66].

325 § 63[8a], § 75c[2], § 84[26], Vorb. v. § 93[17], § 349[65], Anh. zu § 350[4], Vorb. v. § 373[70], Anh. zu § 374[49],

§§
[126], [129], [131], [149a], [150], [179], [191], § 375[4], § 377[74], [87a], [98], § 381[5], § 385[7], § 409[11].
325 Abs. 2 Anh. zu § 374[98], [165], [168], § 375[18], § 377[55b].
325 ff. § 375[5].
326 § 55[6], § 74b[2], § 75c[3], § 77[19], [29], § 109[5], § 212[21], 231[21], § 296[15], § 348[1], [14], Anh. zu § 348[6], § 349[12], [14], Anh. zu § 350[3], Anh. zu § 359[5], § 372[27], Vorb. v. § 373[44], [47], [68], [71], § 373[14], § 374[1], Anh. zu § 374[1], [2], [26], [36], [42], [54], [100], [101a], [101b], [102], [126], [127], [129–131], [147], [148], [148b], [162–165], [168–170], [172], [174], [178], [180], [182], [183a], [185], [195], § 375[2], [20], [21], [23], [24], § 376[20], [28], [32], § 377[3], [94], [183], § 381[8], [11], Anh. zu § 382[40a], [79], [83], [96], § 397[11], § 398[2], § 400[25], § 409[11], § 413[6].
326 Abs. 2 Anh. zu § 374[101], [101a], [173], [175], [193], § 375[8], Anh. zu § 376[140].
327 Anh. zu § 346[44], § 349[64], Anh. zu § 350[20], § 368[104], Anh. zu § 374[35], [75], § 376[11], § 381[6], Anh. zu § 382[68].
328 § 215[4], § 303[3], § 305[3].
329 § 25[24], § 363[8].
335 § 303[3], § 305[3].
336 § 335[25], Anh. zu § 348[1], [2], [3].
337 Anh. zu § 348[1], [4].
338 Anh. zu § 348[1], [4].
339 § 348[2], [9], [10], [11], § 426[16].
339—345 § 212[21].
339—349 § 59[34b], § 218[6–9], § 348[1–19].
340 § 61[11], § 75c[3], § 218[6], § 236[11], § 349[40].
340 Abs. 2 § 75[6], § 348[16], [17].
340 ff. § 348[15], Anh. zu § 374[58].
341 § 348[19], [20], § 349[13], Anh. zu § 374[22], [56].
342 § 348[2], [20].
343 § 59[34b], § 75[6], § 75c[4], § 113[10], § 236[13], § 348[26], [32].
344 Anh. zu § 346[4], § 348[3].
345 § 212[21], § 347[16], § 348[14], Vorb. v. § 373[86], § 377[126].
346 § 70[25], Anh. zu § 374[75], § 377[37], [71].
346 ff. § 70 E, Anh. zu § 374[3], [35], [117], § 376[11], Anh. zu § 382[65].
347 § 352[6], § 363[14], Anh. zu § 374[35], [75], [123], § 377[66], [68a], [71], [74b], [118].
349 § 381[3].

§§
350 § 377[65], [71], Anh. zu § 382[54].
351 Anh. zu § 374[75], § 377[60], [65].
352 Anh. zu § 374[75], § 377[65].
354 Anh. zu § 374[147], [149], [150], § 377[66], [82], [109].
355 Anh. zu § 374[35], [75], [149], [150], § 376[1], [11], [29].
356 § 377[64], [108].
358 Vorb. v. § 373[86], Anh. zu § 374[149], [150], § 377[67], [126].
359 Anh. zu § 348[6], § 350[20], Anh. zu § 372[67], Vorb. v. § 373[69], § 376[59].
359 ff. Anh. zu § 374[42].
360 § 348[2], Vorb. v. § 373[65d], Anh. zu § 374[4], § 377[74], [74b], [109], § 382[63b].
361 Anh. zu § 372[67], § 376[32], Anh. zu § 382[96].
362 Anh. zu § 58[14], § 195[18], § 349[59], Anh. zu § 361[6], § 374[4], Anh. zu § 374[12a], § 377[68].
362 ff. § 348[28].
363 § 348[26], Vorb. v. § 373[86], § 377[118], [128], [129], § 378[14], Anh. zu § 382[21], 55[a].
364 § 1[35], § 335[28], Vorb. v. § 373[64b], Anh. zu § 382[77].
365 § 349[3].
366 § 27[28], § 349[14], [44], § 355[31], § 356[2], Anh. zu § 372[70].
368 Anh. zu § 372[69], § 435[8].
368 ff. § 344[11].
370 § 54[10], § 125[12], Anh. zu § 372[71].
371 Anh. zu § 372[69], [71a], § 448[2].
372 § 59[7], § 290[7], § 300[11], § 349[44], Anh. zu § 372[27], Vorb. v. § 373[42], § 373[28], § 374[4], [25], § 435[5].
372 ff. § 179[9], § 300[11], § 353[10], [11], Anh. zu § 372[57], Anh. zu § 374[25a].
373 Vorb. v. § 373[44], Anh. zu § 374[94], § 379[24].
374 § 300[11], § 373[10].
376 § 349[44], § 374[4].
379 § 353[10], [11], § 377[65], § 379[5].
380 § 381[5]
382 § 300[11].
383 Anh. zu § 372[27], § 373[33], [41], [52], § 374[1], [3], Anh. zu § 374[30], [94], § 377[66], [71], § 379[19], § 435[5].
384 § 374[3], § 368[45].
385 § 93[5], § 386[2].
387 § 124[34], [58], § 131[14], Anh. zu § 363[12], Vorb. v. § 373[63a], Anh. zu § 376[18].
388 Anh. zu § 376[56].

§§
389 § 355[31], Anh. zu § 376[58].
390 § 414[15].
394 § 59[47].
395 Anh. zu § 374[8].
396 Anh. zu § 357[1], Anh. zu § 376[62].
397 § 205[4], § 349[26], [44], § 350[20], Anh. zu § 350[7], [20], Anh. zu § 361[10], § 377[55b].
398 § 109[16], § 222[7].
399 § 70[27], § 109[14], [20], § 222[3], § 349[3], § 368[100].
399 ff. § 411[2].
400 § 59[47], § 368[5], [103], Anh. zu § 374[2c].
401 § 22[24], [27], § 25[15], § 348[36], § 349[42], [65], § 364[4], § 368[98], [104], § 369[8].
401 ff. § 25[15].
402 § 22[26], § 61[4], [6], § 349[46].
403 § 22[27].
404 § 223[12], § 289[4], § 349[42], Anh. zu § 350[9], Anh. zu § 372[27].
404 ff. § 363[29], § 368[104].
405 § 350[14], Anh. zu § 350[9], § 363[11], [29], § 364[15].
406 ff. § 25[51], § 349[49], § 368[101], § 411[2].
407 § 25[19], § 223[13], § 366[85], § 392[11].
409 § 25[16a], § 222[17], Anh. zu § 361[13], § 377[165a], § 392[11].
410 § 349[46], § 368[105], § 377[104], [165a].
412 § 25[15], § 349[12], § 411[2].
413 § 222[3], [7], § 223[12], § 368[5].
414 § 26[1], § 159[6], Anh. zu § 346[10], § 368[29].
414 ff. § 22[31], § 25[9], [24].
415 § 349[2], § 350[27].
416 § 366[85].
417 § 25[10].
418 § 349[11].
419 § 17[43], § 25[6], [24], § 26[1], § 130[8], § 292[18], § 303[16], § 304[8], § 305[23], [26], § 306[15].
420 § 128[16], § 162[18], § 237[22], § 245[13], Anh. zu § 374[11], § 419[8].
421 § 25[9], § 349[55], § 350[10], § 472[10].
421 ff. § 25[1], § 128[8–12], § 200[13], § 202[23], § 204[6], § 249[2], § 320[56], § 383[41].
422 § 124[36], § 356[1].
423 § 129[15], § 349[11], Anh. zu § 350[7].
425 § 128[18], § 160[4], [6], Anh. zu § 374[79].
426 § 202[13], [23], § 203[10], § 241[30], § 347[13], § 349[40],

§§
[49], § 350[10], Anh. zu § 350[7], § 432[9], § 472[19].
427 § 128[1], § 162[16], § 200[10], Anh. zu § 350[16].
428 § 225[7], § 241[15], § 373[14], Anh. zu § 374[2a].
428 ff. § 241[14].
429 § 373[18].
431 § 162[18], § 179[1].
431 ff. § 179[1].
432 § 373[14], Anh. zu § 346[37].
433 § 350[26, 74], Anh. zu § 372[15, 16], Vorb. v. § 373[6, 13, 56, 59, 60b, 67], Anh. zu § 374[6, 26, 139a, 165], § 377[71], Anh. zu § 382[45b].
433—444 § 145[13].
433 ff. Anh. zu § 382[66, 78].
434 ff. Vorb. v. § 373[7, 59], § 377[56], Anh. zu § 382[63].
435 § 307[2].
437 § 22[27], § 105[35], § 209[2], Vorb. v. § 373[7], § 377[102, 136], § 381[4, 6].
437 ff. § 381[4].
438 § 349[2, 65].
439 § 159[6], § 350[26], Vorb. v. § 373[59], § 377[102].
439 ff. Vorb. v. § 373[60], § 377[56].
440 Vorb. v. § 373[60], Anh. zu § 374[1], § 377[56, 136], Anh. zu § 381[2, 8].
443 § 186[19], § 377[121].
444 Anh. zu § 373[61], § 381[5].
445 § 105[35], § 209[2].
446 § 353[12], § 377[193], Anh. zu § 382[23, 45, 55a, 67].
447 § 40[4], Anh. zu § 372[3, 15], Vorb. v. § 373[17], § 373[10], § 377[3, 9, 126], Anh. zu § 382[28, 39, 40b, 41, 45, 58], § 408[19].
448 § 223 E., Anh. zu § 282[45], Anh. zu § 372[3], Anh. zu § 382[118, 125], § 426[19].
451 § 377[68].
452 § 352[6], § 353[12].
453 § 261[19], Vorb. v. § 373[33].
454 § 355[16], Anh. zu § 374[1, 118, 119, 151], § 376[32].
455 Anh. zu § 382[65, 68, 92].
456 § 368[56].
457 § 368[82], § 373[33].
457 ff. § 368[84].
458 § 368[56], § 373[33].
459 § 350[85], Vorb. v. § 373[69], § 377[5, 39, 45, 56, 94, 100, 102, 193], Anh. zu § 382[5a].
459 ff. § 58[26], § 145[13], § 377[5], § 381[4].
460 § 350[7, 26], § 377[32, 117, 155, 157, 162], Anh. zu § 382[6a, 21].

§§
461 § 377[122].
462 § 377[68a].
463 § 377[32, 45a, 56a, 75, 85, 86, 94, 104, 126a, 129, 140, 155, 158, 162], § 381[12], Anh. zu § 382[6].
463 ff. § 377[41].
464 § 348[26], Anh. zu § 374[12a], § 377 E., [67, 93, 118, 120, 131, 156, 163].
464—466 § 377[92].
465 § 377[61, 62a, 65, 94, 135].
465 ff. § 377[60].
466 § 55[6], § 377[62a, 108, 141].
467 Anh. zu § 374[149], § 377[64, 71, 74, 74b, 108, 109], Anh. zu § 382[54].
468 Vorb. v. § 373[69], Anh. zu § 374[166], § 377[7a, 44].
469 § 379[21], § 377[94a].
469 ff. § 377[178–179a].
472 Anh. zu § 346[12b], § 349[19], Anh. zu § 374[150], § 377[78–80, 80b, 80d, 172], § 381[7].
473 Anh. zu § 374[140], § 377[80, 80c, 80d].
474—479 § 377[92–98].
476 § 377[121, 159, 187].
476 ff. § 377[32].
477 § 159[13], Anh. zu § 349[32], § 350[84], Vorb. v. § 373[15], Anh. zu § 374[203], § 377[103, 188, 190, 190a, 192, 193], § 400[26].
477 ff. § 377[133–147a], Anh. zu § 379[8], § 381[4, 9].
478 § 377[103, 141, 191], § 414[7].
478 ff. § 377[103].
479 § 377[103, 142, 143, 146], § 414[7].
480 § 55[6], § 373[2a], Anh. zu § 374[42, 175, 193], § 377[21, 41, 45a, 56a, 75a, 85, 86, 87, 92, 94, 100, 104, 109, 126a, 129, 133, 135, 142, 155, 158], Anh. zu § 382[6].
481 ff. § 382.
482 § 377[39d].
486 § 159[13].
490 § 159[13].
493 § 105[35], Vorb. v. § 373[7], § 377[5].
494 § 96[1], Anh. zu § 382[1–3].
495 § 360[6], Vorb. v. § 373[51], Anh. zu § 382[12, 13, 16, 18, 21, 22].
496 Anh. zu § 382[12, 17, 19].
497 Vorb. v. § 373[22a].
497 ff. Vorb. v. § 373[51].
503 Vorb. v. § 373[51].
514 § 368[103].
515 Vorb. v. § 373[2].
518 § 22[20], Anh. zu § 350[11], § 350[10, 13, 34].

§§
518 Abs. 2 § 350[43, 52, 83].
528 Anh. zu § 350[9].
530 Anh. zu § 350[9].
534 § 59[34], Anh. zu § 350[9].
542 Abs. 3 Vorb. v. § 373[86].
559 § 368[5], 366[38].
559 ff. § 366[60, 38], Anh. zu § 424 E.
560 § 368[79a, 80].
561 § 368[79a].
565 § 350[36].
566 Vorb. v. § 93[22], § 350[13, 83].
566 Abs. 2 § 350[31].
580 § 350[28], Anh. zu § 424 E.
581 § 350[28].
581—585 § 366[60].
588 ff. Anh. zu § 382[69].
590 § 366[60].
607 § 349[11], § 350[5]; Anh. zu § 376[75].
609 § 349[63], Anh. zu § 359[11].
610 § 349[63], Vorb. v. § 373[40], § 355[39].
611 § 59[32], § 70[30], § 1[52], 84[24].
611 ff. § 59[7, 20, 36].
612 § 231[24], § 245[3].
613 Anh. zu § 58[31], § 70[27], Vorb. v. § 93[4], § 84[21].
614 § 59[30, 33], § 63 E., § 64[1], § 70[16], § 384[17].
615 § 70[4, 12, 20, 27], § 74a[13], § 74c[1, 2, 9], § 84[24, 25], § 92[7], § 409[2].
616 § 63[1, 12], § 92[14], § 231[25].
617 § 59[32], § 62 E., § 63[9], § 347[28].
618 § 59[10], § 62 E., § 63[12].
620 § 67[3, 5].
620 ff. § 231[29].
621 § 61[1].
622 § 84[5], § 59[10], § 231[29].
624 § 66[3], § 77[4].
625 § 66[2], § 69[5].
626 Anh. zu § 58[76], Vorb. v. § 373[16b], § 243[9], § 231[21, 29, 30].
626 ff. § 70 E., Vorb. v. § 93[39], Vorb. v. § 231[21, 30], § 383[24] ff.
627 Vorb. v. § 93[2, 30], § 84[5], § 149[40], § 231[21, 29], § 243[9], § 368[114], § 383[24], § 407[19].
627 ff. § 345[16].
628 § 70[14, 17, 18, 22], § 231[30], § 383[23].
628 Abs. 2 § 92[3], § 339[24].
629 § 66[13].
630 § 59[9], § 73[1], § 84[34], § 231[35].
631 § 1[52], Anh. zu § 349[13], § 425[1], § 381[17].
631 ff. § 1[71], § 318[18].
633 ff. § 3, § 373[192a], § 383[38].

§§
634 Anh. zu § 349[14], § 472[14].
635 Anh. zu § 349[10], § 472[14].
637 Anh. zu § 349[34].
638 § 159[13], Anh. zu § 349[41], Vorb. v. § 373[15], § 381[17], § 472[20], § 377[193a].
639 Vorb. v. § 373[15].
640 § 348[20].
641 § 439[2].
642 § 425[4].
644 Anh. zu § 372[3], § 425[1], § 430[7].
645 § 428[7].
646 § 472[22].
648 § 472[20].
649 § 383[23], § 412[3], § 425[1], § 428[8].
651 § 1[35], Vorb. v. § 373[14], [15], § 377[55a], § 381[14].
652 Vorb. v. § 93[2], [30].
652ff. Vorb. v. § 93[1], [6], [7], § 93 E, § 99[3].
655 § 385[11].
656 § 350[16], § 354[7].
662 § 48[1], Vorb. v. § 93[10], § 110[6], § 231[21], § 349[41], [53], [57], § 362[2], § 368[99], [108].
662ff. § 84[11], § 349[56], § 368[114], § 383[18].
663 § 362[20], § 383[38].
664 § 22[24], Anh. zu § 58[31], § 238[13].
664—670 § 114[6–10].
665 § 152[1], § 349[61], Anh. zu § 363[5], § 385[11], § 386[2], [3].
665ff. § 84[19], § 231[25], § 253[4].
666 § 59[14], § 118[8], § 137[1], § 204[4], § 231[36], § 241[2], Anh. zu § 342[3], § 347[11], § 384[17], § 408[27].
667 § 59[46], § 96[3], § 113[4], § 114[9], Anh. zu § 350[23], § 368[103].
667ff. § 349[38].
668 § 352[6].
668ff. § 231[24].
669 § 349[38], [57], § 409[7], [11].
669—675 § 59[27].
670 § 59[34a], § 90[1], § 110[3], § 245[2], § 349[41], [61], § 363[8], Anh. zu § 363[2].
671 § 52[5], § 92[1a], § 117[7], § 127[9], § 149[40], § 231[21], § 349[41], [61], § 364[14], § 396, § 402[14], § 409[7].
672 § 92[10], [12], Anh. zu § 424[18].
672ff. § 66[14], § 383[25].
673 § 92[11], § 137[4], § 231[34], § 417[6].
674 § 92[12].
675 § 52[5], Anh. zu § 58[31], [64], § 59[24a], [44], [46], § 84[4], [19], § 92[1], [10], [11], [12], § 204[4], § 231[21], [24], [34], [36], § 241[2], § 243[9], § 253[4], § 349[61], Anh. zu § 356[15], [23], § 352[6], § 362[2], [20], [21], Anh. zu § 363[1], Anh. zu § 372[65], [65a], § 383[19], § 396 Abs. 2, § 407[3], § 408[5], [27], § 409[7].
675ff. § 96[3].
676 Anh. zu § 349[1], [6].
677 § 342[3], § 362[2], [18], § 379[18].
677ff. Anh. zu § 58[64].
678 § 114[13], § 115[5], § 241[1], § 347[9].
678ff. § 115[5].
679 § 115[5].
683 § 110[1], [3], § 354[10], § 373[27a].
688ff. Anh. zu § 382[59a], § 416[2], [5], Anh. zu § 424[13], § 437[4], § 465[9].
690 § 377[201], § 416[4], Anh. zu § 424[13], § 429[9].
691 § 417[8], Anh. zu § 424[13].
693 Anh. zu § 424 E, [14].
694 § 368[35], § 417[10].
695 Anh. zu § 362[12], § 422[4], Anh zu § 424 E, [17].
696 Anh. zu § 424[17].
697 Anh. zu § 372[2], § 420[5], § 424 E, Anh. zu § 424[17].
699 § 420[2].
700 § 1[35], Anh. zu § 58[11], § 363[12], Anh. zu § 363[4], § 368[87], Anh. zu § 376[37], § 416[8], § 419[9], Anh. zu § 424[4], [5], [17], [19].
701 § 472[10].
704 § 366[60], § 368[5].
705 § 105[3], [11], [27], § 109[1], § 137[3], § 176[6].
705ff. § 4[26], § 109 E, Anh. zu § 342[8], Anh. zu § 346[25], [26], [37], Anh. zu § 350[16].
706ff. § 111[1], § 114[2].
707 § 111[5], § 122[15], § 131[13], § 149[8], § 335[29].
708 § 111[12], § 114[2], § 188[4], § 218[7], § 335[32].
709 § 114[2], § 188[4].
710 Anh. zu § 342[1].
712 § 117[1], § 127[9], § 146[5], § 338[11].
713 § 110[3], [7], § 113[4], § 114[6], § 118[8], § 137[1], Anh. zu § 342[3], § 347[11], § 352[6].
714 § 125[1], § 152[1], Anh. zu § 350[10].
716 § 118[1], § 166[2], § 338[7], [10], Anh. zu § 342[3].
717 § 109[11], [12], § 135[2], § 335[27], § 368[5], [103].
718ff. § 105[28], § 124[28], § 335[31].
719 § 109[14].
721 Anh. zu § 342[3].
722 § 121[5], § 168[2], § 202[23], § 335[25], § 336[2].
723 § 115[5], § 132[3], [4], [9], § 339[18], [19], [21], Anh. zu § 342[7], Anh. zu § 346[16a].
725 § 109[17], § 124[28].
726 § 131[5], § 339[7], [8].
727 § 137[4], § 195[5], § 339[3], [4].
728ff. § 137[3], § 339[6].
729 § 136[3].
730 § 145[3], § 156[1].
731ff. § 368[40].
732 § 155[12].
732ff. Anh. zu § 141[4].
733 § 111[7], § 128[16], § 155[13].
734ff. § 154[5].
735 § 122[15], Anh. zu § 141[20], § 155[55], § 202[23].
736 § 195[5], § 339[6].
736ff. § 145[9].
737 § 140[6].
738 § 138[3], § 139[19], § 140[8], [9], Anh. zu § 141[1–5], [6], [8], [10], [13], § 142[3], § 145[9].
739 Anh. zu § 141[1], [16].
740 § 124[27], § 128[18], Anh. zu § 141[1], [21], [22], [28], § 340[10], [11], [13].
741 § 366[18].
741ff. § 225[13].
743 Anh. zu § 424[5].
747 Vorb. v. § 373[60], § 419[3].
751ff. § 133 E.
752 § 419[3].
753 § 225[13].
761 § 350[3], [44], [52].
762 Anh. zu § 348[7], § 350[16], § 355[30], Anh. zu § 376 E., [1], [165], [167], [168], [178], [181], [183], [185–189], [198].
762ff. § 368[7].
764 Anh. zu § 376 E., [162], [163], [165], [167], [168], [171], [177], [181], [198].
765 Anh. zu § 58[11].
765—778 § 349[1].
766 § 2[11], § 74a[13], § 349[6], [23], [41], [52], § 350[5], [9], [71].
767 § 349[13], § 356[1], [4], § 368[32].
768 § 349[14], [15].
769 § 349[49].
770 § 129[9], § 159[17], § 349[12], [16–18].
770ff. § 368[33].
771ff. § 349[22], [25].
772 § 349[26].
773 § 349[48].
774 § 349[16], [38], [40–42], [45], [49], [50], [57], § 356[6], § 369[32].
774ff. § 349[42].
775 § 84[17], § 349[38–40].
776 § 349[35], [36], [43].
777 § 349[26].
778 § 335[37], § 349[56], [62], Anh. zu § 349[27].
779 § 205[4], § 350[3], § 376[27].

§§
780 § 350[10, 16, 19, 22, 52], § 355[30], § 363[8, 17, 19, 22], Anh. zu § 376[70], § 377[138, 192].
780ff. § 348[28], § 349[3], § 350[9].
781 § 350[17–19, 52], Anh. zu § 357[4], Anh. zu § 376[60], § 377[138].
782 § 350[4, 12], § 355[25], § 357[4], § 363[8], Anh. zu § 376[48, 60, 70, 117].
783 § 179[9], § 350[83], § 363[1], Anh. zu § 363[3].
784 § 350[12, 32], § 363[8, 11].
788 § 363[15].
789 § 363[14].
790 § 363[7], Anh. zu § 363[6].
792 § 350[32], § 363[5, 6, 11], Anh. zu § 363[7], Anh. zu § 365[1], § 368[105].
793 § 181 E, § 209[5], § 213[14], § 223[25, 26], § 344[8], § 350[57], § 363[22], Anh. zu § 365[3].
793—806 § 179[2], § 223[16], Anh. zu § 365[1a].
794 § 219[5], § 223[25], § 287[1], § 366[50].
795 § 213[15], § 350[10], § 353[4].
796 § 213[15], § 223[12, 25].
797 § 223[28], Anh. zu § 365[2], § 424[9].
799 § 213[15], § 228[3].
800 § 228 Abs. 1, Anh. zu § 374[12a].
801 § 213[16], § 223[25, 29, 30], Anh. zu § 365[6].
802 § 223[25, 30].
804 § 213[15], § 228[8].
805 § 381[10].
807 § 1[40], § 366[50], § 369[15], § 472[19].
807ff. Anh. zu § 365[1a].
808 § 388[4].
809ff. § 96[1].
810 § 45[1], § 91[4], § 118[5], § 157[9, 15], § 166[1], § 241[2], § 349[14], § 384[20].
811 § 157[14], Anh. zu § 372[2].
812 Vorb. v. § 93[21], § 155[4], § 207[5], § 281[2], § 346[23], Anh. zu § 348[2], § 349[4, 47], § 364[9], Vorb. v. § 373[49], Anh. zu § 376[21], § 377[57, 165], Anh. zu § 382[64, 82], § 383[32], § 385[7], § 424[6], § 433[11].
812 Abs. 1 Anh. zu § 346[17], § 377[168], Anh. zu § 382[85].
812 Abs. 2 Anh. zu § 346[5, 31], § 348[28], § 350[3, 13, 21], § 355[20], Anh. zu § 372[70a], Vorb. v. § 373[64c].
812ff. § 75c[2], § 194[2], § 217[21, 24], Anh. zu § 346[7], § 350[82].

§§
813 § 350[13], Vorb. v. § 373[63a], § 377[141].
813ff. § 213[5].
814 § 261[17], Anh. zu § 346[31], § 350[7, 13, 21, 82], § 355[29, 30], Anh. zu § 372[70a], § 376[50].
815 § 350[81], § 409[2].
816 § 364[10], § 366[69, 73, 74].
817 § 207[5], Anh. zu § 346[1, 4, 6, 7, 11, 18, 31], § 350[16], § 376[45].
818 § 70[25], Anh. zu § 346[6, 7], § 366[69], Vorb. v. § 373[64c], § 377[56b, 101, 165a], § 385[7].
819 Anh. zu § 346[31], § 383[32].
820 § 352[6].
821 Anh. zu § 346[17], § 350[14], § 355[29], § 364[9], § 424[6].
822 § 368[75].
823 § 37[14, 23], § 73[8], § 226[1], § 241[24, 28], § 282[10], § 284[8], § 287[2], Anh. zu § 346[12, 31], § 347[2, 28], Anh. zu § 349[6], § 350[10, 81, 88], Anh. zu § 350[10], § 355[32], § 361[9a, 13], § 366[71, 75], § 368[98, 100], Vorb. v. § 373[49, 56a], Anh. zu § 376[31], § 377[120, 121, 122, 162, 169, 177], Anh. zu § 424[6], § 472[6, 13].
823 Abs. 1 Anh. zu § 346[50], Anh. zu § 361[6b], § 377[77].
823 Abs. 2 § 19 E, Anh. zu § 37[9], § 202[3], § 204[2], § 241[28], Anh. zu § 346[12, 19], Anh. zu § 349[26, 27], Anh. zu § 361[9a], Vorb. v. § 373[64c], § 377[2], § 418[3].
823ff. § 223[46], § 241[26], § 267[5], § 346[1], Anh. zu § 349[1], Anh. zu § 350[8], § 467[2].
824 § 273[11], Anh. zu § 349[26].
826 § 29 E, § 37[10, 23], § 70[15], § 73[8], § 75f[2], § 126[15], § 202[3], § 226[1], § 241[4, 24, 28, 30], § 335[32], § 346[21], Anh. zu § 346[1, 3, 5, 9, 10, 12, 13, 14, 23, 25, 31], § 348[28], Anh. zu § 349[5, 25, 33], § 350[8, 56, 81, 88], § 361[9a, 13, 94], § 368[9a, 100], Anh. zu § 372[11, 38], Vorb. v. § 373[24, 49, 51, 60, 64c, 64e], Anh. zu § 376[31], § 377[41b, 77, 120, 121, 162, 169, 177], Anh. zu § 377[2], § 381[6], § 383[21], § 387[4].
830 § 226[1], § 377[172, 175a].
831 § 232[44], Anh. zu § 346[18, 55], § 347[13, 28], Anh. zu § 349[38], Anh. zu § 372[59], Vorb. v. § 373[56a], § 377[150b, 173, 174], § 429[24], § 472[13].

§§
832 § 76[9].
835 § 350[30].
839 § 10[2], § 192[8].
840 § 226[1], § 241[36], § 347[13], § 472[19].
842—846 § 62[7, 9, 10, 11].
847 § 368[103].
852 § 62[7], § 209[7], § 241[19], Anh. zu § 349[31], § 377[146, 175a, 175b].
853 § 126[15].
854 § 195[19]; § 209[5], § 366[12], Anh. zu § 382[64].
855 § 59[45], § 366[46], § 368[9a], Anh. zu § 382[110].
858 § 366[71].
861ff. § 368[39], Anh. zu § 382[64].
862 Anh. zu § 349[33].
868 § 195[19], § 366[13, 46, 54], § 368[95, 97], § 369[28], Vorb. v. § 373[56], § 377[68a], Anh. zu § 382[58, 63], § 440[6].
870 § 363[35], § 368[9c], § 419[8], § 424[7, 9], § 440[6].
873 § 1[34], Vorb. v. § 93[23], § 186[19], § 350[30, 51, 84, 85], § 353[12].
883ff. Anh. zu § 382[71].
892 § 207[5], Anh. zu § 346[21], § 377[165a].
894 Anh. zu § 346[6].
895 Anh. zu § 141[3].
925 § 182[13], § 350[2, 22, 66, 84, 85], Anh. zu § 382[70].
926 § 368[37].
929 § 40[4], Anh. zu § 58[27], § 222[9], § 223[17], § 365[10], § 366[1, 2, 12, 18, 63], § 368[16], § 369[15], § 381[5].
929—931 § 1[34], Anh. zu § 382[45b].
929ff. § 186[19], § 350[43], § 365[10], § 368[63].
930 § 366[2], § 368[95, 97], Vorb. v. § 373[56], § 373[2], § 383[30, 33].
931 Anh. zu § 361[9b], § 363[35, 38], § 366[1, 2b], § 369[15, 32], Vorb. v. § 373[56], § 419[8], § 428[7, 9].
931ff. Anh. zu § 382[64].
932 E[68], § 172[9], § 217[11], § 227[6], § 363[37], § 365[10], § 366[4, 36b, 36c, 36d, 37, 48, 51, 54, 56], § 385[13], § 419[4].
932ff. § 27[28], § 105[30], § 219[5], § 222[14], § 365[8–11], § 366[4, 31, 32, 41, 46], § 367[1], § 368[67], § 369[21, 84], § 383[35].
933 § 22[60], § 366[4].
934 § 363[35], § 366[4, 54].
935 § 179[8], § 336[37], § 365[9], § 366[4, 39, 45–50, 55, 74], § 368[68].
936 § 363[37], § 366[4, 35–40, 42, 46, 54], § 429[9].

§§
937 § 22[6], § 366[71].
946 Anh. zu § 382[71].
946—948 § 368[39].
947 § 419[1].
947 ff. § 366[74], Anh. zu § 382[71], § 383[36].
948 § 366[74].
949 § 374[75], § 419[7].
950 § 381[18].
951 § 366[74], § 383[36].
952 § 366[50], Anh. zu § 365[10], Anh. zu § 372[69].
953 § 368[2].
956 § 1[38], § 368[2], Anh. zu § 382[59b].
978 ff. § 465[9].
985 Anh. zu § 346[5], § 366[70], [74], § 368[39], Anh. zu § 424 E.
985 ff. Anh. zu § 346[6], Anh. zu § 382[63b], § 424[6].
986 § 366[70], § 369[33], Anh. zu § 382[64].
987 § 376[71].
987 ff. § 350[82], § 366[75], § 368[98].
988 § 366[74].
989 Anh. zu § 346[31], § 366[74], Anh. zu § 374[75].
989—991 § 366[71].
990 § 366[71], [72], [74].
992 § 366[74].
994 § 366[74], § 377[71].
1000 Vorb. v. § 369[8].
1004 Anh. zu § 349[30].
1006 § 179[8], Anh. zu § 363[11], Anh. zu § 365[2], § 366[51], [87], § 368[96].
1007 § 369[39].
1008 ff. § 366[18].
1011 Anh. zu § 382[64], § 419[8].
1015 § 350[66].
1017 § 49[2], § 207[2], § 350[30], [52].
1018 ff § 49[2].
1030 ff. § 49[2].
1032 § 366[34], § 369[33].
1035 Anh. zu § 382[69].
1037 § 252[6].
1048 Anh. zu § 382[69].
1065 § 369[39].
1067 § 22[17].
1074 § 22[16], [17].
1105 § 49[2].
1113 ff. § 49[2].
1120 § 368[37], Anh. zu § 382[72].
1127 ff. § 1[63a].
1133 Anh. zu § 359[12].
1142 § 373[27c].
1149 § 368[43].
1153 § 369[16].
1154 § 1[41], § 22[27], § 350[12], [23], [56], [83].
1155 § 377[165a].
1165 § 349[33].

§§
1187 ff. § 185[10], § 364[4].
1190 § 22[27].
1192 § 1[41], § 350[33].
1194 Anh. zu § 372[2], [4].
1195 § 1[41].
1200 Anh. zu § 372[2].
1204 § 368[7].
1204 ff. § 368[6].
1205 § 222[13], § 365[11], § 368[18], [22], [24], [96], Anh. zu § 382[110], § 419[8], Anh. zu § 424 E.
1205 Abs. 2 § 363[32], § 368[6], [9c], [11a], [16], [18], [22], [24], § 369[32], § 424[7].
1205 ff. § 366[54].
1206 § 368[6], Anh. zu § 424 E.
1207 § 363[37], § 365[11], § 368[25a], [26], [28], [30], § 377[165a].
1207 ff. § 366[54], [56], § 368[20], [28].
1208 § 368[25], [28], [30], [77], [79].
1209 § 368[7], [11], § 443[8]
1210 § 349[11], § 356[4], § 368[32], § 369[58], § 440[2].
1211 § 368[33].
1212 § 368[37].
1213 ff. § 22[19], § 368[37].
1215 § 368[34a].
1217 § 368[34].
1218 § 347[11], § 368[34].
1218 ff. § 373[32].
1219 § 368[35].
1220 § 368[35a].
1221 § 93[5], § 368[35a], [74], § 371[21].
1222 § 368[36], § 369[57].
1223 § 349[47], § 368[37], [38], [65], [99], § 369[64].
1224 § 368[33].
1225 § 349[45], [51], § 368[71].
1227 § 368[39], § 369[39].
1228 § 368[37], [41], [44], [61], § 369[10].
1228 ff. § 368[41], [73], [99].
1229 § 368[43].
1230 § 368[52], [59], [61].
1231 § 368[41], [72].
1232 § 368[40], § 371[3].
1233 § 366[75], § 368[41], [66], [67], § 371[13].
1234 § 368[45], [46], [47], [74], [93], § 371[15], [21], § 440[12].
1235 § 93[5], § 368[43], [48], [59], [61], [66], [67], [68], § 377[122].
1236 § 368[51], § 374[3].
1237 § 368[53], [59], [61], § 371[15], § 377[122], § 440[12].
1238 § 368[55].
1239 § 368[56].
1240 § 368[57], [61], [66], [67], [68].
1240 ff. § 368[59].
1241 § 368[58], § 440[12].
1241 ff. § 371[15].
1242 § 368[47], [53], [64], [65], § 371[11].
1243 § 368[44], [47], [48], [51], [52], [54], [57], [58], [59], § 371[11].

§§
1243 ff. § 368[44], [59].
1244 § 366[75], § 368[15], [26], [59], [62], [67], [71b], [75a], § 371[11], § 377[165a].
1245 § 368[44], [47], [49], [53], [55], [56], [57], [62], [69].
1246 § 368[53], [55], [56], [57], [62], [69].
1247 § 349[40], § 368[67], [71], [71b].
1248 § 368[45], [62].
1249 § 368[38], [65].
1250 § 349[44], § 364[4], § 368[7], § 369[8], [16].
1252 § 356[1], § 368[7], [98], § 424[9].
1253 § 368[11], [39], [48], § 369[63].
1254 § 368[39a].
1255 § 369[39].
1256 § 349[47], § 369[39].
1257 § 222[11], § 226[59], § 366[60], § 368[89], [92], § 369[34], [57], [58], § 397[8], § 424[9], § 440[9], § 443[8].
1258 § 368[36], [39], § 419[7].
1259 § 207[2].
1273 § 22[19], § 349[44], § 368[99].
1274 § 109[17], § 212[16], § 223[11], § 350[34], § 368[5], [18], [26], § 369[7].
1275 § 223[13].
1276 § 368[37].
1277 § 368[75], [106], [108].
1278 § 368[39].
1280 § 222[7], § 223[13], § 350[26], § 368[18], [102].
1282 § 368[73], [74], [75], [106].
1283 § 368[73].
1287 § 368[73], [77], [91].
1288 § 368[73], Vorb. v. § 369[14].
1289 § 368[37].
1292 § 223[13], § 368[14], [15], [17], [26], [28], [39], [86], § 369[43].
1293 § 223[13], § 368[13], [25], [72], [86], § 424[9].
1294 § 368[15], [37], [72], [73].
1295 § 368[15], [25], [26], [73], [74], § 371[21], Anh. zu § 376[45].
1296 § 213[15], § 368[37].
1317 § 189[2].
1335 E[64].
1338 § 368[71].
1354 E[63], Anh. zu § 372[20].
1356 § 59[9].
1358 E[73], § 59[23], § 71[6].
1362 E[72], § 179[8].
1367 E[46], [48].
1370 E[46].
1373 E[72].
1375 E[48], [68], § 22[19].
1375 ff. § 366[36d].
1376 E[68].
1379 E[48].
1381 Anh. zu § 58[37].
1383 E[68], § 22[19], § 366[36a].
1388 E[57].

§§
1395 E[45], § 366[36].
1399 E[39], § 366[36].
1400 E[55].
1401 § 366[36].
1402 E[65].
1404 § 366[36–36c].
1405 E[44, 45, 48, 56, 57, 59, 75], § 344[7], § 366[36].
1408 E[70].
1409 E[58].
1410 E[69].
1411 § 366[36].
1412 E[44].
1414 E[44, 48].
1418 E[65].
1426ff. E[58].
1434 § 182[13], § 350[66].
1435 E[59, 57].
1437ff. § 39[1].
1438 E[46].
1440 E[46].
1443 E[45, 48, 54, 72].
1445 § 350[88].
1449 E[44].
1452 E[44, 57, 59], § 39[1].
1459 E[44, 57, 71], § 369[20].
1460 E[44, 57].
1462 E[44, 48].
1519 E[46, 57, 59].
1522 § 1[63a].
1524 E[46].
1529 § 1[63a].
1530 E[57, 71].
1532 E[44, 57].
1533 E[44].
1549 E[44, 46, 57, 59, 71].
1554 E[46].
1567 E[64].
1575 Anh. zu § 372[20].
1577 § 18[4], § 21[2].
1597 § 37[14].
1617 § 59[9].
1626ff. § 1[21].
1631 § 76[8].
1641 § 252[7].
1643 § 1[21], § 48[4], § 59[35a], § 182[9], § 335[26].
1643 Abs. 1 § 76[13].
1645 § 1[21].
1646 Anh. zu § 58[37].
1649ff. § 22[19].
1651 § 1[21].
1655 § 1[21], § 22[19].
1666 § 76[8].
1706 § 18[4].
1714 Anh. zu § 350[3].
1719 § 18[4].
1736 § 18[4].
1750 § 350[66].
1758 § 18[4].
1770 § 350[66].
1772 § 21[2].
1793 Anh. zu § 374[154].
1797 § 38[3], § 146[3].

§§
1800 § 76[8].
1804 § 312[12].
1820ff. § 1[21].
1822 Nr. 10 § 349[3], Nr. 12 Anh. zu § 350[3].
1822 Nr. 11 § 48[4], Nr. 6 § 76[13], Nr. 3 § 145[15], Nr. 3 § 161[6], § 182[9], § 145[16], § 335[26].
1823 § 1[21], § 27[22].
1827 § 1[21].
1827 Abs. 1 § 76[13].
1829 § 95[2].
1837 § 76[8], § 161[6].
1897 § 1[21].
1909 § 76[15].
1915 Anh. zu § 374[154].
1922 § 27[6], § 139[25].
1942ff. § 27[20].
1943 § 27[12].
1958 § 27[15].
1959 § 27[15, 28], § 137[1].
1960ff. § 27[19].
1961 Anh. zu § 374[154].
1967 § 27[11], § 137[2], § 139[4].
1967ff. § 177[2].
1973 § 27[7].
1975 § 27[7], Anh. zu § 374[159].
1984 § 366[83].
1994 § 27[6].
2003ff. § 27[6].
2013 § 27[8].
2014 § 27[15].
2014ff. Anh. zu § 374[153].
2017 Anh. zu § 374[154].
2032 § 27[30].
2032ff. § 27[25], § 139[7].
2038 § 27[27], § 137[2], § 146[1, 7].
2040 § 139[7].
2048 § 139[7].
2058ff. § 27[26], § 137[2].
2060 § 139[4].
2100 § 139[4].
2101 § 210[4].
2112 § 22[6a], § 139[4].
2113 § 366[78].
2129 § 366[78].
2142 § 139[4].
2165 § 27[32].
2174 § 22[7].
2203 § 48[4].
2207 § 48[4].
2211 § 366[79].
2228 § 37[14].
2276 § 182[13], § 350[66].
2290 § 350[66].
2301 § 350[83, 10].
2303 § 139[4].
2304 § 139[4].
2305 § 139[4].
2348 § 350[44].
2353ff. § 12[6].
2371 § 22[20], § 350[44].
2383 Anh. zu § 374[159].

4. Handelsgesetzbuch (alte Fassung).

Art.
10 § 4[9].
34ff. Anh. zu § 47 E.
50 § 56[3].
51 Anh. zu § 58[25].
52 Anh. zu § 58[1].
69 § 93[7].
82 § 92[2].
92 § 111[6, 7].
94 § 114[15].
95 § 111[14].
98 § 109[11], § 110[6].
106 § 121[1], § 120[7].
143 § 155[13].
150 § 161[16].
168 § 171[23], Anh. zu § 177[29].
169 § 171[2].
184c § 221[5].
209 § 182[2].
209a § 183[2].
213 § 210[13].
219 § 211[1, 8].
237 Abs. 2 § 254[5].
271ff. § 1[31, 35, 39], § 343[3].
273 Abs. 3 § 343[6, 23].
275 § 343[22].
325 Anh. zu § 372[49].
338 Vorb. v. § 373[13].
341 Anh. zu § 382[24].
344 Anh. zu § 382[30].
353 Vorb. v. § 373[29].
360 § 381[1].
362 § 408[16].
363 § 386.
380 § 408[7, 16].
387 § 408[16], § 410[15].
390 § 426[1].
391 § 425[9].
395 § 429[4], § 430[2].
397 § 429[4].
408 § 388 E.
411 § 443[3].
422 § 473[1].

5. Einführungsgesetz zum Gesetze betr. Änderungen der Konkursordnung vom 17. Mai 1898.

Art.
5 § 342[14].
6 § 342[14].

6. Konkursordnung.

§§
1 § 1[4], § 17[4], § 38[9].
2 § 39[1].
3 § 349[21].
3 Abs. 1 § 340[17].
6 § 1[4], § 145[18], § 292[8], § 368[82].
7 § 1[4], § 52[12], Anh. zu § 361[30], § 365[9], § 366[83], Anh. zu § 382[80], Anh. zu § 58[73], § 293[7], § 348[40].

§§
8 Anh. zu § 382[80], § 363[18], Anh. zu § 363[13].
10 Anh. zu § 382[82a].
15 § 369[58], Anh. zu § 382[61, 97].
16 § 340[17], § 131[18].
17 Anh. zu § 587[3], § 75e[3], § 92[13], § 355[41], § 363[18], Vorb. v. § 369[17], Anh. zu § 374[88], § 397[7], § 218[15], § 348[40], § 349[40], § 392[11], Anh. zu § 363[13], Vorb. v. § 373[53], Anh. zu § 382[60, 76–80, 82, 82b, 82d, 83–83c, 85–93, 95, 96, 98, 105, 111].
17ff. § 341[2].
18 Anh. zu § 382[96], § 376[1].
18 Abs. 2 E, § 374[144].
19 § 349[12].
21 § 363[18], Anh. zu § 382[94].
22 § 70[28], § 71[6], § 75[5], § 84[4], § 92[12], § 231[34], § 348[36].
23 § 52[12], Anh. zu § 58[73], § 70[28], § 363[18], § 383[25], § 407[22].
23 Abs. 2 § 92[12].
26 § 348[40], Anh. zu § 363[13], § 368[114], Anh. zu § 382[77, 78, 83–83c, 85–91], § 383[25].
26 Abs. 2 Anh. zu § 382[114].
27 § 92[12].
28 § 137[3], § 339[6].
30 § 355[41], § 366[31].
35 Anh. zu § 346[33].
36 § 342[6].
37 § 352[11].
37—40 § 342[7, 8, 9].
39 § 355[41].
40 § 342[8].
41 § 342[6], § 368[108].
43 § 218[15], Anh. zu § 346[6], § 363[38, 108], Anh. zu § 382[60, 61, 89, 90, 99, 100], § 392[5], § 390[9].
43ff. § 341[5].
44 § 369[38], § 366[40], Anh. zu § 382[83, 98–101, 116, 117], § 397[14], § 410[15].
46 § 218[15], § 392[5], Anh. zu § 426[6], § 368[114].
48 § 368[81, 111], § 399[1].
49 Vorb. v. § 369[17], § 383[25], § 397[7].
49 Nr. 4 § 366[59].
49 Ziff. 1 § 368[79], § 369[60].
51 § 131[18], § 341[3].
53 § 349[47].
54 Abs. 1 § 349[44], § 368[111].
54 Abs. 3 § 349[47].
55 § 349[44, 47], Anh. zu § 350[8], § 397[12].
59 § 70[28], § 75e[3], § 155[4], § 348[40], Anh. zu § 382[82b, 90, 93].
60 Anh. zu § 382[82b, 93].

§§
61 § 59[48], § 70[21, 28], § 75e[3], § 84[4], § 88[21], § 231[34], § 245[18], § 356[4].
62 § 348[40], Anh. zu § 382[82b].
63 Ziff. 4 Anh. zu § 350[9].
64 § 349[21, 48], § 368[86, 108], § 366[82].
67 § 439[47].
68 § 349[21, 47, 48], Anh. zu § 350[14], § 368[15].
69 Anh. zu § 382[76, 77, 83].
81ff. § 368[82].
86 § 131[12].
100ff. § 292[12].
102 § 240[9], § 202[17].
104 § 293[7].
106 § 366[76].
109 § 307[10], § 292[12].
112 § 143.
116 § 307[10].
117 § 368[81].
123ff. § 292[12].
129 § 382[83].
133ff. § 368[82].
135 § 131[12], § 292[12].
136 Anh. zu § 350[3], Anh. zu § 382[81].
144 § 292[12].
145 Abs. 2 § 349[47], § 355[41].
146 Abs. 1, 5 Anh. zu § 382[83].
146 Abs. 2 § 124[25].
149 Anh. zu § 374[11].
153 § 307[11], § 368[86, 108].
163 § 307[11].
164 Abs. 2 § 124[25].
168 Anh. zu § 350[8].
173 § 292[12].
180 § 131[12].
189 § 292[12].
193 § 128[9], § 349[20, 40], § 356[1], § 368[33], Anh. zu § 382[72, 95a].
198 § 32[1].
202 § 307[12, 13].
204 § 307[11].
207 § 292[7].
207 Abs. 2 § 158[1].
208 § 240[14, 16], § 241[16], § 315[3, 5].
209 § 131[11], § 158[1], § 330[5, 6, 8].
210 § 330[5].
210ff. § 149[27].
211 § 128[28], § 149[27], Anh. zu § 177[1], § 320[56], § 330[8].
212 § 128[5].
213 Anh. zu § 346[39].
223 § 369[58].
239 § 4[25].
239ff. § 38 E, § 44[3], § 131[12].
240 § 4[25], § 39[1], § 154[6], § 315[3, 5].
241 Anh. zu § 346[21].
243 § 317[7].

§§
244 § 154[6].
292 § 307[13].

7. Anfechtungsgesetz.

§§
3ff. § 124[2], Anh. zu § 346[33].

8. Gesetz betr. private Versicherungsunternehmungen vom 12. Mai 1901.

§§
1 § 1[59, 63a].
1—7 § 1[61].
4 § 1[60].
5 § 33[14].
7 § 1[59].
9 § 1[59].
14 § 1[59].
15 § 1[60]
16 § 1[61, 62], § 38[1], § 59[11], § 84[33].
18 § 1[61].
20 Anh. zu § 346[27].
21 § 1[61].
24 § 1[60].
30 § 1[61], § 12[5], § 33[7].
32 § 33[12, 16].
33 § 10[1].
40 § 34[2].
40ff. § 34[4].
41 § 1[59], § 34[2].
47 § 1[61].
53 § 1[61].
55 § 1[60], § 38[5b], § 250[12], § 261[2].
56 § 1[60].
57 § 1[60], § 262[2].
61 § 1[60].
64 § 246 E, § 267[1].
65 § 252[36], § 253[1], § 254[27].
67 § 14[1], § 292[16], Anh. zu § 346[45].
69 Anh. zu § 350[1].
73 Anh. zu § 350[1].
73ff. § 292[14], Anh. zu § 346[45].
85 § 33[4].
85ff. § 84[32].
87ff. § 84[15].
89 § 13[19].
101 § 29[11].
103 Anh. zu § 346[27].
105 § 312[2].
106 § 1[60], § 261[1].
108 § 84[32].
109 § 315[3].
115 § 13[5, 18], § 54[6a], § 84[15, 32], Anh. zu § 785[2].
119 § 1[61].
123 § 274[3].

9. Reichsgesetz über den Versicherungsvertrag vom 30. Mai 1908.

§§
1 § 1[63a].
2 Anh. zu § 361[87].

§§
4 Anh. zu § 365[10].
10 Anh. zu § 361[5].
17 § 348[2].
20 § 348[2].
24 § 348[2].
27 § 348[2].
32 § 33[12].
36 Anh. zu § 372[2].
43 § 363[22].
43—48 § 54[6a], § 84 E, [31], [33].
55 § 347[25].
58—60 § 347[25].
67 § 347[25].
70 § 348[2].
74ff. Anh. zu § 382[36].
81 Anh. zu § 361[24], [43], [51].
92 Anh. zu § 361[5].
110 Anh. zu § 361[5].
129 Anh. zu § 382[36].
153 Anh. zu § 361[5].
171 Anh. zu § 361[5].

10. Reichsgesetz gegen den unlauteren Wettbewerb vom 7. Juni 1909.

§§
1 § 37[19], [26], § 59[41], [46], § 70[15], § 84[22b], Anh. zu § 346[9], [18], [52], [53], [55], Anh. zu § 349[1], [32], [33], [35].
3 § 37[29].
4 Anh. zu § 58[32].
12 § 59[46], § 84[16b], § 114[9], Anh. zu § 346[18].
13 Anh. zu § 58[32], § 59[46], Anh. zu § 346[18], [55], Anh. zu § 349[33].
14 Anh. zu § 58[32], Anh. zu § 346[52], [55], Anh. zu § 349[1], [8], [32–35].
15 Anh. zu § 58[32], Anh. zu § 346[52], Anh. zu § 349[1], [8], [32].
16 § 4[23], § 17[6], § 20[1], § 37[19], [26], Anh. zu § 58[32].
17 § 59[38–41], § 84[22b].
18 § 59[39], § 84[22b].
19 § 59[8].
20ff. Anh. zu § 349[1].
21 § 59[43].
22 § 59[43], Anh. zu § 346[18], Anh. zu § 349[40].
23 § 13[3].
24 § 13[3], Anh. zu § 349[11], [32].
26 § 59[43].
27 Anh. zu § 349[32].

11. Warenzeichengesetz von 1894.

(S. § 4[23].)

§§
12 § 37[26].
13 § 17[1], § 20[1], § 37[26].
14 § 30[1], § 37[19], [20], [26].
15 § 17[6].
19 § 37[26].
23 § 13[3].

12. Wuchergesetz v. 24. Mai 1880 u. 19. Juli 1893.

Art. 4 § 355[23], Anh. zu § 357[2].

13. Patentgesetz.

§§
1 Vorb. v. § 373[7].
4 Vorb. v. § 373[5].
5 Vorb. v. § 373[5].
6 Vorb. v. § 373[9], [10].
7 Vorb. v. § 373[5].
10 Vorb. v. § 373[7].
11 Anh. zu § 346[23], Vorb. v. § 373[11].
19 Vorb. v. § 373[6].
35 Vorb. v. § 373[5].

14. Gesetz betr. die Abzahlungsgeschäfte vom 16. Mai 1894.

§§
1—5 Anh. zu § 382[34].
4 § 348[32].
5 Anh. zu § 382[66].
6 Anh. zu § 382[74a].
7 Anh. zu § 382[74a].
8 § 1[1], § 4[28], § 348[32], Anh. zu § 382[44b].

15. Grundbuchordnung.

§§
11 § 37[14].
13 § 350[86].
20 § 350[86].
29ff. § 54[15].
30 § 48[6].
33 § 9[3], § 17[7].
35 § 9[3], § 125[28].
48 § 200[6].

16. Gesetz betr. die Gesellschaften m. b. H.

§§
2 § 12[2], § 351[79].
3 Anh. zu § 346[41].
4 § 22[7], § 30[8].
5 § 105[37].
13 § 6[1], § 17[24].
15 § 222[6], Anh. zu § 346[41], § 350[46], Anh. zu § 361[14].
19 § 355[15].
35 § 48[9], [13].
41 § 1[64], § 38[3].
44 § 38[3].
47 § 48[4].
62 Anh. zu § 346[45].
71 § 38[3].
80 § 303[10], § 305[5].
81 § 303[10], § 305[5].

17. Reichsstrafgesetzbuch.

§§
2 § 314[12].
34 Vorb. v. § 373[55].
43—46 § 312[2].
47—50 § 312[2].
67 § 312[2].
123 § 368[9].
145a § 350[10].
149 § 181[4].
185 § 71[5], § 210[5], Anh. zu § 349[8], [32].
187 § 17[24], § 124[3].
191 Anh. zu § 349[26].
193 § 71[5], Anh. zu § 349[34], [35].
246 § 312[4], § 366[12a].
257 Vorb. v. § 373[64c].
259 § 202[21].
260 § 1[12].
263 Anh. zu § 346[12], § 347[2], Anh. zu § 349[8], Anh. zu § 363[4], § 377[149b], [162], § 384[18].
266 § 72[2], § 312[4], § 366[12a].
286 Vorb. v. § 373[55].
288 Anh. zu § 346[12].
302 § 74a[12].
302a Anh. zu § 346[22].
360 Nr. 4 u. 5 § 181[4].
360 Nr. 12 § 416[3].

18. Wechselordnung.

Art.
4 Nr. 8 Anh. zu § 372[2].
11—13 § 222[8], § 365[1–4].
14 § 363[31], § 395[3].
15 § 395[3].
17 § 395[3].
21 § 350[56], § 363[21].
36 § 222[13], § 365[7], [8], [11].
38 § 364[18], Anh. zu § 374[11].
39 § 364[18].
50 § 352[12].
51 § 352[12].
74 § 222[13], [14], § 365[9], [11], § 366[57].
75 § 222[14].
81 § 352[12].
82 § 223[12], § 349[10], § 364[5], Vorb. v. § 373[64d], § 395[4], [6].
97 Anh. zu § 372[2].

19. Scheckgesetz vom 11. März 1908.

§§
1 Anh. zu § 363[3].
2 Anh. zu § 363[3].
4 Anh. zu § 363[10].
5 Anh. zu § 363[3], Anh. zu § 372[2].
7 Anh. zu § 363[18].
8 Anh. zu § 363[10].
10 Anh. zu § 363[3].
11 Anh. zu § 363[3].

§§
12 Anh. zu § 363[12].
13 Anh. zu § 363[8].
14 Anh. zu § 363[2].
15 Anh. zu § 363[2].
16 Anh. zu § 363[12].
17 Anh. zu § 363[11].
25ff. Anh. zu § 363[16].
26 Anh. zu § 363[18].
29 Anh. zu § 363[8].

20. Börsengesetz vom 22. Juli 1896.

Anh. zu § 376 E.
§§
48 Anh. zu § 376 E, [5].
50—52 Anh. zu § 376 E, [100].
69 § 11[28].

21. Börsengesetz vom 8. Mai 1908.

Anh. zu § 376.
§§
1 Anh. zu § 376[22, 173].
4 Anh. zu § 376[8].
5 Anh. zu § 376[8, 22].
7 Anh. zu § 376[22].
9ff. Anh. zu § 376[207].
28 Anh. zu § 376[84].
29 § 400[4].
29ff. § 93[5].
30 § 93 E, [5].
32 § 59[22], § 93[5], § 95[5].
33 § 100[8].
34 § 93[5].
36ff. Anh. zu § 376[8].
43—47 § 189[29].
44 Anh. zu § 376[8].
45 § 203[1].
45—49 § 203[12, 16], Anh. zu § 349[2], § 381[12a].
48 § 203[16].
50 Anh. zu § 376[1, 3, 7, 8, 80].
51 Anh. zu § 376[1, 3, 11, 19, 93, 104].
50—62 Anh. zu § 376 E.
50—66 Anh. zu § 376[134].
52 Anh. zu § 376[1, 2, 7, 18, 54, 86].
52ff. § 355[30], Anh. zu § 376[11].
53 § 5[4], Anh. zu § 376 E, [1, 3, 4, 6, 11, 17, 18, 19, 34, 54, 80, 84, 87, 89].
54 § 350[54, 60], Anh. zu § 376 E, [1, 6, 33, 34, 36–39, 52, 56, 77, 80, 83, 88, 94, 96, 164, 184].
55 Anh. zu § 376[1, 47, 48, 52, 55, 60, 63, 64, 68, 77, 83], Anh. zu § 348[7], § 355[30].
56 Anh. zu § 376 E, [1, 33, 48, 56, 57, 58, 60, 64, 80, 95].
57 Anh. zu § 376 E, [1, 6, 11, 33, 47, 56, 89, 164], § 384[43].
58 Anh. zu § 376 E, [1, 6, 12, 28, 30, 88–94, 153, 164, 184].
59 § 355[30], Anh. zu § 376 E, [1, 34, 47, 62, 64, 80, 82, 83].
60 Anh. zu § 376[1, 15, 76, 92, 159].
61 Anh. zu § 376[1, 14, 22, 80, 81, 198].
62 Anh. zu § 376 E, [1].
63 § 355[30], Anh. zu § 376 E, [1, 2, 7, 8, 99, 100, 104, 105].
63—70 Anh. zu § 376 E, [1].
64 Anh. zu § 376 E, [99, 100, 105, 107, 108, 129].
65 § 355[30], Anh. zu § 376 E, [2, 99, 100].
66 Anh. zu § 376 E, [76, 99, 107, 117, 147].
67 Anh. zu § 376 E, [84, 99, 101, 131–134, 138, 139, 140, 142–146].
68 Anh. zu § 376 E, [134, 148, 149, 175].
68—70 Anh. zu § 376 E, [134].
69 Anh. zu § 376 E, [114, 117, 151].
70 Anh. zu § 376 E, [123, 159, 180].
71 Anh. zu § 376 E.
78 § 400[17].
79 § 400[17].
88 § 312[1].
88ff. Anh. zu § 376 E.
91ff. Anh. zu § 376 E.
94 Anh. zu § 76 E.
95 Nr. 2 § 401[9].
96 Anh. zu § 376 E.

22. Bankgesetz vom 14. März 1875.

§§
2 § 361 E.
13 § 7[2].
43 § 7[2].
44 § 7[2].

23. Hypothekenbankgesetz vom 13. Juli 1899.

§§
5 § 6[3].
5ff. § 7[2].
25 § 40[7].
26 § 40[7].
47 § 289[5].

24. Bankdepotgesetz vom 5. Juli 1896.

Vgl. § 1[68], § 368[87], Anh. zu § 424.
1 § 1[40], § 38[8], Anh. zu § 376[36, 45], § 383[28], Anh. zu § 424[7, 8, 9].
2 § 252[8], § 368[87], Anh. zu § 376[37], § 397[2], Anh. zu § 424[4, 7, 8, 9].
§§
3 E 22, Anh. zu § 376[5, 38], § 383[29], § 384[18, 44].
4 § 383[32], § 384[18].
7 Anh. zu § 382[99], § 383[27, 31].
8 § 366[86], § 369[11, 22], Anh. zu § 382[99], § 383[27, 31], § 397[2], § 406[18, 32].
8—11 § 1[1].
9 § 44[3], § 397[2].
10 § 384[18].
13 § 4[28], § 38[8].

25. Gesetz über Verlagsrecht vom 19. Juni 1901.

§ 1[78, 79].

26. Totalisatorgesetz vom 5. Juli 1905.

Anh. zu § 376[181].

27. Gesetz betr. Angelegenheiten der freiwilligen Gerichtsbarkeit.

§§
6 § 196[5].
6—9 § 259[4].
8 § 17[22].
11 § 254[16], § 266[15].
12 § 2[18], Anh. zu § 8[9a], § 14[4], § 198[11], § 234[4], § 254[20], § 266[15], § 296[4], § 302[6].
14 § 14[6].
15 § 14[6].
16 § 14[5].
18 § 14[14].
19 § 266[15].
20 § 11[3], § 14[4, 15], § 194[4], § 266[15], § 274[4], § 277[1], § 295[12].
20—30 § 14[9].
22 § 14[5].
28 § 14[13], § 254[26], § 266[15].
29 § 14[13, 14].
34 § 9[2], Anh. zu § 9[1], § 257[3].
99 § 166[7].
107 § 9[3].
125 § 8[2].
126 § 2[18], § 8[3], § 14[15], § 37[9], § 309[16].
127 § 14[4], § 148[1], § 273[22], § 309[17].
128 § 11[3].
129 Anh. zu § 8[7], § 195[6].
131 § 139, § 265, § 201[12, 17].
132—140 § 14[3].
133 § 14[2].
139 § 14[5, 9].
140 § 14[17].
141 § 31[5].
141—144 § 14[1].
142 § 5[5], § 13[8], § 14[1, 17], § 31[3], § 37[8, 22], § 50[2], § 106[7], § 157[5], § 180[6].

§§
142—144 Anh. zu § 8[5], § 37[8], § 274[4], § 277[7], § 284[7], § 319[16].
144 § 198[4], § 261[3], § 308[3], § 310[3], § 311[1], § 330[37].
145 Anh. zu § 8[4], § 146[9], § 192[3], § 194[1, 2], § 254[16, 26], § 295[6], § 302[7, 18].
146 Anh. zu § 8[4], § 133[11], § 146[9], § 192[3], § 194[1, 2], § 254[20], § 266[15], § 295[6], § 302[18].
162 § 9[3].
164 Anh. zu § 379[2], § 438[14].
166 § 368[49].
167 § 12[2].
167ff. § 182[13].
168 § 17[12].
169 § 12[4], § 259[2].
176 § 259[2].
177 § 350[66].
179 § 259[2].
182 § 350[66].
199 § 14[13], § 266[15].
200 § 255[5].

28. Gerichtsverfassungsgesetz.

§§
9 § 14[11].
18 Anh. zu § 372[12].
27 § 312[3].
70 § 36[10].
73 § 313[3].
101 E[5], § 1[61], § 5[4], § 272[8].
102 § 272[8].
113 § 4[28].
118 § 346[13].
186 § 17[22].
189 § 14[13].

29. Einführungsgesetz zur Zivilprozeßordnung.

§
13 Anh. zu § 47 E.

30. Zivilprozeßordnung.

§§
3 Anh. zu § 373[74].
4 § 348[37], § 349[12], § 355[16], Anh. zu § 357[6], § 373[54], § 377[71a].
13 Anh. zu § 372[19].
17 § 106[4], § 124[17], § 182[17], § 210[13], § 294[3].
21 § 5[4], § 13[3, 6, 18], § 15[13].
22 § 124[17], § 219[8], § 241[32], § 294[3], § 335[11].
22ff. § 140[1].
23 § 38[9], § 355[28], Anh. zu § 372[12].
29 § 241[32], § 348[37], § 355[28], Anh. zu § 372[12, 16, 23, 28, 40], Vorb. v. § 373[74], § 373[51], § 377[75a, 84, 89, 106, 108], § 407[24], § 430[15].
31 § 88[18].
32 § 202[26], § 241[32], Anh. zu § 346[33], Anh. zu § 349[11].
33 Anh. zu § 372[12].
41ff. § 210[8].
42 § 210[8].
51 § 231[4].
52 E[50], § 1[21].
56 § 17[30], § 124[9].
57 § 126[14], § 128[25], § 210[10], § 232[40], § 272[5], § 302[17].
59 § 140[1], § 349[14].
60 § 140[1].
62 § 124[16], § 272[9], § 346[47], § 349[14].
66 § 271[16].
72 § 396[20].
81 § 350[2], Anh. zu § 372[6], Anh. zu § 374[78, 112].
85 § 126[5], § 350[2].
91 Anh. zu § 379[6].
92 § 348[26].
93 § 133[5], § 349[23], § 353[11], § 368[98], § 371[8].
104 Anh. zu § 379[6].
108 § 272[10].
113 § 272[10].
124 § 105[45].
130 § 272[3].
138 § 133[10], Anh. zu § 357[2].
139 § 347[15], § 377[124].
145 Vorb. v. § 373[78a].
147 § 272[9].
155 § 376[25].
171 § 48[10, 15], § 124[10], § 126[7, 10], § 231[4], § 272[14], Anh. zu § 374[79].
185 § 149[24], § 231[4], § 232[49].
222 Anh. zu § 359[23].
231 § 272[10].
236 § 124[20].
239ff. § 304[8], § 306[13], § 377[138].
241 § 210[11].
246 § 124[11, 18].
253 § 272[3].
254 § 91[5], Anh. zu § 141[29], § 340[14], § 384[32].
255 Vorb. v. § 373[83], Anh. zu § 374[34, 80, 98, 149, 152], § 375[7], § 376[25].
256 § 204[8], Anh. zu § 346[13], § 375[5a].
257—259 § 70[12].
264 § 17[34], § 133[6].
265 § 17[40, 41].
268 § 368[105], § 374[108], § 377[70].
274 Anh. zu § 376[85].
275 § 377[138].
280 § 70[21].
286 Anh. zu § 47 E, § 102, § 346[14], § 347[15, 24, 27a], § 350[80], Anh. zu § 361[41], § 377[80], § 384[20], § 388[4].
287 § 347[24, 27a], § 348[18], § 354[14], § 373[38], Anh. zu § 374[29, 30, 31, 33, 61, 62, 139, 144], § 377[87, 105, 172].
288 § 350[2].
292 § 344[3, 4, 12], § 459[16], § 460[3].
293 Anh. zu § 372[11, 40].
295 Anh. zu § 376[85].
301 Vorb. v. § 373[82].
302 Vorb. v. § 373[78a].
304 § 347[15], Anh. zu § 357[2], Vorb. v. § 369[12], § 384[32].
313 § 17[29].
322 Anh. zu § 346[23], § 377[59, 62, 164].
328 § 377[140].
340 § 347[25].
355 § 46[4].
380 § 74c[7].
383 Anh. zu § 349[44].
384 Anh. zu § 346[44, 56], Anh. zu § 349[44].
385 Anh. zu § 349[44].
390 § 74c[7].
415 § 12[6], § 350[80], Vorb. v. § 373[80].
416 § 94[1], § 350[80], Vorb. v. § 373[80], § 426[3].
419 Anh. zu § 47[3], § 350[89].
422 § 45[1], § 102.
427 § 45[6], § 102, § 384[20].
429—431 § 102.
432 § 102.
434 § 46[4].
440 § 350[80].
471 § 126[6].
472 § 126[6].
473 § 126[6], § 149[21], § 231[4].
474 § 126[6], § 231[4].
475 § 368[105].
476 § 126[6], § 149[21], § 366[51].
478 § 49[4].
485 § 377[139], Anh. zu § 379[4].
487 Anh. zu § 379[5].
488 § 377[139], Anh. zu § 379[1, 2, 3], § 388[12], § 437[6].
491 Anh. zu § 379[8].
510 § 350[2].
510c § 371[5].
546 § 73[7], § 373[51], § 380[6].
547 § 272[8].
549 § 271[4].
550 § 14[13], § 346[14].
551 § 14[13].
561 § 14[13].
563 § 14[13].
580 § 349[50].
582 § 38[7].
592 Anh. zu § 376[66].
597 Anh. zu § 376[66].
606 E[64].

§§
707 § 377[66].
717 § 16[46].
719 § 347[66].
726 Vorb. v. § 373[80].
727 § 17[40, 42, 46a], § 28[8], § 304[9], § 306[13], § 309[42].
727ff. § 17[45, 46].
729 § 25[30], § 28[8], § 303[17].
731 § 17[40, 42].
732 § 377[66].
735 Anh. zu § 346[30].
736 § 124[22].
739 E[52, 53].
740 E[52, 54, 72].
741 E[51, 72].
754 § 109[17].
756 Vorb. v. § 373[80].
765 Vorb. v. § 373[80].
766 E[53], § 59[42], § 124[24], § 368[83], § 369[60], § 377[66], § 397[7].
767 § 129[7], § 171[16, 19], Anh. zu § 346[33], Vorb. v. § 373[68], Anh. zu § 374[149, 152].
769 Anh. zu § 346[33], § 377[66].
770 § 129[9].
771 E[53], § 124[15, 24], § 306[19], § 366[14, 75], § 368[98, 106], § 369[90], § 392[5], § 397[7].
774 E[55].
777 § 349[21, 50], § 368[40, 86].
780 § 27[14], Anh. zu § 374[159].
781 § 27[14].
782 § 355[25].
794 E[53], § 16[2], § 349[14], § 350[2], § 371[5].
804 § 368[79], Anh. zu § 382[66].
805 § 369[60], § 397[7].
806 § 373[38], § 377[122].
808 E[72], § 223[14], § 368[39], § 371[4].
809 § 369[60].
811 § 38[9], § 88[22], Vorb. v. § 369[2].
812 Vorb. v. § 369[2].
816 § 368[51, 83]
818 § 368[52].
819 § 366[15].
820 § 377[122].
821 § 223[14], Anh. zu § 365[7], § 371[4].
822 § 223[14].
825 § 366[49], § 377[122].
827 § 419[8].
829 § 153[3, 4], § 357[3].
829ff. § 109[17], Anh. zu § 365[10].
831 § 223[14], § 371[4], § 447[5].
836 § 447[5].
840 § 350[17].
844 § 368[83], § 435[1].
846 § 135[4], § 447[5].
850 § 59[47], § 368[103].
851 § 109[17], § 200[17], § 212[16], § 222[3, 11], § 355[17].
857 § 109[17], § 135[4], § 200[17], § 222[3, 11], § 419[8], Anh. zu § 424 E.
859 § 109[17].
861 E[70].
883 Vorb. v. § 373[83], Anh. zu § 382[16].
883ff. § 377[98].
884 Vorb. v. § 373[83], Anh. zu § 382[16].
887 § 59[30], § 70[8], § 76[8], § 92[2], § 350[2], Vorb. v. § 373[82, 83], § 375[5].
888 E[64], § 59[30], § 70[8], § 73[7], § 74c[7, 10], § 76[1, 8], § 91[6], § 128[16], § 350[2], Vorb. v. § 373[82, 83], § 375[5], Anh. zu § 382[16].
890 § 61[5], § 74c[7].
891 § 74c[7].
893 § 91[6], Vorb. v. § 373[83], § 377[98], Anh. zu § 382[16].
894 § 16[1, 2, 5], § 37[22], § 212[15], § 295[9], § 350[2], § 366[2], § 377[60].
894ff. § 350[35].
896 § 37[22].
897 § 366[2, 15].
899 § 377[60].
929 § 127[7].
935 § 368[46].
935ff. § 146[9].
935—940 § 140[7].
937 § 146[9].
938 § 117[6], § 127[7], § 340[12], § 373[22].
940 § 368[46].
943 § 146[9].
946ff. § 228[1].
947 § 228[1], § 381[8].
948 § 381[8].
1003 § 424[10].
1003ff. § 228[1], § 365[13], § 381[4].
1004 § 228[1].
1005 § 228[1].
1007 § 228[1].
1008 § 381[8].
1016 § 381[8].
1018 § 381[8].
1019 § 228[3], § 381[8].
1020 § 381[8].
1025 Anh. zu § 379[8].
1026 § 355[24].
1056 Anh. zu § 346[49].

31. Gewerbeordnung.

§§
1 Anh. zu § 346[16, 24].
6 § 1[9], § 59[22].
8 Anh. zu § 346[16].
10 Anh. zu § 346[16].
12 § 6[3].
15a Anh. zu § 37[1].
16 § 7[2].
29 § 1[9], § 7[2].
31 § 7[2].
32 § 2[3].
33 § 7[2].
34 Vorb. v. § 93[44], Anh. zu § 382[74b].
35 § 4[20], Vorb. v. § 93[44].
38 Vorb. v. § 93[8], Anh. zu § 382[74b].
43 § 7[2].
44 § 7[2], § 84[32].
44a § 84[32].
53 Vorb. v. § 93[44].
55—63 § 7[2].
75a Vorb. v. § 93[44].
105a—f § 59[28].
113 § 73[1, 4].
114 § 73[1].
120 § 22[29], § 76[18].
120a § 62[5].
123 Anh. zu § 346[28].
125 Anh. zu § 377[5].
126b § 76[4, 15].
127a § 76[9].
127b § 77[1].
127e § 78 E, [1].
127f § 79[1].
128 § 81[2].
133aff. § 58[19].
133f § 74 E, § 348[1].
139 Vorb. v. § 93[44].
139c, d, e § 59[28].
139g § 62 E.
139h § 62 E.
139i § 76[18].
139l § 81[2].
146 § 73[4].
147 § 18[10], Vorb. v. § 93[44].
148 Vorb. v. § 93[44].
152 Anh. zu § 346[24].
154 § 59[20, 28], § 76[9, 15], Anh. zu § 377[5].

32. Stellenvermittlergesetz vom 2. Juni 1900.

S. Vorb. v. § 93[12, 94].

33. Gewerbegerichtsgesetz.

§§
26 § 59[5b].
26—61 § 59[5b].
51 § 59[30], § 65[2].
55 § 59[5b].
81 § 59[20].

34. Gesetz über die Kaufmannsgerichte vom 6. Juli 1904.

§ 59[5].
§§
1 § 59[5b].
2 § 59[5b].
4 § 59[5a, 5b].
5 § 59[5a, 5b].
6 § 59[5a, 5b].
16 § 59[5b, 30].

35. Lohnbeschlagnahmegesetz.

§ 59[47].
§ 88[22].

36. Konsulargerichtsbarkeitsgesetz vom 7. April 1900.

§§
7 § 8[4].
19 E[6].
33 § 352[6].

37. Schutzgebietsgesetz vom 25. Juli 1900.

§ 2 § 8[4].

38. Eisenbahnverkehrsordnung vom 23. Dezember 1908.

§§
1 § 454[2], § 543[2].
3 § 472[30].
5 § 436[5], § 456[4], § 472[11].
6 § 453[14], § 472[8].
7 § 426[9].
8 § 461[2], § 470[4].
9 § 472[11].
10 § 472[20].
16 § 472[18].
20 § 472[18].
26 § 472[20].
27 § 465[7].
28 § 465[6], § 472[10].
29 § 472[10].
30 § 453[5], § 465[7].
30—35 § 465 E.
32 § 426[18], § 465[6].
33 § 426[18].
34 § 465[5].
35 § 458[3], § 465[2], [6], § 472[10].
36 § 465[14].
37 § 466[5].
38 § 458[3].
40ff. § 426[18].
40—43 § 465[11].
41 § 465[7].
43 § 465[11].
44 § 426[18], § 453[5].
45 § 459[11].
48ff. § 426[18], § 465[7].
54 § 429[20], § 453[12], § 456[17], § 458[3].
56 § 426[10], [14], [15].
57 § 426[12].
58 § 426[16].
60 § 426[1], [7], [12], [16], § 439[6], § 470[4].
61 Anh. zu § 382[52], § 426[3], § 453[5], § 455[1], [2], [4], § 456[4].
62 § 456[13], [15].
64 § 439[2], § 453[13].
65 § 427[6].
68 § 436[5].
69 § 439[2].
71 § 439[5], § 470[6].
73 § 408[15], § 455[2].
74 § 428[6], § 456[9].
§§
76 § 435[12], § 436[5], [9], § 458[3].
78 § 435[5], § 458[3].
81 § 437[7].
84 § 456[1], [4], § 472[11].
85 § 468[3].
86 § 459[4], [6], [8], [12], [19], § 460[5].
87 § 460[5].
88 § 457[1], § 466[5].
89 § 461[2], [7], § 462[1].
90 § 456[3].
91 § 430[5], § 456[3].
92 § 463[1], [2].
93 § 463[4].
94 § 466[3], [5], [7].
95 § 457[1], § 461[7], § 466[7].
96 § 467[6].
97 § 438[5], [11], [18], § 464[1].
98 § 439[6], § 470[3].
99 § 455[4].
100 § 432[11], § 434[12], § 469[10].

39. Haftpflichtgesetz vom 7. Juni 1871.

§ 472[11], [21].

40. Gesetz über das Postwesen vom 28. Oktober 1871 mit Zusatz vom 20. Dezember 1899.

§ 3 Anh. zu § 346[23].

41. Postordnung vom 20. März 1900/8. April 1901.

§ 452[2].

42. Gesetz über das Telegraphenwesen vom 2. April 1892.

Anh. zu § 346[23].

43. Gesetz betr. die Privatpostanstalten vom 25. Dez. 1899.

§ 425[5].

44. Binnenschiffahrtsgesetz vom 15. Juni 1895/30. Mai 1898.

§ 425[6].
§§
26 § 432[2], § 451[2].
26ff. § 425[6].
72 § 444 E.
73—76 § 446[2a].
74 § 446[2a].
75 § 446[2a].
76 § 446[2a].

45. Flößereigesetz vom 15. Juni 1895.

§ 425[6].

46. Vereinszollgesetz vom 1. Juli 1869.

§§
13 § 409[9].
59 § 429[8].
97ff. § 416[4].

47. Münzgesetz vom 1. Juni 1909.

§§
9 § 361[5].
16 § 361[5].
Vgl. die dort aufgeführten Bekanntmachungen.

48. Darlehnskassengesetz vom 4. August 1914.

§ 361[5].

49. Reichskassenscheingesetz vom 3. April 1874/5. Juni 1906/3. Juli 1913.

§ 361[5].

Dazu Gesetz vom 4. 8. 1914.

§ 361[5].

50. Strafprozeßordnung.

§§
94ff. § 124[32].
414 § 17[24], § 210[5].

51. Genossenschaftsgesetz.

§§
17 § 6[1].
18 Anh. zu § 346[42].
42 § 48[4], § 54[3].
81 Anh. zu § 346[45].

52. Reichsversicherungsordnung.

§ 165 § 63[6].

53. Gesetz betr. die Bestrafung der Entziehung der elektrischen Arbeit vom 9. April 1900.

Vorb. v. § 373[16].

54. Reichsmilitärgesetz.

§ 43 § 7[2].

55. Reichsbeamtengesetz.

§ 16 § 7[2].

56. Reichsstempelgesetz vom 26. Juli 1918.

§§
2 § 179[21].
5 § 183[6].
7 § 179[14], [15], § 306[22].
10 § 350[47].
18ff. § 94[6].
19 § 179[20].
21 § 179[14].
26 § 94[6].
28 Anh. zu § 376[201].
43 § 426[19].
Außerdem s. § 179[13—21], [29], § 278[22], § 306[23], [24].

57. Grunderwerbsteuergesetz vom 12. September 1920.

§ 3 § 292^{18}.

58. Umsatzsteuergesetz vom 26. Juli 1918.

§ 15 § 38^{1}.

59. Umsatzsteuergesetz vom 24. Dezember 1919.

§ 15 § 38^{1}.
§ 35 § 38^{1}.

60. Warenzeichengesetz.

§ 37^{26}.

61. Gesetze und Verordnungen betr. Höchstpreise, übermäßige Preissteigerungen, Preiswucher, Kettenhandel usw.

Vorb. v. § 373$^{32a-32b}$.

62. Bundesratsverordnung v. 8. Juni 1916 betr. Bewilligung richterlicher Zahlungsfristen.

§ 349^{14}.

63. Bekanntmachung des Bundesrats über die Folgen der nicht rechtzeitigen Zahlung.

§ 359^{1}.

64. Bekanntmachung des Bundesrats über die Geltendmachung von Hypotheken, Grundschulden und Rentenschulden vom 18. August 1914.

§ 359^{1}.

65. Reichsgesetz über einen allgemeinen Feiertag.

Anh. zu § 359^{37}.

II. Gesetze der Länder.

a) Preußen.

66. Ausführungsgesetz zum BGB.

Art.
6 § 210^{7}.
7 § 6^{3}.
12 § 350^{23}.
13 § 93^{5}.
84 § 300^{11}.

67. Ausführungsgesetz zum HGB. vom 24. Sept. 1899.

§ 4^{22}.

Art.
1 § 1^{1}.
3 § 8^{3}.
6 § 367^{7}.

68. Verordnung betr. das Handelsregister des Amtsgerichts Berlin-Mitte v. 19. April 1906.

§ 8^{2}.

69. Gesetz betr. die Angelegenheiten der freiwilligen Gerichtsbarkeit.

Art.
17 § 302^{14}.
31 § 9^{2}, § 373^{33}.
35 § 9^{2}.
53ff. § 182^{14}.
55 § 258^{4}.
57 § 9^{2}.
61 § 257^{4}, § 259^{4}.
63 § 259^{4}.
64 § 259^{4}.
84 § 259^{4}.
85 § 259^{4}.
86 § 259^{4}.
90 § 259^{4}.
95 § 259^{4}.

70. Allgemeine Verfügung des Justizministers über die Führung des Handelsregisters vom 7. November 1896.

§§
10 § 11^{4}.
27 § 182^{17}.

71. Allgemeine Verfügung des Justizministers v. 4. Dez. 1900.

§ 11^{4}.

72. Geschäftsanweisung für Gerichtsvollzieher.

E 7^{2}.

73. Gesetze vom 24. Februar 1870, 19. August 1897 und 2. Juni 1902.

§ 192^{3}.

74. Gesetz betr. Eisenbahnen vom 3. November 1838.

§§
7 § 235^{11}.
25 § 459^{21}, § 472^{21}.

75. Haftpflichtgesetz vom 7. Juni 1871.

§ 472^{21}.

76. Allgemeines Landrecht.

§§
128 I 11 Anh. zu § 382^{57}.
219 I 13 Anh. zu § 349^{6}.
212 I 14 Anh. zu § 349^{6}.

77. Enteignungsgesetz vom 11. Juni 1874.

§ 350^{23}.

78. Preußisches Strafgesetzbuch.

§ 270 Anh. zu § 346^{19}.

79. Berggesetz vom 24. Juni 1865.

§ 142 § 350^{23}.

80. Stempelsteuergesetz.

§ 5 § 304^{13}.

81. Gesetz betr. das Pfandleihgewerbe.

§ 3 § 416^{7}.

b) Bayern.

82. Ausführungsgesetz zum BGB.

Art.
13 Anh. zu § 346^{16}.
18 Anh. zu § 346^{16}.

c) Hessen.

83. Polizeistrafgesetz vom 30. Oktober 1855.

Art. 381 Anh. zu § 346^{19}.

d) Mecklenb.-Schwerin.

84. Ausführungsverordnung zum HGB.

§ 93 E.

§§ 2—5 § 93 E.

e) Lübeck.

85. Feuerhofsordnung.

III.

86. Berner Frachtübereinkommen.

Art.
1 § 454[2].
1—5 § 453[18].
3 § 453[18].
5 § 453[10].
6 § 453[18], § 469[12].
7 § 453[18], § 470[7].
8 § 453[18], § 455[1, 2, 10].
10 § 427[10], § 438[9], § 469[12].
11 § 453[18], § 469[12], § 470[7].
12 § 469[12], § 470[7].
13 § 441[8], § 470[7].
15 § 441[8], § 455[10], § 469[12].
16 § 435[12], § 436[5], § 455[10], § 469[10].

Art.
17 § 436[9].
18 § 428[6], § 455[10].
20 § 442[8], § 470[7].
20—22 § 441[8].
21 § 440[14], § 470[7].
22 § 440[14].
23 § 442[8].
24 § 437[7].
25 § 469[12].
26 § 455[10], § 463[5], § 469[12].
27 § 469[12].
28 § 469[12].
29 § 458[7].
29—42 § 469[12].
30 § 456[18], § 458[7], § 468[5].
31 § 459[22], § 456[18].

Art.
32 § 456[18], § 460[6].
34 § 457[5], § 463[5].
34—38 § 456[18], § 467[6].
35 § 461[8], § 463[5], § 467[6].
36 § 467[6].
37 § 457[5], § 463[5], § 467[6].
38 § 463[5], § 467[6].
39ff. § 466[9].
41 § 457[5], § 461[8].
41—43 § 456[18], § 467[6].
43 § 467[8].
44 § 438[18].
45 § 439[6], § 470[7].
46 § 470[7].
47—56 § 469[12].

IV.

87. Corpus juris.

L 17 § 2 D de R. J. § 109[21].

Alphabetisches Sachregister.

Bearbeitet von Rechtsanwalt Hermann Metger, Templin.

(Die großen arabischen Zahlen verweisen auf die Paragraphen des Handelsgesetzbuchs, die kleinen danebenstehenden Zahlen auf die zu jenen Paragraphen gehörigen Anmerkungen des Kommentars. E bezeichnet die Einleitung zu Beginn des Kommentars, E die Einleitung zu Beginn der einzelnen Paragraphen. Exk. bedeutet Exkurs. Die römischen Ziffern und Buchstaben verweisen auf die bei einzelnen Stichwörtern gemachten Unterabteilungen.)

A

Ab ... Anh. zu § 372[32].

Abänderung von Miet- u. Pachtverträgen § 350[40]; des Gesellschaftsvertrages der Aktiengesellschaft s. Aktiengesellschaft zu B II; der Kommanditgesellschaft auf Aktien § 320[108–112]; Annahme von Angeboten unter A. Anh. zu § 361[59–65]; s. Änderung.

Abandonsystem § 430[4].

Abberufung der Liquidatoren einer o. Handelsgesellschaft § 147[1–7]; der Liquidatoren einer Aktiengesellschaft § 295[10–13]; desgl. der Kommanditgesellschaft Anh. zu § 177[19]; der Kommanditgesellschaft auf Aktien § 331.

Abbruch, Kauf zum A. § 1[38].

Abfindung der ausscheidenden o. Handelsgesellschafter Anh. zu § 141[5–9, 33]; desgl. des ausscheidenden Kommanditgesellschafters Anh. zu § 177[13].

Abgeleitete Firmen §§ 22—24.

Abhalten vom Mitbieten bei Versteigerungen Anh. zu § 346[19]; bei Ausschreibungen Anh. zu § 346[20].

Abhandengekommene Gegenstände, Erwerb § 366[42, 46, 47]; Pfand § 366[54–59]; Inhaberpapiere § 367[1–7]; Pfandveräußerung § 368[68]; Aktie, Interimsschein § 228[1–5]; Zins-, Renten-, Gewinnanteil-, Dividendenscheine § 228[6].

Abholung der Ware § 373[11].

Abholzung Anh. zu § 382[59b, 72].

Abkürzung der Firma § 17[1, 7].

Abladegeschäft § 376[39]; Anh. zu § 382[49].

Abladezeit Anh. zu § 382[96].

Ablauf des Gesellschaftsvertrages der o. Handelsgesellschaft § 131[5].

Ablehnung des Antrags Anh. zu § 361[19]; der Leistungsannahme Anh. zu § 374[93, 94, 96–102, 105].

Ablieferung § 377[16, 16a, 17]; **des Frachtgutes** § 429[7], § 435[5]; Ort der A. § 433[5].

Ablieferungshindernisse, Frachtführer § 437[1–7].

Abnahme Vorb. v. § 373[67–74]; Zeitpunkt der A. § 373[42]; Klage auf A. und Zahlung Vorb. v. § 373[74].

Abnahmeort Anh. zu § 372.

Abnahmepflicht des Käufers Vorb. v. § 373[67–74]; § 373.

Abnahmeverzug des Käufers § 374[6]; Anh. zu § 374[165, 166].

Abnutzung, Entgelt des **Kaufmanns** für A. § 354 E; in Bilanz der Aktiengesellschaft § 361[35–38]; Wandelung § 377[71a].

Abrechnung der Agentenprovision § 88[14], § 92[5]; zwischen Prinzipal und Provisionsgehilfen durch Buchauszug § 65[2]; aus Auseinandersetzung als Handelsgeschäft § 343[27], Anh. zu § 376[27]; Wandelung § 377[71b]; Form des Anerkenntnisses auf Grund einer A. § 350[19].

Abrollung Anh. zu § 382[126].

Abruf, Zeitpunkt der Lieferung Anh. zu § 359[5]; nach Bedarf § 346[19]; A. als Mitwirkung des Käufers bei der Ablieferung Vorb. v. § 373[71]; Unterlassung und Verweigerung Anh. zu § 374[168–170]; s. Kauf.

Abschlagsdividende § 215[2].

Abschlagszahlung, Unterbrechung der Verjährung § 160[3, 5]; des Liquidators einer o. Handelsgesellschaft § 360[5]; A. und Wandelung § 377[187].

Abschlußagent § 84[8].

Abschlußvollmacht des Reisenden § 55[3]; s. Handlungsagent.

Abschreibezettel Anh. zu § 363[2].

Abschreibung, Bilanz § 40[2, 7] zu d, § 261[5–7]; vom Grundkapital einer Aktiengesellschaft § 222[7].

Abschriften aus dem Handelsregister § 9[2]; der Anträge auf der Generalversammlung der Aktiengesellschaft § 256[7]; des Protokolls der Generalversammlung § 257[3, 4]; der Jahresrechnung und Geschäftsberichte § 263[2–6]; Ladeschein § 445[5].

Absender § 407[6], § 425[9]; s. Frachtgeschäft, Eisenbahn.

Absendung der Mängelanzeige § 377[26].

Absendungsorder § 373[11].

Absichtliche Benachteiligung der Aktiengesellschaft § 312[1–17].

Absolute Handelsgeschäfte § 1[31], § 343[3].

Absolute Nichthandelsgeschäfte § 343[21].

Absonderungsrecht des Pfandgläubigers im Konkurse § 368[35].
Abspenstigmachen, Verletzung vertraglicher Rechte durch Dritte Anh. zu § 377[4].
Abstimmung, o. Handelsgesellschaft § 119; Aktiengesellschaft, Errichtungsversammlung § 196[6–11]; Beschlüsse der Generalversammlung der Aktiengesellschaft § 251, § 252; Form der Ausübung des Stimmrechts § 252[28]; Bedingungen des Stimmrechts § 252[29–31a]; rechtliche Natur der Stimmabgabe § 252[31a]; Gewinnverteilung § 260[5]; Kapitalserhöhung der Aktiengesellschaft § 278[9–11]; Kapitalsherabsetzung § 288[12]; Änderungen des Verhältnisses der Aktiengattungen § 275[4–6]; Satzungsänderungen § 274, § 275[7]; Strafbarkeit der Fälschung des Nachweises des Stimmrechts § 316; Stimmenkauf § 317; s. Stimmrecht.
Abstrakte Natur des Erfüllungsgeschäftes Anh. zu § 346[5].
Abstraktes Anerkenntnis § 350[17]; Schuldanerkenntnis § 350[3], § 355[22]; Schuldversprechen § 350[3, 10–16, 17]; Schaden Anh. zu § 374[25, 59, 60].
Abtretbarkeit § 368[102]; der Rechte aus Vertragsanträgen § 361[23]; Vertragsstrafe § 348[36]; keine A. der einzelnen Kontokorrentposten § 355[7, 17, 18]; Bürgschaft? § 349[3]; der Ansprüche des Handlungsgehilfen § 59[47].
Abtretung der Namensaktie § 222[7, 16–23]; von Hypotheken und Grundschulden § 350[33]; Rechte aus dem Meistgebot § 350[23]; abstraktes Schuldversprechen § 350[14]; Anspruch auf Auflassung § 350[23]; Kontokorrentsaldo § 357[8]; Portefeuille bei Versicherungsunternehmungen § 374[2]; Forderungen und Rechte aus Schiedsvertrag § 374[2a]; Rechte aus beiderseits noch nicht erfülltem gegenseitigen Vertrage § 374[2a, c]; Rechte des Spediteurs an Empfänger § 407[23]; des Versenders an Spediteur § 408[19]; Anteilsrecht des Einlagerers § 419[8]; A. zur Einziehung § 368[113–117].
Abwesende, Annahme eines Vertragsantrages Anh. zu § 361[24, 35, 36].
Abwesenheit als Entlassungsgrund § 72[8].
Abwicklung, Börsentermingeschäfte Anh. zu § 376[9]; bei Auflösung der o. Handelsgesellschaft § 131[1, 2, 3]; bei Eintragung der Nichtigkeit der Aktiengesellschaft § 311[3].
Abzahlungsgeschäft Anh. zu § 382[74–74b, 93]; Agentenprovision § 88[4].
Abzüge (Dekorts), Gewährung durch Reisende § 55[5]; Porto, Bestellgeld Anh. zu § 374[11]; Tara, Refaktion § 380[1, 2, 3].
Acht Tage Frist § 359[2].
Achterklärung Anh. zu § 346[41].
actio judicati § 124[25]; redhibitoria § 377[54]; quanti minoris § 377[76].
actions gratuites § 178[18].
Adäquater Kausalzusammenhang § 347[25].
Adreßspediteur § 407[28], § 413[16].
Afterbürge § 349[52].
Agenturen, Zweigniederlassungen? § 13[5].
Agio, Reservefonds § 262[15–19]; Kapitalserhöhung der Aktiengesellschaft § 278[5, 12, 13], § 284[2].
Akklamation § 252[28].
Akkordvertrag Anh. zu § 350.
Akkreditierung § 349[64], § 363[4].
Akkreditiv § 349[64].
Aktie, Übernahme bei Simultangründung kein Anschaffungsgeschäft § 1[36]; für Handelsverkehr bestimmtes Papier § 1[40]; Begriff § 178[17–21]; § 179[1–4, 8–12]; Pfandverkauf § 368[50]; Zurückbehaltungsrecht § 369[16]; s. Aktiengesellschaft zu C I.
Aktienbuch § 222 E, [1, 8, 10], § 223 E, [1–13]; Miteigentum an einer Aktie § 225[2]; Hinterlegung nach Auflösung der Aktiengesellschaft § 302[9].
Aktienbezugsrecht § 278[19, 20]; § 282; § 283; § 305[13].
Aktiengattungen § 275[4, 5, 6]; s. Aktiengesellschaft zu C I.
Aktiengesellschaft §§ 178—319.

A. Allgemeines.

Begriff § 178[15–22]; Beteiligung mit Einlagen § 178[17–21]; Übergangsfragen § 178[1–5]; Geltung der Bestimmungen des HGB. § 178[6]; desgl. des BGB. § 178[6a–11]; Gegenstand des Unternehmens § 182[18, 19]; Änderung des Gegenstandes § 275[3]; Firma § 182[16]; Sitz § 182[17]; Hauptniederlassung § 182[17]; Gesellschaftsvertrag § 182; s. unten zu C; Grundbuchverkehr § 182[16]; Rechtsverhältnisse vor der Eintragung § 206[1–13]; Eintragung s. unten B; Entstehung durch die Eintragung § 200: Erwerb von Grundstücken § 206[7]; juristische Persönlichkeit § 210 E; § 178[22]; keine persönliche Haftung der Mitglieder § 178[22]; keine Zurückforderung der Einlage § 213[1–5]; nur Anspruch auf Reingewinn, Dividendenrecht § 213[6–16]; Dividendenschein § 213[15]; Vollmachtsträgerin § 210[4]; Haftung für Vertreter § 210[5]; öffentlich-rechtliche Rechte und Pflichten § 210[6]; landesrechtliche Beschränkungen § 210[7]; Parteifähigkeit, keine Prozeßfähigkeit § 210[8–10]; Einfluß der Auflösung auf schwebendes Verfahren § 210[11]; s. unten J; Gerichtsstand § 210[13]; Handelsgesellschaft § 210[14–20]; Vollkaufmann § 210[15]; Handelsgeschäfte § 210[18]; A.-G. als Kommissionär § 383[3]; Verbot des Erwerbes eigener Aktien und Interimsscheine § 226; Naturalleistungen der Aktionäre s. unten D; Verfassung und Geschäftsführung §§ 231—273; s. unten F; Gesamtvertretung der Vorstandsmitglieder § 232[1–14]; Einzelvertretungsbefugnis § 232[15, 16]; Vertretung durch Vorstandsmitglied und Prokuristen § 232[17, 18, 19, 27]; durch Handlungsbevollmächtigte § 232[18, 27]; innere Geschäftsführung § 232[38]; Rechtswirkungen der vom Vorstande vorgenommenen Rechtshandlungen § 232[29–36]; unerlaubte Handlungen der Vertreter § 232[37–46]; Rechtsgeschäfte des Vorstandes mit sich selbst § 232[48]; Klagen des Vorstandes gegen die Gesellschaft § 232[49]; Kartellaktiengesellschaft Anh. zu § 346[28]; alle Aktien in einer Hand § 292[18]; Nichtigkeit §§ 309—311; s. unten J II; A.-G. als stiller Gesellschafter § 335[5]; als Mitglied der o. Handelsgesellschaft § 105[22]; Zweigniederlassung § 201; ausländische A.-G. § 178[13, 14]; § 210[20].

Aktiengesellschaft.

B. Gründung.

I. Gründer § 182[3–11a]; § 187[1–5]; Mindestzahl § 182[3]; Eigenschaften der Gründer § 182[6–11a]; Aktienübernahme § 182[12], [13], [14]; Strohmann § 182[12]; § 187[5]; Rechtsverhältnis der Gründer untereinander, Vorvertrag, Vorgründungsvertrag § 182[33–36]; Kosten, Gründungsaufwand § 182[37]; § 186[10–13a]; Gründerlose § 186[11]; Anmeldepflicht § 195[3]; Haftung der Gründer § 202; s. unten C I.

II. Simultangründung. Begriff § 188[1], [2], [3]; Gesellschaftserrichtung § 188[4]; Gründergesellschaft § 188[3], [4]; Anfechtung § 188[4]; Tod eines Gründers § 188[4]; Konkurs des Gründers § 188[4]; Gang der Gründung § 188[6]; Stempel § 188[5]; Bestellung des Aufsichtsrats § 190[1], [4], [5]; desgl. des Vorstandes § 190[2], [3]; Aktienzeichnung § 189[20–30]; Anmeldung § 195; zivilrechtliche Verpflichtung § 195[24], [25]; Gegenstand der Anmeldung § 195[1]; Ort § 195[2]; anmeldungspflichtige Personen § 195[3–7]; Form § 195[8]; Inhalt der Anmeldung § 195[15–21]; Beilagen der Anmeldung § 195[9–14]; Zeichnung der Namensunterschrift § 195[22]; Aufbewahrung der Beilagen bei Gericht § 195[23].

III. Sukzessivgründung § 189; Begriff § 188[1]; Gang § 189[31]; Zeichnungsschein § 189[1–19]; Form § 189[1], [2]; Inhalt § 189[3–9]; Beteiligung § 189[3]; Tag der Feststellung des Gesellschaftsvertrages § 189[4]; Angabe der Gründer § 189[5]; Ausgabekurs § 189[6]; Betrag der Einzahlung § 189[6]; Endtermin der Gebundenheit § 189[7], [8]; unheilbare Mängel § 189[10]; heilbare Mängel § 189[11–14]; Beschänkungen der Verpflichtung § 189[16–19]; Begriff und Merkmale der Aktienzeichnung § 189[20–28]; Erfordernisse und Willensmängel § 189[25–28]; Art der Werbung, Prospekte § 189[29]; Wahl von Vorstand und Aufsichtsrat § 190[1–4]; gerichtliche Generalversammlung zur Errichtung § 196; Berufung § 196[1], [2], [3]; § 197[1], [2], [3]; Leitung § 196[4], [5]; Pflichten und Rechte der Organe in der Generalversammlung § 196[6], [7]; Abstimmung § 196[8], [9], [10]; Errichtungsbeschluß § 196[12], Vertagung § 196[11], Beschlußfassung § 197[1], [2], [4]; Anfechtung § 197[5]; Prüfung s. B 5; Eintragung s. B 6.

IV. Qualifizierte Gründung. Arten § 186; Sondervorteile § 186 E, [1], [2], [3], [14], [15], [16]; Sacheinlagen § 186 E, [4–8], [14], [15], [16], [19–22]; Sachgesamtheiten § 186[21], [21a]; Übernahmen § 186 E, [9], [14], [15], [16], [19], [20], [22]; Gesamtgründungsaufwand § 186[10–13a]; Unwirksamkeit bei Nichtfestsetzung im Gesellschaftsvertrage § 186[14–16]; keine Zeichnungspflicht des Einlegers § 186[8]; Sicherungsvorschriften § 186[23]; Gründerbericht § 191; Inhalt § 191[1]; Erwerbs- und Herstellungspreise § 191[1]; zwingende Natur § 191[3], [4]; rechtliche Bedeutung § 191[7]; strafrechtliche Verantwortlichkeit § 191[7].

V. Prüfung durch Vorstand und Aufsichtsrat §§ 192, 193; durch Revisoren § 192[2–10]; § 193[6]; Bestellung § 192[3]; Zahl § 192[4], Verantwortlichkeit der Revisoren § 192[8]; Belohnung § 192[9];

Aktiengesellschaft.

Aufsichtsbehörde § 210[10]; Gegenstand der Pr. § 193[1], [2], [3]; Prüfungsbericht § 193 E, [1–6]; Inhalt § 193[1], [2], [3]; Form § 193[4]; Niederlegung § 193[5]; Meinungsverschiedenheit mit den Gründern § 194[1]; Entschädigung der Revisoren § 194[2]; nachträgliche Prüfung durch Revisoren §§ 266, 267; s. unten F III.

VI. Anmeldung, Eintragung, Veröffentlichung. Anmeldung § 195: Gegenstand § 195[1]; Ort § 195[2]; anmeldungspflichtige Personen § 195[3–7]; Form § 195[8], § 12; Bevollmächtigung § 12, § 191[4]; Beilagen zur A. § 195[9–14]; Inhalt § 195[15–21]; Prüfung durch den Registerrichter § 195[16], [26], § 198[8–11]; Bareinzahlung § 195[17–21]; Zeichnung der Namensunterschrift § 195[22]; Aufbewahrung bei Gericht § 195[23]; zivilrechtliche Verpflichtung zur Anmeldung § 195[24], [25]. Eintragung § 198, Inhalt § 198[1–5], Prüfungsrecht des Registerrichters § 198[6–11]; Rechtswirkung § 200[14]. Veröffentlichung § 199[1–4]; Inhalt § 199[2]; Art der V. § 199[3]; Einsicht § 199[4]; Rechtsstellung der AG. vor der Eintragung § 200[1–13]; Erwerb von Grundstücken § 200[6]; Unwirksamkeit der Übertragung der Anteilsrechte vor der Eintragung § 200[15], [16], [17]; Nichtigkeit der Ausgabe von Aktien oder Interimsscheinen vor der Eintragung § 200[18], § 209[10], [11]; Anmeldung der Zweigniederlassung inländischer AG. § 201[1–18]; desgl. der ausländischen § 201[19–40].

VII. Haftung aus der Gründung. Vor der Eintragung § 200[9–12], § 203; H. der Gründer gegenüber der Gesellschaft § 202[2–4], § 202[5–19]; Richtigkeit der Gründungsangaben § 202[16–19]; Gründergenossen § 202[20], [21], [22]; Geltendmachung § 202[23–26]; H. der Emissionshäuser § 203[1–17]; Ankündigung § 203[1], [2]; Aufforderung zu Zeichnungen § 203[3]; Voraussetzungen § 203[5]; Schadensersatz als Folge § 203[7], § 202[10]; H. nur der Gesellschaft gegenüber § 203[8], [11]; Prospekte § 203[11]; Börsengesetzliche Bestimmungen § 203[13–16]; strafrechtliche Verantwortlichkeit § 313[1–4], [6]; Vorstand und Aufsichtsrat § 204[1–10]; Revisoren § 204[11]; Richtigkeit und Vollständigkeit der Gründungsangaben § 202[5–12]; verheimlichter Geschäftsaufwand § 202[11]; entgangener Gewinn § 202[12]; bösliche Schädigungen durch Sacheinlagen oder Übernahmen § 202[13], [14], [15]; Zahlungsfähigkeit der Aktionäre § 202[16–19]; Gesamthaftung § 202[23], § 204[6], [10]; Rückgriff der Gründer unter sich § 202[23], § 204[10]; Revisoren § 204[11]; Beschränkung von Vergleichen und Verzichten § 205, § 270[3]; Zwangsvergleich § 205[7]; Dividendengarantie § 205[8]; Frist § 205[9]; Verjährung § 206; Ersatzklagen auf Verlangen der Generalversammlungen §§ 268—270; Rechte der Minderheit § 268[4]; Prozeßvertreter § 268[5–12]; prozessuale Behandlung § 269; Frist § 269[1]; Rechtsverhältnis der Gründer unter sich § 182[33].

VIII. Nachgründung. Begriff § 207 E, [1–4]; Gültigkeit § 207[5]; Beschluß der Generalversammlung § 207[6]; Einreichung von Einreichungsbeschluß und Aufsichtsratsbeschluß zum Handels-

Aktiengesellschaft.
register § 207[9]; Grundstückserwerb § 207[10]; Erwerb im Wege der Zwangsversteigerung § 207[11]; Prüfungspflicht des Aufsichtsrats § 207[12].

C. Gesellschaftsvertrag.

I. Allgemeines § 182; grundsätzliche Vorschrift und rechtliche Bedeutung § 182[1], [2]; Form § 182[3–14]; mindestens fünf Gründer § 182[3]; Eigenschaften der Gründer § 182[5–11a]; physische Personen § 182[5]; juristische Personen § 182[6]; o. Handelsgesellschaften § 182[7]; Gesellschaften in Liquidation § 182[7]; Einzelkaufmann unter seiner Firma § 182[8]; Minderjährige § 182[9]; gesetzliche Vertreter § 182[10]; Bevollmächtigte § 182[11]; Nichttestamentsvollstrecker § 182[11a]; Aktienübernahme durch die Gründer § 182[12]; Strohmann als Gründer § 182[12]; gerichtliche oder notarielle Beurkundung § 182[13], [14]; einheitliche Verhandlung § 182[13]; wesentlicher Inhalt § 182[15–25]; Firma § 182[16]; Sitz, Hauptniederlassung § 182[17]; Gegenstand des Unternehmens § 182[18], [19]; nichtwirtschaftlicher Geschäftsbetrieb als Gegenstand § 182[19]; unzulässige Zwecke § 182[19]; Höhe des Grundkapitals § 182[20], [21], [22]; Mindesthöhe § 182[20]; Höhe der einzelnen Aktien, Mindesthöhe § 182[20]; Bestellung und Zusammensetzung des Vorstandes § 182[23], § 231[26]; Satzungsbestimmung über Bestellung des Aufsichtsrats? § 182[23]; Form der Berufung der Generalversammlung § 182[24]; Festsetzung des Gesamtgründungsaufwandes § 186[10–13a]; Form der Bekanntmachungen § 182[25]; Bekanntmachungen durch öffentliche Blätter § 182[26–29]; Reichsanzeiger § 182[27]; Auslegung des Vertrages § 182[30]; Kostentragung? § 182[37]; Nichtbeobachtung der Vorschriften § 182[31], [32]; Anmeldung s. oben B II; Nichtigkeit wegen Mängel des Vertrages § 309; Heilung der Nichtigkeit § 310; Folgen der Eintragung der Nichtigkeit § 311; s. unten zu J II.

II. Einzelbestimmungen. Aktienart bei Nichtbestimmung § 183[1]; Umwandlung der Arten § 183[2], [3]; Zustimmung der betroffenen Aktionäre § 183[4]; Verbot der Unterpariausgabe § 184[1], [2]; Überpariausgabe § 184[3–6]; Vorzugsaktien § 185; Vorzugsobligationen § 185[12]; Festsetzung der Sondervorteile § 186 E, [1], [2], [3]; desgl. der Sacheinlagen § 186 E, [4–8], [14–22]; der Übernahmen § 186 E, [9], [14–22]; des Gesamtgründungsaufwandes § 186 E, [10–13a], [14–22]; weitere Sicherungsvorschriften § 186[23]; wiederkehrende Naturalleistungen § 212; Vertragsstrafen wegen Nichterfüllung § 212 Abs. 2; Rübenzuckeraktiengesellschaften § 212[1]; Konventionen und Kartelle § 212[1], [2], [3]; Zustimmung zur Übertragung der Anteilsrechte § 212[12–18]; Gestalt der Aktienurkunden § 212[25], [26], [27]; Ausschluß der Verteilung des Reingewinns § 213[9]; Gewinnverteilung § 214[3]; Bauzinsen § 215[6–13]; deren zeitliche Begrenzung § 215[10], [11]; Vertragsstrafe für nicht rechtzeitige Einzahlung § 218[6], [7], [8]; Übertragbarkeit der Namensaktien

Aktiengesellschaft.
§ 222[3–6]; desgl. der Interimsscheine § 224; Amortisation § 227[1–16]; Zusammensetzung des Vorstandes § 231[11]; Einzelvertretungsbefugnis der Vorstandsmitglieder § 232[15], [16]; Vertretung durch ein Vorstandsmitglied in Gemeinschaft mit einem Prokuristen § 232[17–26]; Beschränkungen der Befugnisse des Vorstandes nach innen, Geschäftsführungsbefugnisse § 235[1–9]; desgl. nach außen § 235[10–17]; Nichtigkeit gesetzwidriger Satzungsbestimmungen betreffend Tantieme § 232[20]; Tantiemeanspruch § 237[21], [22]; Prokuristenbestellung § 238; Ernennung der Aufsichtsräte § 243[1], [2]; Zahl der Mitglieder § 243[3], [7]; Mehrheit bei Beschlußfassung betreffend Widerruf bei Bestellung zum Aufsichtsratsmitglied § 243[8]; Vergütung für den Aufsichtsrat § 245[3]; Obliegenheiten des Aufsichtsrats § 246[10]; Art der Ausübung seiner Tätigkeit § 246[14]; Beschränkung des Stimmrechts bei Besitz mehrerer Aktien für die Generalversammlung § 252[12]; Bedingungen des Stimmrechts § 252[29]; Form seiner Ausübung § 252[28]; Vertretung bei der Abstimmung § 252[30], [31]; Teilnahme an der Generalversammlung § 252[33–36]; Berufung der Generalversammlung §§ 253, 254; Form der Berufung § 255[7]; Ankündigung § 256[8]; Frist zur Vorlegung der Bilanz, der Gewinn- und Verlustrechnung und des Vorstandsberichts § 260[18]; Bewertung für die Bilanz § 261[4–8]; Betrag der Zuführung zum Reservefonds § 262[13], [14]; Schaffung des Reservefonds § 262[29], [34]; Anfechtung eines Beschlusses der Generalversammlung auf zu hohe Abschreibungen oder Rücklagen § 271[2], [3]; Abstimmungserfordernisse bei Satzungsänderungen § 275[2]; Bezugsrecht auf neue Aktienausgaben § 282[8], § 283[2]; Herabsetzung des Grundkapitals § 288; Auflösung der AG. wegen Zeitablaufs § 292[4]; desgl. durch Beschluß der Generalversammlung § 292[6]; Berufung der Liquidatoren § 295[2]; Veräußerung des ganzen Gesellschaftsvermögens § 303[5].

III. Abänderungen des Gesellschaftsvertrages. Beschluß § 274[1], [2], [3]; Verlängerung der Gesellschaftsdauer § 274[1]; Sitzverlegung § 182[17], § 274[1]; Übertragung von Fassungsänderungen auf den Aufsichtsrat § 274[4], [5]; Ankündigung § 274[6]; unzulässige Änderungen § 274[9], [10]; Sonderrechte § 274[10], [11]; Einzelheiten der Abstimmung bei Satzungsänderungen, Abstimmungserfordernisse § 275[1], [2], [2a]; Gegenstand des Unternehmens § 275[3]; Verhältnis mehrerer Gattungen von Aktien § 275[4], [5], [6]; Sonderbeschluß der benachteiligten Aktionäre § 275[5], [6]; wiederkehrende Leistungen der Aktionäre §§ 212, 276; Herabsetzung der Vergütung des Aufsichtsrats § 245 Abs. 2; Kapitalsherabsetzung § 274[1], [2]; Anmeldung der A. § 277[1], [4–7]; Eintragung § 277[2]; Bekanntmachung § 277[3]; konzessionspflichtige Unternehmen § 277[5]; Erhöhung des Grundkapitals §§ 278—287; Herabsetzung desselben §§ 288—291; Beseitigung der Nichtigkeit § 310[3], [4]; Änderung während der Liquidation § 294[7], [11].

Aktiengesellschaft.

D. Aktie, Interimsschein, Genußschein, Aktionär.

I. Aktie. Begriff § 178[16–21]; Beteiligung mit Einlagen § 178[18]; Einlage auf das in A. zerlegte Grundkapital § 178[19], [20], § 179; Freiaktien, Gratisaktien § 178[18]; Unteilbarkeit § 179[1]; Mehrheit von Mitberechtigten § 179[1], § 225; gemeinschaftlicher Vertreter § 225[5–11]; Arten, A. auf den Inhaber oder den Namen § 179[2], §§ 180, 183; Bedeutung einer selbständigen Sache? § 179[8]; Wertpapier § 179[9]; Zwang zur Ausgabe von Aktienurkunden § 179[10]; Namensaktien bei Ausgabe vor der Volleinzahlung § 179[3]; regelmäßiger Mindestbetrag § 180[1], [2], [15]; Ausnahmen § 180[3–13]; für gemeinnützige Unternehmungen § 180[3–6]; öffentliches Bedürfnis § 180[5]; Garantie für Ertrag durch öffentliche Körperschaften § 180[7], [8], [9]; Genehmigung § 180[3]; Ausnahme für gebundene Namensaktien § 180 [10], [11], [12]; Stempelpflicht § 179[13–21]; Übergangsfragen § 180[16–22]; verschiedene Beträge § 180[2], § 182[21]; Zuwiderhandlungen § 180[2]; Form der Unterzeichnung der A. § 181; Vertretung § 181[2]; Inhalt der Urkunde § 181[3]; wiederkehrende Leistungen § 212[25]; schriftlicher Auftrag einer Behörde § 181[4]; Festsetzung der Höhe der einzelnen A. durch den Gesellschaftsvertrag § 182[20]; desgl. der Aktienart § 183; Umwandlung der Aktienarten § 183[2], [3], [4], [6]; gesetzwidrige Ausgabe § 183[5]; Verbot der Unterpariausgabe § 184[1], [2]; Überpariausgabe § 184[3–6]; Ausgabekurs § 184[6], § 278[12], [13]; Vorzugsaktien § 185[1–12]; Bestimmungen des Gesellschaftsvertrages § 185[1]; durch Beschluß § 185[2], [3]; Art der Vorzugsrechte § 185[4–11]; Aufhebung § 185[12]; Stimmrechtsbevorzugungen § 185[6], § 252[10], [11]; Vorzugsobligationen § 185[12]; Veröffentlichung des Aktienbetrages und der Übernahme durch die Gründer § 199; Nichtigkeit der Aktienausgabe vor der Eintragung § 200[18], § 209; desgl. der Ausgabe unter dem Mindestbetrage § 209[1–7]; Schadensersatzpflicht § 209[2–5], [11]; Höhe der einzelnen A. von Zweigniederlassungen der ausländischen AG. § 201[26]; Einschränkung des Erwerbs und der Pfandnahme eigener A. durch die AG. § 226; Ausnahme bei Einkaufskommission § 226[7]; Veräußerung eigener A. § 226[8]; Unübertragbarkeit der Anteilsrechte vor der Eintragung der AG. § 200[15], [16], [17]; Übertragung der Anteilsrechte bei Verpflichtung zu wiederkehrenden Leistungen § 212[12–18]; Verschaffen des Eigentums an der Aktienurkunde § 381[5]; Übertragung der Namensaktie §§ 222, 223; Aktienbuch § 222 E, [1], § 223 E, [1–10], § 225[2]; Voraussetzungen der Übertragung § 222[2–6a]; Form § 222[7–10]; Abtretung, Übergabe § 222[7]; Begebungsvertrag § 222[9]; Indossament § 222[8]; Eintragung in das Aktienbuch § 222[10], [13], [14]; Übertragung gebundener Namensaktien § 222[11]; durch Gesamtrechtsnachfolge, Erbgang § 222[15]; Legitimationsübertragung § 222[15–23]; Voraussetzung der Umschreibung § 223[1], [2]; Anmeldung § 223[2]; Prüfung der Übertragungserklärung?

Aktiengesellschaft.

§ 223[3]; Wirkung der Umschreibung § 223[4–9]; Anfechtung § 223[10], [11], [12]; Verpfändung § 223[13]; Vollstreckung in A. § 223[14]; Übertragung von Inhaberaktien § 223[15–24]; Übertragung der Urkunde § 223[17]; Übertragungs- und Erwerbswille § 223[17]; Legitimationsübertragung § 223[17–20]; Gesamtrechtsnachfolge § 223[21]; Einwendungen der AG. gegenüber dem Erwerber § 223[22], [27]; Verpfändung § 223[23]; gutgläubiger Erwerb § 223[24], [25]; Vorschriften des bürgerlichen Rechts § 223[25–30]; Verjährung § 223[29]; zivilrechtliche Verhältnisse zwischen Übertrager und Erwerber § 223[31–36]; abhanden gekommene A. § 228; Kraftloserklärung im Aufgebotsverfahren § 228[1–5]; kein Aufgebot von Dividendenscheinen § 228[6]; Umtausch beschädigter Urkunden § 229; Haftung bei Aktienzeichnung § 242[43]; Dividendenrecht neuer A. § 278[13]; Talon, Erneuerungsschein § 213[14]; Dividendenschein § 213[15]; Stempelpflicht § 179[13–21].

II. Interimsscheine. Begriff § 179[5]; vorläufige Bestätigung des Mitgliedsrechts vor Ausgabe der Aktien § 179[5]; Zulässigkeit der Ausgabe vor der Vollzahlung § 179[5]; materielle Bedeutung, volles Mitgliedsrecht § 179[7]; Form § 179[12], § 181[1], [2], [3]; Nichtigkeit der auf Inhaber ausgestellten J. § 179[8]; desgl. bei Ausgabe vor Eintragung der AG. § 200[18], § 209[8–11]; Mindestbetrag § 180[1], [14]; Schadensersatzpflicht der Ausgeber § 209[3–7], [9], [11]; Haftung des Erwerbers eines J. für Einzahlung § 218[2]; Übertragung, Behandlung wie Namensaktien, Eintragung in das Aktienbuch § 224; Verbot des Erwerbs eigener J. § 226[9]; abhanden gekommene J., Aufgebotsverfahren § 228[1–5]; Umtausch beschädigter J. § 229; Ausgabe von J. bei Kapitalserhöhung § 287; Stempelpflicht § 179[13–21].

III. Genußschein. Begriff § 179[22]; Arten § 179[23–30]; Unabhängigkeit vom Recht des Aktionärs § 179[23]; selbständige Veräußerlichkeit § 179[26]; keine gesellschaftlichen Herrenrechte § 179[27]; Nichtaufnahme in die Bilanz § 179[27]; Vorzugsrechte auf Dividende und Liquidationserlös § 179[23], [24], [25]; staatliche Genehmigung § 179[30]; G. an Stelle für kraftlos erklärter Aktien § 179[28]; Erwerb eigener G. § 226[11]; Haftung für rechtswidrige Zahlungen § 217[1]; Stempel § 179[29].

IV. Aktionär. Anspruch auf Ausgabe der Aktien § 179[10]; kein Recht auf Bestimmung der Aktienart § 179[3]; als Gründer § 182[12], § 187; Begrenzung der Verpflichtung zu Kapitaleinlagen § 211; zivilrechtliche Erfordernisse bei der Aktienzeichnung § 189[25], [26]; Stellung als Zeuge § 210[8]; desgl. als Richter § 210[8]; desgl. als Nebenintervenient § 271[16]; unzulässige Verpflichtungen § 211[9–13]; Verpflichtung zu wiederkehrenden Naturalleistungen § 212[1–24]; nichtgeldliche Nebenleistungen § 212[1], [4], [9]; vertragliche Nebenabreden § 212[3]; wiederkehrende Leistungen § 212[5]; Übertragung der Anteilsrechte § 212[12–18]; kein Zurückforderungsrecht bezüglich der Einlage § 213[1–5]; Anspruch nur auf den Reingewinn, Dividende § 213[6–17]; Bargeld § 213[9b];

Aktiengesellschaft.
Verluste § 213^{11}; Träger des Dividendenrechts § $213^{14, 15}$; Talon, Erneuerungsschein § 213^{14}; Dividendenscheine § 213^{15}; Verjährung des Dividendenrechts § 213^{16}; Gewinnverteilung nach Aktienbeträgen § $214^{1, 2}$; abweichende Bestimmungen § 214^{3}; keine festen Zinsen, Reingewinn § 215 E, ^{1}; Reingewinn nach der jährlichen Bilanz § $215^{2, 3}$; Dividendengarantie § 215^{4}; Dividendenergänzungsfonds § 215^{5}; Bauzinsen § 215^{6-12}; Vergütung für wiederkehrende Leistungen § 216; Anspruch der Gläubiger auf Rückforderung rechtswidriger Zahlungen § 217 E, $^{1-15}$; Anspruch der Gesellschaft desgl. § 217^{16-24}; Rückzahlung von Tantiemen § 217^{24}; Haftung für den Aktienbetrag § 218; Fälligkeit der Einzahlungen § 218^{10-13}; Zinsen § $218^{5, 8, 9}$; Vertragsstrafe § 218^{4-9}; Konkurs des A. § 218^{15}, § 219^{9}; Konkurs der AG. § 218^{15}; Kaduzierung § 219; Voraussetzungen § 219; Androhung § 219^{3}; Verfallserklärung § 219^{4}; Form- und Fristmängel § 219^{5}; Rechtsmittel? § 219^{6}; Ausgabe einer neuen Urkunde § 219^{7}; Folgen der Kaduzierung § 219^{8}; Rückgriff gegen die Vormänner § 220 E; Haftungspflicht der Vormänner § 220^{1-10}; kein Recht des Ausgeschlossenen § 220^{10}; Verkauf der Aktie § 220^{11-17}; Verhältnis der Zwischenaktionäre unter sich § 220^{18}; keine Befreiungen von Einlage- und Rückgriffsverpflichtungen § 221^{1-4}; keine Aufrechnung § 221^{4}; Zurückbehaltungsrecht des A. § 221^{5}; Veräußerlichkeit der Forderung auf rückständige Einzahlungen § 221^{6}; Rechtsgeschäfte des A. mit der AG. § 235^{15}; Ausübung der Rechte der A. § 250^{1}; Minderheitsrechte § 250^{1}; Bestellung von Revisoren § 266; Einberufung der Generalversammlung § 254; Ernennung von Abberufung von Liquidatoren § 295; Recht des einzelnen A. auf Anfechtung von Generalversammlungsbeschlüssen § 271^{10-13}; Sonderrechte § 250^{9}; Geschäfte des A. mit der AG. § 250^{15}; s. unten zu F III.

E. Grundkapital, Amortisation.

I. Grundkapital. Begriff § 178^{17-21}; Festsetzung im Gesellschaftsvertrage § $182^{20, 21, 22}$; Nichtigkeit der AG. wegen Nichtbestimmung des G. im Gesellschaftsvertrage § $310^{1, 2}$; Verbot des Erwerbes eigener Aktien und Interimsscheine durch die AG. § 226; Eintragung und Veröffentlichung s. oben B VI; Erhöhung und Herabsetzung sind Satzungsänderungen § 274, § 278^{4}; s. oben C III; Wesen der Erhöhung des G. § 278^{3}; Hergang § $278^{5, 5a}$; volle Einzahlung des G. als Voraussetzung § $278^{6, 7, 8}$; Abstimmung § $278^{9, 10, 11}$; Ausgabekurs § 278^{12-20}; Aufhebung des Erhöhungsbeschlusses § 278^{21}; Stempel § 278^{22}; Kapitalserhöhungen bei Sacheinlagen und Übernahmen § 279; Festsetzung im Generalversammlungsbeschluß § $279^{3, 4, 5}$; kein Revisionszwang § 279^{6}; Gratisaktien § 279^{2}; Anmeldung des Beschlusses §§ 280, 285; Zeichnung der neuen Aktie durch Zeichnungsschein § 281; Inhalt § 281^{4-9}; Vorvertrag § 281^{10};

Aktiengesellschaft.
Ausgabe der neuen Aktien und Interimsscheine nach der Eintragung § 287; Unwirksamkeit von Zusicherungen besonderer Bezugsrechte vor dem Erhöhungsbeschluß § 282^{8}, § 283; Entstehung der neuen Aktienrechte durch die Eintragung § 287^{5}; Bezugsrecht der alten Aktionäre § 282; öffentliche Zeichnung § 282^{7}; Veröffentlichung des Preises § 282^{5}; Bezugsrechte anderer Personen § 283; Anmeldung der Erhöhung § 284^{1-4}, § 286; Eintragung § 284^{5}; Bekanntmachung § 284^{6}; Herabsetzung des G. § 288—291; wirtschaftliche Bedeutung § 288^{1-4}; rechtliche Bedeutung § 288^{5-9}; Verringerung des Nennwertes, desgl. der Zahl der Aktien, Einziehung § $288^{7, 8, 9}$; s. unten zu II; Erfordernisse des Beschlusses § $288^{11, 12}$; Abstimmung § 288^{12}; Inhalt des Beschlusses § $288^{13, 14}$; Übertragung an andere Organe § $288^{15, 16}$; Mehrheit von Aktiengattungen § 288^{18}; Gang der Herabsetzung § 288^{10}; Verbindung mit Erhöhungen § $290^{13, 14, 15}$; desgl. mit Vorzugsaktien § 288^{20}, § 290^{13}; Anmeldung des Beschlusses § 289^{1}; Gläubigerschutz § 289^{2-9}; Aufforderung zur Meldung § 289^{3}; Befriedigung oder Sicherstellung der Gläubiger § 289^{4-8}; Sperrjahr § 289^{9}; Klagerecht der Gläubiger § 289^{12}; Befreiung der Aktionäre von ihren Verpflichtungen § 289^{10}, § 291^{20}; Zusammenlegung von Aktien § 290; Wesen § 290^{1}; Beschluß der Generalversammlung § 290^{2}; Ausführung § 290^{3-11}; Kraftloserklärung der Aktien § $290^{6, 7}$; Beispiel für den Zusammenlegungsbeschluß § 290^{12}; Sanierung der AG. § $290^{13, 14}$; Anmeldung der erfolgten Herabsetzung § 291^{1-6}; Zeitpunkt der Ausführung des Beschlusses § $291^{7, 10-16}$; Zeitpunkt der Ausführung des Zwecks § $291^{7, 17-20}$; Änderung der Bilanz § $291^{8, 9}$.

II. Amortisation. § 227, § 288^{9}; Begriff § 227^{1}; Zwangsamortisation § $227^{2, 3, 10}$; freiwillige A. § $227^{2, 3, 11}$; A. mittels Kündigung § 227^{5}; Voraussetzungen § 227^{8-11}; Anordnung oder Gestattung im Gesellschaftsvertrage § 227^{8}; Durchführung als Verwaltungsakt § 227^{9}; A. aus dem Jahresgewinn § $227^{12, 13}$; als Kapitalherabsetzung § $227^{12, 14}$; Wirkungen § $227^{6, 7}$; rechtliche Vernichtung der Aktie § 227^{6}; Abschreibung § 227^{7}; Anmeldung § 227^{15}; Ausgabe von Genußscheinen § 227^{16}; Kraftloserklärung im Aufgebotsverfahren s. oben D I.

F. Organe der AG.

I. Vorstand. Bestimmungen des Gesellschaftsvertrages über Bestellung und Zusammensetzung § 182^{23}, § 231^{9}; bei der Gründung § $190^{1, 2, 3}$; Unfähigkeit § $231^{11, 12}$; Eigenschaften der Vorstandsmitglieder § $231^{10, 11, 12}$; Vertretungsbefugnis § 231^{1-6}; Geschäftsführung § $231^{7, 8}$; Zusammensetzung § 231^{9-12}; Einzelperson als V. § 231^{9}; mehrgliedriger V. § $231^{8, 9}$; Bestellung § 231^{20}; Berechtigung zur Bestellung § 231^{20}; Zuwahl § 231^{20}; Widerruflichkeit der Bestellung § $231^{7, 14-19}$; Bezeichnung als V. § 231^{13}; Dienstverhältnisse

Aktiengesellschaft.

§ 231$^{22-38}$; Niederlegung des Amtes § 231^{21}; Vergütung § 231^{19}; Einfluß von Widerruf und Kündigung auf die Vergütung § 231^{19}; Art der Vergütung § 231^{24}; Pensionsansprüche § 231^{24}; heimliche Provisionen § 231^{24}; Krankheit und sonstige Behinderungsfälle § 231$^{25, 26, 27}$; Urlaub § 231^{38}; Kündigung § 231$^{29-32}$; sofortige Kündigung seitens der Gesellschaft § 231$^{30, 31}$; desgl. der Vorstandsmitglieder § 231^{32}; allgemeine zivilrechtliche Aufhebungs- und Anfechtungsgründe § 231^{33}; Konkurs der AG. § 231^{34}; Tod des Vorstandsmitgliedes § 231^{34}; schriftliches Zeugnis § 231^{35}; Rechnungslegung bei Beendigung des Dienstverhältnisses § 231^{36}; Pfändbarkeit des Gehalts § 231^{37}; Verjährung der Ansprüche § 231^{38}; Gesamtvertretung § 232 E, $^{1-14}$; Ausübung § 232^{4}; Mitwirken durch stillschweigende Handlung § 231^{4}; Ermächtigung einzelner Mitglieder § 232$^{7-10}$; Entgegennahme von Willenserklärungen § 232$^{12, 13, 36}$; nachträgliche Zustimmung § 231^{11}; gesetzliche Vertretungsbefugnisse des Gesamtvertreters § 232$^{12, 13}$; Form der Firmenzeichnung § 232^{14}, § 233; gesetzliche Vorschrift § 233$^{1, 2, 3}$; Vorschrift nach Satzung § 233^{4}; im innern Verkehr § 233$^{5, 6}$; Einzelvertretungsbefugnis § 232$^{14, 15}$; Vertretungsbefugnis gemeinsam mit einem Prokuristen § 232$^{14, 17, 18, 19}$; Prokuristen und Handlungsbevollmächtigte § 232^{27}; Gesamtbefugnis in der Geschäftsführung § 232^{28}; Rechtswirkungen § 232$^{29-36}$; unerlaubte Handlungen des V. § 232$^{37-46}$; strafrechtliche Verantwortlichkeit § 232^{45}; Vertreter ohne Vertretungsmacht § 232^{42}; Rechtsgeschäfte des V. mit sich selbst § 232^{48}; Klagen des V. gegen die Gesellschaft § 232^{49}; Anmeldung von Änderungen im Personalbestand und in der Vertretungsbefugnis § 234; Form der Anmeldung § 234^{3}; Bekanntmachung der Eintragung § 237^{7}; Wirkung der Eintragung § 234$^{8-12}$; Beschränkungen der Befugnisse § 235; der Geschäftsführungsbefugnisse § 235$^{1-9}$; durch Gesellschaftsvertrag und Generalversammlungsbeschluß § 235$^{3-8}$; durch den Dienstvertrag § 235^{4}; durch Gesetz § 235^{5}; Beschränkungen der Vertretung nach außen § 235$^{10-17}$; Mangel der Wirkung gegen Dritte § 235$^{15, 16}$; Wettbewerbsverbot § 236; Inhalt § 236$^{1-5}$; Einwilligung der Gesellschaft § 236$^{5, 6, 7}$; Folgen der Übertretung § 236^{8}; Verjährung § 236$^{9, 10}$; vertragsmäßige Änderungen § 236^{11}; nach Auflösung des Verhältnisses § 236$^{12, 13, 14}$; Tantieme § 237; Zusage § 237$^{4-10}$; Beschränkungen § 237$^{6-9a, 19}$, Berechnung § 237$^{11-18, 23}$; Folgen ungesetzlicher Nichteinhaltung § 237^{20}; Prokuristenbestellung § 238; Begriff § 238^{1}; Erteilung § 238$^{2, 3, 4}$; Gesamtprokura § 238^{4}; Umfang § 238$^{5, 6}$; Unbeschränkbarkeit § 238^{7}; Prokurazeichnung § 238^{8}; Anmeldung und Eintragung § 238$^{8-11}$; Rechtswirkungen § 238$^{12, 13}$; Widerruf § 238^{14}; sonstige Bevollmächtigte § 238$^{16, 17}$; Beamte § 238^{18}; Buchführung § 239; verpflichtete Personen § 239^{2}; erforderliche Bücher § 239^{3}; Eröffnungsbilanz § 239$^{7-10}$; Pflichten bei ein-

Aktiengesellschaft.

tretenden Schwierigkeiten § 240; Bilanzverlust in Höhe des halben Grundkapitals § 240$^{1-8}$; bilanzmäßiger Verlust § 240$^{1, 2}$; Einberufung der Generalversammlung § 240$^{7, 8}$; Konkursantrag § 240$^{9-17}$; bei Zahlungsunfähigkeit § 240$^{9, 12}$; Strafbarkeit der Unterlassung § 240^{13}; bilanzmäßige Feststellung § 240^{14}; Antragsberechtigte § 240^{16}; Geschäftsführung §§ 241, 242; Sorgfaltsmaß § 241$^{1, 2, 3}$; Ansprüche der Gesellschaft § 241$^{3-6}$; Berufung auf Beschluß der Generalversammlung § 241^{4}; desgl. des Aufsichtsrats § 241^{5}; Beseitigung des Anspruchs durch Entlastung § 241^{6}, § 260$^{8-12}$; Folgen der Pflichtverletzung § 241$^{7-31}$; der Gesellschaft gegenüber § 241$^{7-10}$; Fortbestehen neben Gläubigeranspruch § 241^{15}; den Gläubigern gegenüber § 241$^{11-17, 20-29}$; Voraussetzungen § 241$^{12-14}$; Konkurs der Gesellschaft § 241$^{16, 17}$; Verjährung § 241$^{18, 19}$; Rückgriff der Vorstandsmitglieder untereinander § 241^{30}; Gerichtsstand § 241^{31}; Stellvertreter der Vorstandsmitglieder § 242; Ausführung der Beschlüsse der Generalversammlung § 250^{15}; Berufung der Generalversammlung § 253; Vorbereitung der Bilanzprüfung durch Vorlegung der Bilanz, der Gewinn- und Verlustrechnung, des Geschäftsberichts § 260; Rechnungspflicht § 266^{24}; Pflichten bei der Revision § 267^{1}; Haftung gegenüber der Gesellschaft aus fehlerhafter Gründung § 268$^{1, 2}$; Anfechtung von Beschlüssen der Generalversammlung § 271$^{1-9, 14, 15}$; Aktienausgabe vor Durchführung der Kapitalserhöhung § 287^{1}; Strafbarkeit § 287^{2}, § 314^{1}; Pflicht zur Offenlegung § 314$^{1, 4-14}$; Strafbestimmungen s. unten zu K.

II. Aufsichtsrat. Notwendigkeit § 190$^{1, 4}$; Rechte und Pflichten § 246 E; Wahl im Gründungsverfahren § 190^{1}; Prüfungspflicht bei Gründung § 192^{1}, § 193^{5}; Anmeldungspflicht § 195$^{3, 24, 25}$; Haftung aus der Gründung § 204, § 268; Rückgriff § 204^{10}; desgl. bei Nachgründung § 207$^{7, 9, 10}$; Zusammensetzung § 243^{1}; Wahl durch Generalversammlung § 243$^{1, 1a}$; Annahme der Wahl § 243^{2}; Zahl der Mitglieder § 243^{3}; Eigenschaft der Mitglieder § 243^{4}; Amtsdauer § 243$^{5, 6, 7}$; Erlöschen des Amts durch Widerruf § 243^{8}; Niederlegung § 243$^{9-13}$; zu Unrecht tätiger A. § 243^{14}; Stellvertreter § 243^{15}; Bekanntmachung und Einreichung von Personalveränderungen § 244; Vergütung des ersten A. § 245^{1}; des späteren A. § 245$^{2-19}$; Barauslagen § 245^{2}; vereinbarte Vergütung § 245$^{3, 4}$; Widerruf § 245^{4}; Art der Vergütung § 245$^{5-12}$; Tantiemenberechnung § 245$^{5-12}$; Reingewinn § 245^{7}; Abschreibungen, Rücklagen § 245$^{8, 9}$; Vorzugsrecht der Aktionäre § 245$^{10, 11}$; Teilung zwischen mehreren Mitgliedern § 245$^{13, 14}$; Tod des Mitglieds § 245^{15}; Berechnung nach Verhältnis der Zeit § 245^{16}; Fälligkeit § 245^{17}; kein Vorrecht im Konkurse § 245^{18}; Tantiemesteuer § 245^{18}; Kontrolltätigkeit § 246 E; Uneinschränkbarkeit § 246^{1}; Überweisung des Vorstandes § 246^{2}; Informationsbefugnis § 246$^{3-8}$; Berichterstattung des Vorstandes,

Aktiengesellschaft.

Büchereinsicht § 246[4–7]; Prüfung der Jahresrechnung, Bilanz und Gewinnverteilungsvorschlags § 246[8]; Bericht vor der Generalversammlung § 246[8]; Einberufung derselben § 246[9]; Überwachung der Ausführung von deren Beschlüssen § 249[9]; Bestimmungen des Gesellschaftsvertrages § 246[10]; Unübertragbarkeit der Ausübung § 246[11], [12], [13]; Tätigkeit als Vertretungsorgan § 246 E; Zuziehung von Hilfspersonen § 246[13]; Geschäftsführung § 246[14]; Beschlußfassung § 246[14]; Beschlußfähigkeit, Abstimmung § 246[14]; Vorsitzender? § 246[14]; Verwaltungsrat § 246[17]; Vertretung der AG. bei Rechtsgeschäften und Streitigkeiten mit dem Vorstand § 247, § 268[7]; Umfang der Vertretungsmacht § 247[14]; Abgrenzung zwischen A. und Vorstand § 248 E; Mitglied des A. darf nicht zum Vorstand gehören und nicht geschäftsführender Beamter sein § 248[1]; Ausnahmen § 248[3], [4], [5]; zeitliche Beschränkung § 248[3]; Behinderung des Vorstandes § 248[3]; Folgen § 248[4]; eigene Angelegenheiten § 248[6]; Sorgfaltspflicht § 249; Maß der Sorgfalt § 249[1]; Folgen der Pflichtverletzung gegenüber der AG. § 249[2–8]; desgl. den Gläubigern gegenüber § 249[8], § 241[11–17]; Schadensersatzpflicht § 249[6], § 241[9]; Verjährung § 241[18], [19], § 249[9]; Ausgleichung § 241[30], § 249[11]; Haftung gegenüber Dritten § 249[10]; ungesetzliches Verlangen an den Vorstand § 235[7], [8]; Vorlegung von Jahresbilanz und der Gewinnverteilung seitens des Vorstandes § 260[1]; Entlastung des A. § 260[8–17]; Anfechtung von Beschlüssen der Generalversammlung § 271[15]; Strafbestimmungen s. unten zu K.

III. Generalversammlung. Ausübung der Aktionärrechte § 250; Rechte auf vermögensrechtliche Leistungen § 250[1]; Gesamtwille, Minderheitsrechte § 250[1]; s. unten zu F IV; Angelegenheiten der Gesellschaft § 250[1]; Ausübung durch Beschlußfassung in der Versammlung § 250[2]; Vertretung nach außen § 250[4], [5], [6]; Zuständigkeit § 250[7], [8]; Sonderrechte § 250[9–13]; Bestimmungen des Gesellschaftsvertrages § 182[24], § 253, § 254[4], [24], § 255; Aufhebung der Berufung § 253[7]; Berufung durch den Vorstand § 253[1]; Berufung durch den Aufsichtsrat § 246[9], § 253[2]; wie oft? § 253[3–6]; alljährliche Berufung der ordentlichen G. § 253[3]; Berufung bei Interesse der Gesellschaft bei wichtigen Fällen § 246[9], § 253[4], [5]; Einberufung auf Verlangen der Aktionäre, außerordentliche G. § 254; Mindestbetrag der Aktien § 254[7], [9]; Antrag, Zweck und Gründe § 254[10]; Zeitpunkt § 254[13],[14], Ankündigung von Gegenständen der Beschlußfassung § 254[15]; richterliche Ermächtigung § 254[16–20], [26]; Vorsitz § 254[23]; Kosten § 254[25]; im Liquidationsverfahren § 254[28]; Verlangen des Aufsichtsamts bei Versicherungsgesellschaften § 254[27]; beschränkte äußere Vertretungsbefugnis § 250[4], [5]; Geschäftsführung § 250[6]; Ausführung der Beschlüsse durch den Vorstand § 250[15]; Überwachung durch den Aufsichtsrat § 250[16]; Stimmenmehrheit § 251[1];

Aktiengesellschaft.

Ausnahmen § 252[2], [3]; Mindestbruchteil des vertretenen Grundkapitals § 251[4]; desgl. des Aktienkapitals § 251[5]; Aktien mit höherem Stimmrecht § 251[4]; Stimmrecht jeder Aktie § 252[1], [2], [3], [13], [14]; Rechte Dritter § 252[4–8]; Stimmrecht nach Aktienbetrag § 252[3], [9–14]; Höchstbeschränkungen, Abstufungen § 252[12]; Bevollmächtigte § 252[15–23]; Stimmenthaltung § 252[23–27a]; bei Entlastung § 252[24]; bei Rechtsgeschäften mit Aktionären § 252[25]; Form der Ausübung des Stimmrechts § 252[28]; Bedingungen § 252[29], [30], [31]; rechtliche Natur der Stimmabgabe § 252[31a]; Recht der Teilnahme an der G. § 252[32–36]; Zulassung zur Teilnahme § 255[2]; Legitimation der Aktionäre § 253[3]; Aktienniederlegung § 255[4], [5], [6]; Bekanntgabe der Tagesordnung § 256; Ankündigung § 256[1–3]; Ausnahmefälle § 256[4], [5], [6]; Abschrift der Anträge § 256[7]; Inhalt der Ankündigung § 256[8]; Ankündigung von Satzungsänderungen § 256[8], § 274[6]; ordnungswidrige Berufung § 256[9]; Gesamtversammlung § 256[9a]; Vorsitz § 256[10]; Erfordernis der Antragstellung § 256[11]; Leitung der Versammlung § 256[12], [13]; Besprechung § 256[13]; Vertagung § 256[14]; Ort der G. § 256[17]; Recht auf Mitteilung bei Hinterlegung von Aktien § 257; Protokolleinsicht und -abschrift § 257[4]; Aktionärverzeichnis § 258; Protokoll der G. § 259; Inhalt § 259[5], [6]; Anlagen § 259[7]; Unterschriften § 259[8], [9]; Einreichung zum Handelsregister § 259[10]; Formfehler § 259[11]; Errichtungsversammlung § 196; Gegenstände der ordentlichen G. § 260; Genehmigung der Jahresbilanz § 260[1–4]; Gewinnverteilung § 260[5–7]; Entlastung § 260[8–17]; Anspruch auf Entlastung § 260[12]; Bedeutung § 260[13–17]; Vorbereitung der Bilanzprüfung § 260[18–25]; Vorlegung des Jahresberichts § 260[18–22], des Geschäftsberichts § 260[23]; Aufstellung der Bilanz § 261; s. unten zu G; Umwandlung des gesetzlichen Reservekontos § 262[25]; Gewinnvortrag § 262[34]; freiwillige Reservekonten § 262[35]; Einsicht und Abschriftnahme der Jahresrechnungen § 263; Vertagung der Bilanzgenehmigungsverhandlung § 264; neue Verhandlung § 264[4]; Bekanntmachung der Genehmigung § 265; Bestellung von Revisoren § 266: Prüfung der Bilanz, Gründungsvorgänge und Geschäftsführung § 266[2]; Recht der Minderheit auf Revisorenbestellung § 266[4–17]; s. unten zu IV; Ersatzklagen aus Gründung oder Geschäftsführung § 268[1], [2]; Geltendmachung der Ansprüche § 268[3], [4]; Prozeßvertretung § 268[5–12]; prozessuale Behandlung § 269[1–4]; Hinterlegung der Aktien der Minderheit, sechsmonatiger Besitz § 269[3]; Verzicht und Vergleich §§ 205, 270; Anfechtungsrecht der Aktionäre §§ 271—273; Verletzung von Gesetz oder Gesellschaftsvertrag § 271[2–5a]; Beschluß der G. § 271[1]; Klageerhebung § 271[6–9]; anfechtungsberechtigte Personen § 271[10–16]; Widerspruch gegen das Protokoll § 271[10]; Nichtzulassung zur G., ungenügende Berufung oder Bekanntmachung der G. § 271[11]; Beschrän

Aktiengesellschaft.
tung des Anfechtungsrechts § 271^{12}; keine Hinterlegung der Aktien § 271^{13}; Anfechtungsklage des Vorstandes § 271^{14}; desgl. des einzelnen Mitglieds vom Vorstand oder Aufsichtsrat § 271^{15}; Nebenintervention § 271^{16}; Passivlegitimation § 272^{1-7}; Vertretung durch Vorstand und Aufsichtsrat § 272^{1-6}; Zuständigkeit § 272^{8}; Sicherheitspflicht § 272^{10}, ^{11}, ^{12}; Bekanntmachung der Klageerhebung § 272^{13}; Gesamtvertretung § 272^{15}; Streitwert, Kosten § 272^{16}; Folgen der Ungültigkeitserklärung § 273^{1-7}; Einreichung des Urteils zum Handelsregister § 273^{3}; Anfechtung der Bilanz § 273^{1}, ^{1a}, ^{1b}; Folgen der bereits erfolgten Ausführung § 273^{4-6}; Schadensersatzpflicht bei unbegründeten Anfechtungsklagen § 273^{8-11}; Folgen der Anfechtung § 273^{13}; desgl. des Urteils § 273^{14}; Folgen der Nichtanfechtung § 273^{15}; unheilbare Nichtigkeit § 273^{15}; Folgen der Voraussetzungen der Nichtigkeit § 273^{16}, ^{17}, ^{18}; formelle Mängel § 273^{16}; sachliche Mängel § 273^{17}, ^{18}; Geltendmachung § 273^{19}, ^{20}; Registerrichter § 273^{21}, ^{22}, ^{23}; Satzungsänderungen §§ 274—276, § 278, § 279, § 282, § 283, § 288^{10-18}, § 290; s. oben zu C III; Verlustanzeige durch den Vorstand an die G. § 240^{7}, ^{8}; Berufung des Vorstandes auf Beschluß der G. § 241^{4}; Auflösung der AG. § 292^{6}; s. unten zu J; Liquidationsbilanzen § 299^{8}; Liquidation der AG. § 294^{2}, ^{7}; s. unten zu J III; Veräußerung des Gesellschaftsvermögens § 303^{4}, ^{5}, ^{7}, ^{8}; Fortsetzung der Gesellschaft nach Auflösung § 307^{1}, ^{7}, ^{8}.
IV. Minderheitsrechte. Begriff § 251^{1}; Unbeschränkbarkeit § 185^{5}; Sonderrechte § 250^{9-12}; Änderung des Verhältnisses mehrerer Aktiengattungen zum Nachteil einer Gattung § 275^{4}, ^{5}, ^{6}; Ankündigung von Satzungsänderungen § 274^{6}; Beschlüsse der Generalversammlung über Verzicht oder Vergleich bezüglich der Haftung aus Gründungsfehlern § 205^{2}; Einberufung der außerordentlichen Generalversammlung § 254; desgl. bei Liquidationszustand der AG. § 254^{28}; Kosten § 254^{25}; Vertagung der Bilanzgenehmigung § 264^{1}, ^{3}, ^{5}; Bestellung von Revisoren § 266^{4-12}, § 267; Kosten § 267^{4}; Folgen unbegründeter Antragstellung § 267^{5}; Ersatzklagen gegen Gesellschaftsorgane § 268^{4}; Frist § 269; Prozeßvertretung § 268^{8}; Hinterlegung und Besitz der Aktien, Sicherheitsleistung § 269^{1}, ^{2}, ^{3}; Kostenpflicht § 269^{5}; Schadensersatzpflicht § 269^{5}; Verzicht und Vergleich § 270; Anfechtung von Beschlüssen der Generalversammlung §§ 271—273, insbesondere § 271^{10-13}, ^{16}; Voraussetzungen § 271^{1-5a}; Geltendmachung durch Klageerhebung § 271^{6}, ^{7}, ^{8}; Frist zur Klageerhebung § 271^{9}; Berufung der Liquidatoren § 295^{2}, $^{5-9}$.

G. Bilanz.

Allgemeines § 261^{1-15}, §§ 39, 40, 41; öffentliche Bedeutung § 261^{1}; privatrechtliche Bedeutung § 261^{2-8}; Höchstvorschriften für Aktiva § 240, § 261^{3}; Mindestvorschriften § 240, § 261^{4-7}; Begriff der Aktiva § 261^{10}; desgl. der Passiva § 261^{11}, ^{12}, ^{13}; stille Reserven § 261^{6}; keine grundsätzliche Bilanzkontinuität § 261^{7}; immaterielle Güter § 261^{10}; Mindestvorschriften für Passiva § 261^{8}; Begriff der Passiva § 261^{10-13}; Verteilung nur des Überschusses der Aktiva über die Passiva § 261^{11}; Schulden der Gesellschaft § 261^{12}; Grundkapitalsziffer § 261^{13}; Verteilungsbilanz § 261^{13}, ^{15}; nur Augenblicksbild § 261^{14}; Beispiel § 261^{16}; Bilanzklarheit § 261^{16a}, § 314^{4}; unrichtige Darstellungen § 314^{5-8}; allgemeine Vorschriften § 40, § 261^{17}; Delkrederekonto § 261^{17}; Eröffnungsbilanz § 239^{7}; schwebende Rechtsverhältnisse § 261^{17}; klaglose Differenzgeschäfte § 261^{17}; Wertpapiere und Waren mit Börsen- oder Marktpreis § 261^{18-28}; Marktpreis § 261^{19}; Anschaffungs- oder Herstellungspreis § 261^{20}, ^{21}; Zeitpunkt § 261^{22}; fertige Waren § 261^{23}, ^{24}; Halbfabrikate § 261^{25}; geschenkte Gegenstände § 261^{26}; Aktien anderer Gesellschaften mit Dividendenscheinen § 261^{27}; Vermögensgegenstände ohne Börsen- oder Marktpreis § 261^{29}; gezahlte Provision § 261^{30}; Kauf in der Zwangsversteigerung § 261^{31}; Patente § 261^{32}; Mehrheit von Gegenständen, die zu Gesamtpreis gekauft sind § 261^{33}; eingebrachte Sachen § 261^{34}; dauernde Betriebsanlagen § 261^{35-38}; Kosten der Einrichtung und Verwaltung § 261^{39-42}; Grundkapital, Reserve und Erneuerungsfonds als Passiva § 261^{43}, ^{44}, ^{45}; Angabe von Gewinn und Verlust § 261^{46-49}; Vertagung der Bilanzgenehmigung § 264^{1}, ^{3}, ^{5}; Bekanntmachung und Einreichung zum Handelsregister § 265^{1-6}; Prüfung der B. durch Revisoren §§ 266, 267; Bestellung durch Generalversammlung § 266^{1}; durch Minderheitsbeschluß § 266^{4-17}; Vorstandstantieme § 237; Prüfung durch den Aufsichtsrat § 246^{8}; Anfechtung §§ 271—273; Nichtigkeit § 273^{15-19}; Liquidationsbilanzen § 299^{1-8}; Bilanzierung bei Fusionen § 306^{13}; Bilanzfälschung § 312^{7}.

H. Reservefonds.

Natur des gesetzlichen § 262^{1-5}; Aufnahme unter Passiva § 261^{15}, ^{43}; Anlegung § 262^{4}, ^{5}; Zweck § 262^{6}, ^{7}, ^{8}; Ausgleichung von Unterbilanzen § 262^{7}, ^{8}; Bildung § 262^{9-23}; 5 v. H. des jährlichen Reingewinns § 262^{9-13}; 10 v. H. des Gesamtkapitals § 262^{14}; Agio bei Aktienausgabe § 262^{15-19}; Gegenleistung für Gewährung von Vorzugsrechten für Aktien § 262^{20-23}; Rückkauf eigener Aktien § 262^{23}; Umwandlung des gesetzlichen R. § 262^{24}; des satzungsgemäßen R. § 262^{25}; des auf Generalversammlungsbeschluß beruhenden R. § 262^{26}; freiwillige Reservekonten § 262^{27-31}; Gewinnvortrag § 262^{32}; Umwandlung und Ausschüttung von freiwilligen Reservekonten § 262^{35}; Sonderrücklagen zur Sicherung der Kriegssteuern § 262^{36}; R. und Tantiemeberechnung § 237^{12-15}, § 262^{11}; Erneuerungsfonds, Delkrederefonds § 261^{43}, § 262^{10}.

J. Auflösung.

I. Allgemeines. Begriff § 292; Folgen § 292^{2}, ^{3}; Erlöschen der bestehenden Prokuren § 292^{2};

Aktiengesellschaft.
Gründe öffentlichen Rechts § 178[10]; Gründe § 292; Zeitablauf § 292[4], [5]; Beschluß der Generalversammlung § 292[6]; Konkurs § 292[7–14]; Konkursverwalter § 292[8], [10]; Aktionäre keine Konkursgläubiger § 292[9], § 307[10–14]; wiederkehrende Naturalleistungen § 292[11]; Organe der Gesellschaft § 292[12]; Rechtszustand nach Beendigung des Konkurses § 292[13], § 307[10–14]; Entziehung der obrigkeitlichen Genehmigung § 292[16]; Vereinigung aller Aktien in einer Hand kein Auflösungsgrund § 292[18]; Einziehung sämtlicher Aktien § 292[19]; Verlegung des Sitzes in das Ausland § 292[20]; Kündigungsrecht der Aktionäre? § 292[21]; Fortfall des Vermögens kein Grund § 292[23]; Anmeldung der Auflösung § 293[1–4]; Eintragung § 293[4], [5], [6]; Liquidation § 292[1], §§ 294—299; s. unten zu III; übereilter Auflösungsbeschluß § 307[3]; Fortsetzung als Ausnahmefall § 307[4–9]; nicht erreichter Zweck bei Veräußerung des Vermögens im ganzen § 303; Erfordernis § 303[5–8]; bei Liquidation § 303[9]; Rechtsfolgen § 303[10–14]; Veräußerungsvertrag § 303[15]; Übergang der Schulden § 303[16]; Übertragung der Firma § 22[11], [12], [13], § 302[6], § 303[18]; Verstaatlichung § 304; Voraussetzungen § 304[1], [2], [3]; Zustimmung der Generalversammlung § 304[4]; Anmeldung § 304[5]; Wirkung der Eintragung § 304[6–12]; Fortsetzung nach der Auflösung § 307; Gründung einer neuen Gesellschaft § 307; Beteiligung an Neugründung § 307[3]; nicht erreichter Zweck der Auflösung § 307[4], [5], [7]; Aufhebung des Konkurses durch Zwangsvergleich § 307[6], [7], [13]; Einstellung des Konkurses auf Antrag der Gemeinschuldner § 307[6], [12]; Fortsetzungsbeschluß § 307[7], [8], [9]; Fusion s. unten zu IV; Anfechtung des Auflösungsbeschlusses § 308.

II. **Nichtigkeit** §§ 309—311; vorherige Eintragung der AG. § 309[1]; Voraussetzung § 309[2–10]; Gründungsmängel § 309[2], [3], [4], [5]; Mängel des Gesellschaftsvertrages § 309[5–10]; Rechtsfolgen § 309[11–16]; Nichtigkeitsklage § 309[15]; Löschung von Amts wegen § 309[16]; Zweigniederlassungen ausländischer AG. § 309[1]; Heilung der Verstöße § 310; keine Heilung bei Nichtangabe der Höhe von Grundkapital und einzelnen Aktien § 310[1], [2]; Beschluß der Generalversammlung § 310[3]; Berufung derselben § 310[4]; Folgen der Heilung § 310[5]; Eintragung § 309[13], § 311; Eintragung des Nichtigkeitsurteils § 311[1]; Folgen § 311[2–9]; Liquidationsgesellschaft § 311[3], [7]; Rechtsgeschäfte mit Dritten § 311[4]; Leistungen der Gesellschafter § 311[5]; Konkurs § 311[6]; andere Gründe § 311[10]; Umgründung § 310[9].

III. **Liquidation** §§ 292, 294—302; Begriff § 292[1], [2]; keine L. bei Konkurs § 294[1], [15]; allgemeine Vorschriften § 294[3–14]; Beschlüsse der Generalversammlung § 294[7]; Haftbarkeit der Liquidatoren § 294[8]; Fortfall vom Anteil an Reingewinn und von Tantiemen § 294[9], [10]; Satzungsänderungen § 294[11]; rückständige Einlagen § 294[12]; Erwerbung eines neuen Geschäfts § 294[13]; keine Aufhebung der L. § 294[14], § 307[9];

Aktiengesellschaft.
Berufung der Liquidatoren § 295; physische Personen § 295[1]; Übereinkunft oder Gesetz § 295[2], [3]; Vorstand § 295[4]; richterliche Ernennung § 295[5–8]; Kosten § 295[9]; Abberufung § 295[10–13]; Eintragung § 295; Dienstverhältnis der Liquidatoren § 295[3]; Anmeldung der ersten Liquidatoren § 296[1–7]; Eintragung § 295[8]; Aufforderung der Gläubiger § 295; Form § 295[2], [3]; Geschäftskreis der Liquidatoren § 298[1–6]; Abwicklungsgeschäfte § 298[1]; Vertretungsbefugnisse gegenüber Dritten § 298[7]; Firmenzeichnung § 298[8]; Mehrheit von Liquidatoren § 298[9], [10]; Ausschluß der Prokuristenbestellung § 298[11]; kein Wettbewerbsverbot § 298[12]; Haftung der Gesellschaft und der Liquidatoren § 298[13]; Liquidationsbilanz § 299; Eröffnungsbilanz § 299[1], [2], [3], [6], [7]; Jahresbilanz § 299[4]; Gewinn- und Verlustrechnungsbilanz § 299[1], [2], [5]; Jahresbilanz § 299[4], [5]; Genehmigung der Generalversammlung § 299[7]; Jahresrechnungen und Geschäftsbericht § 299[6]; Vertagung der Generalversammlung § 264, § 299[10]; Veröffentlichung der Bilanz und Bekanntmachung zum Register § 299[11]; Revision §§ 266, 267, § 299[12]; Registergericht § 299[13], [14]; Verteilung des Überschusses unter die Aktionäre § 300[1–6]; Verteilungsverhältnis § 300[7–10a]; Vorbereitung und Durchführung der Verteilung § 300[11], [12]; rechtlicher Charakter des Liquidationsanspruches § 300[13]; unrichtige Verteilung § 300[14]; Gläubigerschutzvorschriften § 301; Aufforderung § 297, § 301[1]; Sperrjahr § 301[2]; Befriedigung der Gläubiger § 301[3], [6]; Sicherheitsleistung, Hinterlegung § 301[4], [5], [13]; keine Verteilung vor Erledigung der Schutzvorschriften § 301[7]; Haftung der Gesellschaftsorgane § 301[8–12]; Beendigung der L. § 302; Schlußrechnung § 302[1–5]; Schlußgeneralversammlung § 302[5]; Erlöschungsanmeldung § 303[6]; Aufbewahrung von Büchern und Papieren § 302[7–10]; Benutzung ders. § 302[11–15]; Erneuerung der L. § 302[16–24]; Verwertung des Gesellschaftsvermögens durch Veräußerung im ganzen § 303[9]; uneigentliche Fusion § 305[23]; Wegfall der L. bei Fusion mit sofortiger Verschmelzung § 306[2], [9]; Fortsetzung der L. bei Nichterreichung des Zwecks der Auflösung § 307[9].

IV. **Fusion.** Uneigentliche F. ohne sofortige Verschmelzung § 305; Übertragung des ganzen Vermögens an eine andere AG. oder Kommanditgesellschaft auf Aktien § 305; Unterschied gegen Interessengemeinschaft § 305[4], § 306[25]; Hergang § 305[8–22]; Veräußerungsvertrag § 305[8], [9], [10], [25]; Beschluß der übertragenden AG. § 305[11], [12], [15]; desgl. der übernehmenden § 305[13], [14], [16–19]; Kapitalserhöhungsbeschluß der übernehmenden § 305[13], [14]; Anmeldung und Eintragung § 305[15–19]; Reihenfolge der Rechtsakte § 305[21]; Liquidation der übertragenden Gesellschaft § 305[22]; Eintritt der Verschmelzung § 305[23]; Aushändigung der Aktien § 305[23]; Übergang der Aktiva und Passiva § 305[26]; F. mit sofortiger Verschmelzung § 306; Tatbestandsmerkmale § 306[2], [3], [4]; Hergang § 306[5–11]; Ge-

Aktiengesellschaft.
nehmigung des Veräußerungsvertrages § 306[7]; Kapitalerhöhungsbeschluß § 307[8]; Anmeldung und Eintragung § 306[8–11]; Ausschluß der Liquidation § 306[9]; Vollzug der Verschmelzung § 306[13], [14]; Untergang der übertragenden Gesellschaft § 306[13]; Rechtspersönlichkeit der übernehmenden Gesellschaft § 306[14]; Rückversicherungsverträge § 306[14]; Kündigungsrecht der Vorstandsmitglieder § 306[14]; Anstellungsverträge § 306[14]; Aufsichtsräte § 306[14]; Gläubigerschutzvorschriften § 306[15–21]; Gläubiger der übertragenden Gesellschaft § 306[15], [16]; getrennte Vermögensverwaltung § 306[17], [20], [21]; Gerichtsstand § 306[18], [20], [21]; Gegenstand des Unternehmens § 306[25]; Stempelfragen § 306[22–25]; Fortsetzung der aufgelösten übertragenden Gesellschaft s. oben zu I; Anfechtungsklage gegen den Übergangsbeschluß § 308; Aufhebung des Aufsichtsrats der übertragenden Gesellschaft § 243[8].

K. Strafbestimmungen.

I. Allgemeines § 312[1], [2], [3]; Zuständigkeit § 312[3].

II. Einzelne strafbare Handlungen. Benachteiligung der Gesellschaft § 312; Vorstands- und Aufsichtsratsmitglieder, Liquidatoren § 312[4]; Handlung, Unterlassung § 312[5], [6]; Bilanzfälschung § 312[7]; Absicht § 312[8], [10]; Nachteil der Gesellschaft § 312[9]; Arglist § 312[11]; Freigebigkeiten § 312[12], [13]; Versuch und Teilnahme § 312[2], [15], § 313[13], § 317[10], § 318[12]; wiederholte Straftaten § 312[16]; Gründer § 313E,[1],[2],[3]; wissentlich falsche Ankündigungen der Ausgabehäuser § 313[4]; wissentlich falsche Angaben bei der Kapitalserhöhung § 313[5]; Verletzung der Offenlegungsfrist § 314[1–9]; unrichtige Darstellungen § 314[5]; unwahre Darstellungen § 314[6], [7]; Verschleierung § 314[8]; unzulässige Aktienausgabe § 314[10–12]; Nichtvorhandensein und Nichtbetätigung des Aufsichtsrats § 315[1], [2]; Unterlassen des Konkursantrages § 315[3]; Nachweis des Verschuldens § 315[4]; falsche Bescheinigungen betreffend Stimmrecht in der Generalversammlung § 316; Stimmenkauf § 317; Versprechen und Gewährung von Vorteilen § 317[1]; Vorteile für Stimmen in gewissem Sinne § 317[2–5],[9]; Kompromisse § 317[8]; Mißbrauch fremder Aktien § 318; unbefugte Benutzung zur Abstimmung § 318[1–7]; entgeltliche Verleihung von Aktien § 318[8]; Straflosigkeit unentgeltlichen Strohmännertums § 318[9], [10], [11].

III. Ordnungsstrafen § 299[13], [14], § 315[7], § 319; allgemeine Bestimmungen § 14[3–18]; Verpflichtungen der Gesellschaftsorgane § 319[2], [3].

Aktiengesellschaften als Verkaufskommissionäre § 400[31].

Aktienkapitalkonto § 261[15].

Aktienkommanditgesellschaft s. Kommanditgesellschaft auf Aktien.

Aktienstempel § 179[11–21].

Aktionär s. Aktiengesellschaft zu D IV.

Aktiva der Handelsfirma § 22[22–28]; Wertansatz § 40[2–6], [8], [9]; A. der Aktiengesellschaft § 261[18–38].

Aktivlegitimation der Ehefrau E[55]; des Agenten bei Wettbewerbshandlungen § 89[6].

Aktivsaldo, o. HG. § 120[7].

Akzept des Schuldners Vorb. v. § 369[4], § 369[18]; des Käufers § 369[44].

Akzessorische Handelsgeschäfte § 343[3], [9], [22], [25].

Alleinverkaufsrecht § 346[2], Anh. zu § 346[16], § 347[24], Anh. zu § 374[3].

Allgemeine Anerbietungen an das Publikum § 361[13].

Allgemeiner Feiertag Anh. zu § 359[34], [37].

Ältere Aktiengesellschaft § 190[5].

Alternative Klage auf Wandelung oder Minderung § 377[111].

Alternativkauf § 375[1].

Älteste der Kaufmannschaft § 8[3].

Amortisation von Aktien § 227; Begriff § 227[1]; Zwangsamortisation § 227[2], [3]; freiwillige A. § 227[2]; A. auf Kündigung § 227[5]; Voraussetzungen § 227[8–14], Wirkung § 227[6], [7]; Aktien der Kommanditgesellschaft § 320[64]; Orderpapiere § 365[13]; s. Aktiengesellschaft zu E II.

Amtliche Feststellung der Börsenterminpreise? Anh. zu § 376[13].

Amtliche Pfandveräußerung § 368[66], [67].

Amtsdauer des Aufsichtsrats § 243[5], [6], [7].

Amtsniederlegung, Vorstand der AG. s. Aktiengesellschaft F I, des Aufsichtsrats ebenda F II.

Amts wegen, von, Löschung der Firma § 31[5]; der nichtigen Aktiengesellschaft § 309; von Beschlüssen der Generalversammlung § 273[23].

Änderung der Gesetzgebung § 374[49e], § 377[39]; der eingetragenen Rechtsverhältnisse § 15[4]; der Rechtsverhältnisse juristischer Personen § 34; gerichtlicher und notarieller Urkunden § 350[66]; der Firma § 18[8a], § 31, § 52[16]; durch Eintritt eines neuen Gesellschafters in die o. HG. § 130[6]; des Namens des Geschäftsinhabers oder o. H.-G. § 21; des Erfüllungsortes durch Vereinbarung Anh. zu § 372[28–29]; desgl. durch Verzug Anh. zu § 372[27]; der Umstände Anh. zu § 374[49], [49d], [49e] (Unmöglichkeit der Leistung); Anh. zu § 346[2],[16], Vorb. v. § 373[39], Anh. zu § 374[3], § 377[39] (Rücktrittsrecht); der Nachfrist Anh. zu § 374[92b]; der Untersuchung und Anzeigepflicht § 377[32–37]; der Mängelhaftung § 377[187]; der Verjährungsfrist § 377[188–191]; des Grundstücksveräußerungsvertrages § 350[26]; der Miets- und Pachtverträge § 356[40]; des Gesellschaftsvertrages der Aktiengesellschaft s. Aktiengesellschaft zu C III; Fassungsänderungen § 198[10]; A. im Personalbestand und in Vertretungsbefugnissen des Vorstandes der Aktiengesellschaft § 234; im Aufsichtsrat der Aktiengesellschaft § 244; in der Person der Liquidatoren der Aktiengesellschaft § 296[1]; des Gesellschaftsvertrages der o. HG. § 119[5]; s. Abänderung.

Andienung § 373[14], Anh. zu § 376[131], [143]; A. der Konnossemente Anh. zu § 372[46b].

Androhung der Verfallserklärung an säumigen Aktionär § 219[3]; des Pfandverkaufs § 368[45], [46], [47]; des Zurückbehaltungsgläubigers beim Orderpapier? § 371[21]; des Selbstverkaufes § 373[31], [32], [49]; A. mit Fristbestimmung bei

Erfüllungsverzug bei Kauf § 374[81, 84, 90, 93–101, 106, 107, 111a, 115].

Anerkenntnis, abstraktes § 350[17]; positives § 350[17, 18, 19]; negatives § 350[20]; Form § 350[18, 19]; Unterbrechung der Verjährung § 160[3]; Bilanz der o. HG. § 120[2]; als Handelsgeschäft § 345[4]; der Saldofeststellung § 355[26]; Kontokorrentsaldo Anh. zu § 376[61, 62, 151, 186].

Anerkennung der Bilanz § 41[1]; von Verträgen § 343[27].

Anfang der Frist Anh. zu § 359[13–24]; des Monats Anh. zu § 359[33].

Anfangskurs § 384[7].

Anfechtung der Eigentumsübertragung § 366[68]; Veräußerung des Handelsgeschäftes im ganzen § 22[21]; Eintritt ins Geschäft eines Einzelkaufmanns, Dienstvertrag des Handlungsgehilfen § 70[24, 25]: Gesellschaftsvertrag der o. HG. § 123[12], § 133 E; Geltendmachung durch Gesellschafter der o. HG. § 129[8]; der Anerkenntnis der Bilanz der o. HG. § 120[2]; des Auseinandersetzungsvertrages der o. HG. § 145[10]; des Abfindungsguthabens § 141[8]; des Gesellschaftsvertrages der Kommanditgesellschaft Anh. zu § 177[3]; der Bilanz durch Kommanditisten § 166[4]; Verwandtschaft mit einzelnen Gesellschaftern § 124[2]; Gesellschaftsvertrag der stillen Gesellschaft § 339[28]; Konkursgläubiger derselben § 342; der Vorgeneralversammlungsbeschlüsse § 197[6]; der Errichtungsversammlungsbeschlüsse § 197[6]; Beschluß der Generalversammlung, Beschränkung des Dividendenrechts § 213[9]; Bilanzgenehmigung § 260[2]; Verletzung des Rechts auf Einsichtnahme und Abschriften § 263[6]; s. Aktiengesellschaft zu F III; Übernahme wiederkehrender Leistungen § 212[20]; Errichtung § 188[4]; Aktienzeichnung? § 195[25]; Einbringungs- und Übernahmeverträge § 186[20]; Übertragung des Aktienrechts § 223[10]; Eintragung in das Aktienbuch § 223[11]; Vorstandswahl § 231[11]; Leitung der Generalversammlung § 256[12]; zu hohe Abschreibungen § 256[12]; Unterbewertung § 261[6]; Fusion mit sofortiger Verschmelzung § 308; persönlich haftender Gesellschafter der KGaA. § 320[101]; Generalversammlungsbeschlüsse der KGaA. § 326[101]; wegen Erteilung von Rat und Auskunft Anh. zu § 349[10]; Irrtum Anh. zu § 361[91, 92, 93]; erzwungene Willenserklärung § 366[97]; Sicherungsübereignung § 368[100]; kaufmännisches Zurückbehaltungsrecht im Konkurse § 369[61]; Schiedsspruch Vorb. v. § 373[24]; Kreditgeschäfte Vorb. v. § 373[47]; Kreditwürdigkeit Vorb. v. § 373[39, 47]; Bürgschaft § 349[17, 21, 22]; Saldoanerkenntnis § 355[29, 30]; Börsentermingeschäft Anh. zu § 376[31]; Kaufvertrag, arglistige Täuschung § 377[162–168]; Inhalt und Ausschlußfrist § 377[164]; Verhältnis zu Gewährleistungsansprüchen § 377[56b]; desgl. zu Ansprüchen aus unerlaubter Handlung § 377[177b]; falsche Angaben über Aktien und Kuxe § 381[12]; Konkursverwalter Anh. zu § 382[82].

Angebot des Verkäufers Anh. zu § 374[9, 10].

Angeld Anh. zu § 348[1].

Angemessene Frist Anh. zu § 374[87–92b]; zur Spezifikation § 375[10]; a. Nachfrist Anh. zu § 374[92a].

Angemessener Preis Vorb. v. § 373[26, 27].

Angestellte, Vollmacht der Ladenangestellten § 56; Haftung für A. § 347[4]; Rat, Empfehlung, Auskunft durch A. Anh. zu § 349[38, 39]; Ferngespräch Anh. zu § 361[31a]; Börsentermingeschäftsfähigkeit Anh. zu § 376[21]; Anstellungsvertrag § 59[35, 35a, 35b].

Ankündigung des Emissionshauses § 203[1, 2, 3, 5]; falsche A. § 313[4]; Gegenstände zur Beschlußfassung der Generalversammlung § 254[15]; Tagesordnung § 256[1–6]; Beseitigung von Bezugsrechten § 282[3].

Anlagen § 207[3], § 261[37].

Anlaßgeschäfte § 402[2, 9].

Anmeldung, Antragsberechtigte Anh. zu § 8[5], Anmeldungspflichtige § 12[5, 6]; Formvorschriften § 12; Widerruf § 12[10]; Zweigniederlassung § 13[8, 8a, 9]; der Firma § 29; Ort der Handelsniederlassung § 29[2–4]; Zeichnung der Firma § 29[5]; rechtliche Bedeutung § 29[9]; Zwang zur A. § 29[10]; Ort § 29[7]; Unterlassung § 29 E; Änderungen der Firma § 31; Erlöschen der Firma § 31[3, 3a, 5]; Testamentsvollstrecker § 31[1]; juristische Personen § 12[4], § 31[4], § 33, § 34; Prokura § 53; o. HG. §§ 106, 107, 108; Änderung der Firma § 107; Personenwechsel § 107; Erlöschen der o. HG. nach Liquidation § 157[1]; Auflösung § 143[1, 3–7]; Ausscheiden der Gesellschafter § 157[1, 3–7]; Liquidatoren § 148; Kommanditgesellschaft § 162; AG.: Gesellschaftsvertrag § 195[1–8, 23, 26]; Inhalt § 195[15–23]; Beilagen § 195[9–14]; Pflicht zur A. § 195[24, 25]; Änderung im Personalbestand und in Vertretungsbefugnis des Vorstandes § 234; Satzungsänderung § 277; Kapitalserhöhung §§ 284—287; Kapitalsherabsetzung § 289[1]; der erfolgten Herabsetzung § 291; der Auflösung § 293; Liquidatoren § 296; Verstaatlichung § 304[5]; Fusion ohne sofortige Verschmelzung § 305[16–21]; durchgeführte Kapitalserhöhung auf seiten der übernehmenden Gesellschaft § 306[10]; Zweigniederlassung § 201; Kommanditgesellschaft auf Aktien § 320[33], § 323[2]; Auflösung § 330[27]; Ausscheiden § 330[36]; Umwandlung § 332[11], § 333[1, 2, 3].

Annahme der Erbschaft § 27[15]; der Wahl zum Aufsichtsrat § 243[2]; Geschenke Anh. zu § 346[21]; des Vertragsantrages Anh. zu § 361; Annahmefähigkeit des Antrags Anh. zu § 361[10–13]; Zeit der A. Anh. zu § 361[23]; Wirkung Anh. zu § 361[24, 27]; A. bei Anwesenheit beider Teile Anh. zu § 361[28]; unter Abwesenden Anh. zu § 361[39, 40]; Anfechtung Anh. zu § 361[42]; Fristsetzung für A. Anh. zu § 361[43–49]; verspätete A. Anh. zu § 361[46–50]; Arglist Anh. zu § 361[47]; Unmöglichkeit der Annahmeerklärung Anh. zu § 361[47a]; verspätete Ankunft der Annahmeerklärung Anh. zu § 361[51]; kaufmännische A. § 363[8–11, 14]; Klage auf A.? § 374[1]; Frachtgut § 438[5, 6]; A. der Ware durch Käufer Vorb. v. § 373[67], § 373; s. Kauf; A. als Erfüllung § 377[118a]; A. ohne Vorbehalt bei der Ausfallprobe § 377[33]; desgl. bei Kenntnis der Sachmängel § 377[93]; Wegfall der Vertragsstrafe bei A. als Erfüllung § 348[16–22]; Kreditbrief § 349[64];

Verweigerung der A. durch den Adressaten § 361[9].
Annahmeverzug des Käufers § 373, Vorb. v. § 373[67, 80], § 374[6], § 382[45a] (Gefahrübergang); des Gläubigers, Wegfall der Zinspflicht, Hinterlegungsbefugnis § 353[19]; des Verkäufers § 374[5]; s. Kauf.
Annoncenakquisiteur Anh. zu § 415[8].
Annoncenbureau Anh. zu § 415[9].
Annoncensammler Anh. zu § 415[9].
Annoncenspediteur § 346[17], § 407[8], Anh. zu § 415[8].
Annullieren Anh. zu § 374[95].
Anpreisungen § 360[3].
Anrechnungspflicht des Handlungsgehilfen § 74c[1–6].
Ansatz in der Bilanz § 264[3].
Anschaffungen zur Benutzung oder zum Verbrauch § 343[23].
Anschaffungsgeschäfte § 1[33–41]; Übernahme der Aktien durch Simultangründer kein A. § 1[36]; bewegliche Sachen § 1[38, 41]; Wertpapiere § 1[39, 40, 41]; Stempelpflicht § 306[23]; Börsentermingeschäft Anh. zu § 376[7].
Anschaffungspreis, Bilanz der AG. § 261[20, 29, 30].
Anschaffungswert Anh. zu § 373[35], Anh. zu § 374[33, 33a].
Anschläge von Anerbietungen Anh. zu § 361[13].
Ansichtssendung § 377[201].
Anspruchskonkurrenz Anh. zu § 346[9].
Anstalt zur Personenbeförderung § 1[70–72]; Vertrag mit öffentlichen A. § 346[12]; Kur- und Heilanstalt Vorb. v. § 373[3].
Anstand, Aufrechterhaltung des A. § 62[5].
Anstellung des Handlungsgehilfen § 59[35, 35a, 35b]; des Handlungslehrlings § 76[13–16]; auf Lebenszeit § 66[3].
Anstifter zur arglistigen Täuschung § 377[172].
Anteil des Gesellschafters der o. HG. § 120[7]; von Bergwerks- und Betriebsunternehmungen Anh. zu § 376[2, 99, 100, 104]; des Kommanditisten am Gesellschaftsvermögen § 161[13]; der persönlich haftenden Gesellschafter der Aktienkommanditgesellschaft § 320[40].
Anteilige Befriedigung bei teilweiser Unmöglichkeit Anh. zu § 374c.
Anteilsrechte, Übertragung vor Eintragung der AG. § 206[15]; des Einlagerers § 419[8, 8a]; Interimsscheine § 179[5, 6].
Anteilscheine, Konnossemente § 363[33].
Antichrese § 22[19].
Antiquariat § 1[80].
Antragsformulare des Handlungsagenten § 84[31].
Antrag zur Schließung eines Vertrages Anh. zu § 361; empfangsbedürftige Willenserklärung Anh. zu § 361[4–9b]; bei Anwesenheit beider Teile Anh. zu § 361[4]; bei Anwesenheit des anderen Teiles Anh. zu § 361[5–9b, 35–38]; Zugehen des A. Anh. zu § 361[5–8]; Verhinderung des Zugehens durch Adressaten Anh. zu § 361[9]; desgl. durch Absender Anh. zu § 361[9a]; desgl. durch Dritte Anh. zu § 361[9b]; Form Anh. zu § 361[14]; Gebundenheit Anh. zu § 361[15, 16, 17, 47a]; Widerruf Anh. zu § 361[15]; Beweislast Anh. zu § 361[18]; Erlöschen Anh. zu § 361[19, 21]; Annahme s. oben zu Annahme; Fristsetzung Anh. zu § 361[45–49]; verspätete Annahme als neuer A. Anh. zu § 361[48]; bedingter A. Anh. zu § 361[48, 61]; A. auf Entziehung der Geschäftsführungsbefugnis eines o. H.-Gesellschafters § 117; desgl. der Vertretungsmacht § 127; auf Auflösung der o. HG. § 133; auf Ausschließung eines o. H.-Gesellschafters § 140; auf Liquidation der o. HG. § 146; auf Abberufung von Liquidatoren § 147[7]; A. ohne Begründung bei Schadensersatzansprüchen § 347[24]; Abschriften der A. für Aktionäre § 256[7].
Antwort Anh. zu § 361[58]; im Ferngespräch Anh. zu § 361[42]; Schweigen als A. Anh. zu § 361[74].
Anweisung, kaufmännische § 363[1–4]; Unabhängigkeit von Gegenleistung § 363[2, 3]; Indossierbarkeit § 363[5, 6]; zivilrechtliche A. § 363[7–17]; mündliche A. § 363[17]; Konkurs des Anweisenden § 363[18]; Wechsel § 363 E; mündliche A. § 363[17]; A. des Käufers an den Verkäufer über die Absendung Anh. zu § 382[31].
Anweisungsverkehr als Hilfsgeschäft § 1[68].
Anwendungsgebiet des HGB. E[5–15].
Anwesend Anh. zu § 361[4, 27–35].
Anwesenheitsgelder des Aufsichtsrats § 245[5].
Anzeige, Geschäftsabschluß durch Agenten § 84[15]; desgl. durch Kommissionär § 384[10–16]; Fixgeschäft § 376[21–28]; A. vom drohenden Verderbe beim Pfandverkauf § 338[34]; Mängelanzeige beim Kauf vgl. Kauf.
Anzug, Teilmängel § 177[181].
Apotheker, Kaufmann § 1[29]; als Firmenzusatz § 18[10].
Apothekergehilfe kein Handlungs- oder Gewerbegehilfe § 59[20, 22].
Arbeitskraft als Vermögenseinlage? § 161[9].
Arbeitseinstellung Anh. zu § 374[47].
Arbeitsmittel kein Gegenstand der Anschaffung oder Veräußerung § 1[43].
Arbeitsamkeit des Handlungsgehilfen § 76[17].
Arbeitszeit des Handlungsgehilfen § 59[28], § 62[4]; des Handlungslehrlings § 76[17].
Arbitrage, Vertragsmäßigkeit der gelieferten Ware Anh. zu § 376[144], § 377[32]; Hamburger A. Anh. zu § 372[32].
Arbitragegeschäfte Anh. zu § 376[163].
Arbitrageklausel § 360[9], Anh. zu § 372[46b], Vorb. v. § 373[24a]; freundschaftliche A. (arbitrage à l'amiable) Vorb. v. § 373[24a].
Archivauskünfte Anh. zu § 349[42].
Arglist der Bevollmächtigten Anh. zu § 58[26], § 377[150d]; Zurückbehaltungsrecht bei A. der Handlungsgehilfen § 59[47]; des Mäklers Vorb. v. § 93[38]; des o. H.-Gesellschafters § 124[15]; Verjährung § 159[12], § 377[146]; des Erwerbers eines Schuldscheins bei Kenntnis von Nichtvorliegen eines Handelsgeschäftes § 344[14]; exceptio doli generalis § 346[21]; vorsätzliches Abhalten von Klageerhebung § 346[21]; abstraktes Schuldversprechen § 350[13]; Nichtbeachtung der gesetzlichen Form § 350[81]; kein Verzicht auf Einrede der A. § 347[29]; desgl. Verjährung § 377[192]; Rat und Auskunft § 349[8, 9, 15, 17]; Bankier § 349[18]; Kreditauftrag § 349[22]; Bürgschaft § 349[34, 38]; mitwirkende Fahrlässigkeit § 349[29]; Vorsatz bei

Schadenszufügung § 349[31]; geschädigte Personen § 349; Verhinderung des Zugehens der Willenserklärung Anh. zu § 361[9, 9a, 9b]; desgl. der Annahmeerklärung Anh. zu § 361[47]; Gewährleistungsansprüche beim Kauf § 377[56a, 187]; Pfandversteigerung § 377[122]; Verschweigen von Warenmängeln § 377[148–163]; Vorspiegeln von Eigenschaften § 377[149b–177]; Geschäftsvermittler § 377[161]; Mängelanzeige § 377[38].

Armenrecht, kein A. der o. HG. § 105[9].

arrha Anh. zu § 348[1].

Art und Güte der Waren, mittlere § 360.

Art und Umfang des Geschäftsbetriebes § 2[5–10].

Artvollmacht § 54[1].

Arzt kein Kaufmann § 1[9]; Behandlung des Handlungsgehilfen § 63[2], § 72[6]; des Handlungslehrlings § 76[20]; ärztliche Raterteilung Anh. zu § 349[2]; Verkauf der Praxis Vorb. v. § 373[3]; ärztliches Zeugnis § 63[2], § 72[6].

Assignat § 349[64].

Assignatar § 349[64].

Auf Abruf Anh. zu § 359[5].

Aufbewahrung von Wertpapieren § 1[68]; Handelsbücher § 44, § 231[12]; Schlußnoten § 94[6]; der Warenprobe durch Handelsmäkler § 96; der Firmenzeichnung der o. HG. durch Gericht § 108[2]; Bücher und Papiere nach der Liquidation der o. HG. § 157[9–12]; desgl. der AG. § 302[7]; Anlagen der Anmeldung der AG. § 195[23]; Vergütung für Kaufleute § 354[3, 11–17]; Zurückbehaltungsrecht § 369[46]; nicht bestellte Ware § 377[201]; beanstandete Ware § 377[65], § 379[12–16]; Probe Anh. zu § 382[9]; Speditionsgeschäft § 408[7–10]; Lagerhalter § 416[7].

Aufenthaltsort als Erfüllungsort § 372[22].

Aufforderung zur Aktienzeichnung § 203; A. an die Gläubiger vor Herabsetzung des Grundkapitals der AG. § 289[2, 3]; desgl. durch die Liquidatoren der AG. § 207[1, 2, 3], § 301[1, 2]; A. zur Ausübung des Wahlrechts nach Mängelrügen § 377[60].

Aufgabe vorbehalten § 95 E[2, 3].

Aufgebot von Aktien und Interimsscheinen § 228, von Dividendenscheinen § 228[4]; von Orderpapieren § 365[13], von Wertpapieren § 381[4, 8].

Aufhebung von Dienstverträgen § 70[23, 24, 25]; von Grundstücksübereignungsverträgen § 350[32]; von Miet- und Pachtverträgen § 350[40]; der Berufung der Generalversammlung § 253[7]; des Bilanzgenehmigungsbeschlusses der AG. § 260[4]; des Kapitalerhöhungsbeschlusses der AG. § 278[21].

Aufkommen für alles § 349[57].

Aufkündigung s. Kündigung.

Auflassung § 350[22, 23, 26, 32, 84, 85], Anh. zu § 346[5]; keine A. bei Umwandlung der AG. § 333[6]; desgl. bei Vereinigung aller Aktien in einer Hand § 292[18].

Auflösung der juristischen Person § 34[2]; s. o. HG. der Kommanditgesellschaft Anh. zu § 177; s. Aktiengesellschaft zu J; s. Kommanditgesellschaft auf Aktien; der stillen Gesellschaft § 339, § 340.

Aufnahmeschein § 455[9].

Aufrechnung gegen Handlungsgehilfen § 59[47]; Handlungsagent § 82[20]; o. HG. § 124[33–38], § 129[8, 10, 11], § 131[14]; Kommanditgesellschaft § 171[2], Anh. zu § 177[1]; Kommanditist § 171[20]; Ausschluß der A. seitens der Aktionäre bei Einlage- und Rückgriffsverpflichtung § 221[4]; Aktienkommanditgesellschaft § 320[57]; Bürge § 349[16, 47], § 368[33]; Kontokorrent § 355[3, 4]; Kaufpreis Vorb. v. § 373[63b]; Prozeßvollmacht Anh. zu § 374[78]; Börsentermingeschäft Anh. zu § 376[56–64, 77, 89, 109, 113, 150, 185]; Spiel und Differenzgeschäft Anh. zu § 376[185]; Verjährung § 377[140]; Gewährleistungsansprüche § 377[142]; Schadensersatz wegen schuldhafter Lieferung mangelhafter Sachen § 377[143]; Teilaufrechnung § 377[140]; Kommissionär § 397[12]; Eisenbahnfrachtvertrag § 469 Abs. 3.

Aufsichtsrat s. Aktiengesellschaft zu F II; s. Kommanditgesellschaft auf Aktien.

Auftrag § 48[1], § 54[6], Anh. zu § 58[11]; A. an Mäkler Vorb. v. § 93[10]; Bürge des Hauptschuldners § 349[38, 39], § 350[4]; zur Ausführung einer unmöglichen Leistung § 349[65]; zu Grundstücksveräußerungen § 350[24]; zu Börsentermingeschäften Anh. zu § 376[76, 123, 159]; zu Spiel- und Differenzgeschäften Anh. zu § 376[206]; zur Übersendung beim Kauf Anh. zu § 382[31a].

Auftreten im Rechtsverkehr, kaufmännisches § 123[9, 16].

Aufwand, gesamter Gründungsaufwand s. Aktiengesellschaft zu B IV.

Aufwartefrau § 59[21].

Aufwendungen des o. H.-Gesellschafters § 110[3, 4, 5, 7], § 156[5]; Wandelung § 377[71b]; Kommissionär § 396[11].

Auktionator § 373[33].

Ausantwortung von Gesellschaftsvermögen Anh. zu § 141[1, 3].

Ausbesserung, Zurückbehaltsrecht an Waren § 369[48].

Ausbeutung der Geistesschwäche Anh. zu § 346[2].

Ausbildung des Lehrlings § 76[1, 4–7], § 82.

Auseinandersetzung, Bedeutung der Handelsbücher § 40[2], § 47; o. H.-G. § 109[11]; Bilanz § 40[2]; Kommanditgesellschaft Anh. zu § 177[13]; desgl. auf Aktien § 330[35]; beiderseitiges Handelsgeschäft § 343[27]; stille Gesellschaft § 340[3].

Auseinandersetzungsguthaben, Bilanz § 40[2], Anh. zu § 140[5]; Pfändung § 135[4]; des o. H.-Gesellschafters Anh. zu § 141[7, 8, 9].

Ausfall bei Gründung der AG. § 202[16].

Ausfallmuster § 377[33, 125].

Ausfallproben § 377[33].

Ausfallsbürgschaft § 349[25, 34, 65]; im Konkurse Anh. zu § 382[86].

Ausführungsagenturvertrag § 406[1].

Ausführungsanzeige des Kommissionärs § 384[11–14], § 405.

Ausführungsgeschäfte des Kommissionärs § 383[12], § 392[1a], Anh. zu § 424[19].

Ausfuhrverbot § 414[5].

Ausgabe von Aktien § 179[16], § 184, § 278[1], § 313, § 314[10, 11, 12]; Verbot der A. von Aktien unter gesetzlichem Mindestbetrage § 209; desgl. vor Eintragung der AG. § 209; desgl. vor Eintragung der Kapitalserhöhung § 287.

Ausgabekurs § 278[12], [13].

Ausgleichquittung des Handlungsgehilfen § 63[11].

Ausgleichung von Vorteil und Schaden § 374[25]; des Kontokorrents § 355[3].

Aushändigung Anh. zu § 361[7]; Zahlung gegen A. der Quittung § 364[18]; A. des Frachtbriefs § 435[10].

Aushilfe, Handlungsgehilfe § 69.

Auskunft als Handelsgeschäft Anh. zu § 349[1–4]; Haftung ohne Vertragsverhältnis § 349[6–13]; aus Gefälligkeit § 349[6], [17]; Arglist bei A. § 349 [7–12]; Haftung aus Vertragsverhältnis § 349[13]; als selbständiger Vertrag § 349[13], [14], [15]; Werkvertrag § 349[13]; Garantievertrag, Dienstvertrag § 349[20]; Schadensersatz § 349[14]; Vorsatz und Fahrlässigkeit § 349[15]; bei untrennbarem Zusammenhang mit anderem Vertrage § 349[16–19]; Kommissionär § 349[16]; Nebenleistung § 349[17]; Bankauskunft § 349[17]; Geschäftsverbindung § 349[18], [19]; Schadensersatz § 349[23–29]; Mitwirkung des Geschädigten § 349[29]; Schadensersatz des Angefragten § 349[32]; Unterlassung falscher A. § 349[33]; durch Vertreter, Bevollmächtigte, Hilfspersonen und Angestellte § 349 [37], [38]; Ausschluß der Haftung § 349[42]; Verjährung § 349[40]; vertrauliche A. § 349[44]; Schweigepflicht § 349[44], [45]; bedingte A. § 349[46].

Auskunftsbureau Anh. zu § 349[2], [3], [13].

Auskunftserteilung, Geschäfte auf eigene Rechnung des Handlungsgehilfen § 61[6]; über Kreditwürdigkeit § 54[19]; über frühere Angestellte § 54[19], Anh. zu § 349[1]; o. HG. § 118[8]; stille Gesellschaft § 338[1]; Registergericht § 9[4].

Auskunftspflicht des Handlungsgehilfen § 74c[9]; des Handelsagenten § 84[20]; des o. H.-Gesellschafters § 114[8]; des Verkäufers Vorb. v. § 373[61]; keine A. des Käufers Anh. zu § 374[27a]; Beschaffenheit der Ware § 377[134]; bei Eingehung von Verbindlichkeiten Anh. zu § 346[7].

Auslagen des Handlungsgehilfen § 59[34a]; Handelsagent § 90[1], [3]; Handelsmäkler Vorb. v. § 93[15]; Revisoren der AG. § 194[2]; der Gründung § 195[19]; Aufsichtsrat § 245[1], [2], [3]; Kaufmann § 354[10]; Kommissionär § 396[11], [12], [13], [23].

Ausland, Hauptniederlassung im A. § 13[10]; Firmenmißbrauch § 37[21]; Sitzverlegung der AG. ins A. § 292[20]; Börsentermingeschäft Abschluß Anh. zu § 376[80], [197]; desgl. Erfüllung Anh. zu § 376[80], [125], [153]; Differenz und Spielgeschäft Anh. zu § 376[197].

Ausländer, Erwerb von Grundstücken § 6[3]; Firmenschutz § 30[14]; Aufsichtsrat § 243[4]; Börsentermingeschäftsfähigkeit Anh. zu § 376[23], [80]; Gleichstellung mit Inländern Anh. zu § 372[11].

Ausländisch, Registerbescheinigung § 9[6]; Zweigniederlassung eines a. Kaufmanns § 30[14]; Vereinigungen, Anmeldung § 334; Gesellschaften § 6[3], § 105[46]; Handelsgesellschaften § 6[3], Anh. zu § 372[11]; Vereine § 6[4], § 33[4]; Kaufmann § 30[14]; o. HG. § 105[45]; AG. § 178[13], § 189[28], § 201[13]; Konkurs der AG. § 202[7]; inländische Zweigniederlassung § 201[13]; Herabsetzung des Aktienkapitals Anh. zu § 372[11]; Sperrjahr § 289[9]; Handelsgebräuche § 346[12]; Fusion § 305[1]; Nichtigkeit und Löschung der AG. § 309[17]; Währung § 361[6], [7]; Schiedsgericht Anh. zu § 372[6b]; Zahlungsverbote, Moratorien Anh. zu § 372[11]; Grundstücke Anh. zu § 372[11]; Börse Anh. zu § 376[8], [14], [93]; Recht § 201[20], [21], Anh. zu § 372[11]; Anwendung nur des materiellen Rechts Anh. zu § 376[11]; Gesetz Anh. zu § 372[11]; Urteil Anh. zu § 376[40], [81]; Ermittlung des Rechts Anh. zu § 372[40]; Verjährung von Klagen § 377[140]; Zollgesetze, Einfuhrverbote § 407[25]; Staat, Klage bei inländischem Gericht Anh. zu § 372[12].

Auslegung, Willenserklärungen § 346E, [1–6], § 350[79]; Rechtsquelle E[17]; Vertragsurkunde § 350[79]; Kündigung des Handlungsgehilfen § 66[1]; Wettbewerbsverbote § 74[17–23], § 22[36]; Gesellschaftsvertrag der AG. § 182[30]; wahrer Wille § 346E, [2], [3]; Treu und Glauben § 346E[4], [5], [6], [9]; Verkehrssitte § 346[6–13]; Schweigen als Unterlassung § 346[15]; Stillschweigen § 346[16]; einzelne Klauseln § 346[19]; Verträge mit öffentlichen Anstalten § 346[17]; Börsenusancen E[36]; Vertragsurkunden § 350[79]; Bürgschaftsurkunden § 350[7]; Vertragsantrag Anh. zu § 361[80], [81]; Zustandekommen des Vertrages Anh. zu § 361[82–86]; mangelnde Willensübereinstimmung Anh. zu § 361[91]; ausländisches Schiedsgericht Anh. zu § 372[6b]; Zusicherungen beim Handelskauf § 377[41b]; Erfüllungszeit Anh. zu § 359[40]; Gewicht § 380.

Auslieferungsprovision des Kommissionärs § 396[7].

Auslieferungsschein, Lagergeschäft § 424[11].

Auslosung der Aktie § 227[2].

Auslosungskontrolle des Kommissionärs § 384[2].

Ausnahmetarif § 461.

Ausscheiden eines Gesellschafters ohne Firmenänderung § 24[2]; aus der Kommanditgesellschaft § 174[4], § 177[8], [9]; aus der Aktienkommanditgesellschaft § 320[111], [313], § 330[27–37]; Ausschließung § 330[34].

Ausschlagen der Erbschaft § 27[27].

Ausschließlicher Charakter des neuen Rechts E[12].

Ausschließlichkeit der Firma E[18].

Ausschließung eines Gesellschafters der o. HG. § 140; aus Kommanditgesellschaft Anh. zu § 177[11]; aus der Aktienkommanditgesellschaft § 330[34].

Ausschluß der Haftung durch Vertrag § 347[29]; desgl. nichtig bei Arglist § 377[159]; Haftung für Mängel § 377[119–122].

Ausschlußfristen in Konnossementen § 439[5].

Ausschreibung Anh. zu § 346[20]; amtliche A. des verlorenen Inhaberpapiers § 367[7].

Aussetzung im Prozeß der o. HG. bei Wegfall eines Vertreters § 124[11]; Verteilung bei Streitigkeiten zwischen den Gesellschaftern § 155[10]; desgl. durch Liquidator § 155[11]; wegen Anfechtung § 273[22].

Aussperrung Anh. zu § 374[47], [49f]; öffentliche Anh. zu § 346[41].

Ausspielung Vorb. v. § 373[55].

Ausstattungsversprechen, Formfreiheit § 350[44].

Austauschtheorie bei Schadensersatz wegen Nichterfüllung Anh. zu § 374[25a].

Austritt eines Kommanditisten § 162[7].

Austrocknung, Frachtgut § 459 Abs. 1 Nr. 4.

Auswahlsendungen § 377[201], Anh. zu § 382[22].

Auswanderungsagent § $84^{15, 32}$.
Außerbörsliche Geschäfte Anh. zu § 376 E.
Außereuropäische Handelsniederlassung, Handlungsgehilfe § 68^{2}.
Außergerichtlicher Vergleich § 350^{3}.
Äußerlich erkennbare Mängel § 379^{26}.
Außerordentliche Generalversammlung § 254; keine Ankündigung der Tagesordnung § 256^{4}; Aktienbezugsrechte § $283^{2, 3}$.
Außervertragsmäßige Haftung der Eisenbahn § 458^{6}, § 472^{13}.
Auszug aus Mäklertagebuch § 101.
Automat, Kauf aus A. Vorb. v. § 373^{37}; als offene Verkaufsstelle § 59^{28}.
Autonomie E^{37}.
Aval, selbständiges Versprechen, keine Bürgschaft § 349^{10}.

B

„**b**" Vorb. v. § 373^{29}.
„**B**" Vorb. v. § 373^{29}.
„**b B**" Vorb. v. § 373^{29}.
Backprobe § 377^{13}.
Badeanstalt § 1^{58}.
Bahnamtliche Versteigerung § 373^{25}.
Bahnfrei Anh. zu § 372^{31}; b. netto Kasse Anh. zu § 372^{42}.
Bahnspediteur § 407^{27}.
Baisseklausel Vorb. v. § 373^{25}.
Bank als Zusatz zur Firma § 18^{12b}.
Bankbuch Anh. zu § 363^{6}.
Bankdepot, Kündigung seitens der Bank § 362^{5}; Abtretung durch Schenkung § 350^{43}.
Bankdepotbuch § 38^{8}; s. Bankverwahrungsgeschäft.
Bankdepotgesetz Anh. zu § 424.
Bankerott s. Konkurs.
Bankgewerbe, Geschäfte § 93^{4}; Handelsmäkler § 93^{4}.
Bankier, Schweigen auf Antrag als Annahme § 362^{4}, Anh. zu § 361^{68}; Zurückbehaltungsrecht § $369^{11, 12}$; Kreditvertrag § 349^{63}; Rat Anh. zu § 349^{16}.
Bankiergeschäfte, Grundhandelsgeschäft § 1^{64-68}; Kündigung seitens der Bank § 362^{15}.
Banklombardgeschäfte § 1^{69}.
Banknoten, Reichsbank, Privatbank § 361^{5}.
Bankquittung als Schuldanerkenntnis Anh. zu § 372^{70a}.
Bankremburs Vorb. v. § 373^{65d}.
Bankverwahrungsgeschäft, offenes Depot Anh. zu § 424 E, ^{1}; verschlossenes Depot Anh. zu § 424 E; Übereignung Anh. zu § 424 E; Pfändung und Verpfändung Anh. zu § 424 E, ^{8}; Arten des offenen Depots Anh. zu § $424^{2, 3}$; vertretbare Wertpapiere Anh. zu § 424^{3}; depositum regulare Anh. zu § $424^{3, 5}$; Sonderdepot Anh. zu § 424^{3}; Verwaltung des Depots Anh. zu § 424^{3}; Sammeldepot Anh. zu § $424^{2, 4}$; depositum irregulare Anh. zu § 424^{5-8}; Darlehn Anh. zu § $424^{5, 6}$; Geldsumme Anh. zu § 424^{6}; Zwischenstufen Anh. zu § 424^{8-14}; bürgerliches Recht Anh. zu § 424^{8}; Rückgewähr anderer gleichartiger Stücke Anh. zu § 424^{9}; Verfügung zu eigenem Nutzen des Verwahrers Anh. zu § $424^{10, 11, 12}$; Anspruch auf Ersatz von Aufwendungen Anh. zu § 424^{13}; kein Pfandrecht Anh. zu § 424^{14}; bürgerliches Zurückbehaltungsrecht Anh. zu § 424^{15}; Zeit der Verwahrung Anh. zu § 424^{17}; Ort der Rückgabe Anh. zu § 424^{17}; Konsignationsdepot Anh. zu § 424^{17}; Stückeverzeichnis Anh. zu § 424^{18-28}; Umtauschkommission Anh. zu § $424^{28, 29}$; Mitteilungspflicht Anh. zu § 424^{31}.
Barattogeschäft Vorb. v. § 373^{2}.
Barkauf Anh. zu § 372^{45}; Vorb. v. § 373^{37}.
Barzahlung Vorb. v. § 373^{63c}.
Baubeschränkungen als Sacheigenschaft § 377^{44}.
Baugelderdarlehn Vorb. v. § 93^{27}.
Baugewerbsmeister § 1^{48}.
Bauhandwerker § $1^{48, 49}$, § 4^{4}.
Baumaterialiengeschäft § 1^{46}.
Baumschulen § 3^{1}.
Baureife § 377^{44}.
Bausch und Bogen, Geschäftsabschluß durch Liquidator der o. HG. § 149^{18}; Kauf Anh. zu § 382^{55}.
Bautöpfermeister § 1^{51}.
Bauunternehmer § $1^{46, 47, 58}$, § 2^{3}.
Bauzinsen § 215^{6-12}, § 217^{13}, § 320^{60}.
Bayern, Eisenbahnverkehrsordnung § 453^{2}.
Beamte, keine Handlungsgehilfen § 36^{11}; der Aktiengesellschaften § 238^{18}, § 248^{1}; Reichs- und Landbeamte als Vorstandsmitglieder der AG. § 231^{10}.
Beamtenkaution § 226^{6}.
Beanstandete übersandte Ware § 379.
Bearbeitung § $1^{42-45, 52-55}$.
Bedarf, Abruf nach B. § 346^{19}, Vorb. v. § 373^{21}; Kauf Anh. zu § 359^{5}, Vorb. v. § 373^{35}.
Bedingte Auskunft Anh. zu § 349^{46}; Forderung, Erfüllungsort Anh. zu § 372^{21}; gutgläubiger Erwerb § 366^{77}; Kauf Vorb. v. § $373^{22, 22a, 22b}$, § 382^{54}; Pfandrecht an bedingter Forderung § 368^{79}; Grundstücksübertragungsverträge § 350^{23}; Annahme des bedingten Antrags Anh. zu § 361^{61}; Beschlüsse der Generalversammlung § 274^{4}, § 291^{8}.
Bedingtheit des Vertrages, Provisionsanspruch des Mäklers Vorb. v. § 93^{30}.
Bedingung bei Mahnung Anh. zu § 374^{15a}; Potestativbedingungen Vorb. v. § 373^{22a}.
Beförderungsgeschäfte als Handelsgeschäfte § 1^{70-75}; Frachtgeschäft § 426^{18}; Eisenbahn § 453^{5}, § 463.
Befrachter § 407^{6}, § 425^{9}.
Befreiung des Kommissionärs von Verbindlichkeiten § 396^{23}; Anspruch des Bürgen? § 349^{38}; Unzulässigkeit bei Einlage- und Rückgriffverpflichtungen des Aktionärs § 221^{4}.
Befristung Anh. zu § 373^{22b}.
Begebungskonsortialgeschäft § 281.
Begebungskonsortium § 281^{1-7}.
Begebungsvertrag, Aktie § 222^{9}; Indossament § 364^{1}, § 365^{6}, § 446^{1}.
Beginn der Geschäfte der o. HG. § 123^{13-17}; der Kommanditgesellschaft § 176; Verjährung § 159^{6-10}; desgl. bei Gewährleistungsansprüchen § 377^{137}.

Beglaubigung, öffentliche, Begriff § 12[2]; Zeugnisse des Handlungsgehilfen § 73 Abs. 2.
Begleitadressen § 426[9]; Expreßgut § 426[13].
Begleitpapiere § 427.
Behinderung des Handlungsgehilfen § 63[3]; Vorstand der AG. § 231[25].
Beibuch § 38[6], Anh. zu § 47[2].
Beiderseitige Handelsgeschäfte § 345[1], § 352[10].
Beiderseitiger Handelskauf Vorb. v. § 373[4].
Beilagen, Anmeldung der AG. § 199[4], § 201[16]; desgl. der Zweigniederlassung der ausländischen AG. § 201[30, 31, 32].
Beimischungen, vertragswidrige § 378[4].
Bekanntmachung, Eintragung ins Handelsregister § 10; unrichtige § 10[1], § 15[1, 2]; Reichsanzeiger und andere Blätter § 11; Ausschluß der Passivenübernahme über Geschäftsübergang § 25[19]; Passivenübernahme bei Fortführung des Geschäfts ohne die bisherige Firma § 25[26–29]; Errichtung der Kommanditgesellschaft § 162[5, 21]; Verkürzung der Einlagen des Kommanditisten § 172[1]; Erhöhung und Herabsetzung der Einlagen § 175[2]; Aktiengesellschaft § 182[25–29] (Allgemeines), § 234[7] (Personalveränderungen im Vorstand), § 244[1–4] (desgl. im Aufsichtsrat), § 261[1, 6, 7] (Bilanz, Gewinn- und Verlustrechnung), § 271[11] (ungenügende B. als Anfechtungsgrund), § 272[13] (Anfechtungsklage), § 277[3] (Satzungsänderung), § 284[6] (Kapitalserhöhung), § 288[11] (Kapitalsherabsetzung), § 295[5] (Auflösung), § 297 (Aufforderung an die Gläubiger); Verlust von Inhaberpapieren § 367[1–7]; Zeit und Ort vom Pfandverkauf § 368[53, 54].
„b G" Vorb. v. § 373[29].
Beleidigung durch Vertragsgegner als positive Vertragsverletzung § 374[177]; Auflösungsgrund Anh. zu § 346[16a]; Handlungsgehilfe § 71[5]; Agent, Kündigungsgrund § 92[8]; Auflösungsgrund für o. HG. § 133[20].
Beleihen von Getreide und Mehl Anh. zu § 376[139].
Belieben des Schuldners, Erfüllungszeit beim Kauf Anh. zu § 372[44]; Billigung des gekauften Gegenstandes Anh. zu § 382[12].
Belohnung, Liquidatoren der o. HG. § 149[38]; Gründer § 186[10, 11]; Revisoren § 192[9].
Benachrichtigung, Selbsthilfeverkauf § 373[31, 49, 50]; Spediteur § 408[27]; von Ablieferungshindernissen § 437[2, 3, 4].
Benachteiligung der AG. durch ihre Leiter § 312[4–17].
beneficium excussionis realis § 368[86].
Benutzung der Ware trotz Mängelrüge § 377[68].
Berechtigte Interessen, Rat Anh. zu § 349[34, 35].
Bereicherungsanspruch aus unsittlichen Geschäften Anh. zu § 346[5]; Kontokorrent § 355[30]; gutgläubiger Erwerb § 366[69]; Pfandverkauf § 368 E.
Bergwerk, Nachgründung § 207[4]; verbotene Börsentermingeschäfte in Anteilen von Bergwerksunternehmungen Anh. zu § 376[99].
Bergwerksgesellschaften, keine juristische Person, kein Handelsgewerbe § 2[4].
Berichtigung unrichtiger Klage § 17[34]; des Zeugnisses § 73[6]; der Eintragung einer AG. § 198[4]. Erfüllungsort Anh. zu § 372[16]; s. ungerechtfertigt.
Berlin, einheitliches Handelsregister § 8[2]; Wettbewerbsverbot § 74[18]; Übersendung § 379[10].
„Berliner" als Firmenzusatz § 18[12b]; Schlußschein Anh. zu § 376[132].
Berner Frachtübereinkommen § 426[20], § 427[10], § 428[6], § 433[12], § 435[12], § 436[9], § 437[7], § 438[18], § 439[6], § 440[14], § 441[8], § 442[8], § 443[11], § 453[1, 18].
Berufung der Errichtungsversammlung § 196[1, 2, 3]; vor der Eintragung § 197[3]; Generalversammlung §§ 253—257; ungenügende B. als Anfechtungsgrund § 271[11].
Beschädigung von Aktien § 229; Kommissionsgut § 288[1–6, 12], § 300[4]; Spediteur § 408[10]; Lagergut § 417[1, 5]; Frachtgut § 429[4–7]; Eisenbahn, Haftpflicht § 456 E[1, 2, 3], § 457[1, 2, 3]; Reisegepäck § 465.
Beschaffenheit, „mittlere Art und Güte" § 360; gesetzliche oder vertragliche § 360[9, 10].
Beschaffung von Geld, Grundhandelsgeschäft § 167.
Beschäftigung, Anspruch des Handlungsgehilfen? § 59[32], § 70[30]; des Agenten § 84[24, 25, 26].
Bescheinigungen des Registergerichts § 9[3]; falsche zur Ausübung des Stimmrechts in der Generalversammlung § 316[1, 2]; des Empfanges auf dem Frachtbriefduplikat § 455.
Beschlußfassung der Errichtungsversammlung § 196[8], § 197[4].
Beschränkung, Haftung des Erben § 27; Umfang der Prokura § 50; Handlungsvollmacht § 54[6, 16, 22, 23]; Lohnbeschlagnahme § 59[47], § 70[21]; Vertragsfreiheit § 67[4]; Kündigung § 67[4–9]; Wettbewerbsverbot für Handlungsgehilfen § 74; Vertretungsmacht des o. H.-Gesellschafters § 126[11]; Liquidatoren § 151 E, [1, 2]; Verpflichtung der Aktienzeichner § 189[16, 17, 18]; Eigentumserwerb juristischer Personen § 210[7]; Vorstand der AG., Geschäftsführung § 235[1–9]; desgl. nach außen § 235[10–17]; Stimmrecht der Aktionäre § 252[12, 12a]; Anfechtungsrecht des Aktionärs § 271[12]; Haftpflicht der Eisenbahn § 460[2, 3].
Beschwerde gegen Registergericht § 14, § 30[13]; desgl. sofortige B. bei Revisorenernennung § 266[15]; desgl. sofortige B. bei Einberufung der Generalversammlung § 254[26]; Eintragung von Beschlüssen der Generalversammlung § 273[23].
Besehen § 360[6].
Besicht § 360[6]; nach Besicht, „Besicht erklärt" § 360[6], § 373[14]; Kauf auf Besicht Anh. zu § 382[12, 13, 14, 18].
Besichtigung durch den Käufer Anh. zu § 372[46], § 373[14]; Recht des Einlagerers § 418 E, [1–4]; des Frachtgutes, Recht des Empfängers § 435[7], § 438[3].
Besitz, eigene Aktien § 226[10]; unmittelbarer Besitz § 366[46]; beim Eigentumserwerb § 366[1]; Übergabe § 366[2–4, 13, 14a]; Eigentumsvermutung § 366[51]; Voraussetzung des Zurückbehaltungsrechts § 369[26–29]; legitimierter Besitz der Urkunde § 364[13, 14].
Besitzdiener § 366[46].
Besitzschein § 424[10].
Besorgung von Geschäften für andere § 362.
Besserungsscheine (Zahlung, wenn der Schuldner kann) § 346[19], § 363[24].

Bestandteil, wesentlicher, eines Grundstücks § 1[45], Anh. zu § 382[72].
Bestätigter Kredit Vorb. v. § 373[65].
Bestätigungsschreiben Anh. zu § 372[34], [38–38d]; offengelassene Nebenpunkte Anh. zu § 372[38c].
Bestechung, Stimmenkauf § 317[1–5]; Handlungsgehilfe § 59[46].
Bestellgeld, Abzug Anh. zu § 372[58], Anh. zu § 374[11].
Bestellschein, Annahme Anh. zu § 372[36], [44], [60], [63]; Erfüllungszeit Anh. zu § 372[44].
Bestimmbarkeit, Ware und Preis Vorb. v. § 373[23–36].
Bestimmtheit, Vertragsantrag Anh. zu § 361[10–13].
Bestimmungsort Anh. zu § 372[13], [32], [48], [57], [57a].
Bestmöglich § 384[7].
Betagte Forderung, Zeit der Entstehung Anh. zu § 372[21].
Beteiligung an Wettbewerbsgeschäft § 74[20], [21]; stille Gesellschaft, Vermögenseinlage § 335[4], [13–21], [16], [17]; am Handelsgewerbe § 335[6–11]; am Gewinn und Verlust § 335[21]; Sicherstellung § 336[5].
Beteiligungsziffer Anh. zu § 346[34].
Betrag der Aktien § 180; Mindestbetrag § 180[1], [2]; bei gemeinnützigen Unternehmungen § 180[4–9], [12]; desgl. bei gebundenen Namensaktien § 180[10], [11], [12], [16], [17].
Betrieb eines Handelsgewerbes § 1[15–22], § 2[1–4]; kaufmännischer B. § 2[5], [6]; Art und Umfang § 2[7–10]; Wettbewerbsgebot § 74[20]; Zweck der o. H.-Gesellschaft § 105[11–20]; im B. befindliches Geschäft als Gegenstand der Veräußerung § 303[14].
Betriebsanlagen § 207[3]; Bilanz der AG. § 261[38].
Betriebsgeheimnis, Handlungsgehilfe § 59[38].
Betriebsstörungen Anh. zu § 374[47].
Betriebsunkosten Vorb. v. § 373[32d].
Betrug, Benutzung unrichtiger Eintragungen § 15[15]; Anfechtung des Dienstvertrages § 74[24], [25]; Agent § 74[31]; Eintritt in Kommanditgesellschaft infolge Betruges § 177[12]; Aktienzeichnung § 189[25]; Übertragung des Aktienrechts § 223[10]; Einrede gegen handelsrechtliche Orderpapiere § 364[5].
Beurkundung, gerichtliche oder notarielle § 350[66], [67]; Errichtung der AG. § 182[13]; beabsichtigter Vertrag Anh. zu § 361[82], [84], [85], [86].
Bevollmächtigte, Ordnungsstrafen § 14[6]; Aktienzeichnung § 181[2]; Bestellung von B. der AG. § 238[16]; Stimmenkauf § 317[6]; Abschlußvollmacht Anh. zu § 361[31].
Bewegliche Sachen als Gegenstand der Anschaffung § 1[38]; Eigentumserwerb § 366[2–2c]; Pfandrechtserwerb § 366[3]; gutgläubiger Rechtserwerb § 360; Eigentum § 360[4–52]; Verpfändung § 360[53–59]; gesetzliche Pfandrechte § 360[60–68].
Beweiskraft der Handelsbücher Anh. zu § 47; Privaturkunde § 350[80]; öffentliche Urkunde § 350[80].
Beweislast, Gewerbsmäßigkeit § 1[13]; Handelsgewerbe § 1[24]; Eintragungen im Handelsregister § 5[7], § 15[7]; Vermutung für deren Richtigkeit Anh. zu § 8[16], [17]; unbefugter Gebrauch einer Firma § 37[25]; Beschränkungen der Handlungsvollmacht § 54[23]; Handeln im fremden Namen Anh. zu § 58[22], [127]; Fürsorgepflicht des Prinzipals § 62[5]; Kündigungsfrist, Handlungsgehilfe § 66[7]; Anstellungsdauer § 69[6]; Entlassung § 70[4]; Fortbleiben des Handlungsgehilfen § 72[6]; Hinderungsgründe § 72[6]; Verletzung geschäftlicher Interessen durch Handlungsgehilfen § 72[4]; Wettbewerbsverbot § 74a[4]; Sorgfalt des Handlungsagenten § 84[27]; Provision des Agenten § 88[12]; Mäklerlohn Vorb. v. § 93[11]; Gesellschaftsvertrag der o. HG. § 109[10]; Handeln für die o. HG. § 126[17], [18]; nachlässiges Verhalten des o. H.-Gesellschafters § 114[17]; Kündigungsfrist, o. HG. § 132[12]; Kommanditisteneinlagen § 177[16], [17]; Sorgfaltsverletzung des Vorstandes der AG. § 241[2]; desgl. des Aufsichtsrats § 249[1]; Handelsgeschäfte, Sorgfaltspflichten § 347[16]; ursächlicher Zusammenhang § 347[27]; Voraussetzungen der Vertragsstrafe § 348[14]; Vorbehalt bei Annahme seitens des Gläubigers § 348[23]; Übermäßigkeit der Vertragsstrafe § 348[27]; Bürgschaftsurkunde § 349[7]; Schuldversprechen § 350[15]; Vergütung für geleistete Dienste § 354[19]; Saldofeststellung § 355[23]; Stundung § 359[3], Vorb. v. § 373[88]; Zahlungsskonto Anh. zu § 359[15]; vertragsmäßige und gesetzliche Sacheigenschaften § 360[10]; Vertragsantrag Anh. zu § 361[5–9], [18]; Annahmeerklärung Anh. zu § 361[25], [41]; Fristsetzung bei Annahme Anh. zu § 361[50]; Zustandekommen des Vertrages Anh. zu § 361[87b]; Ernstlichkeit der Willenserklärung Anh. zu § 361[94]; unverzügliche Antwort des Annahmeempfängers § 362[13]; Orderpapier § 364[17]; gutgläubiger Erwerb § 366[51], [52]; Nichtabtretbarkeit § 368[103]; Erfüllungsort Anh. zu § 372[40]; Abschluß des Kaufvertrages Vorb. v. § 373[84]; Preis Vorb. v. § 373[84]; Erfüllung des Vertrages Vorb. v. § 373[86]; gehörige Lieferung Vorb. v. § 373[87]; Annahmeverzug des Käufers § 373[17]; Zahlungsverzug desselben Anh. zu § 374[18]; Fixgeschäfte § 376[7], [27]; Börsentermingeschäftsfähigkeit des Wechselschuldners Anh. zu § 376[54]; verbotenes Börsengeschäft Anh. zu § 376[108]; Differenzgeschäft Anh. zu § 376[204]; Ablieferung § 377[124]; Vereinbarung bestimmter Eigenschaften § 377[125]; Gattungskauf § 377[126]; Spezieskauf § 377[126a]; Umkehrung der B. bei besonderen Vereinbarungen § 377[127]; desgl. bei Annahme als Erfüllung § 377[128]; desgl. bei Schadensersatz wegen Nichterfüllung § 377[129]; Verschulden bei Schadensersatzklage wegen mangelhafter Erfüllung § 377[130]; Kenntnis des Käufers vom Mangel § 377[131]; besondere Vereinbarung über Gewährleistung § 377[132]; Arglist § 377[153]; gehörige Erfüllung beim Kauf § 378[16]; Kauf nach Probe Anh. zu § 382[7–10]; Versendungspflicht Anh. zu § 382[42]; Kommissionär, Verluste und Beschädigungen des Gutes § 390[3]; Widerruf des Kommissionsauftrages § 405[15]; Sorgfalt des Spediteurs § 408[21].
Beweissicherung, Verjährungsunterbrechung § 377[139]; Käufer und Verkäufer Anh. zu § 379[1], [4–7]; Verjährungsunterbrechung Anh. zu § 379[8]; Kommissionär § 388[12]; Frachtführer § 437[6].

Beweiswürdigung, freie richterliche, ursächlicher Zusammenhang § 347[27a]; Stundung Anh. zu § 359[3].
Bewertung, Firma § 39[1]; Patent § 40.
Bewußtsein der Unsittlichkeit Anh. zu § 346[2].
Bezahlter Gläubiger, Bürgschaft § 349[42].
Bezahlte Karenz § 74[11].
Bezahlt-Notiz Vorb. v. § 373[29].
Bezirksagent § 84[14], § 89.
Bezugsrecht, Aktien § 222[23], § 282, § 283; außerordentliches § 283[2], [3]; älteres § 283[4].
Bierabnahmevertrag Anh. zu § 346[16].
Bierfahrer, Gewerbegehilfe § 59[17].
Bierkrieg Vorb. v. § 373[26].
Bierlieferungsvertrag Vorb. v. § 373[52].
Biersklaverei Anh. zu § 346[16].
Bilanz, Begriff § 39[1]; Zweigniederlassung § 39[2]; Formvorschriften § 41; öffentliche Körperschaften § 42; lebende Sprache § 43[1]; Wert der Firma § 39[1]; Aufstellungszeit § 39[2–15]; Eröffnung § 39[2]; Jahresbilanz § 39[3], [4], [5]; Reichswährung § 40[1]; Wertansatz § 40[2–9]; Wertbegriff § 40[3]; keine Kontinuität § 40[3]; Forderungen § 40[6]; o. HG. § 120[2]; Schulden § 40[7]; schwebende Rechtsverhältnisse § 40[8]; verjährte Forderungen § 40[8]; Ausscheiden eines o. H.-Gesellschafters Anh. zu § 141[5]; Liquidation der o. HG., Eröffnung § 154[1]; Schluß § 154[4]; Jahresbilanz § 154[7]; Unterlassung § 154[6]; Kommanditgesellschaft § 166 E, [1–4], [6–9], [11], [13], Anh. zu § 177[23]; s. **Aktiengesellschaft zu G.**
Bilanzanfechtung § 273[1], § 314[4].
Bilanzfälschung § 312[7].
Bilanzgenehmigung der AG., Vertagung § 264.
Bilanzklarheit § 261[16a], § 314[4].
Bilanzkontinuität § 261[7].
Bilanzverlust § 240[3].
Bildhauer kein Kaufmann § 1[9].
Binnenschiffahrt § 1[78], § 425[6].
Bittweise Weiterbeschäftigung von Handlungsgehilfen § 67[10].
Blankett § 368[8].
Blankoabtretung, Namensaktie § 222[7].
Blankoakzept § 348[14].
Blankoindossament § 363[4], § 365[3], [4]; Aktie § 223[1].
Blankotradition § 365[4].
Blankowechsel, Verjährung § 159[10].
Blätter für Veröffentlichungen § 11.
Bleistiftaufzeichnungen in Büchern § 43[4].
Blinde, keine Schriftformvorschrift § 350[61]; Generalversammlung der AG. § 259[2].
Bodenmeister, Lagergeschäft § 417[5].
Bodmereibrief § 363[33–37].
Bonifikation, Kommissionsgeschäft § 387[4].
Bonus § 213[9c].
Bordell, kein Handelsbetrieb § 2[2]; Zivilmäkler Vorb. v. § 93[21]; unsittlicher Vertrag? Anh. zu § 346[6], [7], [21].
Börsenbedingungen Anh. zu § 376[3].
Börsenbekanntmachungen § 367[5].
Börsenbesucher Anh. zu § 376[22].
Börsengeschäfte, Bilanz der AG. § 261[17].
Börsengesetz Anh. zu § 376; Emissionshäuser § 203[1], [11–16]; Strafbarkeit in Kommissionsgeschäften § 401[9]; AG., Haftung für Prospekte § 203[11], [12].
Börsenkarte Anh. zu § 376[22].
Börsenkommission Anh. zu § 376[84].
Börsenordnungen Anh. zu § 376[84], [97].
Börsenorgane, Autonomie E[37].
Börsenpreis, Begriff Anh. zu § 373[29–32]; Kaduzierung der Aktie § 220[13]; Bilanz der AG. § 261 Nr. 1, § 261[18]; Selbsthilfeverkauf § 373[34].
Börsenremisier § 84[8].
Börsenschiedsvertrag Anh. zu § 376[84–86].
Börsenspekulationsgeschäfte, Strafbarkeit der Verleitung dazu Anh. zu § 376[32].
Börsentermingeschäfte, Begriff und Unterscheidungen Anh. zu § 376 E.
I. Erlaubte B. Anh. zu § 376[1–98].
A. Börsengesetz Anh. zu § 376[1], Grundgedanken Anh. zu § 376[2], [3], [4]; Kassageschäfte Anh. zu § 376[98a]; offizielle B. Anh. zu § 376[3]; Zulassung durch Börsenvorstand Anh. zu 376[3]; inoffizielle, freie B. Anh. zu § 376[3]; Kassakontokorrentgeschäfte Anh. zu 376[3]; Geschäfte mit abweichenden Bedingungen Anh. zu § 376[3]; Kuxe, Kolonialanteile, Kautschuk Anh. zu § 376[3]; ausländische Bedingungen Anh. zu § 376[3]; keine Begriffsbestimmung im Börsengesetz Anh. zu § 376[5]; Beziehungen zum Terminmarkt Anh. zu § 376[5], [11], [14]; Differenzausgleich als Endzweck Anh. zu § 376[5]; Prolongationsgeschäft Anh. zu § 376[5]; Prämiengeschäfte Anh. zu § 376[5]; Differenz- oder Spielgeschäft? Anh. zu § 376[6]; Kauf- oder Anschaffungsgeschäfte in Waren oder Wertpapieren Anh. zu § 376[7]; Zulassung der letzteren durch den Börsenvorstand Anh. zu § 376[8]; feste Bestimmung von Lieferungszeit oder -termin Anh. zu § 376[9]; Stichtage, Abwicklung Anh. zu § 376[9]; Kassageschäfte, Promptgeschäfte Anh. zu § 376[10], [98a]; schablonenhafter Inhalt als Geschäftsbedingung Anh. zu § 376[12]; Folgen der Abweichungen Anh. zu § 376[12]; Terminpreise? Anh. zu § 376[13]; Ort und Zeit des Geschäftsschlusses Anh. zu § 376[14]; Aufträge und Vereinigungen zum Abschluß Anh. zu § 376[15], [76], [77], [78]; Darlehn Anh. zu § 376[16], [79]; Börsentermingeschäftsfähigkeit Anh. zu § 376[4], [17–23]; Vollkaufleute, Handelsgesellschaften Anh. zu § 376[17], [18]; Kleingewerbetreibende, Handwerker, Registereinwand Anh. zu § 376[18]; Berufsmäßigkeit des Betriebes Anh. zu § 376[19], [20], [21]; Angestellte Anh. zu § 376[21]; Liquidatoren, Konkursverwalter Anh. zu § 376[21]; Börsenbesucher, dauernde Zulassung Anh. zu § 376[22]; Ausländer Anh. zu § 376[23].
B. Rechtswirksamkeit bei Börsentermingeschäftsfähigkeit
a) beider Teile Anh. zu § 376[24–32a]; Geschäfte in Waren und Wertpapieren Anh. zu § 376[25]; Verbindlichkeit der Geschäfte Anh. zu § 376[26–29]; Spieleinwand trotz beiderseitiger Börsentermingeschäftsfähigkeit Anh. zu § 376[30]; Anfechtung wegen allgemeiner Geschäftsunfähigkeit Anh. zu § 376[31]; Strafbarkeit bei Verleitung Anh. zu § 376[32]; Geschäfte im Auslande Anh. zu § 376 [80], [93]; ausländische Urteile Anh. zu § 376[31]; Kriegsmaßnahmen Anh. zu § 376[208].
b) Bei nur einseitiger Börsentermingeschäftsfähigkeit Anh. zu § 376[33–47b]; Unverbindlichkeit Anh.

zu § 376^{33}; Rechtswirksamkeit durch Sicherheitsleistung Anh. zu § 376^{34-46}; Sicherheit für den voll Börsentermingeschäftsfähigen Anh. zu § 376^{36}; Geld und börsengängige Wertpapiere Anh. zu § 376^{37}; Schriftform Anh. zu § $376^{38, 39, 40}$; Widerruf Anh. zu § 376^{41}; körperliche Übergabe Anh. zu § 376^{42}; beschränkte Haftung des Privatkunden Anh. zu § 376^{44}; Pfandverkauf Anh. zu § 376^{45}; Sicherheitsübereignung Anh. zu § 376^{45}; Rechtsverbindlichkeit durch Annahme der Sicherheit für Bankier Anh. zu § 376^{46}; desgl. durch Erfüllungsannahme Anh. zu § 376^{47}; neuere Rechtsprechung Anh. zu § $376^{47a, 47b}$; keine Zurückforderung der Leistung Anh. zu § $376^{48-55, 68}$; Erfüllung der Prolongationsgeschäfte Anh. zu § 376^{51-55}; Nachschüsse Anh. zu § 376^{52}; Wechsel Anh. zu § $376^{53, 54}$; einseitige Aufrechnung Anh. zu § 376^{56-59}; Aufrechnungsvertrag Anh. zu § 376 $^{56, 60-67}$; Anerkenntnis des Kontokorrentsaldos Anh. zu § 376^{61-67}.

Ungültigkeit von Verbindlichkeiten zum Zwecke der Erfüllung unklagbarer B. Anh. zu § 376^{69-75}; Schuldanerkenntnis Anh. zu § 376^{70}; Pfandverträge, Sicherheitsleistung Anh. zu § 376^{71}; Wechsel, Verpflichtungsschein, Scheck Anh. zu § 376^{72}; Bürgschaft Anh. zu § 376^{73}; Schuldübernahme Anh. zu § 376^{74}; Umwandlung Anh. zu § 376^{75}.

Aufträge und Vereinigungen zum Abschluß von B. Anh. zu § $376^{76, 77, 78, 92}$; Kommissionsgeschäfte Anh. zu § 376^{77}; Gelegenheitsgesellschaft Anh. zu § 376^{78}; stille Gesellschaft Anh. zu § 376^{78}.

Vergleich Anh. zu § $376^{82, 83}$; Schiedsvertrag Anh. zu § $376^{84, 85}$; Berücksichtigung der Ungültigkeit von Amts wegen Anh. zu § 376^{86}.

Differenz und Spieleinwand Anh. zu § 376^{87-94}; desgl. beim offiziellen B. Anh. zu § 376^{88-93}; Sicherheitsleistung Anh. zu § 376^{88}; Erfüllungsannahme Anh. zu § 376^{89}; Aufrechnung Anh. zu § 376^{89}; keine Zurückforderung Anh. zu § 376^{90}; Übernahme von Verbindlichkeiten Anh. zu § 376^{91}; inoffizielle B., Differenz- und Spieleinwand Anh. zu § 376^{94}.

c) Beiderseitiges Fehlen der Börsentermingeschäftsfähigkeit Anh. zu § $376^{95, 96}$; Differenz- und Spieleinwand Anh. zu § 376^{96}; Erfüllungsverzug Anh. zu § 376^{97}; Schlußscheine Anh. zu § 376^{98}; deren Stempelpflichtigkeit Anh. zu § 376^{98}.

II. Verbotene B. Anh. zu § 376^{99-130}; Börsengesetz Anh. zu § 376^{99}; Grundgedanke Anh. zu § 376^{100}; durch Gesetz verbotene B., Anteile von Bergwerks- und Fabrikunternehmungen Anh. zu § 376 $^{E, 2, 100, 107}$; Getreide und Getreidemüllereierzeugnisse Anh. zu § 376 $^{E, 2, 100, 106}$; Kuxen Anh. zu § 376^{104}; Bundesratsverbote betr. Waren und Wertpapiere Anh. zu § 376^{105}; keine Verbindlichkeit Anh. zu § 376 $^{107-130}$; keine Sicherheit Anh. zu § 376^{107}; keine Zurückforderung des Geleisteten Anh. zu § 376 $^{108, 110, 115}$; Aufrechnung Anh. zu § $376^{109, 113}$; Saldoanerkenntnis Anh. zu § 376^{114}; Ungültigkeit der Verbindlichkeiten zur Erfüllung Anh. zu § $376^{116-122}$; Aufträge und Vereinigungen Anh. zu § 376^{123}; Darlehn Anh. zu § 376^{124}; ausländische Geschäfte Anh. zu § 376^{125}; Vergleich Anh. zu § 376^{125}; Schiedsvertrag Anh. zu § 376 $^{84, 85, 126}$; Berücksichtigung der Ungültigkeit von Amts wegen Anh. zu § 376^{128}; Differenz- und Spieleinwand Anh. zu § 376^{129}; Schlußscheine, Stempelpflicht Anh. zu § 376^{130}.

III. Handelsrechtliche Lieferungsgeschäfte in Getreide und Getreidemühlenerzeugnissen Anh. zu § $376^{131-161}$; Börsengesetz Anh. zu § 376^{131}; Grundgedanke Anh. zu § $376^{132, 133}$; Begriff der Geschäfte Anh. zu § 376^{134}; Erfordernisse Anh. zu § $376^{135-145}$; vom Bundesrat festgesetzte Geschäftsbedingungen Anh. zu § 376^{136}; besondere Geschäftsfähigkeit Anh. zu § $376^{137, 138}$; Erzeuger und Verarbeiter Anh. zu § 376^{138}; Beleihung von Kaufleuten Anh. zu § 376^{139}; Geschäftsinhalt vorgeschrieben Anh. zu § 376^{140}; Nachfrist bei Erfüllungsverzug Anh. zu § $376^{140-142}$; Feststellung der Lieferbarkeit durch Sachverständige Anh. zu § 376^{143}; Andienung Anh. zu § 376^{143}; Arbitrage Anh. zu § 376^{144}; Differenz- und Spieleinwand § 376^{147}; Rückforderungsrecht Anh. zu § $376^{148-153}$; Pfandbestellung, Sicherheitsleistung Anh. zu § 376^{149}; Aufrechnung Anh. zu § 376^{150}; Saldoanerkenntnis Anh. zu § 376^{151}; Verbindlichkeiten zum Zwecke der Erfüllung Anh. zu § $376^{154-158}$; Aufträge und Vereinigungen Anh. zu § 376^{159}; Vergleich und Schiedsvertrag Anh. zu § 376 $^{160, 161}$.

IV. Differenz- und Spielgeschäfte Anh. zu § $376^{162-207}$; s. Differenzgeschäfte.

Börsenusancen E^{36}; Anh. zu § 376^{84}.

Börsenvorstand, Zulassung Anh. zu § $376^{3, 8}$.

Börsenzeit Anh. zu § 376^{49}.

Böser Glauben, Eigentumserwerb § $366^{22, 23}$; Haftung der Gläubiger gegen die Aktionäre auf Rückforderung § 217^{11}; Wechselerwerb § 364^{14}.

Bösliche Handlungsweise des Gründers § 202^{13}; Anfechtung § 273^{11}.

Bösliche Schädigung der AG. durch Sacheinlagen oder Übernahmen § 202^{13}.

Bote, Vertragsschluß Anh. zu § $361^{4, 5, 32}$.

Boykott, Kartelle und Syndikate Anh. zu § 346^{53}.

Brauchbarkeit der Sache, Mängel § 377^{39c}.

Brauerei als Nebengewerbe § 3^{5}; Bierabnahmevertrag Anh. zu § 346^{16}.

Brennerei als Nebengewerbe § 3^{5}.

brevi manu traditio Anh. zu § $366^{2, 14a, 27}$.

Briefe, Verwahrung § 38^{7}; Vertragsschluß Anh. zu § 361^{24}; uneröffnete B. Anh. zu § 361^{24}; Mahnung Anh. zu § 374^{1}; Beförderung geschlossener B., durch Privatunternehmer verboten § 425^{5}.

Briefhypothek § 350^{83}.

Briefkasten Anh. zu § 361^{5}.

Briefkopierbuch § 47^{3}.

„**Brieflich** Näheres" Anh. zu § 361^{59}.

„**Briefnotiz**" Vorb. v. § 373^{29}.

Briefwechsel, zweiseitige Schriftlichkeit § 350^{65}, § 350^{51}; als vereinbarte Schriftform Anh. zu § 361^{89}.

Bringschuld § $372^{64, 65}$, Anh. zu § 374^{17}.

Brouillon § 40^{8}.

Brutto, Kauf § 380[1]; brutto für netto § 380[1].
Bruttogewinn § 237[5].
Buchauszug, Vorlegung von Handelsbüchern § 46; Provisionsgehilfe § 65[2]; Handlungsagent § 91[1–7]; Kommissionär § 396[23].
Bücher, Vorlegung der B. gegenüber dem Agenten § 91[4]; Aufbewahrung nach Beendigung der Liquidation § 157[9–16], Anh. zu § 176[26]; s. Handelsbücher, Buchführung.
Büchereinsicht, o. H.-Gesellschafter § 118[7]; derselbe nach der Liquidation § 157[9]; Kommanditist § 166[1]; der Stellung enthobenes Vorstandsmitglied der AG. § 241[2]; Aufsichtsrat § 246[4]; Kommissionär § 384[20].
Buchforderungen, Diskontierung § 368[101].
Buchführung § 38; kameralistische B. § 42[1–3]; kaufmännische B. § 2[6]; Agent § 84[30]; Zivilmäkler Vorb. v. § 93[8]; AG. § 239; KGaA. § 320[87]; stille Gesellschaft § 338[4]; Strafvorschriften § 38 E, [4].
Buchhalter, Handlungsgehilfe § 59[14].
Buchhalterische Grundsätze, Kontokorrentvertrag § 355[15].
Buchhandel, Verlagsgeschäfte § 1[78, 79]; Konditions- und Novitätengeschäft Anh. zu § 382.
Buchhypothek, Abtretung § 350[33].
Buchmacher Anh. zu § 376[181, 201].
Buchwert Vorb. v. § 373[35].
Bucketshop-System Anh. zu § 376[32], § 400[5].
Büfettmamsell § 59[17].
Bundesrat, Fürsorge für Handlungsgehilfen § 62 E; Genehmigung bei Aktienausgabe unter Mindestbetrag § 180[3–9]; Verbot von Börsenterminsgeschäften Anh. zu § 376[2].
Bundesstaat, Eintragung gewerblicher Unternehmungen § 36; Rechnungsabschlüsse derselben § 42; Veräußerung des Vermögens der AG. im ganzen an B. § 304[1].
Bürge s. Bürgschaft.
Bürgerliche Ehrenrechte, Lehrvertrag § 81.
Bürgerliches Gesetzbuch als ergänzende Rechtsquelle E[18]; Anwendbarkeit für AG. § 180[6a–11]; desgl. für stille Gesellschaft § 335[2].
Bürgschaft, Ausschluß der Einrede der Vorausklage für Vollkaufmann § 349[1, 24, 25]; Begriff § 349[2]; Verbindlichkeit eines Dritten § 349[3]; akzessorischer Charakter § 349[3]; Fähigkeit zur Übernahme § 349[5]; Schriftform nach BGB. § 349[6, 7, 8]; bei Formlosigkeit für Kaufmann § 349[8]; Inhalt der Erklärung § 349[10]; Wechselbürgschaft § 349[10]; Umfang der Haftung des Bürgen § 349[11–32]; Erlöschen der Hauptverbindlichkeit § 349[11]; Veränderung derselben § 349[12]; keine Erweiterung der Verpflichtungen § 349[12]; Stundung und Erlaß der Hauptschuld § 349[13]; Einreden § 349[14–20a]; Tod des Hauptschuldners § 349[15]; Aufrechnung § 349[16]; Anfechtungsrecht des Hauptschuldners § 349[17]; Leistungsverzug des Gegners § 349[18]; Gewährleistungsansprüche des Hauptschuldners § 349[19]; Zwangsvergleich desselben § 349[20]; persönliche Einwendungen des Bürgen § 349[21]; Teilbürgschaft § 349[21]; Einwand der Vorausklage § 349[22–32]; Wegfall derselben beim Kaufmann § 349[24, 25]; Ausfallsbürgschaft § 349[25, 34, 65]; B. auf bestimmte § 349[26–30]; Kreditbürgschaft § 349[31, 32]; Sorgfaltsverpflichtungen des Gläubigers hinsichtlich der Rechtsverfolgung des Hauptschuldners? § 349[33–37]; Aufgabe von Sicherungsrechten durch den Gläubiger § 349[35]; Verhältnis zum Hauptschuldner § 349[38–46]; Befreiungsanspruch? § 349[38]; Widerrufsrecht § 349[40]; Rückgriff § 349[41–45]; Übergang der Forderung des bezahlten Gläubigers § 349[42, 43]; Übergang der Nebenrechte § 349[43]; desgl. des Zurückbehaltungsrechts? § 349[43]; unzulässige Benachteiligung von Hauptschuldner § 349[45, 46]; Erfüllungsort, Gerichtsstand § 349[47]; Konkurs des Hauptschuldners § 349[12, 20, 47]; desgl. des Bürgen § 349[48]; Mehrheit von Bürgen § 349[49, 50, 51]; Nachbürgschaft § 349[52]; Rückbürgschaft § 349[53]; kumulative Schuldübernahme § 349[54]; Eintritt als Gesamtschuldner § 349[55]; Kreditauftrag § 349[56–62]; Kreditvertrag, Krediteröffnungsvertrag § 349[63]; Kreditbrief § 349[64]; Garantievertrag § 349[65, 66, 67]; Delkrederehaftung § 349[68]; Kreditversicherung § 349[69]; Ausschluß handelsrechtlicher Bestimmungen für Minderkaufleute § 351; selbstschuldnerische Haftung des Minderkaufmanns als Bürgen nach bürgerlichem Recht § 4[27]; Veräußerung des Handelsgeschäfts § 343[27]; Handelsgeschäft aus selbständigen Gründen § 345[4]; Formvorschriften § 350[4–9]; Auslegung von Bürgschaftsurkunden § 350[7]; Vergütung § 354[8]; Fortbestand nach Saldofeststellung § 356[2–7]; kein Übergang durch Indossament § 356[4]; Erfüllungsort Anh. zu § 372[10]; B. des o. H.-Gesellschafters für Gesellschaftsschulden, Verjährung § 159[3].
Bürgschaftsscheine als Schuldscheine § 344[1a].
Buße, Verschwiegenheitspflicht § 59[43].
„Bz." Vorb. v. § 373[29].

C

Cavelingspesen § 387[2].
cessio in securitatem § 368[94].
Chemiker, Arbeitsverhältnis § 59[22].
cif, Bedeutung § 346[19]; Kauf Anh. zu § 372[31], § 373[13], § 377[20], Anh. zu § 382[39, 49a, 49b, 119].
clausula cassatoria § 346[19].
commis interessé § 65[4–11].
compagnies limited by shares § 201[3].
compensatio lucri cum damno § 347[25], Anh. zu § 374[73].
constitutum possessorium, Eigentumserwerb § 366[2, 2a, 13]; Pfanderwerb § 368[9, 9b]; Übergabe des Orderpapiers § 368[16]; Sicherungsübereignung § 368[97]; Kommissionsgeschäft § 383[33].
conto à metà-Geschäft Vorb. v. § 373[3].
contrats d'Adhésion Anh. zu § 346[35].
cost § 346[19]; cost and freight § 346.
courtier § 93 E.
culpa in contrahendo § 347[2].

D

Dampflieferungsvertrag Vorb. v. § 373[16a].
Danzig, Börse Anh. zu § 376[142].

Darlehn als Handelsgeschäft § 343[27]; **Handlungsvollmacht, Aufnahme von D.** § 54[20]; Zivilmäklerlohn Vorb. v. § 93[27]; Unterschied von stiller Gesellschaft § 335[22]; Bierabnahmevertrag § 346[2]; Zinsen § 354[15, 16, 17]; Börsentermingeschäft Anh. zu § 376[16, 75, 124]; Differenz- u. Spielgeschäft Anh. zu § 376[202].
Darlehnskassenscheine § 361[5].
Darstellungen, Strafbarkeit unrichtiger § 314[5]; unwahrer § 314[6, 7]; Verschleierung § 314[8].
Dauer, Beweiskraft handelsgerichtlicher Zeugnisse § 9[3]; Amtsdauer des Aufsichtsrats § 243[5, 6, 7].
Dauerkontenbuch § 38[6], § 43[2].
Dauernde Anlagen der AG. § 261[37].
Debatte, Leitung der Generalversammlung § 256[12].
Deckadresse, Schiebung Anh. zu § 382[31].
Deckungskauf Anh. zu § 374[30, 56, 68–73a]; Fixgeschäft § 376[15].
Deckungsverkauf Anh. zu § 374[30].
Deklaration, Spediteur § 408[12]; Lagergut § 430[12]; Eisenbahnbeförderung § 463[1–4], § 466[6].
Dekorts § 55[5].
Delegation, Aufsichtsratsmitglied als Vorstandsmitglied § 248[3, 4, 5].
Delkredere, Agent § 84[17]; kein D. des Spediteurs für Frachtführer und Zwischenspediteur § 408[5].
Delkrederefonds § 262[21].
Delkrederehaftung, Agent § 84[17]; Bürgschaft § 349[68]; Kommissionär § 394[2, 4, 5]; Frachtführer § 41[6].
Delkrederekommission § 394.
Delkrederekonto § 261[17], § 262[25].
Delkredereprovision § 84[17], § 394[7].
demande en garantie § 377[140].
Deportgeschäft in eigenen Aktien § 226[3].
Depositengeschäft als Grundhandelsgeschäft § 1[67].
depositum irregulare § 368[67], Anh. zu § 363[1], Anh. zu § 372[65]; gutgläubiger Erwerb § 366[10]; Lagergeschäft Anh. zu § 424[5, 6, 7].
depositum regulare Anh. zu § 424[3].
Depotbuch § 38[8]; Bankverwahrungsgeschäft Anh. zu § 424[3].
Depotfixen, Kommissionsgeschäft § 383[32]; Bankverwahrungsgeschäft Anh. zu § 424[3, 9, 10].
Depotgeschäft § 1[35].
Depotgesetz, Bankverwahrungsgeschäft Anh. zu § 424[1–33].
Depotnummernbuch Anh. zu § 424[3].
Depotscheine der Leihhäuser Anh. zu § 365[10].
Destillateur § 1[44].
Detektivbureau § 2[3], § 343[30].
Deutscher Reichsanzeiger § 10[4], § 367[5].
Deutsches Fahndungsblatt § 367[5].
Deutsches Reich, Übernahme einer AG. § 304.
Diäten des Handlungsreisenden § 59[37, 37a].
Dienstantritt, Erkrankung des Handlungsgehilfen vor D. § 63[4].
Dienstanweisungen, Handlungsgehilfe § 59[24].
Dienstbarkeiten als Sachmängel? § 377[44].
Dienste, Handlungsgehilfe § 59[24–28, 30, 32, 33], § 70[30]; nichtkaufmännische D. im Handelsgewerbe § 83; qualifizierte Gründung § 186[6]; Aktionärverpflichtungen § 212[4]; Einlage des stillen Gesellschafters § 335[15]; Entgelt für D. eines Kaufmanns § 354 E, [1–9].
Dienstleistungen, qualifizierte Gründung § 186[6].
Dienstmann, Frachtgeschäft § 425[8], § 426[8].
Dienstverhältnis, Dauer, Handlungsgehilfe § 59[34b]; Handlungsreisender § 59[30]; Vorstandsmitglieder der AG. § 231[22–32]; Liquidatoren § 149[40]; desgl. der AG. § 295[14].
Dienstversäumnis des Handlungsgehilfen § 72[3–7].
Dienstverträge, Liquidation der o. HG. § 145[4]; Vorstand der AG. § 231[14, 21, 23]; zur Vermittelung von Differenzgeschäften Anh. zu § 376[200].
Dienstverweigerung des Handlungsgehilfen § 72[3].
Dienstzeugnis § 73[1–9].
Differenzeinwand, Indossament der Orderpapiere § 364[9, 14]; D. u. Spieleinwand beim erlaubten Börsentermingeschäft Anh. zu § 376 E, [6]; **Ausschluß bei beiderseitiger Börsentermingeschäftsfähigkeit Anh. zu** § 376[28]; **nur einseitige** Börsentermingeschäftsfähigkeit **Anh. zu** § 376[34, 87–94]; bei beiderseitig fehlender Börsentermingeschäftsfähigkeit Anh. zu § 376[96]; moralische Seite Anh. zu § 376[207].
Differenzgeschäft Anh. zu § 376[162–208]; Begriff u. Entstehungsgeschichte Anh. zu § 376[162–170]; Bestimmungen des BGB. Anh. zu § 376[163–168]; offizielle erlaubte Börsentermingeschäfte Anh. zu § 376[164]; inoffizielle erlaubte Börsentermingeschäfte Anh. zu § 376[165]; verbotene Börsentermingeschäfte Anh. zu § 376[166]; handelsrechtliche Lieferungsgeschäfte Anh. zu § 376[167]; Kassageschäfte Anh. zu § 376 [168]; Lieferung von Waren oder Wertpapieren, Anteile von Bergwerks- u. Fabrikunternehmungen Anh. zu § 376 [169, 170]; **Differenzzahlung als Absicht Anh. zu** § 376[171]; Scheingeschäft Anh. zu § 376[172]; Spekulationsgeschäft Anh. zu § 376[173]; Strafbarkeit des Gemeinschuldners Anh. zu § 376[177]; Bedeutung der Sachlage des Einzelfalls Anh. zu § 376[177]; Limit Anh. zu § 376[177]; Gegengeschäfte, Deckungsgeschäfte Anh. zu § 376[177]; Kassageschäfte Anh. zu § 376[198]; verdeckte D. Anh. zu § 376[178]; Prolongationsgeschäfte Anh. zu § 376[179]; Bankier als Kommissionär Anh. zu § 376[180]; Rechtsfolgen bei Vorliegen von D. Anh. zu § 376[181–202]; Unklagbarkeit Anh. zu § 376[181, 182]; keine Einrede aus dem D. Anh. zu § 376[182]; kein Zurückforderungsrecht Anh. zu § 376[183]; Pfandbestellung, Sicherheitsleistung Anh. zu § 376[184]; Aufrechnung Anh. zu § 376[185]; Heilung durch vereinbarte Leistung, BörsG. § 57, Anh. zu § 376[185]; Inhalt des § 58 BörsG. Anh. zu § 376[186]; Anerkenntnis des Kontokorrentsaldos Anh. zu § 376[186]; Verbindlichkeiten zum Zwecke der Erfüllung Anh. zu § 376[188–191]; Geschäfte im Auslande Anh. zu § 376[198]; Gesellschaftsverträge zum Abschluß von D. Anh. zu § 376[199]; Aufträge u. Dienstverträge Anh. zu § 376[200]; Vermittlung (Abschluß) von Wetten Anh. zu § 376[201]; Darlehn zum Zweck des Abschlusses oder zur Bezahlung von D. Anh. zu § 376[202]; Berücksichtigung der Ungültigkeit von Amts wegen Anh. zu § 376[203]; Beweislast Anh. zu § 376[204]; Differenzeinwand, moralische Seite Anh. zu § 376[207]; Kriegsmaßnahmen Anh. zu § 376[208]; s. Spielgeschäft.

Differenztheorie, Handelskauf, Schadensersatz wegen Nichterfüllung Anh. zu § 374[24], [25], [26], Anh. zu § 382[83a].
Dingliche Rechte der o. HG. an Grundstücken § 126[4]; desgl. der AG. § 210[7].
Dingliche Rechtsänderung durch außergerichtlichen Vergleich § 350[3].
Dingliche Wirkung der Übergabe der Dispositionspapiere § 363[37].
Dingliche Verfügungen der Ehefrau E[45].
Direktor § 231[13].
Disagiogewinn § 288[14].
Disagiokonto § 40[7].
Diskontgeschäft § 368[101].
Diskontierungsgeschäft, Handelsgeschäft § 1[67]; Diskontierung von Buchforderungen § 368[101].
Disponibel, Erfüllungszeit Anh. zu § 372[45].
Dispositionsfonds für Aufsichtsrat ungültig § 178[21].
Dispositionspapiere § 363[35]; Wirkung der Übergabe § 363[35–38], § 365[10], [11], [12], § 366[14]; desgl. der brevi manu traditio § 366[14a]; Eigentumsübergang § 366[14], Anh. zu § 382[62]; gutgläubiger Erwerb § 368[31]; Verpfändung § 368[19–23]; Pfanderwerb § 368[28–31], [66], [77]; Befriedigung aus dem Pfande § 368[76], [77]; gutgläubiger Pfanderwerb § 368[90], [91]; Zurückbehaltungsrecht § 369 [29], [30], § 371[23–26]; Übergabe durch D. Vorb. v. § 373[57]; Kauf gegen D. Vorb. v. § 373[67], § 373[8]; Selbsthilfeverkauf § 373[35]; Verfolgungsrecht des Verkäufers Anh. zu § 382[99].
Dispositionsurkunden § 366[2c].
Distanzfracht § 428[6].
Distanzkauf, Prüfungsrecht Anh. zu § 372[46]; Erfüllungszeit Anh. zu § 372[46–46c].
Dividende § 213[7–11]; Bevorzugung § 185[7]; Vorzugsdividende § 214[2]; Teilnahme neuer Aktien § 278[13]; Pfändung § 368[37].
Dividendenergänzungsfonds § 215[4], [5], § 237[15].
Dividendengarantie § 215[1], § 381[13].
Dividendenrecht des Aktionärs § 213[7–14].
Dividendenschein § 213[14], [15]; selbständige Veräußerlichkeit § 213[15]; kein Aufgebotsverfahren § 213[15]; Aushändigung gegen Leistung § 223[28]; Verjährung § 223[29]; Eigenschaft eines Wertpapieres § 381[10]; Erwerb eigener D. durch AG. § 226 E; Verkauf der Aktie § 223[34]; Verpfändung der Aktie § 213[15]; Widerspruch des Aktieninhabers gegen Abhebung neuer D. § 230; Einwendungen § 213[15], § 223[28]; Aufgebot der Aktie § 228[4]; s. AG. zu D.
Dividendenvorzug § 185[7].
Dokumentierte Tratte Vorb. v. § 373[65].
Dolmetscher, Generalversammlung der AG. § 259[2].
dolus eventualis des Verkäufers § 377[152]; d. generalis § 377[176].
Doppelnahgeschäft Anh. zu § 376[32a].
Doppelte Buchführung § 38[6].
Drahtantwort Anh. zu § 361[38], [49].
Drahtseilbahn § 453[6].
Draufgabe Anh. zu § 348[1–4].
Dritter, Beschränkung der Vertretungsbefugnis des Vorstandes der AG. gegenüber D. § 235 Abs. 2, § 235[10]; Erlöschen der Rechte bei gutgläubigem Erwerb § 366[32–35], § 368[65]; D. bei unerlaubten Handlungen Bevollmächtigter § 377, [173]; Wechseldiskont Vorb. v. § 373[64e]; Verletzung vertraglicher Rechte durch D. Anh. zu § 377[1], [2], [3].
Drohender Verderb des Pfandes § 368[34].
Druckerei, Grundhandelsgeschäft? § 1[81].
Drucksachen, Verbot der Beförderung durch Privatunternehmer § 425[5].
Duldung der Zwangsvollstreckung E[53].
Duplikate, Frachtbrief § 426[9]; Eisenbahnfrachtverkehr § 455[5].
Durchgehende Frachtbriefe § 427[7], § 432[6]; im internationalen Verkehr § 453[18], § 454[2]; Einschränkung der Haftung § 459[1], [2].
Durchschnittspreis Vorb. v. § 373[32e].
Durchstreichungen, Handelsbücher § 43[3].

E

Echtheit, Urkunden § 350[80].
Effektenhandel Anh. zu § 376[208].
Effektive Erfüllung Anh. zu § 376[171], [177], [185a].
Effektive Lieferung Anh. zu § 376[163], [180].
Effektivgeschäft Anh. zu § 376[204].
Ehefrau als Handelsfrau E[39–75]; Aktivlegitimation im Prozeß E[54], [55], [56]; ausländische E. E[75]; Handlungsvollmacht § 54[2]; Handlungsgehilfin § 59[9]; Wettbewerbsverbot § 74[22]; Kommanditistin § 161[5]; stille Gesellschafterin § 335[5]; Wohnsitz Anh. zu § 372[20]; Verpfändung von eingebrachten Sachen § 366[36b]; s. Ehemann.
Ehegatten, o. HG. § 105[5]; kein Stimmrecht bei Zwangsvergleich § 131[12].
Eheleute § 366[2].
Ehemann, Haftung für Gewerbeverbindlichkeiten der Ehefrau? E[57]; Haftung des Geschäftsvermögens der Ehefrau? E[68–72]; Aufkündigung von Verträgen auf persönliche Leistungen der Ehefrau E[73], [74]; Recht auf Verwaltung und Nutznießung § 366[36–36d]; Stimmrecht in der Generalversammlung § 252[7]; s. Ehefrau.
Ehrendiplome § 22[25].
Ehrenwort, Wettbewerbsverbot § 74a[13]; Bindung durch E. Anh. zu § 346[21].
Ehrverletzungen § 72 Abs. 1 Nr. 4, § 72[9].
Eidesleistung, o. HG. § 124[12], [13], [15]; Liquidatoren der o. HG. § 149[21]; Vorstand der AG. § 231[4].
Eigene Aktien; Verbot des Erwerbs § 226 E, [1–8].
Eigene Genußscheine § 226[11].
Eigene Interimsscheine, Verbot des Erwerbs § 226[9].
Eigengeschäft des Mäklers § 88[3].
Eigenhändler, Kommissionär § 383[9], § 400[5]; Sorgfalt bei Beratung eines Kunden im Bankiergeschäft § 383[9], § 384[1].
Eigenschaften des Vorstandes der AG. § 231[10–13]; des Aufsichtsrats § 243[4]; des Inhabers der stillen Gesellschaft § 335[12]; vertragsmäßige E. der Ware § 360[10], § 377[125]; vorgespiegelte E. § 377[149–150b], [154–168].
Eigentum der o. HG. § 105[128–131]; im Bilanzsinn § 261[28]; stille Gesellschaft § 335[33]; Übertragung § 366[1], [2], [3]; traditio brevi manu, constitutum possessorium § 366[2]; Abtretung des Heraus-

gabeanspruchs § 366^{2b}; Absendung des Stückeverzeichnisses § 366^{2b}; Übergabe der Dispositionspapiere § 365^{10-13}, § 366^{2c}; gutgläubiger Erwerb § 366^{4-36a}; desgl. von gestohlenen, verlorenen, abhanden gekommenen Sachen § 366^{44-59}; Veräußerungsverbote § 366^{76-80}; Vermischung des Lagergutes § $419^{3, 4}$; Beweislast § $366^{51, 52}$; Pflicht des Verkäufers Vorb. v. § $373^{59, 60, 61}$, Anh. zu § 374^{39}; Konkurs während der Übertragung Anh. zu § 382^{97}; Kommissionsgeschäft § 383^{27-36}; Übergang beim E. Anh. zu § 382^{57-62}.

Eigentumsvorbehalt Anh. zu § 382^{63-74b}; im Konkurse Anh. zu § 382^{90-97}.

Eigentumswechsel bei Zurückbehaltungsrecht § 372 E, $^{1, 2, 3}$.

Eilfracht § 453^{14}.

Eilgut § 408^{12}.

Einbringung § 111^{9}.

Einbringungsvertrag, qualifizierte Gründung der AG. § 184; Eröffnungsbilanz der AG. § 239^{8}; stille Gesellschaft § 335^{35}.

Einforderung der Aktionäreinlagen § 218^{10}.

Einfuhrverbote, Speditionsgeschäft § 407^{25}.

Eingebrachtes Gut (Vermögen) der Ehefrau $E^{44-47, 51, 52, 53, 55, 65, 68, 69, 70}$, § 366^{36}; Verpfändung § 366^{36b}.

Eingemeindung, Firmenverschiedenheit § 30^{3a}.

Eingeschriebener Brief als vereinbarte Form Anh. zu § 374^{107}; Berufung der Generalversammlung § 257.

Eingriffe in den Gewerbebetrieb, Kartell Anh. zu § 346^{50}.

Einhebungsabtretung § $368^{113-117}$.

Einheitlichkeit der Satzung § 188^{2}.

Einheitsgründung der AG. § 188^{1}.

Einigung über Eigentumsübergang § $366^{7-12, 15}$.

Einkauf eigener Aktien in Kommission § $226^{1, 7}$.

Einkaufskommission § 391^{1-6}.

Einkaufspreis Vorb. v. § 373^{28}.

Einlagen, o. HG. § 111^{9}, § 149^{6}, § $155^{13, 14}$, § 156^{14}; Kommanditist § 161^{9}; stiller Gesellschafter § 40^{7}, § 335 Abs. 1, § $335^{4, 13-19, 25, 28}$; auf das in Aktien zerlegte Grundkapital der AG. § 178^{17-21}; Sacheinlagen bei qualifizierter Gründung § 186^{4-8}; keine Zurückforderung für den Aktionär § 213^{1-5}; Rückstände bei Liquidation der AG. § 294^{12}.

Einlagerer § 416^{5}, § $417^{1, 3, 10}$, § 420^{5}, § $421^{1, 4}$, § 423^{3}; Recht der Besichtigung § 418^{1-4}.

Einlagerung vertretbarer Sachen, Vermischung § 419.

Einlassung in den Vertragsvollzug als Einverständnis Anh. zu § 372^{36d}.

Einlösungsrecht § $368^{38, 65}$.

Einnahmequelle, Handelsgewerbe § 1^{b}.

Einrede des nicht erfüllten Vertrages der o. HG. § 109^{5}; Geltendmachung der E. der o. HG. durch den Gesellschafter § 129^{5-11}; des Kommanditisten § 171^{19}; Verpfänder § 368^{33}; nicht erfüllter Vertrag Vorb. v. § 373^{77-79d}; Verjährung beim Kauf § $377^{141, 141a, 147}$; desgl. beim Speditionsgeschäft § $414^{7, 8, 9}$; Beseitigung der Verjährungseinrede durch E. der Arglist § 377^{147}; gegen Orderpapier § 364^{5-17}; E. der Arglist gegen Vermutung als Handelsgeschäft § 344^{14}, allg. E. der Arglist § $346^{21, 22}$; der Vorausklage gegen Bürgen § 349^{22-25}.

Einreichung des Protokolls der Generalversammlung § 259^{10}; der Jahresbilanz der AG. § 265^{4}; der Aktien bei Kapitalsherabsetzung § $290^{3, 12}$.

Einschuß zu Sicherheitsleistungen beim Börsentermingeschäft Anh. zu § 376^{52}; Kommissionsgeschäft § 396^{14}.

Einseitiges Handelsgeschäft, Anwendbarkeit des HGB. § 345^{1-7}.

Einseitiger Handelskauf, Mängelrüge § 377^{195}; Notverkauf § 379^{28}.

Einsicht in Handelsregister § 9^{1}; in Handelsbücher im Rechtsstreit § 46^{2}; Recht des o. H.-Gesellschafters § 118^{1-9}; in Bücher u. Papiere der aufgelösten o. HG. § $157^{14, 15}$; desgl. der aufgelösten AG. § $302^{12, 13, 14}$; Kommanditist § 166^{10}; Prüfungsbericht § 193 Abs. 3; zur Anmeldung der AG. eingereichte Schriftstücke § 199^{4}; Aufsichtsrat § $246^{4, 6}$; Recht der Aktionäre auf E. bezüglich der Jahresrechnungen § 263^{1-6}; stille Gesellschaft § 338; in Quittungen Anh. zu § 372^{69}; Kommissionär § 384^{20}.

Einspruch des Ehemanns gegen Handelsbetrieb $E^{59, 60}$; gegen Ordnungsstrafe § $14^{6, 7, 8}$.

Einstandsbilanz § 239^{5}.

Einstellung des Geschäftsbetriebes durch Erben § $27^{22, 23, 24, 27}$; Prokurist § 49^{1}; E. des Gewerbebetriebes des Geschäftsherrn und Lösung des Agenturvertrages § 84^{26}, § 92^{8}; stille Gesellschaft § $339^{10, 11}$; des Konkurses über das Vermögen des Kaufmanns, Eintragung in das Handelsregister § 32; Fortsetzung der o. HG. nach E. des Konkurses § 144; desgl. der AG. § $307^{6, 7, 8, 12}$.

Einstimmige Gesellschafteranordnung bei Liquidation der o. HG. § 152^{1-6}.

Einstweilige Aufbewahrung durch den Käufer § 379^{15}.

Einstweilige Verfügungen, Handelsregister Anh. zu § 8^{6}, § 16^{2}; Firmenmißbrauch § 37^{24}; Entziehung der Geschäftsführung des o. H.-Gesellschafters § 117^{6}, § 140^{7}; desgl. der Vertretungsmacht § $127^{5, 7}$, § 140^{7}; Auflösung der o. HG. § 133^{10}; Unterhaltsforderungen § 133^{16}; Ernennung von Liquidatoren für o. HG. § 146^{9}; deren Abberufung § 147^{4}; Aussetzung der Schlußverteilung der o. HG. in Liquidation § 155^{11}; Entziehung der Vertretungsbefugnis bei Kommanditgesellschaft § 170^{3}; Anfechtungsrecht der Aktionäre § 271^{7}, § $273^{13, 23}$; Notverkauf § 379^{22}.

Einteilen, Spezifikation § 375^{2}.

Eintragung in das Handelsregister, Tätigkeit des Registerrichters Anh. zu § $8^{1, 2}$; auf Antrag des Antragsberechtigten Anh. zu § 8^{5}; E. von Amts wegen Anh. zu § 8^{5}; E. nur in den im Gesetz vorgesehenen Fällen Anh. zu § 8^{6}; keine güterrechtliche oder grundbuchliche E. Anh. zu § 8^{6}; einstweilige Verfügungen Anh. zu § 8^{6}; E. nur schon entstandener Rechtsverhältnisse Anh. zu § 8^{6}; unzulässige E. Anh. zu § 8^{6}; Verhütung unrichtiger E. § 8^{3}; o. HG. von deutschen und nichtdeutschen Teilhabern § 8^{9}; nur gesetzlich zugelassene E. Anh. zu § 8[6]; Prüfung des Registerrichters Anh. zu § 8[7–11]; Ermittlung der Wahrheit Anh. zu § 8[10]; Rechtswirksamkeit begründende Rechtsgeschäfte Anh. zu § 8[9a, 12, 13, 14], § 5; rechtsbekundende E. Anh. zu § 8[12]; rechtliche Bedeutung Anh. zu § 8[9, 10, 11]; Vermutung der Gesetzmäßigkeit Anh. zu § 8[11]; zivilrechtliche Bedeutung und Wirkung Anh. zu § 8[12]; Vermutung für die Richtigkeit des Inhalts Anh. zu § 8[16, 17]; strafrechtliche Seite Anh. zu § 8[19], § 15[15]; Einsicht der Schriftstücke § 9[1]; Abschriften § 9[2]; Bescheinigungen § 9[3]; Bekanntmachungen §§ 10, 11; Widersprüche zwischen E. und Bekanntmachung § 10[1]; Handelsgewerbe § 1[31], §§ 2, 5; zivilrechtliche Vorschriften dazu § 2[1–17]; rechtspolizeiliche Vorschrift § 2[18]; Handwerker? § 2[10]; land- und forstwirtschaftliche Nebengewerbe § 3; Minderkaufleute § 4; Folgen der Nichteintragung, Ordnungsstrafen § 14, § 15 E; Wirkung der Nichteintragung § 15[7]; Inhaber des Handelsgeschäfts § 15[8]; Inhaberwechsel § 15[12]; Liquidator § 15[8]; Zweigniederlassung § 15[13]; deren Verlegung § 31[1]; Rechtsveränderungen § 15[14]; Anordnungen des Prozeßgerichts § 16, Anh. zu § 8[6]; Widerspruch des Prozeßgerichts § 16[9]; Änderung der Firma § 31[1, 1a, 2]; Erlöschen der Firma § 31[3, 4]; abweichende Bestimmungen beim Geschäftserwerb § 25[18–21]; Prokura § 53[1]; o. HG. § 105[15, 17–21]; Beginn der Wirksamkeit der o. HG. nach außen § 123[1–4, 7, 8, 9]; Ausnahmen von der Einzelvertretung § 125[6, 24, 25, 26]; Schwebezeit bei Erbfall § 139[26]; Auflösung der o. HG. § 143[1, 2, 5, 6, 7, 12, 13]; Erlöschen der o. HG. nach Liquidation § 157[5]; Verjährungsbeginn § 159[6–9]; Eröffnung der Liquidation § 148; Kommanditgesellschaft § 161[10], § 162[1, 8–13, 15, 16, 17, 19, 21], § 174[1, 2, 4], § 175, § 176[2, 3, 6, 8, 9, 10], Anh. zu § 177[15, 20, 28]; Aktiengesellschaft § 198[1–14]; Ablehnung der Eintragung bei Mängeln des Gründungsvertrages § 182[31, 32]; Zweigniederlassung der AG. § 201[3, 4, 6, 7, 17, 21–30, 35, 36, 37]; Ausgabe von Aktien und Interimsscheinen vor E. der AG. § 209[10, 11]; Amortisation von Aktien § 227[15]; Prokura der AG. § 238[8, 11]; Satzungsänderung § 277[2–7]; Kapitalserhöhung § 284[5, 6, 7], § 285, § 286, § 287; Kapitalsherabsetzung § 289[1], § 291[11]; Auflösung § 293[3], § 303[9]; Liquidation § 296; Erneuerung der Liquidation § 302[20]; Erlöschen der AG. § 302[6]; Verstaatlichung § 304[6–11]; Fusion § 305[15, 16], § 306[9, 10, 12]; Fortsetzung der AG. § 307 Abs. 3; Nichtigkeit der AG. § 309[13], § 311; Umwandlung der Aktienkommanditgesellschaft § 333[4, 5, 6]; keine E. der gesellschaftlichen Vereinigung von Minderkaufleuten Anh. zu § 342[8].

Eintritt in Geschäft des Einzelkaufmanns § 24[2, 2b], § 28 E, [1, 2, 4, 5]; in o. HG. § 130[1–9]; als Schuldner in die Verpflichtung zur Entschädigung bei Wettbewerbsverbot § 74[17]; des persönlich haftenden Gesellschafters in Kommanditgesellschaft § 173[5]; desgl. des Kommanditisten § 173[1, 2, 3], § 176[8]; des Komplementars in Aktienkommanditgesellschaft § 320[57]; in Kartell Anh. zu § 346[37]; Selbsteintritt des Kommissionärs s. Kommissionsgeschäft zu III d; E. des Dritten in den Kauf Anh. zu § 374[2a].

Eintrittsrecht beim Wettbewerbsverbot § 61[1–12]; desgl. bei o. HG. § 113[1, 2, 4]; desgl. bei AG. § 236[8]; des Konkursverwalters beim Kauf Anh. zu § 382[81, 82, 83]; s. Kommissionsgeschäft zu III d.

Einwand der Vorauslage § 349[22–32].

Einwendungen des auf Grund der Gesamthaftung beklagten o. H.-Gesellschafters § 129[5–11]; des Kommanditisten § 171[16]; gegen Dividendenschein § 213[15]; des Ausstellers der Aktienurkunde § 223[27]; persönliche E. des Bürgen § 349[21]; gegen Saldofeststellung § 355[29]; des Angewiesenen § 363[11]; s. Einrede, exceptio.

Einwilligung, Begriff E[39]; des Prinzipals in eigene Geschäfte des Handlungsgehilfen § 60[9]; der AG. bei Wettbewerbsverbot § 236[6]; Aktienkommanditgesellschaft § 326[5, 6].

Einzahlung, Grundkapital der AG. § 193[2]; Anmeldung § 195[17, 18, 19]; des Aktienbetrages §§ 218, 219; Nichtigkeit der AG. § 311[5].

Einzelfirma, o. HG. kann nicht als Inhaberin eingetragen werden § 105[9].

Einzelkaufmann, Firma § 17[3], § 18 E, [1, 2, 3, 12a, 12b]; Parteifähigkeit § 17[24, 26]; Geschäftsveräußerung § 22[20]; Eintritt in das Geschäft des E. § 28; Buchführung § 38[5a]; Ausschluß der Liquidation § 145 E, [1].

Einzelvertretung, Vorstand der AG. § 232[16]; für mehrere Liquidatoren der AG. ausgeschlossen § 298[10].

Einzelvollmacht § 54[1, 2].

Einziehung des Handlungsgehilfen zum Geschworenendienst § 63[8]; zu militärischen Dienstleistungen § 63[8], § 72[8]; Aktien § 212[22]. § 227[1]; einzelne Aktien § 288[9].

Einziger Kommanditist § 177[9]; einziger persönlich haftender Gesellschafter § 177[9, 12].

Eisenbahnen, Beförderung von Gütern und Personen auf E. §§ 453—473; Begriff der E. § 453[6]; Systematik der eisenbahnfrachtrechtlichen Bestimmungen § 453[1–4], § 454; Eisenbahnverkehrsordnung als Rechtsverordnung § 453[2, 3, 4]; zwingendes Recht ihrer Vorschriften § 453 [4, 17], § 455[7], § 458[5], § 459[20], § 460[5], § 461[6]; internationales Übereinkommen über den Eisenbahnfrachtverkehr v. 14. 10. 1890 § 454[2]; Ungültigkeit von Vereinbarungen gegen eisenbahnfrachtrechtliche Vorschriften und gegen die Verkehrsordnung § 471[1–4]; Eisenbahnfrachtvertrag § 453[5]; Vertragszwang § 453[8–14, 18]; Übernahmepflicht der E. § 453[10–12]; Zurückweisungsrecht § 453[12]; keine Begünstigungen einzelner Absender in der Beförderungszeit § 45[14]; Frachtsätze, Eilfracht § 453[14]; Schadensersatz § 453[15]; Erfüllungsort § 453[16]; Anwendung der Vorschriften über das Frachtgeschäft § 454[1]; Frachtbriefduplikat § 455; Empfangsbescheinigung auf demselben § 455[1]; deren rechtliche Wirkungen § 455[2–6]; Beschränkung der Verfügungsbefugnisse des Absenders § 455[2, 3]; Übertragung derselben § 455[2, 4]; Verlust des Duplikats § 455[9]; Aufnahmeschein § 455 [9].

Haftung der E.: Verlust und Beschädigung des Gutes §§ 456—465, Umfang der Haftung

§ 456[2–17]; Beweislast des Absenders § 456[3, 4, 5]; Befreiung von der Haftung § 456[6–17]; höhere Gewalt § 456[8, 9]; natürliche Beschaffenheit des Gutes § 456[10]; nicht äußerlich erkennbare Mängel der Verpackung § 456[11, 12]; Verschulden des Verfügungsberechtigten § 456[13]; Ausnahmevorschrift für Kostbarkeiten § 456[17]; späteres Wiederfinden § 456[3]; Schadensberechnung § 457, Ort der Absendung § 457[3]; gemeiner Handelswert, gemeiner Wert § 457[3], Haftung für Hilfspersonen § 458; unerlaubte Handlungen § 458[6]; Einschränkung der Haftung § 459; offene Wagen § 459[3, 4], mangelhafte Verpackung § 459[5, 6]; Aufladen durch Absender, Abladen durch Empfänger § 459[7, 8]; besondere Beschaffenheit des Gutes § 459[9]; lebende Tiere § 459[10]; Begleitgüter § 459[11]; Vermutung ursächlichen Zusammenhangs § 459[12–16]; Fortfall der Haftungsbeschränkungen bei Verschulden der E. § 459[17–19]; mitwirkendes Verschulden des Absenders § 459[19], landesgesetzliche Erweiterung der Haftpflicht § 459[21]; Beschränkung der Haftung für natürliche Gewichtsverluste auf Normalsätze § 460; Zulassung von Haftungshöchstgrenzen § 461[1–4]; Bedingungen § 461[2]; Festsetzung des Höchstbetrages § 461[3]; Vorsatz und grobe Fahrlässigkeit § 461[5]; Kostbarkeiten § 462; Deklaration des Lieferungsinteresses § 463; nachträgliche Geltendmachung bei der Annahme äußerlich nicht erkennbarer Schäden § 464; Haftung für Reisegepäck § 465; bei Aufgabe zur Beförderung § 465[1–5]; Handgepäck § 465[6, 7, 8, 10]; Reisegepäck in Verwahrung § 465[9]; zurückgelassenes Handgepäck § 465[10]; Expreßgut § 465[11].

Haftung für verspätete Ablieferung § 466; Voraussetzung § 466[1, 2]; Höhe des Ersatzes § 466[4]; Schadensersatz ohne Schadensnachweis § 466[5].

Befreiungsgründe der Haftpflicht der E. aus der Tätigkeit des Absenders § 467, von der Beförderung ausgeschlossene, bedingt zugelassene Gegenstände § 467[1]; unrichtige oder ungenaue Bezeichnung des Gutes § 467[1, 7]; Ausschluß der Haftung auf Grund des Frachtvertrags § 467[2, 3, 4]; Beförderung nach Orten, die nicht an der E. liegen § 468; Transitgut mit durchgehendem Frachtbrief § 469[1]; beschränkte gesamtschuldnerische Haftung § 469[3]; erste Bahn (Versandbahn) § 469[3]; letzte Bahn § 469[4]; Bahn, auf deren Strecke sich der Schaden ereignet hat § 469[5]; keine Haftung der übrigen Zwischenbahnen § 469[6]; Rückgriff der Eisenbahnen untereinander § 469[8–10]; Nachzahlung zu wenig erhobener Fracht § 470; Verjährung der Ansprüche aus dem Eisenbahnvertrage § 470[4, 5, 6]; unzulässige Vereinbarungen § 471; Personenbeförderung § 472; rechtliche Natur des Vertrages § 472[3]; Form § 472[4]; Wirkungen § 472[6]; Personenbeförderung auf der Eisenbahn § 472[7–22]; Vertragszwang? § 472[9]; rechtliche Natur und Inhalt des Vertrags § 472[9, 10, 12, 14]; Haftung der E. für Hilfspersonen § 472[11]; für unerlaubte Handlungen § 472[13]; Abschluß des Vertrags § 472[15–17]; Fahrschein § 472[18]; Fahrkarte § 472[19]; keine Haftung für Verspätung und Ausfall von Zügen § 472[20]; Tötung und Körperverletzung auf der Eisenbahn § 472[21]; Verjährung des Schadensersatzanspruchs wegen Körperverletzung und Sachbeschädigung § 472[22]; Kleinbahnen § 473.

Internationales Recht § 453[18], § 454[2], § 455[10], § 456[18], § 457[6]; § 458[7], § 459[22]; § 466[6]; § 461[8]; § 462 Anm.; § 463[5]; § 464[3]; § 465[12]; § 466[7], § 467[8]; § 468[5], § 469[12]; § 470[7].

Eisenbahnbetriebsreglement v. 11. 5. 1874 Anh. zu § 382[52].

Eisenbahnfiskus als Kaufmann § 452[1].

Eisfreiheit, Zeitbestimmung § 359[1].

Eisgang, Speditionsgeschäft § 414[5]; Frachtgeschäft § 428[4].

Elektrische Bahn als Eisenbahn § 453[6].

Elektrischer Strom, Sache? § 1[38]; § 366[6].

Elektrizitätslieferungsvertrag Vorb. v. § 373[16].

Elterliche Gewalthaber § 1[21].

Elterliche Nutznießung § 1[21].

Emballage § 377[9].

Emission § 1[65, 67].

Emissionshäuser, Haftung für Gründungshergang § 203 E, [1–17].

Emissionskonsortien § 282[1], Anh. zu § 342[1–7].

Emittent § 203[6].

Empfänger, Verhältnis zum Spediteur § 407[23]; s. Frachtgeschäft.

„**Empfang** erklärt" § 360[5].

Empfangnahme in Läden § 56[4].

Empfangsbedürftigkeit des Vertragsantrags Anh. zu § 361[4–9].

Empfangschein, Lagergeschäft § 424[10], Frachtgeschäft § 435[8].

Empfehlung Anh. zu § 349; bürgerliches Recht [1]; als Handelsgeschäft [2–5]; Haftung ohne Vertragsverhältnis [6, 9, 11, 12, 32, 33, 43]; Haftung auf Grund eines Vertragsverhältnisses [13, 14, 15]; Vorsatz und Fahrlässigkeit [15]; untrennbarer Zusammenhang mit anderem Vertrage [16, 17]; bei bestehender Geschäftsverbindung [18, 19]; Dienstvertrag [20]; Verbindung mit Kreditauftrag [22]; Schadensersatzpflicht [23–29]; ursächlicher Zusammenhang zwischen E. und Schaden [23, 25, 26, 27]; Art des Schadensersatzes [28]; mitwirkendes Verschulden [29]; Vorausklage [30]; Haftung für gesetzliche Vertreter [37]; Ausnahme für AG. [37]; Angestellte usw. [38], Finanzagent [39]; Verjährung [40, 41]; Arglist [43]; Verzicht auf Haftung [47].

Empfehlungsschreiben Anh. zu § 372[37].

Emtio spei Vorb. v. § 373[55].

Ende des Monats Anh. zu § 359[33]; Verjährungsfrist § 159[11].

Entfernungen, Bestimmungen des Vertrags § 361[1]; Recht des Erfüllungsortes § 361[2].

Entgangener Gewinn § 347[17, 19–22]; beim Handelskauf Anh. zu § 374[33].

Entgelt des Handlungsgehilfen § 59[10]; Leihe von Aktien, Strafbarkeit § 318[8].

Entgleisung der Eisenbahn § 456[8].

Entlassung des Handlungsgehilfen § 61[8, 10],

§ 70 E, [1–4], [6]; Gründe vor der Anstellung § 70[8]; Gründe nach der E. § 70[7]; Folgen der fristlosen E. § 70[11–14].

Entlastung, Vorstand und Aufsichtsrat § 260[8–17]; Liquidatoren der AG. § 302[4].

Entmündigte, Geschäftsfähigkeit § 1[21].

Entnahmen aus der Gesellschaftskasse der o. HG. § 122 E, [1–14]; o. HG. bei Liquidationen § 156[13]; Kommanditgesellschaft § 163[3], § 169[1], [3], [4]; Kommanditgesellschaft auf Aktien § 320[6]; von Geld § 329 Abs. 1.

Entreprise, Bau, Handelsgeschäft? § 343[22].

Entschädigung, Handlungsgehilfe § 65[2], § 73[7]; Wettbewerbsverbot § 74[2], [11–14]; § 74a[5], [6], [7]; Zeit der Zahlung § 74b; Erfüllungsort § 74b[1]; Anrechnung § 74c[1–4]; Wegfall bei Freiheitsstrafen § 74c[7]; desgl. bei vertragswidrigem Verhalten des Handlungsgehilfen § 75 Abs. 3; Dauer § 75a[1], [4], [6], [7]; Wegfall bei Hochbesoldeten § 75b[3], [4], [5], [7]; Revisoren § 194[2]; Frachtgeschäft § 428[3], [6].

Entsprechende Anwendung des Gesetzes E[17].

Entstehungsgeschichte des HGB. E[1–4].

Entwehrung § 381[2].

Entwertung, Kommissionsgut § 388[8]; Lagergut § 417[2].

Entziehung der Befugnis zur Geschäftsführung, o. HG. § 117; desgl. stille Gesellschaft 338[11]; Vertretungsmacht des o. H.-Gesellschafters § 127[1–6]; Kommanditgesellschaft § 170[3]; Vorstand der AG. § 231[14]; des Wortes in der Generalversammlung § 256[12]; der obrigkeitlichen Genehmigung, Auflösung der AG. § 292[16]; Vertretung bei KGaA. § 320[77].

Erbbaurecht, unbeweglicher Gegenstand § 202[7].

Erben, Nebenbetrieb eines landwirtschaftlichen Hauptgewerbes § 3[17]; Haftung für Schulden des ererbten Geschäfts § 27; Grundsatz § 27[5], [14], bei Fortführung des Geschäfts ohne Firma § 27[6–9]; desgl. mit Firma § 22[6a], § 27[10–24]; Annahme der Erbschaft § 27[6]; Ablehnung der Übernahme unbeschränkter Haftung § 27[11], [12]; Bekanntmachung der beschränkten Haftung § 27[12], [18]; einstweilige Fortführung des Geschäfts § 27[15], [16], [30]; endgültige Fortführung § 27[23], [24]; Mehrheit von Erben § 27[25], [26], [27]; Nachlaßforderungen § 27[30]; Erbteilung § 27[31]; Testamentsvollstrecker, Nachlaßpfleger § 27[33]; Firmenschutz § 37[16]; E. des Mäklers § 103 Anm.; Übergang des Geschäfts eines Einzelkaufmanns auf mehrere E. § 105[40]; Recht auf Büchereinsicht § 118[5]; Geschäftsbeginn bei Fortsetzung des Geschäfts durch die E. § 123[15]; Fortsetzung der o. HG. im Falle des Todes eines Gesellschafters § 139[1–5]; Wahlrecht des E. § 139[6–18], [24]; E. als o. H.-Gesellschafter § 139[6], [13], [14]; E. als Kommanditisten § 139[6], [15], [18]; Ausscheiden des E. § 139[6], [19]; Auflösung der o. HG. § 139[21], § 143[7]; Verbot entgegenstehender vertraglicher Abmachungen § 139[22], [23]; Schwebezeit § 139[20]; Bestellung von Liquidatoren § 146[4], [7]; Erbschaft als Übertragung der Anteilsrechte § 212[17]; Übergang der Aktien durch Erbgang § 222[15]; E. als Gesamtschuldner für Naturalleistungen § 225[9]; E. des Aufsichtsratsmitgliedes § 245[15]; Verzug der E. beim Kauf Anh. zu § 374 [153–159].

Erbfähigkeit der o. HG. § 124[3].

Erbieten, Geschäftsbesorgung § 362[10], [11], [12].

Erbrechtliche Verträge, Form § 350[44].

Erbschaftskauf § 343[27].

Erfindung des o. H.-Gesellschafters § 111[5]; Gegenstand des Kaufes Vorb. v. § 373[3], [8].

Erfüllung, Treu und Glauben § 346[20], [21]; Arglist § 346[21–25]; Unsittlichkeit des E.-Geschäfts Anh. zu § 346[2]; abstrakte Natur desselben Anh. zu § 346[5]; Richtigkeit Anh. zu § 346[6], [7]; Heilung des Formmangels durch E. § 349[8], § 350[8], [32]; Börsentermingeschäft Anh. zu § 376, Annahme der E. ebd. [47], [95]; Rückforderung des zum Zweck der E. Geleisteten [48–68], [148], [183], [187]; Prolongationsgeschäfte [51]; unklagbare Börsentermingeschäfte [69–75]; Aufträge und Vereinigungen zum Abschluß von Börsentermingeschäften [77], [78], [80]; Differenz- und Spieleinwand [89], [90], [91], [93], [94]; verbotene V. [116–122]; Spielgeschäft [154–158]; Kauf, prozessuale Bestimmungen Vorb. v. § 373[76–79]; Beweislast Vorb. v. § 373[86–89].

„**Erfüllung** im Herbst" § 359[1].

Erfüllungsangebot, Zurückbehaltungsrecht? § 369 [44].

Erfüllungsbereitschaft Anh. zu § 374[44].

Erfüllungsgehilfe Anh. zu § 58[27], [83]; § 347[2], [4], [5], [13]; Anh. zu § 349[38]; § 377[28], [101], [150d], [173].

Erfüllungshindernisse Anh. zu § 374[47], [47a], [47b], § 377[101].

Erfüllungsort, Gehalt des Handlungsgehilfen 64[7]; Agentenverpflichtungen § 84[29]; Provision des Agenten § 88[19]; desgl. des Zivilmäklers Vorb. v. § 93[42]; Gesamthaft der o. HG. § 128[11]; der Kommanditgesellschaft auf Aktien § 320[56]; stille Gesellschaft, Auszahlungspflicht § 337[7]; Vertragsstrafe § 348[37]; Kreditvertrag § 349[63]; Kontokorrentverhältnis § 355[28]; Geltung des E. für Maß, Gewicht, Währung, Zeitrechnung, Entfernungen § 361; kaufmännische Anweisung § 363[15]; Zurückbehaltungsrecht § 369[12]; internationales Privatrecht Anh. zu § 372[5–12]; gesetzliche Regelung [7–10]; vertragliche Verpflichtungen [8]; verschiedener E. für beide Teile [9], [15]; Annahmeverzug, Zahlungsverzug des Käufers, Leistungsverzug des Verkäufers, Lieferung mangelhafter Ware, Gewährleistungsansprüche, Forderungsabtretung [9]; Bürgschaft, Pfandbestellung, Schadensersatz wegen Nichterfüllung [10]; Anwendung ausländischen Rechtes [11]; Zuständigkeit des inländischen Gerichts bei Ansprüchen gegen den ausländischen Staat [12]; Bestimmungsort [13]; Vertragsort [14]; vertragsähnliche Verhältnisse [16]; Bereicherungsansprüche [16]; Nebenverpflichtungen [16a]; einheitlicher E. bei gemischten Verträgen [16b], Vorb. v. § 373[16b]; Wohnsitz, gewerbliche Niederlassung bei Entstehung des Schuldverhältnisses Anh. zu § 372[19 bis 27]; Aufenthaltsort [22]; Mehrheit von Wohnsitzen [23]; Wechsel des Wohnsitzes [24]; keine Änderung durch Verzug [27]; vereinbarter E. [28–40]; Kontokorrent [28]; Geschäftsgebrauch [29]; Natur der Verhältnisse [29], [30]; Versendung nach auswärts [31]; „cib" und „Fob" [31]; „franko Waggon", „franko Bahnhof", „ab Bahnhof" „bahnfrei", „waggonfrei" [31]; „schwimmend" [31]; „netto Kasse" [32]; Übernahme der Versendungsunkosten [27, 31, 32]; vorbehaltslose Annahme der Faktura [34]; desgl. der Kommissionskopie [35]; „limit" [35]; Annahme des Bestellscheins [36]; **Kataloge, Preislisten, Empfehlungsschreiben, Kostenanschläge** [37]; Geschäftsbedingungen [37]; Bestätigungsschreiben [38–38d]; **Schlußscheine** [39]; **Beweislast** [40]; **Grundschulden** [48]; **Geldzahlungen** [48]; **beim Kauf** [40, 41]; **Marktpreis am E.** Vorb. v. § 373[33]; **Abnahmepflichten** Vorb. v. § 373[72, 73, 74]; **Ort des Selbsthilfeverkaufs** § 373[41]; **Mängelrüge** § 377[32]; **Wandelung** § 377[75, 75a, b, c]; **Minderung** § 377[84]; **Schadensersatz wegen Nichterfüllung** § 377[89]; **desgl. wegen schuldhaft mangelhafter Lieferung** § 377[106]; **Anfechtung des Kaufvertrags wegen arglistiger Täuschung** § 377[168]; Gefahrübergang bei Versendung an anderen Ort als den E. Anh. zu § 382[45, 45a]; desgl. an den **Erfüllungsort des Verkäufers** Anh. zu § 382[47, 48]; **Kommissionsgeschäft** § 383[32], § 384[30]; **Speditionsgeschäft** § 407[20], § 409[4]; **Lagergeschäft** § 420[5]; **Bankverwahrungsvertrag** Anh. zu § 424[17]; **Frachtvertrag** § 425[12].

Erfüllungsverweigerung Anh. zu § 374[9, 51, 84, 84a, 85, 86, 113].

Erfüllungsverzug des **Käufers und Verkäufers** Anh. zu § 374; **Börsentermingeschäft in Waren** Anh. zu § 376[97].

Erfüllungszeit, gewöhnliche Geschäftszeit § 358[5]; Jahreszeiten § 359[1]; Handelsgebrauch § 359[1]; Frist von acht Tagen § 359[2]; „**auf Abruf**" Anh. zu § 359[5]; **Abruf nach Bedarf Anh. zu § 359**[5]; **Unterlassung des Abrufs** [5]; „**sofort**" [1, 6, 8], „**netto Kasse", „Zahlung Kasse"** [6]; **vertragsmäßige Bestimmung** [9, 10, 11]; **Fristbeginn** [18–24]; **Tages-, Wochen-, Monatsfristen** [25, 26, 27]; Bruchteile von Jahren und Monaten [28]; Verlängerungsfristen [29, 30, 31]; nicht zusammenhängende Frist [32]; Anfang, Mitte, Ende des Monats [33]; Sonn- und Feiertage [34–41]; **Kauf** Anh. zu § 372[43–47]; **Vereinbarungen** Anh. zu § 372[44]; „**Valuta per" ebenda** [44]; **Zahlungsfristen in Fakturen, Kommissionskopien, Kataloge, Preislisten** [44]; **Bestellscheine, Bestätigungsschreiben, Schlußscheine** [44]; „**sofort" als Regel** [45]; **Distanzkauf** [46]; **Nachnahme** [46], „**netto Kasse", „Zahlung Kasse"** [46a, b]; „**Kasse gegen Lieferschein", „gegen Konnossement"** [46b]; **Zahlung nach Ablieferung der Ware** [46c], **nach Untersuchung der Ware** [47]; **Zeit der** Abnahme durch den Käufer Vorb. v. § 373[71].

Erhebliche Abweichungen § 378[3].

Erhöhung des Beitrags des o. H.-Gesellschafters, **keine Verpflichtung** § 111[6], **Kapital der AG.** § 213[13], §§ 278—287; **Kommanditgesellschaft** auf Aktien § 320[109]; **keine E. der Einlage des** stillen Gesellschafters § 335[29, 30].

Erinnerung an Vollstreckungsgericht, Art der Zwangsvollstreckung § 368[40].

Erkennbare Mängel § 377[30, 149a]; **Tatbestandsmerkmale** des Handelsgeschäfts § 343[20].

Erkundigungspflicht des Bankiers betr. Wertpapiere § 377[102].

Erlaß gegenüber einem Gesamtschuldner § 128[9]; Einlage des Kommanditisten unwirksam § 172[3]; kein E. der Einlageverpflichtungen des Aktionärs § 221[1, 4]; versprochene Einlage des stillen Gesellschafters § 342[11]; der Untersuchung und Anzeige, Mängelrüge § 377[34]; Rechnungslegungspflicht des Kommissionärs § 384[27].

Erlaubte Börsentermingeschäfte s. **Börsentermingeschäfte.**

Erlös für Aktien bei **Herabsetzung des Grundkapitals** § 296[7].

Erlöschen der Firma § 31[3, 4, 5]; Prokura § 52[7, 9–17]; Vollmacht Anh. zu § 58[88–108]; der Firma der AG. bei Liquidation § 302[6]; des Antrags Anh. zu § 361[18–21]; Rechte Dritter bei gutgläubigem Erwerb § 366[31–42]; des Pfandrechts § 368[38, 39, 39a]; Erlöschen der gepfändeten Forderung § 369[68]; Eigentumsvorbehalt Anh. zu § 382[72]; Frachtgeschäft § 438 E, [7–14].

Ermächtigung, Handlungsvollmacht § 54[1, 4–6, 14]; zu Verkäufen und Empfangnahme im Laden und Warenlager § 56.

Ermäßigung der Zivilmäklerprovision Anh. zu § 93[11]; Mäkler § 99[5].

Ermäßigungsrecht des Richters, Wettbewerbsverbot § 22[36]; Naturalleistungen der Aktionäre § 212[21]; Vertragsstrafe § 348[26–32].

Ernennung s. Liquidatoren, Revisoren, Aufsichtsrat.

Erneuerung der Liquidation der AG. § 302[16–24].

Erneuerungsfonds § 261[38, 43, 45], § 262[25, 27, 29].

Erneuerungsschein § 213[14], § 230; **Anh. zu** § 365[6, 10], § 368[37], § 381[10].

Ernstlichkeit der Willenserklärung, Beweislast Anh. zu § 361[94].

Eröffnungsbilanz § 39[2]; o. HG. in Liquidation § 154[1, 2]; AG. § 239[7, 8]; Liquidation der AG. § 291[1, 2].

Eröffnungsinventur § 39[2].

Errichtung der AG. § 182[2]; Simultangründung § 188 Abs. 1, § 188[4]; s. **Aktiengesellschaft zu B**; s. **Kommanditgesellschaft auf Aktien zu B.**

Errichtungskosten, AG. § 261[39].

Errichtungsstempel § 179[18].

Errungenschaftsgemeinschaft E[39a, 47, 52].

Ersatzstücke § 368[37].

Ersatzware Anh. zu § 372[9], Vorb. v. § 373[70b], § 377[54, 55, 90–94, 107].

Erschwerung des Fortkommens des Handlungsgehilfen § 74[2, 3], § 74a E, [5]; der Leistungspflicht der Aktionäre § 276 Anm.

Ersitzung, kein Erwerb des **Handelsgeschäfts durch** E. § 22[6b].

Erster Aufsichtsrat § 243 **Abs. 2, § 243**[5]; **Kommanditgesellschaft auf Aktien** § 320[29].

Erteilung der **Handlungsvollmacht** § 54; der Prokura § 48; Form § 48[5]; Anmeldung § 53; Vertretungsmacht des o. H.-Gesellschafters § 126[10]; keine E. der Prokura während der Liquidation § 48[4], § 149[29].

Erwartungsklausel § 376[39].

Erwerb einer Firma § 22, eines Handelsgeschäfts § 22, § 343[26]; eigener Aktien § 226, § 241, **Kommanditgesellschaft auf Aktien** § 320[64]; eigener Interimsscheine § 226, § 241, § 320[64];

eigener Genußscheine § 226[11]; der kaduzierten Aktie § 220[16]; gutgläubiger Eigentums- und Pfanderwerb § 366; Inhaberpapier § 367; s. Pfandverkauf, Dispositionspapiere, Orderpapiere.

Erwerbsgeschäft, Ehefrau E[47, 48, 49]; Kauf eines E. § 373[1], Anh. zu § 374[2a].

Erwerbspreise, Gründerbericht § 191[1].

Erzeugnisse des Pfandes § 368[37]; einer bestimmten Fabrik Anh. zu § 374[47a, b].

Eskomptierung § 368[101], Vorb. v. § 373[64].

Etablissementsname § 17[6].

Eventualdolus, Benachteilung der AG. § 312[8]; Schadenszufügung Anh. zu § 346[10].

Exceptio caesarea Anh. zu § 374[13]; doli generalis § 346[21], § 377[176]; quanti minoris § 377[76].

Exportkommission § 383[41], § 406[2].

Expreßgut, Beförderung § 465[11].

Extraditionsschein, Lagergeschäft § 424[11].

F

„**Ab Fabrik**" Anh. zu § 372[29, 32].

Fabriken § 18[12b], § 20[1].

Fabrikant, Unterschied gegen Handwerker § 49[9, 11, 15].

Fabrikationsgeheimnis § 74[7]; Vorb. v. § 373[3].

Fabrikpreise Vorb. v. § 373[28].

Fabrikunternehmungen, Termingeschäfte in Anteilen verboten Anh. zu § 376[104].

Fachschule § 76[18].

Facultas alternativa Anh. zu § 382[51].

Fähre § 425[4].

Fahrkarte § 472[16, 17, 19, 20].

Fahrlässigkeit des Vertreters Anh. zu § 58[67], Anh. zu § 374[46]; des Zivilmäklers Vorb. v. § 93[37]; Vorstand und Aufsichtsrat der AG. § 241[28]; des Kaufmanns § 347[3, 6, 7, 9, 11, 14a]; mitwirkende F. des Beschädigten § 347[12]; Ausschluß der Haftung § 347[29]; grobe F. schließt guten Glauben des Erwerbers aus § 366[17, 18]; Unkenntnis der Sachmängel bei Käufer § 377[117, 117a]; Käufer bei arglistiger Zusicherung § 377[150a, 152, 157]; Frachtführer § 430[8]; Eisenbahn § 461[5], § 464 Abs. 2, § 465 Abs. 2, § 466[7].

Fahrnisgemeinschaft E[39a, 47, 52].

Fahrschein § 472[18].

Faksimilierte Unterschrift unter Aktien § 181[1]; des Vorstandes der AG. § 233[6]; unter kaufmännischem Schuldschein § 344[8]; unter Schuldverschreibungen auf den Inhaber § 350[57], § 363[22]; kaufmännischer Verpflichtungsschein § 363[22].

Faktura, vorbehaltlose Annahme § 346[16]; Anh. zu § 372[34, 60]; Zahlungsfristen Anh. zu § 372[44]; Zahlort Anh. zu § 372[60]; Preisberechnung § 377[10]; Mängelrüge § 377[16]; Beschränkung von Reklamationen § 377[32]; Genehmigung der in F. mitgeteilten Mängel § 377[114]; kein Ausschluß der Mängelhaftung § 377[187]; Verpackungsvermerke Anh. zu § 382[122].

Fakturendiskont § 368[101].

Fakturenwert, Haftung des Spediteurs § 408[19].

Fälligkeit, Gehalt des Handlungsgehilfen § 64; der Agentenprovision § 88[14], § 92[5]; Zivilmäkler Vorb. v. § 93[27]; Auseinandersetzungsguthaben bei o. HG. § 141[9]; Einlagen auf Aktien § 218[1]; Tantieme des Aufsichtsrats § 245[17]; Gewinn des stillen Gesellschafters § 337[4]; Zinsen aus beiderseitigen Handelsgeschäften § 353[4–8, 10, 12]; Holschulden § 353[8]; Handelsgeschäfte § 358, § 359, Anh. zu § 359; Kauf Anh. zu § 372[46–46c], § 374[7, 8, 9, 15b, 17, 44, 51]; s. Wechsel, Erfüllungszeit, Verzug, Mahnung.

Falsche Angaben von Vorstand und Aufsichtsrat, der Ausgabehäuser, Strafbarkeit § 313; Bescheinigungen bei Hinterlegung von Aktien § 316; Adressierung der Mängelanzeige § 377[26].

Familienname in Firma § 18[4].

Färberei § 1[57].

Fassung von Satzungsänderungen § 274[3, 4, 5].

Fastage § 456[10].

Fautfracht § 439[2].

Fehlfracht § 439[2].

Feiertage, Handlungsgehilfe § 59[28], § 72[5]; allgemeine F. Anh. zu § 359[37]; Berechnung von Fristen und Terminen Anh. zu § 359[38–41].

Feindlicher Ausländer, Auflösungsgrund für HG. § 133[20].

Ferndrucker, Vertragsannahme Anh. zu § 361[30].

Fernreisender § 55[4].

Fernsprecher, Erklärungen geschäftlichen Inhalts § 54[13]; Vertragsschluß Anh. zu § 361[26, 29, 31a, 42]; unrichtige Übermittelung § 347[2a]; Gespräche kein Frachtgut § 425[5].

„**Fest an die Hand**" Vorb. v. § 93[17], § 346[19], Anh. zu § 361[43].

Feste Preise § 56[3].

Feststellung des Saldos § 355[22–32]; s. Kontokorrent.

Feststellungsklage, Handlungsgehilfe § 70[1, 12, 21]; Anfechtung des Generalversammlungsbeschlusses keine F. § 271[8]; Verjährungsunterbrechung § 377[140].

Festtagsruhe § 59[28].

Feuersbrunst, Unvermögen des Verkäufers zur Lieferung Anh. zu § 374[47].

Feuerversicherung Anh. zu § 361[23].

Fiduziarisches Geschäft, Sicherungsübereignung Anh. zu § 368[95].

Fiktive Kaufleute § 5[3].

Filiale § 13[4]; s. Zweigniederlassung.

Filialprokura § 50[3].

Finanzagent bei Gründung der AG. § 182[33].

Fingierte Orders § 50[30].

Firma.

A. Allgemeines.

Begriff § 17[1–23]; nur Vollkaufmann führt eine F. § 4[23]; mehrere Firmen des Einzelkaufmanns § 17[3]; kein Vermögensstück § 17[3]; F. der Zweigniederlassung § 30[8–14]; Abkürzung der Firma § 17[1, 7]; kein selbständiges Rechtssubjekt § 17[2]; Telegrammadresse § 17[1]; nur eine F. der Handelsgesellschaften § 17[3]; Etablissementsname § 17[6]; Geschäftsbezeichnung § 17[6]; Eintragung in öffentliche Register und Bücher, in Grundbuch § 17[8, 9, 10, 11]; Warenzeichen § 17[11]; F. als Vereinsmitglied? § 17[11a]; gerichtliche und notarielle Protokolle § 17[12]; außerhalb des Handels § 17[13]; Strafverfahren § 17[13], [24]; Entstehung des Rechts zur Firmenführung § 17[14]; Erlöschen § 17[15]; Firmenwahrheit § 17[17], § 18[1], [11], [12d]; Ausschließlichkeit § 17[18]; Öffentlichkeit § 17[19]; Übertragbarkeit § 17[20]; Schutz des Firmenrechts § 17[21], § 37; Sprache und Schriftzeichen § 17[22]; rechtspolizeiliche Bedeutung § 17[23]; Zusätze § 17[6], § 18[7–18].

— F. im Prozeß § 17[24–49]; kommerzieller Streitgegenstand § 17[24]; Vollkaufmann § 17[25]; Prozeßfähigkeit? § 17[29]; Prozeßpartei? § 17[32]; Wirkung des Urteils § 17[35], [36], [37]; Vollstreckung § 17[36–38]; Wirkung des Übergangs des Geschäfts auf den Prozeß § 17[39–46]; Tod des Kaufmanns während des Prozesses § 17[45], [46]; Löschung der F. § 17[46a]; Prozeßvollmacht § 17[47]; F. des Unternehmens des Reichs, Staates, Kommunalverbandes § 36[5]; Klage der Zweigniederlassung § 13[16], [17], § 17[48]; ausländische F. § 17[49].

B. Arten und Formen.

Firma des Einzelkaufmanns § 18; Personenfirma § 17[17], § 18[3]; Familienname § 18[4]; Vorname § 18[5]; Namensrecht § 17[4], § 18[5]; verbotene Zusätze § 18[10], [12a], [12b]; Beispiele von Zusätzen § 18[12]; zulässige Zusätze § 18[12]; Verwandtschaftsverhältnis § 18[12d]; Pseudonym unzulässig § 18[4]; Adelsprädikate § 18[4]; „Nachfolger" § 18[7]; Übergangsfragen § 18[15], § 20[4]; geschiedene Frau § 19 E.

Firma der o. HG. § 19[1], [3–6]; der Kommanditgesellschaft § 19[2–6]; Aktiengesellschaften und der Kommanditgesellschaften auf Aktien § 20[1–5]; Sachfirma § 20[1]; gemischte F. § 20[3]; Versicherungsvereine § 20[3a]; F. Änderung bei Namensänderung von Person oder Gesellschafter § 21[1], [2].

C. Eintragung in das Handelsregister.

Anmeldungspflicht des Kaufmanns § 29; Gegenstand derselben § 29[2–5]; Ort § 29[2]; Zeichnung der F. § 29[5]; Form der Anmeldung § 12; Ort der Anmeldung § 29[7]; Registergericht § 29[9]; s. Anmeldung. Änderung der F. oder ihrer Inhaber § 31[1]; Verlegung § 31[1]; Erlöschen der F. § 31[3]; Konkurs § 32[1–3]; juristischer Personen § 31[1], §§ 33 ff.; Zeichnung der Liquidatoren und des Vorstandes § 35; Unternehmungen des Reichs, Staates und Kommunalverbandes eintragungsfähig, nicht -pflichtig § 36; Nebengewerbe § 3[10]; Handwerker § 2[10]; Gewerbeunternehmungen § 2[18].

D. Übergang des Firmenrechts.

Allgemeines § 22; Vollerwerb des Handelsgeschäfts § 22 E, [1–8]; keine Ersitzung § 22[6b]; Voraussetzungen § 22[1–8]; im Prozeß § 22[24–49]; kein Übergang bei Minderkaufmann § 22[1]; Handelsgeschäft eines Vollkaufmanns § 22[1], [2], [3]; Kaufmann mit mehreren Firmen § 22[3a]; bestehendes Handelsgeschäft § 22[4–6e]; Zweigniederlassung § 22[4], § 30[14]; Liquidation § 22[5], § 145[8], § 149[32], § 153; Konkurs § 22[5]; Erbschaft § 22[6a]; Haftung des Erben § 17[20], § 22[27]; Fortführung des Geschäfts § 22[8]; Zustimmung des Veräußerers § 22[7]; Wirkungen des Überganges § 22[9–22]; unveränderte Firma § 22[11]; Nachfolgerzusätze § 22[11]; Übergang von und auf Gesellschaften § 22[12]; Verlust der Befugnis des Veräußerers § 22[14]; Pacht und Nießbrauch § 22[15–19]; Form § 22[20]; Aktiva des Geschäfts § 22[29–32]; Handelsbücher § 22[26]; Passiva § 22[29–32]; Wettbewerbsverbot § 22[33–40]; keine Veräußerung der Firma ohne Geschäft § 23[1], [2]; teilweiser Wechsel der Geschäftsinhaberschaft § 24 E, [1–7]; Geschäftsschulden § 25 E, [1–11]; unrichtige Eintragungen § 25[7]; Ausscheiden eines o. H.-Gesellschafters § 24[2–3b], § 138[6]; Ausschließung § 140[8]; Aufkündigung durch Privatgläubiger § 141[2]; Konkurs desselben § 141[5]; Erlöschen der o. HG. nach Beendigung der Liquidation; Anmeldung § 157; desgl. Kommanditgesellschaft Anh. zu § 177[26]; desgl. AG. § 302[6]; Auflösung der AG. durch Veräußerung im ganzen § 302[6]; Fusion der AG. § 306[13]; Eintritt als Gesellschafter oder Kommanditist in Geschäft des Einzelkaufmanns § 28[5].

E. Firmenschutz.

Allgemeines § 17[16–21]; Firmenverschiedenheit § 30 E [1]; bei Eingemeindungen § 30[3a]; unterscheidende Zusätze § 30[7]; unbefugter Gebrauch einer Firma § 37; Einschreiten des Registerrichters § 37[9], [9a]; Klagerecht des Verletzten § 37[10–29]; Schutz des Firmenrechts § 37[11]; Namensrecht § 37[12]; Ausländer § 37[16]; Klagegrund § 37[18–21]; Klageantrag § 37[22], [23], [23a], [24]; Beweislast § 37[25]; Verjährung § 37[25]; Konkurs § 37[29].

Firmenwahrheit § 17[17]; Anh. zu § 37[2].

Firmenzeichnung der AG. § 233[4].

Fixgeschäfte. Begriff und Wesen § 376[1–5]; Erfüllungszeit als wesentlicher Bestandteil § 376[4]; Beispiele § 376[6]; Beweislast § 376[7]; besondere Rechtsfolgen § 376[46]; Rücktrittsrecht § 376[9], [10], [11]; Fristsetzung und Verzug des Schuldners nicht Voraussetzung § 376[9], [10]; Erklärung des Rücktritts § 340[11]; Schadensersatz wegen Nichterfüllung § 376[12–17]; Verzug des Schuldners als Voraussetzung § 376[12]; keine Fristsetzung § 376[12]; Ausübung § 376[13], [14]; Berechnung des Schadensersatzes § 376[15], [16], [17]; Börsen- und Marktpreis § 376[15], [16], [17]; Recht auf Erfüllung § 376[18–28]; sofortige Anzeige nach dem Stichtage § 376[18], [21–24]; Prolongation § 376[19]; Wegfall der Anzeige § 376[24]; Folgen der Anzeige § 376[25–28]; Verlust des Fixcharakters § 376[26]; Verhältnis des an einzelnen Rechten § 376[29], [30]; Besonderheiten bei schon geschehener Erfüllung; Teilerfüllung § 376[31], [32], [33]; desgl. bei Sukzessivgeschäften § 376[34]; illoyal verspätete Geltendmachung der Rechte § 376[35]; Verzug nach rechtskräftiger Verurteilung § 376[36]; desgl. bei Tod des Verpflichteten § 376[37]; desgl. bei Konkurs Anh. zu § 382[96]; Nichterfüllung außer von Übergabe und Zahlung § 376[38], [39]; fixer Abladetermin § 376[39]; Erwartungsklausel § 376[39]; Aufhebung des Fixcharakters § 376[41].

Fliegendes Konto 38[6].

Flößereigesetz vom 15. 6. 1895 § 425[6].

Flüsse, Beförderung darauf § 426^{6}.

Flüssige Mittel, Verteilung der Dividende § 213^{13}.

„fob" Bedeutung § 346^{19}; Erfüllungsort Anh. zu § 372^{9}; Leistungsort Anh. zu § 372^{31}; Ablieferungsort § $377^{16a,\ 20}$; Anh. zu § 382^{49c}; Unmöglichkeit der Versendung Anh. zu § 382^{39}; Kosten der Übergabe Anh. zu § 382^{119}.

Folgerecht des Frachtführers § 440^{5-8}.

Forderungen, Übergang der außenstehenden F. bei Geschäftsveräußerung § $22^{24,\ 27}$; Bilanz § 40^{6}; F. an die AG., Aufrechnung § 186^{6}; Garantievertrag § $349^{65,\ 67}$; Verpfändung § 368^{1}; Verkauf § $381^{4,\ 6}$; Haftung für Einziehbarkeit § 381^{7}; Übergang auf nachfolgenden Spediteur und Frachtführer § 441^{6}.

Form der Anmeldung und Zeichnung zum Handelsregister § 12^{1-12}; desgl. der o. HG. § 36^{6}; öffentliche Beglaubigung § 12^{2}; gerichtliche oder notarielle Beglaubigung § 12^{2}; Veräußerung des Handelsgeschäfts § 22^{20}; Kündigung des Handlungsgehilfen § 66^{9}; Gesellschaftsvertrag der o. HG. § 105^{41-44}; desgl. der Kommanditgesellschaft § 161^{14}; desgl. der AG. § 182^{3-14}; Vorverträge dazu § $182^{34,\ 35}$; Unterzeichnung der Aktien und Interimsscheine § 181 E, $^{1-7}$; Aktienurkunde § 212^{25}; Einbringung, Übernahmeverträge § 212^{25}; Aktienscheine § 189 E, $^{1,\ 2}$; Anmeldung der AG. § 195^{8}; Berufung der Errichtungsversammlung § 196^{2}; Einforderung des Aktienbetrags § 218^{12}; Firmenzeichnung der AG. § 232^{26}, § 233; Berufung der Generalversammlung § 182^{24}, § 255^{7}; Bekanntmachungen der AG. § 182^{25}; Protokoll der Generalversammlung § $259^{1-4,\ 7-10}$; Anfechtung des Beschlusses der Generalversammlung § $271^{6,\ 7,\ 8}$; Vorverträge betreffend Übernahme neuer Aktien § 281^{10}; Zeichnung der AG. in Liquidation § 298^{8}; Verwertung des Gesellschaftsvermögens im ganzen, Veräußerungsvertrag § 303^{15}; Gesellschaftsvertrag der Aktienkommanditgesellschaft § 320^{22}; desgl. der stillen Gesellschaft § 335^{23}.

Grundsatz der Formfreiheit § 350 E, $^{1-53}$; gerichtlicher Vergleich § 350^{2}; außergerichtlicher Vergleich § 350^{3}; Verletzung gesetzlicher Formen, Nichtigkeit § 346 E; vereinbarte Formen § 350 $^{48,\ 49,\ 75}$; Vorverträge § 350^{50-53}; gesetzlich vorgeschriebene Formen § $350^{54-67,\ 74,\ 81-90}$; einseitige Schriftform § 350^{54-61}; Bürgschaftsvertrag § $349^{5-9,\ 83}$, § 350^{54}; Schriftlichkeit § 350^{55}; eigenhändige Ausstellung § 350^{58}; Unterschrift § 350^{56}; abstraktes Schuldversprechen § 350 $^{10,\ 54}$; abstraktes Schuldanerkenntnis § 350^{25}; Abtretung und Verpfändung von Hypotheken und Grundschulden § $350^{33,\ 34,\ 54}$; Aktienzeichnung § 189 E, $^{1,\ 2}$, § 350^{54}; Stimmrechtsvollmacht des Aktionärs § 252^{16-19}; Anweisungen § $350^{41,\ 54}$, § 363^{9}; Wettbewerbsverbote § 74 Abs. 1, § 75 Abs. 1, § 75a, § 350^{54}; Beendigung des Lehrvertrags § 78 Abs. 1, § 350^{54}; Sicherheitsleistung bei Börsentermingeschäft § 350^{54}, Anh. zu § 376^{1}; Blinde, Taubstumme, Schreibunkundige § 350^{61}; zweiseitige Schriftlichkeit, schriftlicher Vertrag § 350^{62-65}; Telegraphie und Briefwechsel § $350^{65,\ 66}$; gerichtliche oder notarielle Beurkundung § $350^{66,\ 67}$; Folgen der Beobachtung der Form § 350^{70-80}; Gültigkeit des Geschäfts § 350^{70}; Vermutung der Vollständigkeit § 350^{71-78}; Folgen der Nichtbeobachtung § 350^{81-93}; keine Heilung des Formmangels durch Erfüllung § 350^{82}; Auflassung und Grundbucheintragung als Ausnahme § 350^{83-88}; desgl. formgerechte Beurkundung der Abtretung von Geschäftsanteilen der G. m. b. H. § 350^{89}; Mietsverträge über Grundstücke für länger als ein Jahr § 350^{83}; Schenkungsversprechen § 350^{83}; gemischte Geschäfte § 350^{90}; Nichtigkeit wegen Nichtbeobachtung der Form § 350 $^{91,\ 92}$; Kontokorrentvertrag formlos § 355^{12}; Vertragsantrag Anh. zu § 361^{14}; Vertragsannahme, gerichtliche oder notarielle Beurkundung Anh. zu § $361^{76,\ 77,\ 78}$; kaufmännischer Verpflichtungsschein § 363^{19-32}; Indossament § 364 E, § 365^{1-6}.

Formlosigkeit, vereinbarte § $350^{17,\ 81}$.

Forstwirtschaft, Begriff § 3^{1}; als Handelsgewerbe § $3^{1,\ 2}$; Nebengewerbe § 3^{3-10}.

Fortbildungsschule § 76^{18}.

Fortführung der Geschäfte der o. HG. bei Tod oder Konkurs eines Gesellschafters § 137; des Geschäfts ohne Firma durch den Erben § 27^{6-13}; desgl. mit Firma § 27^{14-24}; Geschäftsveräußerung § $22^{8,\ 9,\ 10}$; der Firma § $22^{11,\ 12,\ 13}$.

Fortsetzung, stillschweigende der o. HG. § 134^{2}, Kündigung, Tod oder Konkurs eines Gesellschafters § 138; der o. HG. nach Kündigung durch Privatgläubiger § 141; nach Beendigung des Gesellschaftskonkurses § 144; nach Ausscheiden eines Gesellschafters Anh. zu § 141^{3}; nach der Liquidation § 145^{8}; der Kommanditgesellschaft Anh. zu § $177^{10,\ 12,\ 16}$; der aufgelösten AG. § 307^{1-9}; desgl. nach Konkurs der Gesellschaft § 307^{10-13}.

Fortsetzungsbeschluß § 307^{14}.

Frachtauslagen, Ersatzansprüche des Käufers Anh. zu § 374.

„Frachtfrei" Anh. zu § 382^{49}.

Frachtgeschäft §§ 425—452.

I. Allgemeines. Frachtführer, Begriff § 415^{1}; Beförderung von Gütern als Ergebnis der Tätigkeit § 425^{1}; Werkvertrag § 425^{2}; Art der Beförderung § 425^{2}; Veränderung von Ort zu Ort § 425^{3}; Übergabe des Gutes § 425^{4}; nicht Personenbeförderung § 425^{5}; nicht Schleppvertrag § 425^{4}; nicht Geschäfte der Telegraphen- und Fernsprechanstalten § 425^{5}; Frachtgeschäft als Nebengeschäft § $425^{3,\ 7}$; Binnenschiffahrt, Flößerei § 425^{6}; Gewerbsmäßigkeit § 425^{7}; nicht Beförderung des Reisegepäcks § 425^{7}; Übernahme und Ausführung § $425^{9,\ 10}$; Absender § 425^{9}, §§ 426, 427, 428; Versender § 425^{9}; Ablieferung § 425^{10}, § 429^{7}; Ablieferungsort als Erfüllungsort § 425^{12}; Beförderungsfrist § $428^{1,\ 2}$; Antritt der Reise § 428^{1}; Vollendung der Reise § 428^{2}; Reisehindernisse § 428^{3-6}; deren Voraussetzungen § $428^{3,\ 4}$, deren Wirkungen § $428^{5,\ 6}$, Sondervorschriften für Eisenbahnfrachtrecht § 428^{6}; dauernde Hindernisse § 428^{7}; Rücktrittsrecht des Absenders § 428^{8}.

II. Frachtbrief. Rechtliche Bedeutung, Beweiskraft § 426^{1-7}; Privaturkunde § 426^{3}; Beweis für Abschluß und Inhalt des Frachtvertrags § 426^{3}; Wertangabe § 426^{4}; Beschränkung der Beweiskraft § 426^{3}; Aushändigung und Annahme § 426^{6}; Anspruch des Frachtführers auf Ausstellung § 426$^{8, 9}$; Inhalt § 426 Abs. 2; Ablieferungsort § 426^{11}; Bezeichnung des Empfängers § 426^{11}; Signum § 426^{12}; Vermerk über Vorauszahlung § 426^{13}; Unterschrift des Absenders § 426^{14}; Haftung des Absenders für Richtigkeit und Vollständigkeit der Angaben § 426$^{15-17}$; Fehlen einzelner Erfordernisse § 426^{10}; Postpaketbegleitadresse § 426^{9}; Frachtbriefduplikat § 424^{28}; Beförderungsschein § 426^{18}; Eisenbahnpaketadresse § 426^{18}; Frachturkundenstempel § 426^{19}; Begleitpapiere § 427^{1}; Haftung für deren Mängel § 427$^{1-8}$; mitwirkendes Verschulden des Frachtführers § 427^{5}.

III. Ladeschein. Begriff § 444, Erfordernisse § 445, L. an Order § 445^{3}, § 447^{1}, Unterschrift § 445^{4}, Abschrift § 445^{5}, rechtliche Bedeutung § 446, Rechtsverhältnis zwischen Frachtführer und Empfänger § 446$^{1-5}$, Auslieferungsverpflichtung § 446^{21}, Bezugnahme auf Frachtbrief § 446^{3}, keine Einreden des Frachtführers und Empfängers aus der Person des Absenders § 446^{4}, abweichende Vereinbarungen mit einem späteren Frachtführer § 446^{4}, dingliche Wirkungen § 446^{7}, § 450, Legitimation durch L. § 447, Übertragung des L. § 447, spätere Anweisungen des Absenders § 447^{3}, Pfändung des Anspruchs des Absenders auf Rückgabe § 447^{5}, desgl. des Anspruchs des Empfängers auf Ausfolgung des Gutes § 447^{5}, Ablieferung gegen Rückgabe des L. § 448, Pflichten des Unterfrachtführers § 449.

IV. Pflichten des Frachtführers. Haftung für Verlust und Beschädigung des Gutes zwischen Annahme und Ablieferung § 429$^{4-9}$; Schäden nach Übergabe an Zoll- oder Steuerbehörden § 429^{1}; bei Vorliegen eines besonderen Verwahrungsvertrags § 429^{9}; bahnlagernde Sendungen § 429^{9}; Haftung für Versäumung der Lieferzeit § 429^{10}; Beweislast § 429$^{11-16}$; mitwirkendes Verschulden des Absenders § 429^{15}; vertragliche Milderung und Ausschluß der Haftung § 429$^{17, 18}$; Haftung beim Verlust und Beschädigung von Kostbarkeiten, Kunstgegenständen, Geld, Wertpapieren § 429$^{19, 20}$; Angabe der Beschaffenheit oder des Wertes durch den Absender § 429$^{21, 22, 27}$; Rechtsfolgen der Nichtangabe § 429$^{23-26}$; Versicherungspflicht? § 429^{28}, Anh. zu § 382^{36}, Eisenbahnfrachtrecht § 429^{30}, § 430^{13}, §§ 456 ff.; Deliktshaftung § 429^{31}, 430$^{8-11}$, Höhe des Ersatzes § 430^{2}; bei verspäteter Ablieferung § 430$^{2, 14}$; Beschränkung des Schadensersatzes § 430$^{3-7}$; gemeiner Handelswert, gemeiner Wert § 430$^{3-7}$; vertragliche Abänderung der Schadensersatzpflicht § 430^{12}; Eisenbahnfrachtrecht, Gerichtsstand § 430^{15}; Haftung für Angestellte und Beförderungsgehilfen § 431$^{1-8}$; Haftung für Unterfrachtführer § 431^{3}; Haftung des Unterfrachtführers, gesamtschuldnerische Haftung gegenüber Absender oder Empfänger § 432$^{4-9}$, durchgehender Frachtbrief als Voraussetzung § 432^{6}; Mehrheit von Frachtführern unter sich § 432^{9}; Haftung für Verletzung der Gehorsamspflicht gegenüber dem Absender § 433^{7}; desgl. gegenüber dem Empfänger § 433^{8}; Unterfrachtführer, Begriff § 432$^{1, 2}$; Zwischenfrachtführer § 432^{1}; Gesamtfrachtvertrag § 432^{1}; Verfügungsbefugnis des Absenders § 433; Rückgabe des Gutes § 433^{1}; Auslieferung an andern Empfänger § 433^{1}; Übergang des Verfügungsrechts auf den Empfänger durch Übergabe des Frachtbriefs nach Ankunft des Gutes § 433$^{4, 5, 6, 9}$; unberechtigter Empfänger § 433^{12}; beschränktes Verfügungsrecht des Empfängers vor Ankunft des Gutes § 434$^{1-6}$; Recht des Empfängers nach Ankunft des Gutes § 435$^{1-12}$; Rechte aus dem Frachtvertrage § 435$^{4, 5, 6}$; Erfüllung der vertraglichen Verpflichtungen § 435$^{7, 8}$; Aushändigung des Frachtbriefes § 435$^{10, 11}$; Klage auf Aushändigung § 435^{16}; Nachricht an Absender von Ablieferungshindernissen § 437; Zahlungspflicht des Empfängers gegenüber dem Frachtführer § 436; Annahme des Gutes und des Frachtbriefes als Voraussetzung § 436^{3}; Zahlung nach Maßgabe des Frachtbriefes § 436^{5}; Gegenstand der Zahlung § 436$^{6, 7}$; Weiterbestand der Haftung des Absenders § 436^{9}; Hinterlegungsbefugnis des Frachtführers bei Ablieferungshindernissen § 437$^{3, 4}$; Verkauf bei drohendem Verderben und Gefahr im Verzuge § 437^{4}; Beweissicherung § 437^{6}.

Pflichten aus dem Ladeschein § 447.

Frachtgeschäfte anderer Kaufleute § 451; des Nichtkaufmanns § 451^{2}; Postfiskus § 452.

Erlöschen der Ansprüche gegen den Frachtführer durch Annahme des Gutes und Zahlung § 438$^{1-11}$; Teilverlust § 438^{5}; Abzug des Schadens von der Fracht § 438^{2}; Vorbehalt des Empfängers § 438^{7}; Ausnahmen § 438$^{12-16}$; Beschädigung oder Minderung § 438$^{12, 13}$; Schadensfeststellung durch amtliche Sachverständige vor der Annahme § 438^{12}; desgl. Feststellung äußerlich nicht erkennbarer Mängel nach der Annahme § 438$^{13, 14}$; grobe Fahrlässigkeit und Vorsatz des Frachtführers § 438^{15}; Verjährung § 439.

V. Rechte des Frachtführers.

1. Gegen den Absender. Ausstellung eines Frachtbriefs § 426^{8}; auf Richtigkeit und Vollständigkeit des Frachtbriefs § 426^{15}, § 427^{8}; auf Vergütung im Falle der Kündigung § 425^{1}; bei Vorliegen von Hindernissen § 428^{6}; auf Übergabe der Begleitpapiere § 427$^{1, 8}$; Schadensersatzansprüche § 429^{29}; Ansprüche aus geänderten Verfügungen § 433^{7}, Abschrift des Ladescheins.

2. Gegen den Empfänger. Erfüllung der Vertragsverpflichtungen § 435^{7}; auf Zahlung nach Maßgabe des Frachtbriefs § 436; Frachtlohn, Spesen, Auslagen, Nachnahmen, Vertragsstrafen, Liegegelder § 436^{6}; Bereicherungsanspruch bei unberechtigtem Empfang § 433^{10}; Übergang der Forderungen der Vormänner § 441$^{5, 6}$; Hinterlegung § 437^{4}; Verkaufsrecht § 437^{5}; Frachtgeld § 438^{5}; Wegfall der Ansprüche bei Vorsatz und grober Fahrlässigkeit § 438^{15}.

3. Pfandrecht § 440; Voraussetzungen § 440[1–3]; Gegenstand § 440[4]; Dauer § 440[5, 6, 8]; Fortdauer nach der Ablieferung § 440[5–8]; Wirkungen § 440[9–12]; Pfandverkauf § 440[12]; Zurückbehaltungsrecht § 369[47], § 440[13], § 443[10]; Pfandrecht mehrerer Frachtführer § 441; Recht und Pflicht zur Geltendmachung der Rechte der Vormänner § 441[1–4]; Übergang der Rechte des befriedigten Frachtführers oder Spediteurs auf den nachfolgenden § 441[5, 6]; Verlust des Rückgriffsrechts bei Auslieferung ohne Bezahlung und ohne Wahrung des Pfandrechts §§ 432, 442, 449; Verantwortlichkeit des letzten Frachtführers § 442[2]; Verhältnis zu den Pfandrechten des Kommissionärs, Lagerhalters, Spediteurs und anderen Frachtführers § 443; Vorrang der Pfandrechte, die durch Versendung oder Beförderung entstanden sind § 443 E, [1–5]; Zusammentreffen mit anderen Pfandrechten § 443[9]; gutgläubiger Erwerb § 366[6].

4. Rückgriffsrechte gegen andere Frachtführer § 432[9], § 442, aus Ladeschein gegen Unterfrachtführer § 449.

Frachtgut § 425, insbes. § 425[5].

Frachtmäkler § 407[10], § 408[4].

Frachtfuhrmann § 425[8].

Frachtprämie § 408[26].

Frachtschiffer § 425[8].

Frachtsätze, Speditionsgeschäft § 408[12], § 413[6]; Eisenbahn § 453[14].

Frachturkundenstempel § 426[19].

Frachtzuschläge, Frachtgeschäft § 426[16]; Eisenbahn § 470[4].

Fragebogen des Versicherungsagenten § 84[31].

Fragepflicht des Richters § 347[15, 24], § 377[12].

„**Franko**" Anh. zu § 382[49]; Waggon Anh. zu § 372[31], fr. Bahnhof, fr. ab Bahnhof Anh. zu § 372[31], Anh. zu § 382[119]; fr. verzollt Anh. zu § 372[31]; fr. Spediteur Anh. zu § 382[49].

Frau, Stellung im Handelsrecht E[38]; Vorstand der AG. § 231[10]; Aufsichtsrat § 243[3]; Bürgschaft § 349[5]; s. Ehefrau, Handelsfrau.

„**Free on bord**" § 346[19].

Freiaktien § 178[18].

„**Freibleibend**" § 346[29], Anh. zu § 361[16, 23, 74].

„**Frei Dampf**" § 425[10].

Freie Börsentermingeschäfte Anh. zu § 376[3].

Frei Hand bei Selbsthilfeverkauf § 373[34].

Freier Provisionsreisender § 59[36].

Freigebige Verfügungen als Handelsgeschäfte § 343[28].

Freigebigkeiten, keine absichtliche Benachteiligung der AG. § 312[12].

„**Freight**" § 346[19], „f. payable at current exchange" § 361[2].

Freihändiger Pfandverkauf § 368[35a, 49, 57, 74, 82].

Freiheitsstrafen des Handlungsgehilfen § 72[8]; keine Entschädigung aus Wettbewerbsverbot § 74c[7].

„**Frei hier**" Anh. zu § 372[31].

„**Frei** Schiffsseite" Vorb. v. § 373[67].

Freizeichnung Anh. zu § 374[49f, h, i, k].

Freizeichnungsklauseln § 346[3], Anh. zu § 374[148a].

Fremde Aktien, Mißbrauch, Strafbarkeit § 318[1–7]; fr. Sachen, gutgläubiger Eigentumserwerb § 366[1–52]; desgl. Pfanderwerb § 366[53–87], § 368[24].

Freundschaftliche Arbitrage Vorb. v. § 373[24].

Frist; einstweilige Fortführung des Geschäfts durch den Erben § 27[20–24, 26, 27]; desgl. Erbe des o. H.-Gesellschafters § 139[8, 9, 10, 13, 14, 15, 18, 19, 21, 23]; Kündigung des Handlungsgehilfen § 67[4, 5, 6, 8], § 69[3, 4, 5], § 70[1–4, 11, 13, 15, 16, 17], § 71 Abs. 1, § 72 Satz 1, § 75[2–5]; Vergleiche und Verzichte betr. Ansprüche aus der Gründung der AG. § 205[9]; Berufung der Generalversammlung § 255[1, 2, 5]; Ersatzklage auf Verlangen der Minderheit § 269[1]; Anfechtungsklage des Aktionärs § 271[9]; Bezugsrecht auf neue Aktien § 282[6]; F. von acht Tagen § 359 Abs. 2, § 359[2], Anh. zu § 359[20]; eingewendete F. Anh. zu § 359[3]; Beginn, Erfüllungszeit Anh. zu § 359; Tag Anh. zu § 359[18–21, 23]; nach Stunden Anh. zu § 359[22]; Anfangstag ebd. [24]; Tages-, Wochen-, Monatsfristen ebd. [25, 26, 27]; Bruchteile von Jahren und Monaten ebd. [28]; Verlängerungsfristen ebd. [29, 30, 31]; Berechnung ebd. [32], Anfang, Mitte, Ende des Monats ebd. [39]; Sonn- und Feiertage als Ende ebd. [34–40]; desgl. als Anfang ebd. [41]; Zugehen des Vertragsantrags Anh. zu § 361[9]; Annahme des Antrags Anh. zu § 361[35, 40, 43–49, 72]; Kauf auf Probe Anh. zu § 382[18, 19, 20].

Fristbestimmungen § 359, Anh. zu § 359, s. Frist; Kauf, Wahlrecht des nichtsäumigen Teiles Anh. zu § 374[78–85, 87–112].

Fristbewilligung durch den Handlungsreisenden § 55[5].

Fristsetzung zur Spezifikation § 375[6–10]; unter Androhung der Ablehnung § 377[109].

Früchte auf dem Halm § 1[38], § 368[2].

Frühere Firma § 37[20].

Frühjahr, Zeitbestimmung § 59[1].

Fuhrleute; Vereinbarungen des Reisenden mit F. verpflichten den Prinzipal nicht § 55[3].

Führung des Handlungsgehilfen im Zeugnis § 73[4].

Fund, Sorgfalt des Kaufmanns § 347[6].

Fürsorgepflichten des Prinzipals gegenüber Handlungsgehilfen § 62; Lehrling § 76[20]; Vernachlässigung als Grund zur sofortigen Kündigung § 77[7]; Strafbarkeit von Verletzungen § 82[1].

Fusion der AG., Auflösungsgrund § 292[15]; Aufsichtsrat, Erlöschen des Amtes § 243[8]; Kommanditgesellschaft auf Aktien § 330[22]; s. Aktiengesellschaft J IV; s. Kommanditgesellschaft auf Aktien.

Futterkosten, Wandelung § 377[71b].

Füttern der Tiere, Aufbewahrungspflicht des Käufers § 379[15].

G

„G" Vorb. v. § 373[29].

Ganzes Vermögen, Veräußerung, bei §§ 303—308; Firma einer Handelsgesellschaft § 308[1].

Garantie, Ertrag eines gemeinnützigen Unternehmens als AG. § 180[7, 8, 9]; Dividende § 215[4]; Angaben über den Wert der Dividende § 381[4]; Tantieme des Vorstandes der AG. § 237[8]; Ver-

längerung der Verjährungsfrist als Garantieleistung § 377[190].
Garantiefrist § 377[190, 193, 193a].
Garantieklauseln § 377[46, 121, 193]; Anh. zu § 382[6].
Garantiekonsortium, Aktienausgabe § 184[1].
Garantievertrag § 349[65, 66, 67]; Anh. zu § 349[20], § 394[11].
Garantiezusagen § 377[136, 193].
Gärtnerei § 3[1].
Gaslieferungsvertrag Vorb. v. § 373[16a].
Gastwirte, zur Beherbergung vorgenommene Ankäufe § 1[42]; Ladenschild Anh. zu § 37[1, 3, 5]; Pfandrecht § 366[60]; Haftung für Portier § 431[5].
Gattungen von Aktien, Verhältnisänderung § 275 [4, 5, 6]; bei Herabsetzung des Kapitals § 288[18].
Gattungskauf, Waren mittlerer Art und Güte § 360[8, 10]; Bestimmbarkeit Vorb. v. § 373[24a]; Spezialisierung Vorb. v. § 373[70a, b, c]; Haftung für Unvermögen Anh. zu § 374[47]; Abnahmeverzug Anh. zu § 374[166]; Qualitätsmangel § 377[3, 6, 7]; Gefahrübergang Anh. zu § 382[55a].
Gattungsschulden, mittlere Art und Güte § 360 [1–10]; Spezialisierung Vorb. v. § 373[70–70c]; schuldhaft mangelhafte Lieferung § 377[101]; Gefahrübergang Anh. zu § 382[51].
Gebärden, Meinungsaustausch durch G. § 361[29].
Gebrauch, Überlassung des G. § 335[16]; gewöhnlicher G. § 377[39, 39d]; nach dem Vertrage vorausgesetzter § 377[39]; vom Untersuchungsrecht des Käufers § 377[14]; Wandelung § 377[68, 68a, 71a]; Sprachgebrauch § 346[2]; Handelsgebrauch § 346[16]; im Handelsverkehr E[31].
Gebräuche § 346.
Gebrüder, Firma der o. HG. § 19[1].
Gebundene Namensaktien § 180[10–13].
Gefahr im Verzuge, Gesamtgeschäftsführung der o. HG. § 115[7]; Prokuraerteilung § 116[6]; Geschäftsfortführung durch Erben § 137[2]; Abwendung dringender G., Geschäftsführung ohne Auftrag § 347[6]; G. der Ankunft des Antrages Anh. zu § 361[5]; desgl. der Mängelanzeige § 377[26]; Geldübersendung Anh. zu § 372[49, 58, 59]; Übergang bei Übersendung Anh. zu § 372[31], Anh. zu § 382[45–49]; bei Vorhandensein von Mängeln § 377[45]; desgl. beim Platzgeschäft Anh. zu § 382[45b]; bei Annahmeverzug Anh. zu § 382[45]; Übergabe der Ware Anh. zu § 382[67]; Kommissionsgeschäft § 384[30], § 385[11]; Speditionsgeschäft § 408[15]; Frachtgeschäft § 437 Abs. 2.
Gefährdung des Vertragszweckes, positive Vertragsverletzung Anh. zu § 374[174, 175, 176, 187].
Gefährlichkeit des Transportes, Verheimlichung durch Absender § 429[15].
Gefahrlose Hinwegnahme durch den Käufer Vorb. v. § 373[56a].
Gefälligkeit, Rat, Empfehlung, Auskunft Anh. zu § 349[6], § 354[6].
Gefälligkeitsakzept § 354[8]; Anh. zu § 372[44].
Gefälligkeitsverbindlichkeiten, Bilanz § 407.
Gefängnis, Zugang des Antrags Anh. zu § 361[7].
Gegenbeweis gegen Zugehörigkeit zum Handelsbetriebe § 344[3, 4, 6].
Gegenseitigkeit, Versicherungen auf G. kein Grundhandelsgeschäft § 1[61, 62].
Gegenstand des Gewerbebetriebs, Bedeutung für Kaufmannseigenschaft § 1[31, 38]; des Unternehmens der AG. § 182[18, 19]; Änderung, Beschluß § 275[3]; desgl. bei Fusion § 306[25].
Gehalt des Handlungsgehilfen § 59[33], § 64[1–7]; Nichtgewährung als wichtiger Kündigungsgrund § 71[3]; Pfändbarkeit § 59[47]; Vorstand der AG. § 231[24]; Aufsichtsrat § 245[5].
Geheimbücher § 38[6].
Geheime Konkurrenzklausel § 75 f[1, 2, 3].
Geheimnis Vorb. v. § 373[3].
Gehilfen des Kaufmanns § 59[12–23]; Haftung für G. § 377[101]; s. Handlungsgehilfe.
Gehorsam des Handlungsgehilfen § 59[29].
Geisteskranke, Gewerbebetrieb § 1[21]; Kontokorrentkunden § 355[29]; Besitzverlust § 366[47]; gutgläubiger Erwerb bei Veräußerung durch G. § 366[74].
Geistesschwäche, Ausbeutung als unsittliches Geschäft Anh. zu § 346[21].
Geld, Beschaffung als Grundhandelsgeschäft § 1[67]; Entnahme aus der Gesellschaftskasse durch o. H.-Gesellschafter § 122; Reichswährung § 361[5]; ausländisches G. § 361[3, 5]; Gegenstand der kaufmännischen Anweisung § 363[1]; gutgläubiger Erwerb § 366[22]; Zurückweisung Anh. zu § 372[57]; Hinterlegung § 372[57]; Frachtgeschäft § 425[5], § 429[20]; Eisenbahn § 456[17], § 462.
„Geld" Vorb. v. § 373[29].
Geldkurs, Erfüllungsort § 361[2].
Geldnotiz Vorb. v. § 373[29].
Geldübersendung durch die Bank Vorb. v. § 373 [65a, 67].
Geldübersendungspflicht Anh. zu § 372[49–67].
Geldwechslergeschäft § 1[64, 66].
Gelegenheitsagent § 84[7].
Gelegenheitsgesellschaft Anh. zu § 342[1–7].
Gelegentlichkeit von Erwerbsgeschäften § 1[30].
Gellasystem Vorb. v. § 373[55].
Gemeinde, Firmenverschiedenheit § 30[1, 12].
Gemeiner Handelswert § 430[3–7], § 457[3].
Gemeiner Wert § 430[3, 4, 6, 7], § 457[3].
Gemeinnütziges Unternehmen, Mindestbetrag der Aktie § 180[4, 6].
Gemeinschaftliche Aktie § 225[1–13]; Firma der o. HG. § 105[21, 22].
Gemeinschuldner, Bestellung zum Prokuristen für Geschäft eines Dritten § 48[3]; kein Recht zur Prokuraerteilung § 48[4]; sämtliche Mitglieder der o. HG. sind G. § 131[12]; gutgläubiger Rechtserwerb vom G. § 366[81]; schwebende Kaufgeschäfte Anh. zu § 382[79a–85, 89, 90, 95, 96]; s. Konkurs.
Gemeinwohl, Gefährdung als Auflösungsgrund für AG. § 292[16].
Gemischte Gewerbebetriebe § 1[23]; g. Rechtsgeschäfte Vorb. v. § 373[16b]; g. Verträge Anh. zu § 372[16b]; Form § 350[39, 90].
„Genau nach Muster" § 377[121].
Genehmigung, Begriff E[39]; stillschweigende G. durch Gesamtprokuristen § 48[10]; Geschäfte des Agenten § 85[3]; staatliche G. des Gesellschaftsvertrags der AG. § 195[14]; eigenmächtige Handlung des Gesamtvorstandsmitgliedes § 232[11]; Handelsgeschäfte § 345[4]; Schweigen als G. § 346[16]; G. der Ware § 377[114]; desgl. bei arglistiger Täu-

schung § 377[156]; Teillieferungen § 377[178]; Teil der Ware § 377[182]; Kauf auf Probe oder Besicht Anh. zu § 382[13, 14, 16, 17, 19, 20, 21].
Generalagent § 84[14].
Generalunkosten, Bilanz der AG. § 261[21].
Generalversammlung s. Aktiengesellschaft zu F III; s. Kommanditgesellschaft auf Aktien.
Generalvollmacht § 54[1].
Genossenschaftskartelle Anh. zu § 346[42].
Genußschein s. Aktiengesellschaft zu D; **kaufmännischer** Verpflichtungsschein § 363[23].
Gepäck s. Handgepäck; s. Reisegepäck.
Gepäckschein; Frachtgeschäft, Empfangsschein über die Aushändigung § 426[18]; Eisenbahnfrachtvertrag § 453[5]; desgl. Interessedeklaration § 463 Abs. 1.
Gepäckträger, Frachtführer § 425[8]; kein Beförderungsgehilfe der Eisenbahn § 458[3].
Gerätschaften, Fürsorgepflicht des Prinzipals § 62[2].
Gericht s. Handelsregister, Prüfung, Eintragung, Richter, Aktiengesellschaft zu B V.
Gerichtliche Beurkundung § 350[66, 67]; der Vertragsannahme Anh. zu § 361[76, 77, 78].
Gerichtliche Entscheidung, Auflösung der o. HG. § 133; desgl. Kommanditgesellschaft Anh. zu § 177[3].
Gerichtsbarkeit der Apothekergehilfen § 59[20]; Klagen gegen ausländischen Staat Anh. zu § 372[12].
Gerichtsbezirk, Zweigniederlassung § 13[7, 8].
Gerichtsstand der o. HG. § 124[17]; der AG. § 210[13]; Klagen gegen den Vorstand § 241[31]; Fusion der AG. § 306[18]; Kontokorrentverhältnis § 355[21, 28], Anh. zu § 357[7]; Abweichung vom gesetzlichen G. Anh. zu § 361[13]; Zurückbehaltungsrecht § 371[7]; Kauf, Abnahme, Zahlung, Nebenverpflichtungen Vorb. v. § 373[74]; Wandelung § 377[75a]; Minderung § 377[84]; Schadensersatz wegen Nichterfüllung Vorb. v. § 373[74], § 377[89]; Schadensersatz bei schuldhaft mangelhafter Lieferung § 377[106]; Anfechtung wegen arglistiger Täuschung über Eigenschaften der Ware § 377[168, 175c]; Speditionsgeschäft § 407[24]; Klage gegen Frachtführer § 430[15].
Gerichtsvollzieher, Wegnahme durch G. § 366[2c]; kein Vertreter des Verkäufers bei der Versteigerung § 377[28].
Geringfügige Mängel, keine Abnahmeverweigerung Anh. zu § 374[166]; fällige Zahlung Anh. zu § 374[11]; Teil der Leistung Anh. zu § 374[38].
Gesamtfrachtvertrag § 432[2].
Gesamtbürge § 349[11].
Gesamtgründungsaufwand § 186[10]; s. Aktiengesellschaft zu B.
Gesamtgut, Gütergemeinschaft E[44—47, 51, 52, 54, 55, 68, 71].
Gesamthaftung der o. HG. § 128.
Gesamthandlungsvollmacht § 54[2].
Gesamtprokura § 238[4].
Gesamtschuldner, o. H.-Gesellschafter § 128[4—28].
Gesamtverhalten des Handlungsgehilfen als wichtiger Kündigungsgrund § 70[6].
Gesamtvertretung der o. HG. § 125[6—13, 19, 20, 22, 23]; in Gemeinschaft mit Prokuristen § 125[15, 16]; Vorstand der AG. § 232 E, [1—27, 41, 46];
Gesamtbefugnis bei Geschäftsführung § 232[28]; guter Glaube § 366[16].
Geschäfte machen auf eigene oder fremde Rechnung § 66[5].
Geschäfte mit eigenem Prinzipal § 66[8].
Geschäftsanteile einer G. m. b. H., Zivilmäkler Vorb. v. § 93[22]; Veräußerung ein Handelsgeschäft § 343[25]; Abtretung bei G. m. b. H. § 350[89].
Geschäftsanzeigen unter unbefugter Firma § 37[20].
Geschäftsaufsicht über o. HG. § 128[5].
Geschäftsauslagen, ungewöhnliche Anh. zu § 373[32d].
Geschäftsbedingungen § 346[17]; Bankier § 355[13]; Bekanntgabe, Erfüllungsort Anh. zu § 372[37].
Geschäftsbeginn, Bilanz § 39[7]; o. HG. § 123[11—17]; Kommanditgesellschaft § 176[6—10].
Geschäftsbericht, Vorstand der AG. § 260[18, 20, 21, 23]; Einreichung § 265 Abs. 2, § 265[4]; AG. in Liquidation § 299[9]; Strafbestimmungen § 314[4]; Kommanditgesellschaft auf Aktien § 320[107].
Geschäftsbesorgungen ohne Auftrag § 343[29]; Bürgschaft § 349[39]; Entgelt § 354 E, [1—9, 11]; Auslagen § 354[10]; Antrag auf G., Schweigen als Annahme § 362 E, [1—14].
Geschäftsbesorgungsauftrag § 362.
Geschäftsbetrieb, Fürsorgepflicht des Prinzipals § 62[3].
Geschäftsbezeichnung § 17[6].
Geschäftserwerber § 2[11].
Geschäftsfähigkeit § 1[20]; Ehefrau E[38]; Verlust § 1[25]; ausländische Gesellschaft § 6[2]; Handlungsgehilfe § 59[35a]; Vorstand der AG. § 231[10].
Geschäftsführung s. AG. zu F II; s. Kommanditgesellschaft auf Aktien.
Geschäftsgebräuche s. Gebräuche.
Geschäftsgeheimnis § 59[39]; Vorb. v. § 373[3].
Geschäftsherr, Verschulden des Vertreters § 347[13].
Geschäftsjahr § 39[3, 4]; der AG. § 260[18].
Geschäftskauf Vorb. v. § 373[3a].
Geschäftsname § 17[6].
Geschäftsordnung für Handlungsgehilfen § 59[24], § 70[10]; Generalversammlung § 182[24].
Geschäftsräume § 59[9]; der Handelsfrau, keine Pfändung für Gläubiger des Mannes E[72]; Fürsorgepflicht des Prinzipals § 62[1, 3].
Geschäftsstelle außerhalb des Wohnsitzes § 13[6a]; des Kartells Anh. zu § 346[43].
Geschäftsstempel, Haftung des Prinzipals für Mißbrauch Anh. zu § 58[82].
Geschäftsübergang durch Pacht oder Nießbrauch § 22[15—19]; s. Geschäftsveräußerung; s. Firma zu F.
Geschäftsunfähigkeit des o. H.-Gesellschafters § 123[11]; stille Gesellschaft § 335[25]; Eintritt beim Antragenden Anh. zu § 361[80].
Geschäftsunkosten Vorb. v. § 373[32d].
Geschäftsveräußerung, Wirkung auf den Prozeß § 17[39—44]; Form § 22[20]; Aktiva § 22[21—28]; außenstehende Forderungen § 22[24]; Warenzeichen § 22[25]; Handelsbücher § 22[26]; Passiva § 22[29—32]; Wettbewerbsverbote § 22[33—40], § 74[24]; keine Veräußerung der Firma ohne Geschäft § 23[1, 2]; Übergang der Geschäftsschulden und

-forderungen §§ 25—28; bei Fortführung der Firma § 25^{1-21a}; Unmittelbarkeit der Haftung gegenüber den Gläubigern § 25^{8}; kumulative Haftungsübernahme § 25^{9}, ^{10}, ^{21a}; Umfang der Haftung § 25^{11}; unmittelbares Verhältnis zum Geschäftsschuldner § 25^{12-16a}; abweichende Vereinbarungen § 25$^{17-20}$; Eintragung und Bekanntmachung des Übergangs § 25^{16a}; Mitteilung § 25$^{17-21}$; Fortführung ohne Firma § 25$^{22-29}$; Haftung nur bei besonderen Verpflichtungsgründen § 25^{23}, ^{24}, ^{25}; handelsübliche Bekanntmachung der Passivenübernahme § 25^{25}, ^{26}, ^{27}; unmittelbare Haftung gegenüber den Gläubigern § 25^{29}; neue Schulden des Erwerbers § 25^{31}; Verjährung gegen den Veräußerer § 26$^{1-10}$; Erlöschen der Prokura § 52^{15}; desgl. der Vollmacht Anh. zu § 58^{102}; Veräußerung durch den Erben § 27^{24}; durch Vermächtnis § 25^{32}; Einfluß auf Dienstvertrag § 70^{26}; desgl. auf Lehrvertrag § 77^{7}; auf Agenturvertrag § 84^{26}, § 92^{15}; Geschäftsveränderung auf seiten des Agenten § 92^{16}; Qualitätsmängel beim Kauf § 377^{5}; zugesicherte Eigenschaften § 377^{42}; Annahme als Erfüllung, Beweislast § 377^{128}; kein Eigentumsvorbehalt Anh. zu § 382^{70}.

Geschäftsverbindung, Stillschweigen als Genehmigung? § 346^{16}; Rat, Empfehlung, Auskunft Anh. zu § 349^{18}, ^{19}; Kontokorrent § 355^{7}, ^{10}, ^{15}; Schweigen als Annahme des Vertragsantrages § 362^{1}, ^{9}.

Geschäftsverlegung, kein Untergang des Firmenrechts § 17^{15}.

Geschäftsvermittler § 84^{2}, ^{4}, ^{8}; Zusicherungen § 377^{47}; Arglist § 377^{151}; vgl. auch § 84^{2}, ^{4}, ^{8}.

Geschäftswert, Auseinandersetzung mit ausscheidendem o. H.-Gesellschafter § 141^{5}; Bilanz der AG. § 261^{18}, ^{19}.

Geschäftszeit, gewöhnliche § 58^{5}.

Geschäftszweig, nicht anzumelden § 29^{4}.

Geschenke, Annahme als unsittliches Geschenk Anh. zu § 346^{21}; kleine Gelegenheitsgeschenke Anh. zu § 346^{18}.

Geschmacksmuster, Anmeldung durch Zweigniederlassung ausländischer Firma § 13^{20}.

Geschmeichelte Probe Anh. zu § 382^{5}.

Gesellschaft m. b. H., Geschäftsführer kein Kaufmann § 1^{18}; Buchführung § 38^{3}; Umwandlung in Kommanditgesellschaft auf Aktien und umgekehrt § 334^{8}, ^{9}; stiller Gesellschafter § 355^{26}; Abtretung von Geschäftsanteilen Anh. zu § 361^{14}.

Gesellschaftliche Vereinigung von Minderkaufleuten Anh. zu § 342^{8}, ^{9}, ^{10}; Gesellschaft bürgerlichen Rechts Anh. zu § 342^{8}; freiwillige Unterwerfung unter Handelsrecht Anh. zu § 342^{9}; keine Eintragung Anh. zu § 342^{10}.

Gesellschaftserrichtung, Begriff § 188^{4}.

Gesellschaftsvermögen der o. HG. § 105$^{29-33}$; Veräußerung im ganzen (AG.) §§ 303—305.

Gesellschaftsvertrag als Handelsgeschäft? § 343^{24}; zum Zwecke von Differenzgeschäften Anh. zu § 376^{199}; o. HG. § 105$^{41-44}$; desgl. in Liquidation § 156^{4}; Kommanditgesellschaft § 163^{1}, ^{2}, ^{3}; desgl. auf Aktien, s. Kommanditgesellschaft auf Aktien zu C; AG. s. Aktiengesellschaft zu C; stille Gesellschaft § 335$^{23-26}$.

Gesetzeskonkurrenz Anh. zu § 346^{9}.

Gesetzesverletzung § 271^{3}.

Gesetzliche Pfandrechte § 366^{60}, § 368$^{88-93}$.

Gesetzlicher Reservefonds der AG. § 262$^{1-26}$; Natur § 262$^{1-5}$; Zweck § 262^{6}, ^{7}, ^{8}; Bildung § 262^{1}, ^{2}, ^{3}.

Gesetzliches Reservekonto, Bildung § 262$^{9-23}$; Umwandlung § 262^{24}, ^{25}, ^{26}.

Gesetzliche Zinsen § 352$^{1-12}$, ^{16}.

Gesinde keine Handlungsgehilfen § 59^{21}.

Gesinderecht Anm. zu § 83.

Gesindevermieter Vorb. v. § 93^{44}.

Gesindevermietungsbureaus § 1^{77}.

Gestaltungsrecht Anh. zu § 376^{142}.

Gestehungskosten Vorb. v. § 373^{26a}, ^{32d}.

Gestohlene Gegenstände, kein gutgläubiger Erwerb § 366^{45}, ^{46}; Geld, Inhaberpapiere, versteigerte Sachen als Ausnahme § 366^{49}; gutgläubiger Pfanderwerb § 366^{53}, ^{55}, ^{56}; gestohlene Inhaberpapiere § 367$^{1-6}$; Bekanntmachung im Reichsanzeiger § 367^{4}, ^{5}.

Gesundheit; Fürsorgepflicht des Prinzipals § 62 ^{5}, ^{9}; nicht im Zeugnis anzugeben § 73^{4}.

Getreide, Lieferungsgeschäfte Anh. zu § 376 $^{131-161}$; Verbot der Börsentermingeschäfte § 376 ^{132}, ^{133}; handlungsrechtliches Lieferungsgeschäft Anh. zu § 376$^{134-153}$.

Gewalt, höhere § 377^{101}.

Gewährleistung, herabgesetzter Mindestbetrag der Aktie § 180 Abs. 2, § 180^{7}, ^{8}; Einbringung und Übernahmevertrag § 186^{19}; Einbringung in stille Gesellschaft § 335^{35}; Ansprüche des Hauptschuldners, Bürgschaft § 349^{19}; Ausschluß der G. beim Selbsthilfeverkauf Vorb. v. § 373^{38}; Qualitätsmängel beim Kauf § 377^{5}, ^{39}.

Gewahrsam des Gemeinschuldners, Verfolgungsrecht des Verkäufers Anh. zu § 382^{98}, ^{106}, ^{109}, ^{110}.

Gewerbe § 1^{6}.

Gewerbebetrieb § 1 Abs. 2, § 2^{2}, ^{3}; Verringerung § 31^{3}.

Gewerbegehilfen des Kaufmanns § 59^{15}, ^{16}, ^{17}.

Gewerbeordnung § 76^{4}, ^{17}, ^{18}.

Gewerbliche Arbeiter § 59^{19}.

Gewerbliche Unternehmungen des Reichs, Staats, Kommunalverbands § 36.

Gewerbsmäßigkeit § 1^{6}, $^{9-13}$.

Gewerkschaften, Anmeldung der Firma § 33^{10}.

Gewicht, Auslegungsregeln § 361; Recht des Erfüllungsortes § 362^{2}.

Gewichtsverlust auf Eisenbahnen § 460$^{1-6}$.

Gewinn § 1^{7}; Gewinnsaldo § 39^{1}; des o. H.-Gesellschafters §§ 121, 122, 123; o. HG. in Liquidation § 156^{12}; Kommanditgesellschaft § 168$^{1-3}$; Anteile, AG. § 214^{1}, ^{2}, ^{3}; Bilanz der AG. § 261 $^{46-49}$; entgangener G., Schadensumfang § 347 ^{17}, $^{19-22}$; Ausschluß der Haftung des Frachtführers dafür § 430^{4}; Käufer beim Deckungskauf Anh. zu § 374^{73}; Reingewinn § 235^{5}, ^{6}, ^{10}, ^{12}, § 245^{7}; Tantiemeberechnung § 237^{2}, $^{11-20}$, § 245^{7}, ^{8}; Kommanditgesellschaft auf Aktien § 320$^{65-69}$; stille Gesellschaft § 335^{21}.

Gewinnanteil des o. H.-Gesellschafters, Übertragbarkeit § 109^{11}, ^{13}.

Gewinnanteilscheine § 230; beim Aufgebot von Aktien § 228 Abs. 2; gutgläubiger § 367 Abs. 3.
Gewinnsaldo, Bilanz § 39[1].
Gewinnverteilung, AG. § 214; Genehmigung der Generalversammlung § 260[1], [5], [6], [7].
Gewinnverteilungsbilanz § 240[2].
Gewinnvortrag § 215[5], § 237[11].
Gewohnheitsrecht E[26]; Reichsg. E[27]; Landesg. E[28]; örtliches, Observanz E[28]; Handelsg. E[23–26].
Gilderollen § 8[1].
Giroverkehr Anh. zu § 363; als Hilfsgeschäft § 1[68].
Girovertrag Anh. zu § 363.
Giroüberweisung Anh. zu § 363.
Girowechsel § 349[10].
Glaube s. guter Glaube.
Gläubiger des Mannes E[69]; Privatgläubiger des o. H.-Gesellschafters, Kündigung der o. H. § 135[1–8]; Vereinbarung betr. Auseinandersetzung ohne Liquidation, Zustimmung § 145[12], [17], [18]; G. des Kommanditisten § 169[6]; desgl. im Konkurse § 172[9]; Rückforderung rechtswidriger Zahlungen an den Aktionär § 217[2], [5], [7], [8], [15]; Klage gegen Vorstandsmitglieder der A. § 241 [11–17], [20]; Anspruch gegen Mitglieder des Aufsichtsrats § 249[8]; Verstaatlichung der AG. § 304[8]; Einbringung des stillen Gesellschafters § 335[36]; Auflösung der stillen Gesellschaft § 339[26]; stiller Gesellschafter als Konkursgläubiger § 341; Konkursgläubiger des Gesellschaftsinhabers § 342.
Gläubigerschutzvorschriften, Kommanditgesellschaft § 172[1]; AG. § 217, § 241[11–17], [20], [28], [29], § 273[18]; bei Herabsetzung des Grundkapitals § 291[15]; bei Fusion § 305[22], § 306[15–21].
Gleichheit der Firma § 30[3a], [7], [8], [9], [12], [13].
Goldsachen, Pfandverkauf § 368[57].
Good will Anh. zu § 141[5].
Gottesdienst, Besuch durch den Lehrling § 76[17].
Gratifikationen, Vergütung des Handlungsgehilfen § 59[34].
Grenzberichtigungsvertrag § 350[23].
Grobe Fahrlässigkeit § 347 Abs. 2; Nichtkenntnis des Käufers von Warenmängeln § 377[157]; Frachtgeschäft § 430 Abs. 3, § 430[8], § 438 Abs. 5, § 438[15]; Eisenbahn § 457 Abs. 3, § 457[5], § 461 Abs. 2, § 461[5], § 464 Abs. 2, § 465 Abs. 2, § 465[2], § 466 Abs. 4, § 466[2].
Großbetrieb § 4[9].
Grundbuch, Eintragungszeugnisse des Registerrichters § 9[3]; Firmeneintragung § 17[8]; o. HG. § 105[29]; Vertreter § 125[28]; Zweigniederlassungen § 13[14], § 261[10].
Gründer, Begriff § 187; Mindestzahl § 182[3]; Eigenschaften § 182[6–11a]; Aktienübernahme § 182[12]; s. Aktiengesellschaft zu B I, Kommanditgesellschaft auf Aktien zu B.
Gründeraufwand § 186[10–13a].
Gründerbericht § 191[1–7].
Gründerbezugsrechte § 283[6], [7], [8].
Gründergenossen § 202 E, [20], [21], [22].
Gründerlohn § 186[10], [11].
Gründervereinigung § 188[4].
Grundhandelsgeschäfte, Arten § 1[32–81], § 343[3].
Grundkapital s. Aktiengesellschaft zu E, Kommanditgesellschaft auf Aktien.
Grundkapitalziffer § 261[13].
Grundschuldbrief § 368[1]; kein Zurückbehaltungsrecht Vorb. v. § 369[16].
Grundschulden bei Geschäftsveräußerung § 25[14]; Nichtigkeit des Grundgeschäfts Anh. zu § 346[7]; Abtretung § 350[33], [34], [35].
Grundstücke, kein Gegenstand der Grundhandelsgeschäfte § 1[38]; Hineinarbeiten in G. § 1[50], § 381[17]; Versicherung § 1[63]; Erwerb durch Ausländer und fremde juristische Personen § 6[3]; Prokura, keine Veräußerung und Belastung von G. § 49[2], [3]; Handlungsvollmacht § 54[20]; o. HG. § 105[28–34]; desgl. Auseinandersetzung Anh. zu § 141[3]; Stempelfrage bei Auseinandersetzung Anh. zu § 141[33]; Erwerb durch Vorgesellschaft § 200[6]; desgl. AG. § 210[7]; landesrechtliche Beschränkungen § 210[7]; Nachgründung § 207[2]; Übertragung des Vermögens auf alleinigen Aktionär § 292[18]; bei Veräußerung des Vermögens im ganzen § 303[15]; Verstaatlichung § 304[10]; Fusion § 306[13]; Einbringung in stille Gesellschaft § 335[23]; Handelsgeschäfte § 343[2], [22]; Grundstücksveräußerungsgeschäfte § 350[22–29]; Formzwang § 350[26–29]; Belastung § 350[30]; Werkverdingungsvertrag § 350[31]; Übereignungsvertrag § 350[32]; Miete und Pacht § 350[36–40], [83]; Auflassung § 350[84], [85]; Eintragung § 350[84], [86]; Heilung des formlosen Vertrags § 350[87], [88]; gemischte Geschäfte § 350[90]; kein Handelskauf Vorb. v. § 373[3], [13]; Sacheigenschaften § 377[44]; Gefahrübergang Anh. zu § 382[45b]; Zivilmäkler Vorb. v. § 393[22], [44].
Grundstücksmäkler, Nichtkaufmann § 1[77].
Gründung s. Aktiengesellschaft zu B, Kommanditgesellschaft a. A. zu B.
Gründungsangaben § 202[5–12].
Gründungsaufwand § 186[10–13a], § 195 Abs. 2, § 202 E, § 202[21]; s. Aktiengesellschaft zu B.
Gründungsfehler § 188[4].
Gründungskosten § 182[37].
Gründungsmängel § 309[2–12].
Gut, Begriff, Lagergeschäft § 416[10]; Frachtgeschäft § 425[5]; Kommissionsgut § 397[2–6].
Güte, mittlere § 360.
Güterbeförderung s. Frachtgeschäft.
Gütergemeinschaft E[39a], [44], [47].
Güterrechtsregister E[59–62].
Güterstand E[39].
Gute Sitten, Anwendung des alten Gesetzes gegen die g. S. E[13]; Wettbewerbsabreden als Verstoß gegen g. S. § 74a[14]; Anhalten des Lehrlings zu g. S. § 76[17]; Begriff Anh. zu § 346[1], [2]; Wirkungen des Verstoßes Anh. zu § 346[4], [5], [6]; Haftung Anh. zu § 346[9], [10], [11].
Gutgläubiger Eigentums- und Pfanderwerb § 366 [1–86]; Art der Übertragung an beweglichen Sachen und Inhaberpapieren [1], [2], [3]; Schutz des g. Eigentumserwerbs [4–52]; des Pfandnehmers [53–59]; gesetzliche Pfandrechte [60–68]; Einigung über Eigentumsübergang [7–11]; Übergabe [12–15]; guter Glaube des Erwerbers [10–29]; Erleichterung für den Kaufmann als Veräußerer [18–21]; Geld und Inhaberpapiere [22], [49], [50]; böser Glaube [23], [26]; Rechtsirrtum [24]; Wirkung [31–44], [84]; Erlöschen fremder Rechte [32], [35]; Verwaltungsrecht des Ehemanns [36]; nicht erlöschende Rechte [42],

[43], [44]; gestohlene, verlorene, abhanden gekommene Sachen [45], [46], [47]; Geschäftsunfähigkeit des Veräußerers [47]; anfechtbare Übertragungen [48]; Beweislast [51], [52]; Pfändungspfandrecht [57]; Orderpapiere [67]; Ausgleichung des Schadens [69–75]; Wirkung auf Veräußerungsverbote und -beschränkungen [76]; auf Bedingungen [77]; auf Verfügungen des Vorerben und Erben [78], [79]; Konkurs, Erwerb vom Gemeinschuldner [81]; Konkurs des Pfandeigentümers und des Verpfänders [82]; Nachlaßverwaltung [83]; Zahlung des Schuldners, der keine Kenntnis von der Forderungsabtretung hat [85]; Depotgesetz [86]; Pfanderwerb an beweglichen Sachen und Inhaberpapieren § 368[125]; an Orderpapieren § 368 [26], [27]; Pfanderwerb an Gütern durch Pfanderwerb an Dispositionspapieren § 366[59], [68], § 368[28], [29], [30]; Bankverwahrungsgeschäft Anh. zu § 424[33].

Gutgewicht § 380[4].

Guthaben, Ausschüttungsg. des o. H.-Gesellschafters § 155[9]; des stillen Gesellschafters nach der Auflösung Anh. zu § 340[3], [5], [9], [14].

Gutschein § 361[5].

H

Haftpflicht der Eisenbahn §§ 456—472.

Haftpflichtgesetz vom 7. 6. 1871 § 472[21].

Haftung, Handeln vor Eintragung der AG. § 200 [4], [5], [7], [9–13]; des Emittenten § 203[5–16]; der Mitglieder von Vorstand und Aufsichtsrat für Prüfung § 204[1–11]; Nachgründung § 207[12]; Erwerbsgeschäfte vor der Gründung § 208[4]; Aktienausgabe § 209[3–7], [9], [11]; Naturalleistungen der Aktionäre § 212[21]; Aktionäre wegen Empfangnahme gesetzwidriger Zahlungen § 217 E, [1], [2], [4–10], [16–23]; Aktienbetrag § 218[1], [4–9]; Rückgriff gegen die Vormänner § 220 E, [1], [2], [5], [6], [7], [9]; Ausfall beim Verkauf der Aktie § 220[16]; Gesamtvertreter der AG. ohne Mitwirkung der andern § 232[6]; unerlaubte Handlungen des Vorstandes § 232[37–45]; des Vorstandes dafür § 232 [46], [47]; Vorstandsmitglied als persönlich haftendes Mitglied einer andern Gesellschaft § 236[5]; für Prokuristen § 238[12], [13]; Vorstand und Aufsichtsrat für Nichtanmeldung des Konkurses § 240 [13], [14]; Vorstand bei Pflichtverletzungen § 241 [7–19]; Gesellschaftsorgane Dritten gegenüber § 241 [20–30]; desgl. Aufsichtsratsmitglieder § 249[10]; Kostenpflicht der Minderheit der Aktionäre § 269[5]; Schutzvorschriften bei Liquidation der AG. § 301[8]; Kommanditisten § 161 E, [1], [2], [4], [7], [10], [15], § 162[10], [12], [16], § 166[5], § 171 E, [1–23], § 172[1], [2], § 173[1], [3], [4], § 176[1–10], § 177[4], § 176 [1–10], § 177[4]; Anh. zu § 177[28], [29], § 320[13], [14], [42], [46], [90]; Komplementare § 161 E, [1], [6], § 326 [10], [12], [53–57], [61], [90], [91]; Inhaber der stillen Gesellschaft § 335[37]; Pfand § 368[36], [37]; s. Gewährleistung, Sorgfalt, Rat, Auskunft, Empfehlung, Eintritt, Erben, Firma, o. HG., Angestellte, Vertretung, Schadensersatz, Zwangsvollstreckung, Geschäftsveräußerung, Bürgschaft, Eisenbahn.

Halbfabrikate, Bilanz der AG. § 261[25]; Zusicherung von Eigenschaften § 377[41c].

Hamburger Arbitrage Anh. zu § 372[32].

„Hamburger ausgeliefertes Gewicht" Anh. zu § 372[32], [42].

„Hand muß Hand wahren" § 366[46].

Handbuch § 100[1].

Handelnde Personen als Vertreter der AG. vor deren Eintragung § 200[13].

Handelsbetrieb s. Kaufmann, Handelsgeschäfte.

Handelsbriefe § 38[7], § 45[4].

Handelsbücher, Verpflichtung zur Führung § 38 E, [1–12]; Beginn und Ende der Pflicht § 38[2]; Führung durch Vertreter, Verantwortlichkeit des Kaufmanns § 38[3]; o. H.-Gesellschafter § 38[3]; Versicherungsvereine § 38[3], [5b]; Kommanditgesellschaft, G. m. b. H. § 38[3], [5]; Aktiengesellschaft § 38[3], [5]; desgl. Vorstand der AG. § 239; Ehefrau § 38[3]; Strafvorschriften § 38 E, [3], [4], [5], [11]; Gegenstand der Buchführung § 38[5], [5a]; Zweigniederlassung § 38[5]; Art der Buchführung § 38[6]; Verwahrung der Handelsbriefe, Abschriften § 38[7]; Kopierbuch § 38[7], Anh. zu § 47[3]; Bankdepotbuch § 38[8]; Unpfändbarkeit § 38[9]; Konkursmasse? § 38[9]; Beweiskraft § 38[11], [12], Anh. zu § 47; Inventur und Bilanz § 39; öffentliche Körperschaften § 43; lebende Sprache § 43[1], [5]; Buchform § 43[2]; Aufbewahrung und Benutzung § 44; desgl. nach Beendigung der Liquidation der o. HG. § 157[9–17]; desgl. der AG. § 302[7–15]; Vorlegungspflicht im Prozeß §§ 45, 46; Einsicht § 46[2]; Vermögensauseinandersetzungen § 47; bei Geschäftsveräußerung § 22[26]; Beweiskraft § 38[11], [12], Anh. zu § 47; Minderkaufmann § 4[24], § 25[3], Anh. zu § 47[4]; Gerichtsstand des Vermögens § 38[10]; Kommanditgesellschaft auf Aktien § 320[87].

Handelsfirma s. Firma.

Handelsfrau E[38–75]; unverheiratete E[38]; Ehefrau E[39–75]; als Kaufmann E[39–41]; Einwilligung des Mannes E[39a], [55], [57], [66]; Haftung des Vorbehaltsgutes, des eingebrachten, des gütergemeinschaftlichen Vermögens E[44]; dingliche Verfügungen E[45]; Rechte am Geschäftsvermögen E[46–49]; desgl. am Erwerb E[47], [48], [49]; als Alleininhaberin oder Gesellschafterin E[49]; Stellung im Prozeß E[50–56]; Rechte des Ehemanns bei Zwangsvollstreckung E[51–54]; Aktivlegitimation E[55], [56]; Haftung des Ehemanns für gewerbliche Schulden E[57]; Einspruch des Ehemanns E[59–61]; familienrechtliche Beziehungen des Ehemanns E[63–68]; Klage auf Herstellung des ehelichen Lebens und Ehescheidung E[64]; Widerruf der Einwilligung E[66]; Verhältnis der persönlichen Gläubiger zum Geschäftsvermögen E[69–72]; Recht des Mannes zur Aufkündigung von Dienstverträgen E[73], [75]; ausländische Ehefrau E[76].

Handelsgebrauch E[30a]; mittlere Art und Güte § 360[7]; Form Anh. zu § 372[14]; Übersendungspflicht Anh. zu § 382[28].

Handelsgericht s. Handelsregister.

Handelsgeschäft, Begriff § 22[4]; Firmenübergang § 22[1–6]; Veräußerung § 22[21–40]; keine Veräußerung der Firma ohne H. § 23; Aufnahme und Ausscheiden eines Gesellschafters § 24; Übergang der Geschäftsschulden und -forderungen bei Veräußerung § 25; Verjährung der Gläubigeransprüche gegen den früheren Inhaber § 26; Haftung des Erben § 27; Eintritt als persönlich haftender Gesellschafter oder Kommanditist § 28; Erwerb und Veräußerung § 343[26].

Handelsgeschäfte.

I. Allgemeines.

Begriff § 343[2–21], § 343[2, 22]; keine absoluten H. § 343[3, 21]; H. der Minderkaufleute und Handwerker § 343[6]; Großhandelsgeschäfte § 343[3], § 1[31–81]; akzessorische Handelsgeschäfte § 343[3, 9]; Vorbereitungsgeschäfte § 343[13]; Zusammenhang mit Gewerbebetrieb § 343[12]; Privatzwecke § 343[16]; unerlaubte Handlungen keine H. § 343[19]; unentgeltliche Geschäfte § 343[19, 28]; Grundstücksgeschäfte § 344[3]; Erkennbarkeit der Tatbestandsmerkmale § 343[20]; unbewegliche Sachen § 343[21]; Gesellschaftsvertrag als H. § 343[24]; Erwerb und Veräußerung des H. § 343[26]; Beispiele von H. § 343[27]; Mischhandelsgeschäfte § 343[30]; beiderseitige H. § 352[10]; Vermutung für Vorliegen eines H. § 344[1–14]; o. HG. § 344[1]; Gegenbeweis § 344[4]; Zugehörigkeit zum Betriebe des Handelsgewerbes § 344[5], § 343 [9–17]; Wirkung für und gegen jedermann § 344[6]; Schuldschein § 344[8–14]; Beispiele § 344[10]; einseitige H. § 345[1–7]; Auslegung von Willenserklärungen § 346; wahrer Wille der Beteiligten § 346; Treu und Glauben § 346[4–6, 20]; Rücksicht auf Verkehrssitte § 346[6–13, 20]; Verkehrsauffassungen § 346[2]; Verkehrssitte im Widerspruch mit dem Gesetz § 346[10]; Beweis der Verkehrssitte § 346[13]; Tatsachenwürdigung § 346[14]; Beispiele für Auslegung § 346[15–29]; Schweigen § 346[15, 16]; Geschäfte mit öffentlichen Anstalten § 346[17]; Börsenusancen E[36]; Verfallklausel § 346[19]; Einrede der Arglist § 346[21–25]; Scheinurteile § 346[24]; Vertragspflicht, Milderung und Verschärfung der Haftung nach BGB. § 347[4–9]; Schadensersatz als Rechtsfolge der Sorgfaltsverletzung § 347[11]; mitwirkendes Verschulden des Beschädigten § 347[12–15]; Beweislast § 347[16]; Art der Schadensvergütung, Umfang des Schadens § 347[17]; entgangener Gewinn § 347[17, 19–22]; Voraussehbarkeit des Schadens § 347[26]; ursächlicher Zusammenhang § 347[14, 26, 27]; Ausschluß der Haftung aus Sorgfaltsverletzung § 347[29].

II. Arten.

Absolute? § 343[3]; Grundhandelsgeschäfte § 1 [31–85], § 343[3]; relative H. § 343[3]; akzessorische H., Neben- und Hilfsgeschäfte § 1[42, 43], § 343[3]; Umfang des Betriebes § 1[56, 57]; Vorbereitungsgeschäfte § 343[14, 26]; absolute Nichthandelsgeschäfte? § 343[21]; Grundstücksgeschäfte § 343[22]; weitere Beispiele § 343[27]; Vermutung für die Zugehörigkeit zum Betriebe des Handelsgewerbes § 344; einseitige H. § 345; beiderseitige H. § 352[8, 10, 11], § 353[1, 2]; Rat, Auskunft, Empfehlung Anh. zu § 349; Mühewaltung, Abnutzung, Darlehn, Vorschuß des Kaufmanns § 354; Kontokorrentverhältnis § 355, § 356[8], § 357; Sicherheiten und gesamtschuldnerische Mithaftungen § 356; Bürgschaft § 356[4–7]; s. Bürgschaft, Kontokorrent.

III. Abschluß.

A. Form der Handelsgeschäfte § 350; Grundsatz der Formfreiheit § 350[1–53]; gerichtlicher Vergleich § 350[2]; außergerichtlicher Vergleich § 350[3]; bürgerlichrechtliche Formvorschriften § 350[4–44]; Bürgschaftsvertrag § 350[4–9]; schriftliche Erteilung der Bürgschaftserklärung als Regel § 350[5]; mündliche Nebenabreden § 350[6]; Auslegung § 350[7]; Formmangel und Heilung § 350[8]; Ausnahme für Handelsverkehr § 350[10]; abstraktes Schuldversprechen § 350[10–16]; Schriftform für Versprechen nach bürgerlichem Recht § 350 [10, 11]; Formfreiheit, wenn auf seiten des Schuldners ein H. § 350[13, 14]; Beweislast § 350[15]; Verstöße § 350[16]; Schuldanerkenntnis § 350[17–21]; negativer § 350[20]; Grundstücksveräußerungsverträge § 350[22–29]; Verpflichtung zur Übertragung von Eigentum § 350[23]; Vollmacht, Auftrag, Geschäftsbesorgung, Dienstvertrag § 350[24]; Gesellschaftsvertrag § 350[25]; keine Formfreiheit für den Handelsverkehr § 350[29]; andere Verträge über unbewegliche Sachen, formlos § 350[30–32]; Hypotheken, Grundschulden § 350[33–35]; Mietsverträge, Pachtverträge § 350[36–40]; gemischte Geschäfte § 350[39]; Anweisungen § 350[41]; Verträge über das Vermögen § 350[41]; Schenkungsverträge § 350[43]; erbrechtliche Verträge § 350[44]; einzelne Formvorschriften des HGB. § 350[45]; in anderen Reichsgesetzen § 350[46, 47]; Vereinbarung über Formen § 350[48]; Verwertung § 350 [50–53].

B. Arten der gesetzlich vorgeschriebenen Formen § 350[54–69]; einseitige Schriftform § 350[54–61]; Unterschrift, Unterzeichnung § 350[56]; Eigenhändigkeit § 350[58]; telegraphische Übermittlung § 350[66, 68]; Blinde, Taubstumme, Analphabeten, Sprachunkundige § 350[61]; beiderseitige Schriftlichkeit § 350[62–65]; Telegraphie § 350[65, 68]; Briefwechsel § 350[65]; gerichtliche oder notarielle Beurkundung § 350[66, 67].

C. Folgen der Formbeobachtung § 350[70–80]; Gültigkeit § 350[70]; Vermutung der Vollständigkeit § 350[71–77]; arglistige Täuschung § 350[28]; Auslegung § 350[79], § 346[2]; Beweiskraft der privaten und öffentlichen Urkunden § 350[80].

D. Folgen der Nichtbeobachtung § 350[81–92]; gesetzliche Form § 350[81]; keine Heilung durch Erfüllung § 350[82]; Ausnahmen, Mietvertrag, Abtretung von Briefhypotheken, Schenkungsversprechen, Bürgschaft § 350[83]; Auflassung und Eintragung § 350[85–88]; Abtretung von Geschäftsanteilen der G. m. b. H. § 350[89]; gemischte Geschäfte § 350[90]; vereinbarte Form § 350[91, 92, 93].

IV. Erfüllung.

A. s. Erfüllungszeit.
B. s. Erfüllungsort.
C. Gegenstand der Erfüllung bei Gattungs-

schulden § 360[1–10]; Handelsgut mittlerer Art und Güte § 360[7]; „tel quel" § 360[3, 4, 5]; „wie besehen" § 360[3, 6]; Gattungskauf, Spezieskauf § 360[8]; Auslegungsregeln über Maß, Gewicht, Währung, Zeitrechnung, Entfernung § 361[1–7].

Handelsgesellschaften, Anwendung der Vorschriften betr. der Kaufleute § 6[1]; AG. als H. § 210 [14–19]; Kommanditgesellschaft auf Aktien § 320[9].

Handelsgewerbe, Begriffsbestimmung des Kaufmanns § 1[3–25, 28, 31–85]; kaufmännischer Betrieb eines gewerblichen Unternehmens § 2; stille Gesellschaft § 335[6–12]; Geschäftsbesorgung und Dienstleistung in Ausübung des H. § 354[1, 3]; Wettbewerbsverbot für Vorstandsmitglieder § 236[2].

Handelsgewohnheitsrecht E[23–37].

Handelsgrundgeschäfte § 343[3].

Handelsgut mittlerer Art und Güte § 360[7–10]; Mängelhaftung des Verkäufers § 377[39d].

Handelskammer, Unterstützung der Registergerichte § 8[3]; Bestellung der Revisoren § 192[3].

Handelskauf s. Kauf.

Handelsmäkler s. Mäkler.

Handelsniederlassung, Begriff § 13[3]; Mehrheit § 13[3, 4]; Ort § 29[2, 3, 4, 7].

Handelsplatz § 379[10].

Handelsrecht, Begriff E[16], s. auch [17–37a].

Handelsregister, Handwerker? § 2[10]; Gewerbeunternehmungen? § 2[18]; Geschichtliches § 8[1]; Führung durch Amtsgerichte § 8[2]; Amtsgericht Berlin-Mitte § 8[2]; Mitwirkung der Organe des Handelsstandes und der Behörden § 8[3]; Konsulargerichtsbezirke § 8[3]; Befugnisse des Registerrichters Anh. zu § 8[1–4]; Registerakte ebd.[2]; Aufsichtsakte ebd.[3]; Akte der freiwilligen Gerichtsbarkeit ebd.[4]; Eintragungen auf Anmeldung und von Amts wegen ebd.[5]; nur gesetzlich vorgesehene Eintragungen statthaft ebd.[6]; Prüfungspflicht ebd.[7–11]; Gesetzlichkeit ebd.[7]; Wahrheit der Erklärungen ebd.[8–11]; Recht zur Prüfung ebd.[9, 10, 11]; rechtbekundende Bedeutung der Eintragung ebd.[12]; desgl. rechtserzeugende ebd.[13]; Vermutung für Richtigkeit ebd.[16, 17, 18]; öffentlicher Glauben? ebd.[18]; strafrechtliche Fragen betr. unrichtige Anmeldungen ebd. [19]; Öffentlichkeit ebd.[12], § 9; Einsicht § 9[1]; Abschrifterteilung § 9[2]; Bescheinigungen § 9[3]; keine Auskunftspflicht § 9[4]; Rechtshilfe § 9[5]; ausländische Bescheinigungen § 9[6]; Bekanntmachung § 10 [1–6]; unrichtige Bekanntmachung § 10[1]; Blätter für Bekanntmachungen § 11 E, [1–4]; Form der Anmeldung § 12; öffentliche Beglaubigung der Anmeldung § 12[2]; Vollmacht § 12[3]; persönliche Fertigung der Zeichnung § 12[4]; Rechtsnachfolge § 12[6]; Unzulässigkeit von Bedingungen und Befristungen § 12[7]; Widerruf § 12[10]; Zweigniederlassungen § 13[1, 2, 7–11], § 15[13]; Ordnungsstrafen § 14[1–18]; Nichteintragung und Nichtbekanntmachung einzutragender Tatsachen § 15 E, [1–16]; unrichtige und ungenaue Eintragungen § 15[1]; Wirkung gegen Dritte § 15[2, 3, 7]; nachträgliche Eintragung ursprünglich nicht eingetragener Tatsachen § 15[4, 5, 6]; Anwendungsfälle § 15[8, 12]; Wirkung gegen den Betroffenen § 15[14]; strafrechtliche Fragen § 15[15]; Entscheidungen des Prozeßgerichts § 16[1–9]; Nichtübernahme von Schulden beim Geschäftserwerb § 25[17–20]; Firmenübergang § 22[10]; Aufnahme in Geschäft und Ausscheiden § 24[7]; Firmenanmeldung § 29 [1–10]; Firmenschutz § 30[1–4, 6, 13]; Änderung der Firma oder Inhaber § 31 E, [1–5]; Erlöschen der Firma § 31[3, 3a, 4, 5]; Konkurseröffnung § 32[1, 2]; juristische Personen §§ 33—35; Anmeldung der o. HG. § 106[1–10]; Veränderungen in der o. HG. § 107[1–4]; Kommanditgesellschaft § 108[4]; Beginn der Wirksamkeit der o. HG. nach außen § 123[1–12]; Anmeldung der Aktiengesellschaft § 195[1–26]; Generalversammlungen vor der Eintragung § 197 E; Inhalt der Eintragung § 198 [1–11]; Veröffentlichung § 199[1–4]; Rechtswirkung der Eintragung § 200[14]; Bedeutung der Gesellschaft vor der Eintragung § 200[1–13]; Übertragung der Anteilsrechte vor der Eintragung § 206[15, 16, 17]; Aktienausgabe vor der Eintragung § 200[18]; Zweigniederlassung § 201[3, 4, 6, 7, 12–18]; desgl. der ausländischen AG. § 201 [20–37]; Änderungen in Personal und Vertretungsbefugnis des Vorstands § 234[1–12]; Amtsdauer des ersten Aufsichtsrats § 243[5]; Personaländerungen im Aufsichtsrat § 244[1–4]; Protokoll der Generalversammlung § 259[10]; Bilanz, Gewinn- und Verlustrechnung, Geschäftsbericht § 265[1–7]; Revisorenbericht § 267[3]; Urteil auf Ungültigkeit eines Generalversammlungsbeschlusses § 273[3, 20]; Beschlüsse der Generalversammlung § 273[21, 22, 23]; Änderungen des Gesellschaftsvertrages § 277[1–7]; Kapitalerhöhungsbeschluß § 280[1–4]; Zeichnung neuer Aktien § 281[6]; Durchführung der Erhöhung § 284[1–8], § 285[1, 2], § 287[1–4]; Kapitalserhöhung bei Zweigniederlassung 286 [1–4]; Kapitalsherabsetzung § 288[10], § 289[1, 3], § 290[5]; Durchführung der Herabsetzung § 291 [1–7, 15]; Auflösung der AG. § 293[1–7]; Person der Liquidatoren § 296[1–8]; Liquidationsbilanz § 299[11]; Beendigung der Liquidation § 302[6]; Erneuerung der Liquidation § 302[20]; Verwertung des Gesellschaftsvermögens im ganzen § 303[4, 6]; Verstaatlichung der AG. § 304[5, 6, 8]; Fusion ohne sofortige Verschmelzung § 305[15–23]; desgl. mit sofortiger Verschmelzung § 306[9–12]; Fortsetzung der durch Konkurs aufgelösten AG. § 307[12]; Nichtigkeit der AG. wegen Satzungsmängel § 309[2, 13, 15, 16]; Heilung der Nichtigkeit § 310[2]; Kommanditgesellschaft auf Aktien, Gründung § 320[33, 35–39]; desgl. Satzungsänderungen § 320[108]; Umwandlungsbeschluß § 333[1–7]; s. ferner § 325 Nr. 1, § 327[6], § 330[18, 27, 36], § 332[11]; Börsentermingeschäftsfähigkeit Anh. zu § 376[17]; s. Firma, Anmeldung, Eintragung, Zeichnung, Prüfung, Protokoll, Generalversammlung.

Handelsrichter § 5[4].

Handelssachen, Begriff, Anwendungsgebiet des HGB. E[5].

Handelsstand, Mitwirkung der Organe beim Handelsregister § 8[3], § 14[15]; Revisorenbestellung § 192[3].

Handelstausch Vorb. v. § 373[2].

Handelsübliche Bekanntmachung der Passivenübernahme § 25[27].

Handelszwang des Prinzipals, Verbot von Geschäften des Handlungsgehilfen im H. § 60^{5}, ^{8}; Wettbewerbsverbot § 74^{19}.

Handgeld Anh. zu § 348^{1-4}.

Handgepäck, Lagergeschäft § 416^{9}; Frachtgeschäft § 425^{7}; Eisenbahn § 458^{3}, § 465^{6}, ^{7}, ^{10}.

Handgeschenk § 350^{43}.

Handkauf Vorb. v. § 373^{37}.

Handlungsagenten.

I. Allgemeines. Begriff § 84^{1-12}; Dienstvertrag über Geschäftsbesorgung § 84^{4}; kein Handlungsgehilfe § 84^{4}, ^{5}, ^{6}; dauerndes Verhältnis § 84^{7}; Gelegenheitsagent kein H. § 84^{7}; Vermittlung von Geschäften und Abschluß im Namen eines andern § 84^{8}; Kommissionsagent § 84^{8}; Börsenremisier § 84^{8}; Abschlußagent § 84^{8}, ^{14}; Zivilagent § 84^{9}; Vergütung § 84^{11}; Ort der Tätigkeit § 84^{12}; Kaufmannseigenschaft § 84^{13}; Versicherungsagent § 84^{13}; Klassen § 84^{14}, ^{15}; Vermittlungs- und Abschluß-, Platz-, Bezirks-, General-, Unteragenten § 84^{14}; Waren-, Versicherungs-, Auswanderungs-, Transport-, Realkreditagenten § 84^{15}; Zeugnis? § 84^{34}.

II. Pflichten § 84^{16-22b}; Interesse des Geschäftsherrn, Sorgfalt § 84^{16}, ^{27}; Schmiergeld verboten § 84^{16b}; Delkredere § 84^{17}; Muster § 84^{17a}; Anzeigepflicht § 84^{18}; Weisungen des Geschäftsherrn § 84^{19}; Auskunftserteilung § 84^{20}; Herausgabe von Schriftstücken? § 84^{20a}; persönliche Dienstleistung § 84^{22}; Wettbewerbsverbote? § 84^{22}, ^{22a}; Geheimhaltung von Geschäfts- und Betriebsgeheimnissen § 84^{22b}; Entschädigung für Pflichtverletzung § 84^{28}; Erfüllungsort § 84 ^{29}, ^{29a}; Buchführung § 84^{30}; Pflichten gegen die andere Partei § 84^{31}; gewerberechtliche Vorschriften § 84^{32}.

III. Rechte. Ansprüche auf Ausübung der Tätigkeit? § 84^{24}, ^{25}, ^{26}; Schadensersatzansprüche gegen Geschäftsherren? § 84^{26}; Vergütung § 84^{23}, §§ 88—91; Annahme von Zahlungen? § 86^{1}, ^{2}, ^{3}, § 87; Empfangnahme von Waren? § 86^{3a}; Stundung? § 86^{2}; Entgegennahme von Mängelanzeigen § 86^{4}; Provisionsanspruch § 88 E, $^{1-22}$; Entstehungsbedingungen § 88^{1-12}; ursächlicher Zusammenhang mit Tätigkeit § 88^{2}; Nachbestellungen, Nachorders § 88^{2}; Erfolg der Tätigkeit des Agenten § 88^{3}; Provision von Schadensersatz wegen Nichterfüllung § 88^{3}; Eigengeschäfte § 88^{3}; Höhe der Provision § 88^{13}; Fälligkeit der Provision § 88^{14}; unmittelbare Geschäfte § 88^{15}; Umsatzprovision § 88^{15}; Gehalt § 88^{16}; Tantieme, Überpreise, Prämie § 88^{17}; Erfüllungsort für Provisionszahlung § 88^{18}; Verjährung § 88^{19}; Zurückbehaltungsrecht und Aufrechnung § 88^{20}; Pfändbarkeit § 88^{22}; Erstattung außerordentlicher Ausgaben § 90^{1}, ^{2}; fester Betrag für Auslagen § 90^{3}; Buchauszug § 91 E, $^{1-7}$; Vorlegung der Bücher § 91^{4}, § 45.

IV. Endigung des Agenturvertrags § 92; ordentliche Kündigung § 92^{1}, ^{1a}, ^{1b}; fristlose Kündigung aus wichtigen Gründen § 92^{2-8}; Provision nach Auflösung § 92^{4}; Abrechnungszeit § 92^{5}; wichtige Gründe § 92^{6}, ^{7}, ^{8}, § 77^{5-8}; Tod des Geschäftsherrn § 92^{10}; Tod des Agenten § 92^{11}; Konkurs des Geschäftsherrn § 92^{12}; desgl. des Agenten § 92^{13}; Krankheit und längere Behinderung § 92^{14}; Geschäftsveräußerung seitens des Geschäftsherrn § 92^{15}, § 70^{15}; seitens des Agenten § 92^{16}.

V. Besondere Bestimmungen. Vermittlungsagenten § 85 E, $^{1-4}$, Anh. zu § 372^{36}; Geschäftsabschluß im Namen des Geschäftsherrn § 85^{1}; Anzeige an den Geschäftsherrn § 85^{2}; Genehmigung § 85^{3}; Unverzüglichkeit der Nichtgenehmigung § 85^{3}; Vertreter ohne Vertretungsbefugnis bei Ablehnung § 85^{3}, Anh. zu § $58^{111-138}$; Vertragsangebot des Dritten § 85^{4}; Verträge unter Vorbehalt § 85^{4}; Abschlußagent Anh. zu § 85^{1-6}, Anh. zu § 372^{36}; H. als Handlungsreisender § 87; Verkaufsagent § 88^{4-7}; Bezirksagent § 89^{1-6}.

Handlungsbevollmächtigte der AG., Vertretung § 232^{18}, ^{27}; stiller Gesellschafter als H. § 335^{25}; s. Handlungsvollmacht.

Handlungsdiener § 59^{8}.

Handlungsfähigkeit der Zweigniederlassung einer ausländischen AG. § 201^{39}.

Handlungsgehilfe.

I. Allgemeines. Begriff § 59^{7-23}; kein Kaufmann § 1^{18}; Verhältnis zum Handlungsbevollmächtigten § 59^{3}; desgl. zum Gewerbegehilfen § 59^{4}, ^{15}; Streitigkeiten mit dem Kaufmann aus dem Dienstverhältnis, Rechtsgang, Kaufmannsgericht § 59^{5}, ^{5a}, ^{5b}, § 62^{14}; Dienstvertrag § 59 $^{7-10}$; Geschäftsräume § 59^{9}, ^{27}, § 62^{1}; Geschäftszeit § 59^{9}, ^{28}; Stundenbuchhalter? § 59^{9}; Mitarbeit von Ehefrau und Kindern § 59^{9}; Staatsbeamte keine H. § 59^{9}, § 36^{11}; Entgeltlichkeit § 59^{10}; Volontär § 59^{10}; Beschäftigung im Handelsgewerbe § 59^{10}; kaufmännische Dienste § 59^{12-14a}; Beispiele § 59^{14}; Anstellungsvertrag § 59^{35}, ^{35a}, ^{35b}; Dauer § 59^{34b}; Urlaub § 59^{34c}; Handlungsreisender § 59^{36-37a}; Wettbewerbsverbot §§ 60, 61, 74, 74a, 74b, 74c, 75, 75a, 75b, 75c, 75d, 75e; geheime Konkurrenzklausel § 75f; Klage auf Dienstleistung § 59^{30}; Fürsorgepflichten des Prinzipals § 62 E, $^{1-17}$; geschäftliche Einrichtungen § 62^{1}; Geschäftsräume § 62^{2}; Vorrichtungen und Gerätschaften § 62^{2}; Geschäftsbetrieb § 62^{3}; Arbeitszeit § 62^{4}; Gesundheit § 62^{5}; häusliche Gemeinschaft § 62^{6}, § 63^{9}; Religion § 62^{6}; unverschuldetes Unglück § 63 E, ^{1}, ^{2}; Behinderung an der Dienstleistung § 63^{3}; Gehalt und Unterhalt § 63 E, ^{5}; Dauer § 63^{4}; Tod des H. § 63^{3}; Wirkungen § 63^{5}, ^{6}; Kranken- und Unfallversicherungspflicht § 63^{7}; Ausschluß entgegenstehender Vereinbarungen § 63^{7}; militärische Dienstleistungen § 63^{8}; Wochenbett § 63^{8}; monatliche Gehaltszahlung § 64^{1-6}; Ort derselben § 64^{7}; Anstellung und Entlassung bei o. HG. § 116^{11}; Vorstandsmitglied der AG. kein H. § 231^{23}; s. Handlungsreisender.

II. Pflichten § 59^{24-31}; Dienstleistung § 59^{24-30}; Ortsgebrauch § 59^{24}; persönliche Leistung § 59^{25}; kaufmännische Dienste § 59^{26}, ^{27}; Ort der Beschäftigung § 59^{27}; Arbeitszeit § 59^{28-31}; Sonn- und Festtage § 59^{28}; offene Verkaufsstellen § 59^{28}; Werktage § 59^{28}; Gehorsam § 59^{29}; Klage auf Dienstleistung § 59^{30}; Schadensersatz wegen Nichterfüllung § 59^{30}; Mankohaftung

Handlungsgehilfe.
§ 59^{31}; Verschwiegenheit § 59$^{38-42}$; Buße § 59^{43}; Rechnungslegung § 59^{44}; Verbot von heimlichen Provisionen (Schmiergeldern) § 59^{46}, § 60^{11}; Wettbewerbsverbot s. oben zu I, § 59$^{39, 41}$; Dauer des Verbots § 60^{2}; Betrieb eines Handelsgewerbes § 60$^{3, 4}$; Geschäfte für eigene oder fremde Rechnung § 60$^{5-8}$; Handelszweig § 60^{5}; Einwilligung des Prinzipals § 60^{9}; Folgen der Verletzung § 61; Wahlrecht des Prinzipals § 61^{1}; Schadenersatz § 61$^{1, 2}$; Eintrittsrecht § 61$^{1, 3}$; Klage auf künftige Unterlassung § 61^{5}; desgl. auf Auskunfterteilung und Rechnungslegung § 61^{6}; Gültigkeit verbotswidriger Geschäfte § 61^{7}; Entlassung § 61$^{8, 10}$; Vertragsstrafe § 61$^{8, 11}$; Verjährung § 61^{9}; Wettbewerbverbote für Zeit nach Beendigung des Dienstverhältnisses §§ 74 bis 75e; Vereinbarung zwischen Prinzipal und H. § 74^{5}; Abschluß vor Beendigung des Dienstverhältnisses § 74^{5}; Beschränkung für spätere Zeit § 74$^{6, 7}$; gewerbliche Tätigkeit § 74^{7}; Schriftform, Aushändigung § 74$^{8, 9, 10}$; Auslegung § 74^{15}; Beispiele § 74^{18}; Handelszweig § 74^{19}, Betrieb § 74^{20}; Eintritt und Beteiligung § 74^{21}; Umgehung des Verbots § 74^{22}; Erfüllungsort § 74^{26}; Dauer des Verbots § 74a^{8}; Anrechnungspflicht § 74c$^{1-6}$; Auskunft § 74c^{9}; Vertragsstrafe § 75c$^{1-8}$.

III. Ansprüche und Rechte. Vergütung § 59^{33} bis ^{34a}; Gehalt, Naturalvergütung, Provision, Tantieme, Pension § 59$^{33, 33a}$; „angemessener" Lohn § 59^{33}; Hungerlohn § 59^{33}; Verjährung § 59^{33}; Überstunden § 59^{33a}; Vorschuß § 59^{33b}; Gratifikationen § 59^{34}; kein Anspruch auf Beschäftigung § 59^{32}; Vorzugsrechte im Konkurse des Prinzipals § 59^{33}; Auslagenersatz § 59^{34a}; Urlaub § 59^{34c}; Zurückbehaltungsrecht § 59^{45}; Veräußerlichkeit des Anspruchs auf Vergütung § 59^{47}; Schadensersatzansprüche des neuen Prinzipals wegen unrichtigen Zeugnisses § 73^{8}; einmalige Erteilung § 73^{9}; Fürsorgepflichten des Prinzipals § 62 E,$^{1-17}$, s. oben zu I; Provision für abgeschlossene oder vermittelte Geschäfte § 65$^{1, 2}$; Tantieme § 65$^{4-11}$; Büchervorlegung § 65$^{5, 6}$, § 45^{2}; Bedeutung der Jahresbilanz § 65^{8}; garantierte Tantieme § 65^{8}; Bilanzanfechtung § 65^{9}; Verjährung der Tantieme § 65^{11}; Zeugnis § 73$^{1-9}$; Inhalt § 73^{4}; Berichtigung § 73^{6}; Klage auf Ausstellung oder Berichtigung § 73^{7}; Entschädigung bei Wettbewerbsverbot § 74$^{11-15}$, § 74a$^{5, 6}$; bezahlte Karenz § 74^{11}; Dauer der Entschädigung § 74^{13}; Höhe § 74$^{13, 14}$; monatliche Zahlung § 74b$^{1, 2, 3}$; Anrechnungspflicht § 74c$^{1-6}$; Wegfall der Entschädigung bei Freiheitsstrafe § 74c$^{7, 8}$; desgl. bei Kündigung wegen vertragswidrigen Verhaltens § 75$^{2, 3, 4}$; desgl. bei Kündigung aus erheblichem Anlaß in der Person des H. § 75$^{5, 6}$; desgl. bei Tätigkeit außerhalb Europa § 75b$^{2, 5}$; desgl. bei Hochbesoldeten § 75b$^{3, 4, 5}$; Schutz gegen Umgehungen der Bestimmungen § 75d$^{1, 2, 3}$; Entschädigung bei Konkurs § 75e$^{1, 2, 3}$.

IV. Beendigung des Dienstverhältnisses §§ 66—74, § 59^{34b}; gesetzliche Kündigungsfrist § 66, § 66^{6}; Beweislast, ob gesetzliche Kündigungsfrist § 66^{7}; Kündigung bei bestimmter Zeitdauer des Dienstverhältnisses § 66^{2}; stillschweigende Fortsetzung § 66$^{2, 15}$; Vereinbarung der Parteien § 66^{1}; Auslegung § 66$^{1-5}$; keine Folgerung aus der Lohnfestsetzung nach Zeitabschnitten § 66^{1}; Tod des Prinzipals § 66^{1}; Anstellung für eine Geschäftsreise § 66^{1}; bestimmte Dauer § 66^{2}; stillschweigende Fortsetzung § 66$^{2, 15}$; Anstellung auf Lebenszeit § 66^{3}; auf Probe § 66^{4}; kurzfristige Kündigung § 66^{5}; verspätete, vorzeitige Kündigung § 66^{8}; Entlassung § 66^{8}; Form der Kündigung § 66^{9}; unbestimmte und bedingte Kündigung § 66^{10}; Kündigung an Sonn- und Feiertagen § 66^{11}; Kündigung durch Bevollmächtigte § 66^{12}; Zeit zum Aufsuchen eines neuen Dienstverhältnisses § 66^{13}; Tod des Prinzipals § 66^{14}; Vereinbarungen über Kündigungsfrist und Bedingungen § 67$^{1-10}$; bestimmte Vertragsdauer § 66^{3}; Mindestfrist ein Monat § 67^{4}, beiderseits gleiche Frist § 67^{4}, nur zum Schluß des Kalendermonats § 67^{4}, unechte Kündigung § 67^{5}, nichtige Vereinbarungen § 67^{6-8a}, vereinbarte Nachteile für den Kündigungsfall § 67^{9}; bittweise Weiterbeschäftigung § 67^{10}; unbeschränkte Kündigungsfrist bei H. mit mindestens 5000 ℳ Gehalt und außerhalb Europas § 68$^{1, 2, 3}$; Kündigungsfrist bei Anstellung zur Aushilfe § 69$^{1-6}$; Beweislast § 69^{6}; fristlose Kündigung, Entlassung § 70; zu welchem Zeitpunkt? § 70^{2}; „zur Verfügung stellen"? § 70$^{4, 12}$; Angabe der Gründe? § 70^{3}; später bekannt gewordene Gründe § 70$^{3, 9}$; Gründe, die sich nach Entlassung ereignen § 70^{7}; Gründe, die vor der Anstellung sich ereignet haben § 70^{8}; Beweislast § 70^{4}; Feststellungsklage § 70$^{1, 12, 21}$, wichtige Gründe § 70$^{9-11}$; schuldlose Entlassung als Kündigung § 70$^{2, 5}$; Krieg als Entlassungsgrund § 70^{5}; vertragliche Bestimmung über Wichtigkeit der Gründe § 70^{10}; allgemeine Entlassungsklausel § 70^{10}; Entlassung § 70$^{11-14}$; Folgen der Kündigung § 70^{11-17b}; Aufhebung des Dienstverhältnisses § 70^{4}; Zurücknahme der sofortigen Entlassung § 70^{11}; Klage auf Leistung der Vergütung, auf noch nicht fällige Raten, Feststellungsklage, Schadensersatz § 70^{12}; böswillige Ausschlagung anderer Stelle § 70^{12}; Verzicht auf Ansprüche § 70^{13}, § 63^{11}; Vorbringen des Prinzipals § 70^{14}; sofortige Kündigung seitens des Gehilfen § 70^{15-17c}; Klage des Dienstherrn auf Leistung des Dienstes § 70^{15}; gegen den neuen Prinzipal § 70^{15}; Grund zur Entlassung § 70^{16}; Einreden des Gehilfen, Schadensersatzpflicht des Prinzipals § 70^{17}; Zurückbehaltungsrecht des Gehilfen § 70^{17a}; Schadensersatzpflicht bei Auflösung wegen verbotswidrigen Verhaltens § 70^{18}; beiderseitiges Verschulden § 70^{18}; Umfang der Schadensersatzpflicht § 70^{19-22a}; entgangener Gewinn § 70^{19}; anderweitige Verwendung, Bemühung um anderen Dienst § 70^{20}; Lohnbeschlagnahmebeschränkung § 70^{21}; Konkursvorrecht § 70^{21}; Mitwirkung zur Abwendung des Schadens § 70^{22a}; auflösende Bedingung § 70^{23}; Anfech-

Handlungsgehilfe.
tung wegen Irrtums, Betrugs und Zwanges § 70[24], [25]; Tod § 70[26]; Geschäftsveräußerung § 70[27]; Konkurs des Prinzipals § 70[28]; Rücktritt aus §§ 325, 326 BGB. § 70[29]; Verzicht auf die Dienste § 70[30]. — Wichtige Gründe des H. zur sofortigen Kündigung § 71; Nichtgewährung der Vergütung § 71[2]; Verweigerung der Schutzvorrichtung § 71[3]; Tätlichkeiten, Ehrverletzungen, unsittliche Zumutungen, verweigerter Schutz § 71[5]; Prokuraentziehung? § 71[6]; Verheiratung? § 71[6]; wichtige Gründe für den Prinzipal § 72[1–11]; Untreue, Vertrauensmißbrauch, Übertretung des Konkurrenzverbots § 72[2]; nicht verbrauchte Spesen, Annahme von Schmiergeldern § 72[2]; unwahre Berichte, Preisgabe von Geschäftsgeheimnissen § 72[2]; Verleitung zum Vertragsbruch § 72[2], Aufwiegelung Mitangestellter § 72[2]; Unredlichkeit, Unwahrheit § 72[2]; Übertretung des Wettbewerbsverbots § 72[2], § 60[1–11], § 70[7]; unbefugte Dienstverweigerung § 72[3], [5]; desgl. Dienstversäumnis § 72[4–7]; Erheblichkeit § 72[4]; Erfüllung höherer Pflichten § 72[5]; religiöse, politische Pflichten § 72[5]; ärztliche Untersuchung § 72[6]; Krankheit § 72[6], [8]; Beweislast § 72[6], Nichtentschuldigung § 72[7]; Freiheitsstrafe § 72[6]; militärische Dienstleistung § 72[6]; Schwangerschaft § 72[6], [10]; Tätlichkeiten, Ehrverletzungen gegen Prinzipal und Mitangestellte § 72[9]; weitere Beispiele § 72[10]; zerrüttete Vermögensverhältnisse § 72[10]; Konkurseröffnung § 72[10]; Mangelhafte Schulbildung § 72[10]; Trunksucht, Trunkenheit § 72[10]; Verleitung zur Untreue § 72[10]; unsittliches Verhalten § 72[10]; Beweislast § 72[11]; Auflösung des Dienstverhältnisses durch den H. wegen vertragswidrigen Verhaltens des Prinzipals vgl. II. Pflichten, Wettbewerbsverbot; s. Zeugnis oben zu III.

Handlungslehrling, Begriff § 76[1–4]; Zweck der kaufmännischen Ausbildung § 76[4]; Art und Umfang der Dienste § 76[5], [6]; Ausbildungspflicht des Prinzipals § 76[5], [17]; Schadensersatzanspruch des Prinzipals für Dienstpflichtverletzung § 76[8]; keine Zurückbringung in die Lehre § 76[8]; kein Züchtigungsrecht § 76[9]; Vergütung § 76[10]; Lehrgeld § 76[10]; Verjährung § 76[11]; Anstellungsvertrag § 76[13–16]; Vormundschaftsgericht § 76[13]; Stempelfreiheit? § 76[16]; Gottesdienst § 76[17]; Anhalten zu Arbeitsamkeit und guten Sitten § 76[17]; Arbeitszeit, Überstunden § 76[17]; Fortbildungsschule § 76[18]; Wettbewerbsverbot § 76[19], [24]; Fürsorgepflichten des Prinzipals § 76[20]; häusliche Gemeinschaft § 76[20]; Fortzahlung des Gehalts bei unverschuldetem Unglück § 76[21]; Verschwiegenheitspflicht § 76[23]; Dauer der Lehrzeit § 77[1–8]; Probezeit § 77[1], [2], [3]; keine Kündigungsfristen § 77[5]; fristlose Kündigung aus wichtigem Grunde § 77[7]; mechanische Dienstverrichtung § 77[7]; Geschäftsübergang § 77[7]; Konkurs des Prinzipals § 77[7]; Unfähigkeit des Lehrherrn § 77[7]; Tod § 77[8]; Endigung des Lehrlingsverhältnisses bei Übergang zu anderem Gewerbe oder Beruf § 78[1–7]; Schriftform für Erklärung § 78[2], [3]; Folgen der Zuwiderhandlung § 78[4], [5], [6]; Schadensersatzpflicht des austretenden Lehrlings § 79[1–4]; des entlassenden Lehrherrn § 79[4]; Zeugnis § 80[1–4]; polizeiliche Beglaubigung § 80 Abs. 2; Besitz der bürgerlichen Ehrenrechte als Erfordernis für den Lehrherrn § 81; Erzwingung der Entlassung durch die Polizei § 81 Abs. 2; Strafbarkeit von Verletzungen der Fürsorge- und Ausbildungspflicht § 82; Gesinderecht § 83.

Handlungsreisender, Begriff § 55[4]; Wesen und Wirkung seiner Handlungsvollmacht § 55[1], [2], [3]; Verträge mit Wirten und Fuhrleuten § 55[3]; Stadtreisender § 55[9]; Einziehung des Kaufpreises § 55[5], [8]; Abzüge § 55[5]; Fristbewilligung § 55[5]; Empfangnahme von Mängelrügen § 55[6]; Umfang der Vollmacht § 55[7–11]; Kaufbestimmungen § 55[9]; kein Verzicht auf wohlerworbene Rechte § 55[10]; keine Bürgschaft § 55[11]; H. als Handlungsgehilfe § 55[12], § 59[36] bis [37a]; Handlungsgehilfe, freie Provisionsreisende § 59[36]; Dienste des H. § 55[36a]; Ansprüche § 55[37]; Diäten § 55[37]; Spesen § 55[37], [37a]; Zurückberufung § 55[37a]; Zurückbehaltungsrecht? § 55[45]; Annahme von Bestellscheinen Anh. zu § 372[36]; vollmachtlose Reisende, Bestätigungsschreiben Anh. zu § 372[38].

Handlungsvollmacht, Begriff § 54[1]; General-, Art-, Einzelvollmacht § 54[1], [16]; Fähigkeit § 54[2]; Gesamthandlungsvollmacht § 54[2], [2a]; Erteilungsfähigkeit § 54[3]; Formfreiheit § 54[4], [14], [15]; stillschweigende Erteilung § 54[5], [6]; Bevollmächtigte der Versicherungsunternehmen § 54[6a]; Vollmacht zur Gelderhebung § 54[10]; Abschluß durch Fernsprecher § 54[13]; Umfang § 54[16]; Wirkung § 54[17]; Auskunfterteilung über Kreditwürdigkeit § 54[19]; Beschränkungen (Grundstück, Wechsel, Darlehn, Prozeß) § 54[20]; besondere Vollmacht zu ungewöhnlichen Geschäften § 54[20]; sonstige Beschränkungen § 54[22]; „Kennenmüssen" des Dritten § 54[22]; Zeichnung § 57[1], [2], [3]; Beweislast § 54[23]; Unübertragbarkeit § 58[1], [2], [3]; Erlöschen Anh. zu § 58[88–108]; Erteilung bei der Aktiengesellschaft § 232[7]; Erlöschen bei Auflösung der AG.? § 292[2]; s. Handlungsgehilfe, Handlungsreisender, Vollmacht, Vertretung.

Handwerker, Begriff § 1[44], § 4[2–16]; kein Eintragungszwang § 2[10]; handwerksmäßiger Betrieb als Grundhandelsgeschäft? § 1[33]; Weiterveräußerung als Handelsgeschäft § 343[6].

Handwerkskammern § 14[16].

Hauptberuf § 1[28].

Hauptbuchverpfändung § 368[101].

Hauptniederlassung § 13[4].

Hausdiener § 59[21].

Hausgenossen, Zugang der brieflichen Erklärung Anh. zu § 361[5].

Hauskinder, Betrieb des Handelsgewerbes durch gesetzlichen Vertreter § 1[21].

Häusliche Gemeinschaft, Fürsorgepflichten des Prinzipals gegen Handlungsgehilfen § 62[6], § 63[9]; Lehrling § 76[20].

Hausseklausel Vorb. v. § 373[28].

Heilanstalt, Arzt als Inhaber Kaufmann? § 1[9].

Heilung, Nichtigkeit der AG. § 310[3], [4]; Folgen § 309[14], § 310[5]; keine H. der Nichtigkeit des unsittlichen Geschäfts Anh. zu § 346[8], der Formmängel durch Erfüllung, Bürgschaft § 350[7], [83]; Erfüllung des formlosen Vertrags grundsätzlich keine H. des Formfehlers § 350[82]; Ausnahmen § 350[83–88]; Auflassung und Eintragung § 350 [84–88]; des Verzugs beim Kauf § 373[19], Anh. zu § 374[112], [113], [114]; der Vertragsuntreue Anh. zu § 374[201]; H. der Nichtigkeit bei Arglist ausgeschlossen § 377[167]; Heilbarkeit von Mängeln des Gesellschaftsvertrags der AG. § 189[11–14].

Heimliche Provision, Handlungsgehilfe § 59[46]; o. HG. § 114[9]; AG. § 231[24].

Heirat als wichtiger Kündigungsgrund? § 71[6].

Heiratsvermittler kein Kaufmann § 1[77]; gewerberechtliche Vorschriften Vorb. v. § 93[44]; Nichtigkeit bei Verstößen gegen zwingende Rechtsvorschriften § 350[16]; Anspruch auf Vergütung § 354[7].

Helgoland E[1].

Hemmung der Verjährung § 377[139a], [140], [140a].

Herabsetzung des Grundkapitals §§ 288—291; Anwendung bei Amortisation von Aktien § 227[12]; s. Aktiengesellschaft zu E; Kommanditgesellschaft auf Aktien § 320[111], [112].

Herausgabeanspruch des Eigentums gegen den Agenten betr. Schriftstücke § 84[20a]; gegen den gutgläubigen Erwerber gestohlener Sachen § 366[74]; gegenüber unentgeltlichem Erwerb § 366[74]; kein H. wegen Orderpapiers § 366[74]; Anspruch des o. H.-Gesellschafters gegen den Liquidator § 155[12]; Übergabe des Lieferungsscheins als Abtretung des H.? § 363[8]; Übertragung von indossierten Dispositionspapieren § 365[10], § 366[14], § 368[22], [23]; Abtretung des H. zwecks Eigentumsübertragung § 366[13], Anh. zu § 382[45b], [59a]; gutgläubiger Erwerb durch Abtretung des H. läßt Rechte Dritter unberührt § 366[42]; Übergabe des Frachtbriefduplikats als Abtretung des H. § 455[4], [6].

Herberge eines kirchlichen Vereins kein Kaufmann § 1[10].

Herbst, Zeit der Leistung § 359[1].

Herkunftsbezeichnung als Firmenzusatz § 18[12c].

Herstellung aus nicht vertretbaren Sachen, beim Werklieferungsvertrag § 381[14–17]; aus eigenem Stoff des Bestellers § 381[18]; desgl. aus Stoff teils des Unternehmers § 381[19].

Herstellungsart als Firmenzusatz § 18[12c].

Herstellungsmittel § 1[43].

Herstellungspreis, Bilanz der AG. § 261[20], [21].

Hibernia, Sonderrechte § 250[9]; größere Mehrheit § 251[4], § 275[1]; gerichtliche Ermächtigung zur Berufung der Generalversammlung § 254[18]; Aktienbezugsrecht § 282[2].

Hilfsgeschäfte im Bankgewerbe § 1[68]; o. HG. in Liquidation § 149[18]; Handelsgeschäfte § 343[3], [14].

Hilfspersonen als Gewerbegehilfen § 59[13]; Agent § 84[21]; Eisenbahn § 458[1–6], § 472[11].

Hindernisse s. Reisehindernisse.

Hinkende Inhaberpapiere Anh. zu § 365[10], § 424[10].

Hinterlegung der Aktien, Ausübung des Stimmrechts § 255[2], [4], [5], [6]; Recht auf besondere Mitteilungen § 257[2]; Revisorenbestellung § 266[10], [11], [15]; Ersatzklage der Minderheit § 269[3]; bei Anfechtung seitens der Aktionäre § 271[13]; Erlös von kraftlos erklärten Aktien § 290[7]; Auflösung der AG., Forderungen unbekannter Gläubiger § 301[5]; Fortfall der Zinspflicht § 353[10]; irreguläre H. § 368[87]; Verzug des Gläubigers Anh. zu § 372[57]; Annahmeverzug des Käufers, Recht des Verkäufers § 373[23–30], Anh. zu § 374[25a]; Recht des Kommissionärs § 389[2]; Recht des Frachtführers § 437[4].

Höchstbetrag, Haftung der Eisenbahn § 461[1–2], § 462, § 463[2], § 465[2], § 466[4].

Höchstpreise Vorb. v. § 373[32a], [b], [c], Anh. zu § 374[47].

Hoffnungskauf Vorb. v. § 373[55], § 377[121].

Höhere Gewalt § 377[101]; Eisenbahn § 453 Abs. 1, § 456[6–9].

Höhere Pflichten § 72[5].

Höker § 1[84]; Kleingewerbetreibende § 4[20].

Holschulden Anh. zu § 372[64], [65], Anh. zu § 374[17]; Zinsen § 353[8].

Holz auf dem Stamm, bewegliche Sache § 1[38]; Eigentumserwerb beim Kauf Anh. zu § 382[59b].

Hotelier § 1[44].

Hotelwagen, Gepäckbeförderung Nebenleistung § 425[7].

Hungerlöhne § 59[33].

Hydrasystem Vorb. v. § 373[5].

Hypothek, Ermächtigung des Prokuristen zur Veräußerung § 49[1]; Bestellung für stillen Gesellschafter § 335[25]; Übergang auf den zahlenden Bürgen § 349[43]; Abtretung § 350[33], [34], [35]; H. am abgebrannten Gebäude Vorb. v. § 373[63c]

Hypothekenbanken, Konkurs § 292[14].

Hypothekenbriefe, Pfandrecht § 368[1]; Zurückbehaltungsrecht § 368[16]; Hingabe an Zahlungs Statt § 377[39].

Hypothekenmäkler, Vorb. v. § 393[1], [4].

Hypothekenpfandbrief, Bilanz § 40[7].

Hypothetische Handelsgewerbe § 1[31].

J

Jahr s. Geschäftsjahr.

Jahresbilanz § 39[3], [4]; Liquidatoren der o. HG. § 154[7]; Aktiengesellschaft, Reingewinn, Dividende § 215[2], [3]; Genehmigung durch Generalversammlung § 260[1–5]; Vorlegung der Jahresrechnung § 260[18–21]; Bekanntmachung § 265[1–5]; Aktiengesellschaft in Liquidation § 299[4], [5], [8].

Jahresfristen Anh. zu § 359[25].

Jahresgehalt, kein Einfluß auf Dauer des Dienstverhältnisses § 66[1].

Jahresproduktion, Zwang zum Vertragsschluß Anh. zu § 346[35].

Jahresrechnung, Vorlegung an Aufsichtsrat und Generalversammlung § 260[18]; desgl. bei Liquidation § 299[9].

Jahrestransport § 413[6].

Jahresumsatz, Handwerksbetrieb § 4[16].

Illoyal verspätete Geltendmachung der Rechte aus dem Verzuge, Kauf Anh. zu § 374[147–148b]; Fixhandelskauf § 376[35].

Immaterielle Güter, Bilanz der AG. § 261[1c].

Immobiliarklausel § 49[2], [3].

Inbegriff von Sachen § 366[6], [12].

Indentgeschäft, Verlängerung der Verjährungsfrist § 377[190].

Individualisierung beim Gattungskauf § 377^{55}.
Individualrecht § 254^{1}.
Indossabilität § 363^{27-33}.
Indossament, handelsrechtliche Orderpapiere § 363 $^{19-38}$; kaufmännischer Verpflichtungsschein § 363 $^{27-31}$; J. zum Inkasso § 363^{29}, § 364^{16}; ungültiges J. als Forderungsübertragung § 363^{29}; Wirkungen § 364; Übertragungswirkung § 364 E; Übergang der Rechte § 364^{2}, ^{3}; Einreden § 364^{4-17}; Wirkung der Übergabe § 363^{35-38}, § 364^{4}, § 365^{10}; Form § 365^{1-6}, § 272; Legitimation des Besitzers § 365^{7}; Prüfung der Legitimation § 366^{7}; Verpfändung von Waren § 365^{11}, § 368^{19-23}; Prokuraindossament § 365^{15}; Pfandbestellung § 368^{14-18}; Schutz des gutgläubigen Pfanderwerbs § 368^{24}, $^{26-31}$; Wirkungen des Pfanderwerbs § 368^{73-75a}; desgl. bei Dispositionspapieren § 368^{76}, ^{77}; Kommissionstratte § 395^{1-7}; Namensaktie § 179^{2}, § 183^{1}, § 222^{7}, § 368^{14-18}; s. Aktiengesellschaft zu D.
Indossierbarkeit, Papiere für den Handelsverkehr § 40, § 363^{5}, ^{6}.
Industriepapiere, Börsentermingeschäft Anh. zu § 376^{104}.
Inhaberaktien § 179^{8}, § 183^{1}, ^{2}, ^{3}; Umwandlung von Namen- in Inhaberaktien § 183^{5}, ^{6}; keine Interimsscheine auf den Inhaber § 179^{5-9}; Verlust § 228^{3}; s. Aktiengesellschaft zu C.
Inhaberlagerscheine § 424^{8}, ^{9}.
Inhaberklausel Anh. zu § 365^{9}.
Inhaberpapiere Anh. zu § 365^{1a-10}; Schuldverschreibungen auf den Inhaber Anh. zu § 365^{2-8}; Beispiele Anh. zu § 365^{2}; Unterschrift des Ausstellers ebd. ^{3}; rechtmäßige tatsächliche Inhabung ebd. ^{4}, ^{5}; Begründung der Verpflichtung ebd. ^{6}; Übertragung durch Übergabe ebd. ^{7}; Verpfändung ebd. ^{8}; Umwandlung in Namenspapiere ebd. ^{8}; Zwangsvollstreckung in J. ebd. ^{8}; Legitimationszeichen ebd. ^{9}; inhaberähnliche Papiere ebd. ^{10}; Übertragung von Eigentum und Pfandrecht § 366^{1}, ^{2}, ^{3}; Schutz des gutgläubigen Erwerbs § 366^{1-13}, ^{22}, ^{49}, ^{50}, $^{53-58}$, § 367^{1-7}, § 368^{25}; Befriedigung aus dem Pfand § 368^{72}; unechte J. § 369^{16}; Zurückbehaltungsrecht Vorb. v. § 369^{2}; Pfandverwertung § 371^{19}; Erfüllungsort Anh. zu § 372^{26}; hinkendes J. § 424^{10}; Bankverwahrungsvertrag Anh. zu § 424 E.
Inkassoabtretung § $368^{113-117}$.
Inkassobureau § 2^{3}.
Inkassoindossament § 364^{16}.
Inkassokommission § 406^{2}.
Inkassomandat § 364^{16}.
Inkassovollmacht des Handlungsgehilfen § 54^{10}; des Handlungsreisenden § 55^{2}, ^{4}, ^{5}; Abschluß- und Vermittlungsagent? § 86^{2}; Mäkler § 97; Überbringer einer Quittung Anh. zu § 58^{41-50}.
Innerer Verderb, Speditionsgeschäft § 417^{5}; Eisenbahn § 456^{10}.
Innerbörsliche Geschäfte Anh. zu § 376 E.
Inoffizielle Geschäfte Anh. zu § 376 E, ^{3}.
Inseratenteil der Zeitung Anh. zu § 415^{8}.
Insertionsauftrag Anh. zu § 361^{68}.
Insertionsvertrag § 343^{27}.
In-sich-Geschäfte § 400^{2}.
Interesse, geschäftliches des Prinzipals § $74a^{1-4}$; der Gesellschaft, Berufung der Generalversammlung § 253^{4}; berechtigtes J. Anh. zu § 349^{34}, ^{35}, ^{36}; Verzug beim Kauf, Wegfall der Fristsetzung bei Wegfall des J. Anh. zu § 374^{101}, ^{101a}, b, ^{102}; keine Heilung des Verzugs bei Verlust des J. Anh. zu § 374^{114}; Sukzessivlieferungsgeschäft, J. an Erfüllung Anh. zu § 374^{128}, ^{130}, ^{131}, ^{132}, ^{134}; J. an der Lieferung, Eisenbahn § 463 E, ^{1}, ^{4}; Höhe des Schadensersatzes § 466^{5}.
Interessengemeinschaft § 305^{4}, § 306^{25}.
Interessentheorie, Gefährdung des Vertragszwecks Anh. zu § 374^{175}.
Interimsscheine s. Aktiengesellschaft zu D; Verlust § 228^{1}, ^{2}, ^{4}, ^{5}.
Internationales Privatrecht E^{6}; Zweigniederlassung der ausländischen AG. § 201^{18}; Erfüllungsort Anh. zu § 372^{5-11}; Verfolgungsrecht des Verkäufers Anh. zu § 382^{117}.
Internationaler Verkehr (Eisenbahnfrachtverkehr) § 426^{20}, § 427^{10}, § 437^{7}, § 440^{14}, § 442^{8}, § 443^{11}, § 453^{18}, § 454^{2}, § 455^{10}, § 456^{18}, § 457^{6}, § 458^{7}, § 459^{22}, § 460^{6}, § 461^{8}, § 463^{5}, § 465^{12}, § 466^{9}, § 467^{8}, § 468^{5}, § 469^{12}, § 470^{2}.
Intervention des o. H.-Gesellschafters § 124^{15}.
Inventar § 39 Abs. 2, 3, § 40 Abs. 2, § 41 Abs. 1, 2.
Inventur, Begriff § 39^{1}, Zeitbestimmung § 39^{2-5}; Eröffnungsinventur § 39^{2}; Schluß jeden Geschäftsjahres § 39^{3}, ^{4}; zweijährige Aufstellung als Ausnahme § 39^{5}; Wertansatz bei der Aufstellung § 40^{2-9}; wahrer Wert § 40^{2}; objektiver Wert § 40^{3}; Forderungen § 40^{6}; Schulden § 40^{7}; schwebende Rechtsgeschäfte § 40^{8}; Geschäftswert § 40^{9}; Unterzeichnung § 41^{1}; Rechnungsabschlüsse öffentlicher Körperschaften § 42^{1}, ^{2}, ^{3}.
Joint-stock compagnies with unlimited liability § 201^{32}.
Irreguläres Pfandrecht § 368^{87}.
Irrtum, Fernsprecher § 54^{13}, § 347^{2}, § 361^{42}; Anfechtung des Dienstvertrags § 70^{24}, ^{25}; bei Vertragsauslegung, Vertragsstrafe § 348^{13}; desgl. beim Kauf, Zahlungsverzug Anh. zu § 374^{13}; „Irrtum vorbehalten" § 355^{29}; Anfechtungsgrund Anh. zu § 361^{92}; Einrede gegen handelsrechtliche Orderpapiere § 364^{6}; J. über Preisberechnung Vorb. v. § 373^{23}; beim Angebot Vorb. v. § 373^{13}; J. des Verkäufers über Eigentum Vorb. v. § 373^{60b}; Gewährleistungsanspruch wegen Sachmängel § 377^{56}; Kommissionsgeschäft § 383^{21}, § 384^{34}, ^{35}, ^{36}; s. guter Glaube, Anfechtung, Rechtsirrtum, Kreditkauf, Vermutung, Zahlung mit Vorbehalt, Leistung mit Vorbehalt.
Jüdischer Feiertag, kein allgemeiner Feiertag § 359^{37}; jüdisches Neujahrsfest als Hinderungsgrund für Handlungsgehilfen? § 72^{5}, desgl. als Erfüllungstag Anh. zu § 359^{40}.
Juristische Personen des öffentlichen Rechts als Kaufleute § 1^{4}, ^{25}, ^{69}; Auflösung der j. P., Anmeldung und Eintragung §§ 33—35; o. HG. keine j. P. § 105^{8}, § 124^{1}; desgl. Kommanditgesellschaft § 161^{2}; Aktiengesellschaft § 210 E bis ^{13}; Kommanditgesellschaft auf Aktien § 320^{2}, ^{7}; stiller Gesellschafter § 335^{5}.
Jus variandi bei Vertragsstrafe § 348^{18}.

K

Kaduzierung §§ 219, 220; Voraussetzung § 219[1]; Androhung § 219[3]; Verfallserklärung § 219[4]; Ausgabe neuer Urkunden § 219; Folgen § 219[8]; K. als Voraussetzung für Haftung der Vormänner § 220[1]; K. als Vertragsstrafe? § 212[22]; Kommanditgesellschaft auf Aktien § 320[62].

Kaigeld § 387[2].

Kalendermonat, Gehaltzahlung an Handlungsgehilfen § 64[2].

Kalendertag, Kündigung § 373[12]; Wegfall der Mahnung Anh. zu § 374[17, 17a, 52].

Kalendervierteljahr, Kündigungsfrist § 66[6].

Kammzug Anh. zu § 376[105].

Kannkaufmann § 3[11].

Kapitalanteil, Kommanditist, Zuschreibung des Gewinns § 167[2]; Verlustgrenze § 167[3].

Kapitaleinlagen des Aktionärs § 211[1–8, 14]; s. Aktiengesellschaft zu D.

Kapitalserhöhung zum Zwecke der Dividendenverteilung § 212[13]; **Ankündigung vor der** Generalversammlung § 274[1, 6]; Fusion § 205[13]; s. Aktiengesellschaft zu E.

Kapitalskonto des o. H.-Gesellschafters § 120[7]; Liquidation der o. HG. § 154[2, 4]; Kommanditgesellschaft § 167[7].

Kapitalsherabsetzung s. Aktiengesellschaft zu C und E.

Karten und Marken des täglichen Verkehrs Anh. zu § 365[8].

Kartell, Begriff Anh. zu § 346[36]; **Form** Anh. zu § 346[37–42]; **K.-Aktiengesellschaft Anh. zu § 346[40]; Verkaufsstelle Anh. zu § 346[43–46]; Beteiligungsziffer Anh. zu § 346[46];** Zwang gegen Mitglieder Anh. zu § 346[47, 48, 49]; Vertragsstrafen Anh. zu § 346[48]; Schiedsvertrag Anh. zu § 346[49]; Zwang gegen Nichtmitglieder Anh. zu § 346[50–54]; Aussperrung Anh. zu § 346[53]; Haftung für unerlaubte Handlungen Anh. zu § 346[55, 56]; Gewerbegeheimnisse Anh. zu § 346[45].

Kaserne, Zugang der schriftlichen Willenserklärung Anh. zu § 361[7].

Kassabuch § 38[6].

Kassageschäfte als Börsentermingeschäfte Anh. zu § 376 E, [10, 57, 98a, 102, 168, 178]; verbotene Börsentermingeschäfte Anh. zu § 376[102]; Spielgeschäft Anh. zu § 376[168, 178].

Kassakontokurrentgeschäft als inoffizielles Börsentermingeichäft Anh. zu § 376[3].

Kassalieferschein § 363[8].

Kassapreise Anh. zu § 376[13].

Kassatorische Klausel, zu vermuten bei nachträglicher Stundung § 346[19]; keine Vertragsstrafe § 348[2]; Kauf Anh. zu § 374[4]; Fixgeschäft § 376[4]; „Kasse gegen Dispositionspapiere" § 377[127]; „gegen Dokumente" **Vorb. v.** § 373[69], § 377 [32, 183]; desgl. „bei Dampfers Ankunft" Anh. zu § 372[46b]; „K. gegen Konnossemente" Anh. zu § 372[46b].

Kassenbote § 59[22].

Kassenzettel § 38[6].

Katalog, Annahme als Zustimmung? § 346[16]; Antrag Anh. zu § 361[13, 68]; Erfüllungsort Anh. zu § 372[37]; Erfüllungszeit Anh. zu § 372[44]; Bestimmungsort Anh. zu § 372[62].

Kauf.

I. Allgemeines.

Wesen des **Handelskaufs Vorb.** v. § 373[3–16b]; Tausch, Handelstausch ebd.[2]; **Barattgeschäft** ebd.[2]; **Ware oder Wertpapier als Gegenstand** ebd.[3]; Beispiele von Nichthandelskäufen ebd.[3]; Verkauf des Geschäftsgeheimnisses ebd.[3]; desgl. der Kundschaft ebd.[3]; desgl. der ärztlichen Praxis ebd.[3]; Unternehmen, Erwerbsgeschäft als Gegenstand ebd.[3]; **Patentkauf kein Handelskauf** ebd. [5–8a]; Patentlizenzverkauf § 373[9–12]; Lieferungsvertrag ebd.[13]; **Werklieferungsvertrag** ebd.[14, 15], § 381[14–20]; **Elektrizitätslieferung ebd. Vorb. v.** § 373[16]; **Gas-, Wasser-, Dampflieferung** ebd. [16a]; gemischte Rechtsgeschäfte ebd. [16b]; Abschluß ebd.[17–36]; Form ebd.[17–20]; Bestimmtheit der **Parteien ebd.[21]; Einigung über Preis und Ware ebd.[22]; Potestativbedingungen ebd.[22a]; andere Bedingungen ebd.[22b]; Bestimmbarkeit von Preis und Ware** ebd.[23–36]; Bestimmung der Ware durch Dritte ebd.[24]; Arbitrageabrede ebd.[24a]; Selbstbestimmung ebd.[25]; angemessener Preis ebd.[26, 27]; **kundenüblicher Preis** ebd.[26, 28]; Selbstkostenpreis ebd.[26a]; Ladenpreis, Vorzugspreis, billigster Preis, Konkurrenzpreis, Fabrikpreis, Syndikatpreis, Einkaufspreis ebd.[28]; **Hausse-, Baisseklausel ebd.[28]; Marktpreis ebd. [29–32b]; Börsenpreis bei normaler Lage ebd.[29, 30, 31]; laufender Preis ebd.[30];** mittlerer Preis ebd.[31]; Preise bei normaler Marktlage ebd. [32a–34]; Kriegsnotgesetze ebd.[32b]; Höchstpreisverordnungen ebd.[32b]; Höchstpreisüberschreitungen ebd.[32c]; Preiswucher ebd.[32d–f]; Kettenhandel ebd.[32g, h]; Gestehungs-, besondere und allgemeine Betriebskosten ebd.[32d]; Verzinsung, Risikoprämie, Unternehmerlohn ebd.[32d]; Durchschnittspreise ebd.[32c]; Erfüllungsort ebd.[33], **Anh. zu § 372[9, 41]; Erfüllungszeit Vorb. v.** § 373[34], Anh. zu § 372[34]; prozessuale Fragen Vorb. v. § 373[76–90]; **Klage auf Zahlung** ebd.[76]; **Einrede des nicht erfüllten oder nicht gehörig erfüllten Vertrags** ebd.[77–81]; Klage auf Abnahme ebd.[82]; desgl. auf Lieferung ebd.[83]; Beweislast ebd.[81–89]; Eintritt in den Kaufvertrag, K. des Kontraktes Anh. zu § 374[2a, b]; unzulässige Fälle des Übergangs Anh. zu § 374[2c]; Vertragsanschluß Anh. zu § 374[2d]; Vertrag für Rechnung Dritter Anh. zu § 374[2c]; **vertragliches Rücktrittsrecht** Anh. zu § 374[3]; **kassatorische Klausel Anh. zu § 374[4]; Fixgeschäfte des täglichen Lebens Anh. zu § 374[5];** einseitiger Handelskauf § 377 [195–198]; unbestellte Waren § 377[199–202], § 379[30]; Gewicht der Ware Netto Gewicht § 380[1]; Tara § 380[2, 3]; Gutgewicht § 380[4]; Refaktie § 380[5]; Sackmiete § 380[6]; Kauf von Wertpapieren § 381 E, [2, 3, 4]; **Verschaffung der Urkunde** § 381[5]; **Haftung für Mängel im Recht** § 381[6, 7, 8]; desgl. **für Sachmängel** § 381[9, 10, 11]; Börsenlieferbarkeit § 381[10]; Talons, Kupons § 380[10]; Zusicherungen tatsächlicher Art § 381[12, 12a, 13]; Vieh-

Kauf.
handel § 382; Gefahrübergang bei Übersendung Anh. zu § 382[45–55a]; bei Platzgeschäft Anh. zu § 382[45b, c]; Erfüllungsort des Verkäufers Anh. zu § 382[46]; Übersendung der Ware Anh. zu § 382[48, 48a]; „cif" Anh. zu § 382[49a, b]; „fob" Anh. zu § 382[49c, d]; bedingter K. Anh. zu § 382[54]; Wirkungen Anh. zu § 382[55a]; Verhältnis von Käufer und Verkäufer zum Spediteur und Frachtführer Anh. zu § 382[56, 56a]; Eigentumsübergang Anh. zu § 382[57–65]; Eigentumsvorbehalt Anh. zu § 382[63–74b, 92]; Einfluß des Konkurses Anh. zu § 382[76–97]; desgl. auf Abzahlungsgeschäft Anh. zu § 382[93]; auf Möbelleihvertrag Anh. zu § 382[94]; Fixgeschäft Anh. zu § 382[96]; Verfolgungsrecht des Verkäufers Anh. zu § 382[98–117]; Voraussetzungen desselben Anh. zu § 382[101–111]; Ausübung Anh. zu § 382[112]; Wirkung Anh. zu § 382[113, 114, 115]; Kosten der Übergabe Anh. zu § 382[118].

II. Arten.

Bar- oder Handkauf Vorb. v. § 373[37], Anh. zu § 372[45]; Kreditkauf Vorb. v. § 373[38–50], Anh. zu § 372[44]; Rücktritt von der Stundungsabrede bei Verschlechterung der Vermögensverhältnisse und Vertrauensunwürdigkeit Vorb. v. § 373[38, 39, 40, 41, 42, 43, 47–50]; nicht erfüllte Vorleistungspflicht ebd.[40, 41, 44, 45, 46]; Geltendmachung der Einrede und Wirkung ebd.[44, 45]; Konkurs des Nachleistungspflichtigen ebd.[46, 47]; Verschweigen der Zahlungseinstellung ebd.[49]; nachträgliche Stundung ebd.[50]; Vorauszahlungskauf § 368[44]; Sicherungskauf ebd.[51–54]; Hoffnungskauf Vorb. v. § 373[55], § 377[121]; fremde Sachen Vorb. v. § 373[60, 60a, b]; eigene Sachen ebd.[60c]; „auf Abruf" Anh. zu § 359[5]; Kauf auf Probe Anh. zu § 382[12–23]; Begriff Anh. zu § 382[13]; Prüfung und Genehmigung Anh. zu § 382[14, 16, 17, 21]; Genehmigung als Bedingung der Gebundenheit des Käufers Anh. zu § 382[17]; Besichtigung und Probe Vorb. v. § 382[18]; Zurückbehaltungsrecht? § 369[43]; Untersuchungspflicht und Mängelanzeige § 377[1]; Kauf nach Probe Anh. zu § 382[1–11]; Begriff Anh. zu § 382[1, 2, 3]; Aushändigung der Probe Anh. zu § 382[4]; Übereinstimmung mit der Probe Anh. zu § 382[5]; Rechtsfolgen der Zusage Anh. zu § 382[6, 6a, b]; Beweislast Anh. zu § 382[8]; Identität der vorgelegten Probe Anh. zu § 382[10]; rechtliches Schicksal der Probe Anh. zu § 382[11]; Untersuchungs- und Mängelrüge § 377[1]; Ausschluß der Gewährleistung § 377[121]; Kauf zur Probe Anh. zu § 382[24–27]; Spezifikationskauf, Begriff § 375[1]; Alternativkauf § 375[1]; Verzug des Käufers mit der Spezifikation (§ 375[2–24]; Klage auf Vornahme der Spezifikation? § 375[5]; Spezifikation durch den Verkäufer § 375[6–11]; Rücktritt und Schadensersatz wegen Nichterfüllung § 375[12]; Klage auf Zahlung des Mindestpreises § 375[15]; Selbsthilfeverkauf § 373[23–27a, 31–55]; Androhung § 373[31, 32]; öffentliche Versteigerung § 373[33]; Gegenstand § 373[35]; Art des Verkaufs § 373[41]; Zeit § 373[42]; Fehler beim Selbsthilfeverkauf § 373[44–48]; Nachricht

Kauf.
vor und nach dem Verkauf § 373[49]; für Rechnung des Käufers § 373[51–55]; K. gegen Dispositionspapier Anh. zu § 373[8, 35]; Spezifikationsverkauf § 375[16]; Sukzessivlieferungsgeschäfte Anh. zu § 374[135, 136, 136a, 138, 139, 140, 142–146]; positive Vertragsverletzungen Anh. zu § 374[188–193]; Mängelanzeige § 377[178, 179]; Specieskauf Vorb. v. § 373[70, 70c], Anh. zu § 374[42, 48], § 377[3, 55], Anh. zu § 382[55a]; Eigentumsübergang Anh. zu § 382[58]; Gattungskauf Vorb. v. § 373[70–70c]; Lieferungsverzug Anh. zu § 374[42, 47]; Nachlieferung mangelfreier Ware § 377[90–99]; Gefahrübergang Anh. zu § 382[45c]; Platzgeschäft Anh. zu § 382[45b]; Distanzkauf § 379[2–10]; Aufbewahrungspflicht des Käufers § 379[12–17]; Notverkauf § 379[18–24]; Zahlung bei Ankunft der Ware Anh. zu § 372[46]; Übergabeverzug Anh. zu § 374[42]; Untersuchungsrecht Anh. zu § 372[46]; Übersendung der Ware Anh. zu § 372[46], Vorb. v. § 373[70b], Anh. zu § 382[28–56a]; Verpflichtungen des Verkäufers Anh. zu § 382[28–31a]; Bestimmung durch Verkäufer Anh. zu § 382[32–38]; Nichterfüllung der Versendungspflicht Anh. zu § 382[38, 39, 40]; Versendungsart Anh. zu § 382[40a]; Haftung für Personal Anh. zu § 382[40b]; Anweisung des Käufers Anh. zu § 382[41]; Beweislast Anh. zu § 382[43]; Kosten Anh. zu § 382[44, 118–126]; Versicherung Anh. zu § 382[36]; Gefahrübergang Anh. zu § 382[45–55a]; Eigentumsübergang Anh. zu § 382[57, 60]; Kauf in Bausch und Bogen, teilweise Mangelhaftigkeit § 377[181]; Gefahrübergang Anh. zu § 382[55]; Abzahlungsgeschäfte Anh. zu § 382[74, 74a, b, 93]; Möbelleihvertrag Anh. zu § 382[94].

III. Pflichten des Verkäufers.

Besichtigung der Ware durch den Käufer Anh. zu § 372[56]; Übergabe Vorb. v. § 373[56]; Zubehör ebd.[56]; Ersatzübergabe ebd.[56]; gefahrlose Hinwegnahme durch den Käufer ebd.[56a]; Übergabe durch Dispositionspapiere ebd.[57]; Zeit und Ort der Übergabe ebd.[57]; Eigentumsverschaffung ebd.[56, 59]; Befreiung von fremden Rechten ebd.[59]; Verkauf fremder Sachen ebd.[60]; Irrtum über das Eigentum ebd.[60b]; Auskunft ebd.[61]; Mitteilung von Fehlern § 377[148a]; Klage auf Lieferung Vorb. v. § 373[76–80, 83–89]; Vollstreckung des Urteils auf Lieferung ebd.[83]; Beweislast ebd.[87]; Annahmeverzug § 374[5]; Erfüllungsverzug bei Nebenverpflichtungen Anh. zu § 374[160–164, 167–170]; Übersendung Anh. zu § 382[28–56a]; Art Anh. zu § 382[30–40]; Versicherung Anh. zu § 382[36]; Sorgfalt Anh. zu § 382[38]; Nichterfüllung der Versendungspflicht, Unmöglichkeit der Versendung Anh. zu § 382[39]; Kosten Anh. zu § 382[44]; Gefahrübergang Anh. zu § 382[45–55a]; Platzgeschäft Anh. zu § 382[45b, c]; Cif-Klausel Anh. zu § 382[49a, b]; Fob-Klausel Anh. zu § 382; Übergabe an die Versendungsperson Anh. zu § 382[52]; bedingter K. Anh. zu § 382[54]; Wirkungen des Gefahrüberganges Anh. zu § 382[55a]; Verhältnis zum Spediteur und Frachtführer Anh. zu § 382[56, 56a].

Kauf.

IV. Pflichten des Käufers.

Zahlungspflicht Vorb. v. § 373[62–66]; Zeit und Ort der Zahlung Anh. zu § 372, Vorb. v. § 373[62a]; Zahlung unter Vorbehalt Vorb. v. § 373[62a], Anh. zu § 374[12a]; Verzinsung Vorb. v. § 373[63]; vereinbarte Verrechnung ebd.[63b]; Barzahlung ebd.[63c]; Wechsel des Käufers ebd.[64–64e]; keine doppelte Inanspruchnahme ebd.[64c, d]; gefälschter Wechsel ebd.[64e]; Wechselremburs ebd.[65–65d]; Vinkulationsgeschäft ebd.[66–66e]; prozessuale Fragen bei Klage auf Zahlung ebd.[76–81]; Abnahmepflicht ebd.[67–74]; Aufhebung der Abnahmepflicht durch nachträgliche Veräußerung der Ware durch den Verkäufer ebd.[70–70c]; Spezieskauf ebd.[70, 70c]; Gattungskauf ebd.[70–70c]; Zeit der Abnahme ebd.[71]; Erfüllungsort ebd.[72, 73]; Annahmeverzug ebd.[73], Anh. zu § 372[27]; Gerichtsstand ebd.[74]; Klage auf Abnahme ebd.[82]; Vollstreckung ebd.[82]; Annahmeverzug § 373 E, [1–55]; Erfordernisse § 373[1–15]; Annahmeverzug neben Zahlungsverzug § 373[16]; Niederlegung durch Verkäufer § 373[23–30]; Selbsthilfeverkauf § 373[23–27a, 31–55]; s. oben zu II; Nebenverpflichtungen, Erfüllungsverzug Anh. zu § 374[160–163, 165–170]; s. unten zu VI 1; Rügepflicht § 377[1–10]; Untersuchung § 377[11–20a]; Mängelanzeige § 377[21–37]; s. unten zu V 2; Inhalt derselben § 377[21–24]; Form § 377[25]; Zeit § 377[29]; offene und verborgene Mängel § 377[30]; Ausfallproben § 377[33]; Kaufmuster § 377[33a]; Erlaß von Untersuchung und Anzeige § 377[34]; Verzicht darauf § 377[35, 36]; Handelsgebräuche § 377[37]; Rechtsfolgen der unterbliebenen Mängelanzeige § 377[38]; Rechtsfolgen der erfolgten Anzeige § 377 E, [38–147]; vertragliche Änderungen der Untersuchungs- und Anzeigepflicht § 377[16a, 32–37, 185, 186]; Mängelrüge beim einseitigen Handelskauf § 377[195–198]; Ausnahme vom „Schweigen als Annahme" § 377[199–202]; Pflicht zur einstweiligen Aufbewahrung gelieferter anderer Ware § 378[14]; desgl. beanstandeter Ware § 379[1–17, 30, 31]; Voraussetzungen § 379[1–11]; Rechtsfolgen § 379[12, 13, 15, 16, 17]; Pflicht zur Zurücksendung beanstandeter Ware? § 379; Bekanntmachung von Ort und Zeit der Versteigerung beim Notverkauf § 379[21]; Nichtannahme bei erkennbaren Mängeln § 379[26]; Kosten der Abnahme und Versendung Anh. zu § 382[120]; Kosten der Verpackung Anh. zu § 382[121, 122, 123]; desgl. des Transportes und der Abrollung Anh. zu § 382[125, 126].

V. Mängel, Untersuchung, Mängelanzeige.

1. Voraussetzungen der Rügepflicht § 377[1–10]; Vorliegen eines Handelskaufs § 377[1, 2]; einseitiger Handelskauf § 377 E, [2, 195–198]; Lieferungsvertrag, Einbringung in Gesellschaft, Zuteilung bei Gesellschaftsauseinandersetzung, Vergleich § 377[1]; K. des ganzen Geschäfts Vorb. v. § 373[3], § 377[1, 5, 42]; Zusendung unbestellter Ware § 377 E, [199–202]; K. auf Probe und nach Probe § 377[1]; Erben des Kaufmanns § 377[2]; mangelhafte Beschaffenheit der gelieferten Ware § 377[3–10]; Lieferung § 377[3, 4]; Qualitätsmängel § 377[3–9, 39–48]; Quantitätsmängel § 377[6, 7, 8], § 378[2, 3, 10, 11, 12, 12a, 14, 15]; Lieferung anderer Sachen § 377[4], § 378 E, [1–10, 13]; Beweislast § 377[10]; Gattungskauf § 377[6, 7]; Spezieskauf § 377[7a]; Mängel der Packung und Verpackung § 377[9]; sonstige Vertragswidrigkeiten keine Qualitätsmängel § 377[8, 10]; Mängel der gewöhnlichen vorausgesetzten Eigenschaften § 377[39, 39d, 40]; zugesicherte Eigenschaften § 377[39, 41–44, 45a]; Anh. zu § 381[12, 12a]; Aufhebung oder Minderung des Wertes § 377[39b, 40]; Beispiele für Sacheigenschaften und Sachmängel § 377[44]; Augenblick des Gefahrüberganges § 377[45, 45a]; abweichende Vereinbarungen § 377[47]; Eigenschaften des Wertpapiers § 381[10–13]; Zusicherungen des Geschäftsvermittlers § 377[47]; wertlose Ware § 377[48].

2. Untersuchung § 377[11–20]; Sachgemäßheit § 377[13]; Verpflichtung zur Unterlassung § 377[14]; Umfang § 377[15]; Rechtzeitigkeit § 377[16–19]; Ablieferung § 377[16a]; Ort der Untersuchung § 377[20, 20a]; Ausfallprobe § 377[33a]; Kaufmuster § 377[33a]; Handelsgebräuche § 377[37], Erlaß der Untersuchung § 377[34, 35, 36]; Verzicht § 377[35, 36]; Feststellung der Mangelhaftigkeit § 377[13]; Zuziehung von Sachverständigen § 377[13]; Gebrauch und teilweiser Verbrauch der Ware § 377[13]; Beseitigung der Verpackung § 377[13]; Pflicht zur U. § 377[14]; Stichproben § 377[14]; Umfang § 377[15]; Rechtzeitigkeit § 377[16]; vertragliche Abänderungsbestimmungen § 377[32–36]; Mängelfeststellungsrecht Anh. zu § 379; Beweissicherung Anh. zu § 379[4, 5, 6, 8]; einstweilige Aufbewahrung bei Distanzkauf § 379[1–17]; Notverkauf § 379[18–25]; Voraussetzung § 379[18, 19]; Recht, keine Pflicht zum Verkauf § 379[20]; Form § 379[21]; Widerspruch des Verkäufers § 379[22]; im Namen und für Rechnung des Verkäufers § 379[24]; äußerlich erkennbare Mängel § 379[26]; Platzgeschäfte § 379[28, 29]; einseitige Handelskäufe § 379[28, 29]; unbestellte Waren § 379[30]; Zusendung anderer Waren § 378[14], § 379[31]; Zurückbehaltungsrecht § 379[27].

3. Mängelanzeige § 377[21–37]; Inhalt § 377[21–24]; Kundgabe des Mangels § 377[23]; Probewidrigkeit § 377[23]; Mehrheit von Mängeln § 377[23]; Kollektivsendungen § 377[23]; Sukzessivlieferungsgeschäfte § 377[178–184]; Erkennbarkeit des Willens des Käufers § 377[24]; Form § 377[25]; Gefahr der rechtzeitigen Ankunft § 377[26]; Träger der Anzeigepflicht § 377[27]; Empfänger § 377[28]; Zeit § 377[29]; offene Mängel § 377[30]; verborgene M. § 377[31]; vertragliche Abänderungsbestimmungen § 377[32–36, 185]; Proben § 377[32, 33, 33a]; Arbitrage § 377[32]; Erlaß § 377[34]; Verzicht § 377[35, 36]; Handelsgebräuche § 377[37]; Aufforderung an den Käufer beim Gattungskauf § 377[21]; bei Weiterversendung der Ware § 377[29, 32]; stillschweigende Fristverlängerung § 377[32]; Verkauf eines Handelsgeschäfts § 377[32]; Wegfall bei Arglist § 377[154].

Kauf.

4. Rechtsfolgen]

a) der unterbliebenen oder ungehörigen Mängelanzeige § 377[38]; Rüge nur einzelner Mängel § 377[38];

b) der erfolgten gehörigen Mängelanzeige § 377[39–147a]; gewöhnlich vorausgesetzte Eigenschaften § 377[39–48]; Mängel körperlicher Sachen § 377[39]; Begriff der Eigenschaft § 377[39a]; Aufhebung oder Minderung des Wertes § 377[39b]; desgl. der Brauchbarkeit § 377[39c, d]; vertraglich vorausgesetzter Gebrauch § 377[39c]; gewöhnlicher Gebrauch § 377[39d]; unerhebliche Minderung § 377[40]; zugesicherte Eigenschaft § 377[41–41e]; stillschweigende Zusicherung § 377[41a]; Schönheitsfehler § 377[41c]; vereinbarte Zusicherung § 377[41b, 46]; Mehrheit von Verkäufern § 377[41d]; Kauf eines Handelsgeschäfts § 377[42]; Wertpapiere § 377[43], § 381[10, 12]; Beispiele für Sacheigenschaften und -mängel § 377[44]; Vorhandensein bei Gefahrübergang § 377[45, 45a, 46]; vertragliche Vereinbarungen § 377[46]; Garantie § 377[46]; künftige Eigenschaften § 377[46]; Zusicherungen des Geschäftsvermittlers § 377[47]; wertlose Waren § 377[48];

c) Rechte des Käufers bei einem Sachmangel, Allgemeines § 377[49–57]; Verhältnisse der einzelnen Rechte zueinander § 377[49–55, 66a, 70, 82, 83]; Recht auf Nachbesserung? § 377[55–55c]; Ausschluß der Anfechtung wegen Irrtums durch die Gewährleistungsansprüche § 377[56]; Verhältnis zur Anfechtung wegen arglistiger Täuschung § 377[56a]; Ausschluß der Vorschriften über Unmöglichkeit § 377[56a]; Ansprüche aus positiver Vertragsverletzung § 377[57], Anh. zu § 374[178–204].

α. Wandelung § 377[49–55, 58–75c]; Mängelrüge als Voraussetzung § 377[58]; Inhalt und Geltendmachung § 377[59–63]; Vertragstheorie § 377[59]; Herstellungstheorie § 377[60]; bei Einverständnis des Verkäufers § 377[61–62a]; W. durch Vertrag § 377[63, 74b]; durch Richterspruch § 377[63, 74a]; Zulässigkeit § 377[65–70]; Verschlechterung und Untergang der Ware § 377[65]; bei Veräußerung durch den Käufer § 377[66]; Verlust des Wandelungsanspruchs § 377[66a–69]; Verbrauch und Verarbeitung der Ware § 377[67, 68a]; fortgesetzter Gebrauch § 377[68]; Teilbarkeit der Ware § 377[69]; Verhältnis zur Minderung § 377[70]; Rückgabe in früherem Zustand § 377[71, 71b]; Zurücknahme durch den Verkäufer § 377[71, 71a]; Aufwendungen, Transportkosten, Prozeßkosten, Lagergeld, Vertragskosten § 377[71b]; gegenseitige Abrechnung § 377[71b]; Zurückbehaltungsrecht § 377[72]; Verhältnis zum Schaden für mangelhafte Erfüllung § 377[73]; Erfüllung Zug um Zug § 377[74]; Ort § 377[75]; Gerichtsstand § 377[75a, b, d]; Erfüllungsort § 377[75a, b].

β. Minderung § 377[76–84]; Mängelrüge als Voraussetzung § 377[76]; Inhalt und Geltendmachung § 377[77, 78, 79]; Berechnung des Minderwertes § 377[80–80d]; Mehrheit der Verkäufer § 377[77]; Tausch § 377[80]; teilweise Stundung § 377[80a]; Mehrheit von Sachen § 377[80b]; Nebenleistungen, § 377[80c]; Weiterverkauf § 377[83]; Erfüllungsort, Gerichtsstand § 377[84].

Kauf.

γ. Schadensersatz wegen Nichterfüllung § 377[85–89]; arglistiges Verschweigen § 377[85, 86]; Fehlen zugesicherter Eigenschaften § 377[85, 86]; arglistige Vorspiegelung falscher Eigenschaft § 377[85, 86]; Schadensberechnung, Vorteilsausgleichung § 377[72]; mangelhafter Teil der Ware § 377[82a]; Zeitpunkt der Schadensberechnung § 377[88]; Erfüllungsort, Gerichtsstand § 377[89].

δ. Nachlieferung mangelfreier Ware beim Gattungskauf § 377[52, 55, 90–99]; Voraussetzung Fehlen einer Eigenschaft § 377[90]; Wahlrecht des Käufers § 377[91]; vorbehaltlose Annahme als Genehmigung § 377[93]; Vollziehung der Wahl § 377[94]; Nachfristsetzung § 377[94]; Leistungsverzug des Verkäufers bei Nichtlieferung mangelfreier Ware § 377[94]; Mängel eines Teiles § 377[94a]; Ausschluß des Anspruchs bei Veräußerung und Umgestaltung § 377[96]; Rückgewähr seitens des Käufers § 377[97]; Umwandlung in Schadensersatzanspruch § 377[98]; kein Recht des Verkäufers zum Angebot mangelfreier Ware § 377[99]; Nachbesserung nur bei Vereinbarung § 377[54–55c, 107].

ε. Allgemeiner Anspruch auf Schadensersatz bei schuldhaft mangelhafter Lieferung § 377[100–106]; Allgemeines § 377[100–102]; nur bei Sachkauf und Sachmängeln § 377[102]; Mängelrüge als Voraussetzung § 377[103]; Wahlrecht des Käufers § 377[107]; Gattungskauf § 377[104]; Kauf einer bestimmten Sache § 377[104a]; Arglist des Verkäufers § 377[104, 104a]; Inhalt des Anspruchs § 377[105]; Gerichtsstand § 377[106]; Zurückbehaltungsrecht § 377[104]; Verletzungen vertraglicher Rechte durch Dritte Anh. zu § 377.

d) Verhältnis der einzelnen Gewährleistungsrechte zueinander § 377[108–113]; Gattungskauf § 377[108]; Zurverfügungstellung § 377[108]; Klageabweisung eines Anspruchs § 377[108]; Rückgewähr, Fristsetzung seitens des Verkäufers § 377[109]; Ausschluß des Wahlrechts durch Wandelung § 377[110]; desgl. durch Minderung? § 377[111]; Anspruch auf Schadensersatz wegen Nichterfüllung und die andern Rechte § 377[112]; desgl. Schadensersatz wegen schuldhafter Lieferung § 377[113]; Gewährleistungsansprüche und Anfechtung wegen Irrtums § 377[56, 113]; desgl. und Irrtum wegen Betrugs § 377[56a, 113, 177b].

5. Ausschluß der Mängelhaftung § 377[114–122]; Genehmigung der Waren § 377[114]; Schweigen § 377[114]; nicht erfolgte Anzeige § 377[115]; Verzicht § 377[116]; Verfügung über die Ware § 377[116]; Zurücknahme der Klage § 377[116]; Zahlung des Kaufpreises § 377[116]; Kenntnis des Käufers bei Kaufabschluß § 377[117]; fahrlässige Unkenntnis § 377[117a]; vorbehaltlose Annahme § 377[118, 119, 120]; Teillieferung § 377[118]; Mehrheit von Sachen § 377[118]; Warenlager § 377[118a]; Vereinbarter Ausschluß oder Einschränkung der Gewährleistung § 377[121]; Ramschware § 377[121]; Kauf in Bausch und Bogen § 377[121]; Hoffnungskauf § 377[121]; Kauf nach Probe § 377[121], Anh. zu § 382[6a]; Kauf nach Ausfallmuster § 377[121]; vereinbarter Ausschluß oder Einschränkung der

Kauf.

Gewährleistung § 377[121]; Wirkung des Ausschlusses § 377[121]; Arglist § 377[121]; öffentliche Pfandversteigerung § 377[122].

6. Beweislast § 377[123–132]; Ablieferung § 377[123]; Mängelanzeige § 377[124]; Eigenschaften § 377[125]; Maß, Zahl, Gewicht § 378[14]; Fragepflicht des Richters § 377[124]; Gattungskauf § 377[126]; Spezieskauf § 377[126a]; Umkehrung der Beweislast bei besonderer Vereinbarung § 377[127–129]; „Kasse gegen Dispositionspapiere" § 377[127]; „Kasse gegen Faktura" § 377[127]; Unmöglichmachung des Beweises durch den Käufer § 377[127]; Umkehrung der Beweislast bei Annahme als Erfüllung § 377[128]; Vorbehalt bei der Annahme § 377[128]; Anspruch auf Ersatz fehlender Stücke § 377[129]; Preis, Preisminderung § 377[129]; Schadensersatz wegen Nichterfüllung § 377[129]; desgl. wegen mangelhafter Erfüllung § 377[130]; gehörige Erfüllung § 378[16]; Kenntnis des Mangels § 377[131]; Vereinbarungen über Gewährleistungen § 377[132]; Verjährung § 377[147a].

7. Verjährung der Gewährleistungsansprüche § 377[133–147a]; Anwendung der kurzen Verjährungsfrist bei Wandelung, Minderung, Schadensersatz wegen Nichterfüllung, Lieferung einer mangelfreien Sache § 377[133]; Nebenansprüche § 377[133]; Schadensersatz wegen schuldhaft mangelhafter Lieferung § 377[134]; keine Anwendung auf Ansprüche aus vollzogener Wandelung und Minderung, Vergleich, Arbitrage, Gutachten, Schiedsspruch, Urteil § 377[135]; Qualitätsfehler § 377[136]; Quantitätsfehler § 377[136]; Veräußerung eines Handelsgeschäfts § 377[136a]; Verjährungsfrist § 377[137]; ihr Beginn § 377[137]; Unterbrechung durch Klageerhebung § 377[138, 140]; durch Anerkenntnis § 377[138a]; durch Antrag auf gerichtliche Beweissicherung § 377[139]; Einklage eines Teilanspruchs § 377[140]; Aufrechnung § 377[140]; Streitverkündung § 377[140]; ausländische Klage § 377[140]; Einfluß auf andere Gewährleistungsrechte § 377[140]; Hemmung der V. § 377[139a, 140]; Hemmungsgründe § 377[140a]; Vollendung der V. § 377[141–143]; Geltendmachung durch Einrede § 377[141, 141a]; Aufrechnungsfähigkeit trotz Verjährung bei Schadensersatz wegen Nichterfüllung § 377[142]; desgl. wegen schuldhafter Lieferung mangelhafter Sachen § 377[143]; desgl. des Anspruchs auf Lieferung mangelfreier Ware § 377[142]; Entdeckung von Fehlern nach Ablauf der Verjährungsfrist § 377[144]; keine Berücksichtigung von Amts wegen § 377[145]; Beseitigung der Verjährungseinrede durch Einrede der Arglist § 377[147]; Beweislast § 377[147a]; arglistiges Verschweigen eines Mangels, arglistige Zusicherung einer Eigenschaft § 377[146, 160]; Arglist bei schuldhaft mangelhafter Lieferung § 377[161]; Ansprüche aus unerlaubten Handlungen § 377[175, 175a, 175b]; vertragliche Abänderungen über Anzeigepflicht und Gewährleistung § 377[188–192]; Garantie § 377[193, 193a]; Lieferung unbestellter Waren § 378[14].

Kauf.

8. Arglistiges Verschweigen eines Mangels, arglistiges Vorspiegeln einer Eigenschaft § 377[148 bis 177]; Begriff des arglistigen Verschweigens § 377[148–149a]; Mitteilungspflicht? § 377[148a]; Verkehrsauffassungen § 377[148a]; Handeln gegen Verbot und Sitte, gegen besseres Wissen § 377[148a]; Mißbrauch von Unerfahrenheit und Leichtsinn § 377[148a]; Erheblichkeit für Willensentschließung des Käufers § 377[149]; Einsicht und Bewußtsein des Verkäufers § 377[149]; verborgene Mängel § 377[149a]; erkennbare Mängel § 377[149a]; verdeckte Mängel § 377[149a]; Begriff der arglistigen Vorspiegelung § 377[149b]; unerhebliche Mängel § 377[149c]; Arglist bei Abschluß und Ausführung des Vertrags § 377[150]; beiderseitige Arglist § 377[150a]; Arglist des Verkäufers und Fahrlässigkeit des Käufers § 377[150a]; Mehrheit von Verkäufern § 377[172]; Arglist des Vertreters § 377[150b]; A. des Bevollmächtigten bei Abschluß von Verträgen § 377[150c]; desgl. bei Erfüllung des Vertrags § 377[150c]; A. des Geschäftsvermittlers § 377[151]; grobe Fahrlässigkeit § 377[152]; Beweislast § 377[153]; Rechtsfolgen § 377[154–177d]; Wegfall der Mängelanzeigepflicht § 377[154, 155, 156]; Erreichen der Täuschungsabsicht nicht erforderlich § 377[155]; Genehmigung § 377[156]; Unkenntnis des Käufers infolge grober Fahrlässigkeit § 377[157]; Schadensersatz wegen Nichterfüllung § 377[158]; Nichtigkeit von Vereinbarungen über Ausschluß oder Beschränkung der Haftung für Fehler § 377[159]; Fortfall der kurzen Verjährung § 377[160]; A. bei Erfüllung, schuldhaft mangelhafte Lieferung § 377[161]; Anfechtung wegen arglistiger Täuschung § 377[162–168]; ursächlicher Zusammenhang zwischen arglistiger Täuschung und Vertragsschluß § 377[162]; Beweislast § 377[162a]; Ausschluß der Anfechtung durch Bestätigung § 377[163, 163a]; Frist für Anfechtungserklärung § 377[164]; Inhalt § 377[164]; teilweise Anfechtung § 377[164]; Formfreiheit § 377[164]; Selbständigkeit der einzelnen Anfechtungsgründe § 377[164a]; Nichtigkeit als Wirkung § 377[165]; Folgen der Nichtigkeit § 377[165a, b]; beiderseitige Zurückgewähr § 377[165a]; Ersatz des negativen Vertragsinteresses § 377[165b]; arglistige Täuschung durch gesetzlichen Vertreter einer juristischen Person § 377[166, 173]; keine Heilung der Nichtigkeit § 377[167]; Gerichtsstand § 377[168]; arglistiges Verschweigen als unerlaubte Handlung § 377[169–175c]; volles Erfüllungsinteresse als Schadensersatz § 377[170]; vorbehaltlose Annahme in Kenntnis der Fehler § 377[171]; alleinige Haftung des Täters § 377[172]; Haftung juristischer Personen für gesetzliche Vertreter § 377[173]; Haftung für vertretungsbefugte Gesellschafter § 377[173]; desgl. für gesetzliche Vertreter der physischen Person § 377[173]; Bevollmächtigte § 377[173]; Erfüllungsgehilfe § 377[173]; keine Haftung für Geschäftsvermittler § 377[174]; Verjährung § 377[175, 175a, b]; s. oben zu 7; Gerichtsstand § 377[175c]; exceptio doli generalis § 377[176]; gegenseitiges Verhältnis der einzelnen Rechte aus Arglist § 377[177–177d].

9. Teilweise Lieferung, teilweise Mangelhaftig-

Kauf.

keit § 377$^{178-184}$; Sukzessivlieferung § 377^{178}; Anzeigepflicht betr. die einzelne Lieferung § 377 ^{178}; Mängel der Hauptsache § 377^{178a}; desgl. der Nebensache § 377^{178a}; Bemängelung nur des mangelhaften Teiles § 377^{179}; Nebenleistungen neben Gesamtkaufpreis § 377^{179a}; bei untrennbarem Gegenstand § 377$^{178a, 180, 181, 181a}$; Ramschverkauf § 377^{181}; Genehmigung eines Teiles § 377^{182}; Wandelung wegen Mangel eines Teiles § 377$^{183, 184}$; verborgene Mängel § 377^{184}.

10. **Vertragliche Änderungen betr. Anzeigepflicht und Gewährleistung** § 377$^{185-193a}$; Untersuchung und Anzeige § 377$^{185, 186}$; Mängelhaftung § 377$^{185, 187}$; Klausel „wie besehen", „tel quel" § 377^{187}; Verjährungsfrist s. oben zu 7; Verlängerung § 377^{190}; Hemmung § 377^{190a}; Unverjährbarkeit der Einrede der Arglist § 377 ^{191}; kein Verzicht auf Verjährung im voraus § 377^{192}; Garantie für fortdauernde Beschaffenheit auf unbestimmte Zeit § 377^{193}; desgl. auf bestimmte Zeit § 377^{193}; Begriff der Garantieleistung § 377^{193}; Verlängerung und Verkürzung der gesetzlichen Verjährungsfrist § 377 ^{193}; Garantiefrist und Nachbesserungsrecht § 377 ^{193}.

11. **Einseitiger Handelskauf, Mängelrüge** § 377$^{195-198}$; keine Pflicht zur einstweiligen Verwahrung § 379^{28}.

12. **Zusendung unbestellter Waren** § 377 $^{199-202}$; Schweigen als Ablehnung § 377^{199}; Auswahl oder Mustersendung § 377^{201}, § 378$^{7, 8}$; keine Pflicht zur einstweiligen Verwahrung § 379^{30}.

13. **Notverkauf und Aufbewahrung** § 379; Notverkauf § 379 E,^{18}; Verderblichkeit der Ware, Gefahr im Verzuge § 379^{18}; Recht, nicht Pflicht des Käufers § 379^{20}; Bekanntmachung § 379^{21}; im Namen und für Rechnung des Verkäufers § 379^{24}; keine Anwendung beim Platzgeschäft und beim einseitigen Handelskauf § 379$^{28, 29}$; keine Anwendung bei Zusendung anderer Waren § 379^{31}; Aufbewahrung s. oben zu IV.

VI. **Verzug.**

1. **Bestimmungen für beide Teile.** Gesetzesvorschriften Anh. zu § 374^{1}; dreifaches Wahlrecht des Nichtsäumigen Anh. zu § 374^{2-2f}; Ausübung des Wahlrechts Anh. zu § 374$^{77-106}$; Ziel des Wahlrechts Anh. zu § 374^{77}; **Fristbestimmung** Anh. zu § 374^{77-92b}; Form Anh. zu § 374^{78}; Empfänger Anh. zu § 374^{79}; richterliche Bestimmung Anh. zu § 374^{80}; Verbindung mit Androhung Anh. zu § 374^{81}; Inhalt Anh. zu § 374$^{81, 82}$; Verzicht auf Fristbestimmung Anh. zu § 374$^{83, 107}$; Wegfall bei Erfüllungsverweigerung nach der Fälligkeit Anh. zu § 374^{84}; Nachfrist Anh. zu § 374$^{85, 88, 90, 90a, 92a, 92b-100}$; Weigerung des Schuldners vor der Fälligkeit Anh. zu § 374^{86}; Länge der Frist Anh. zu § 374^{87-92b}; Fristbestimmung unter gewöhnlichen Umständen Anh. zu § 374^{86a}; desgl. unter ungewöhnlichen Umständen Anh. zu § 374$^{87, 90a}$; zu kurze Frist Anh. zu § 374^{89}; Sukzessivlieferungsvertrag Anh.

Kauf.

zu § 374$^{93, 101b, 104}$; **Androhung der Ablehnung der Leistungsannahme** Anh. zu § 374 $^{93-95}$; Nebenerklärungen Anh. zu § 374^{95a}; Verbindung der Androhung mit Nachfristsetzung Anh. zu § 374^{96-98a}; Ausübung des Wahlrechts bei Ablauf der unter Androhung gestellten Frist Anh. zu § 374$^{99, 100}$; Wegfall von Fristsetzung und Androhung mangels Interesses an der Erfüllung Anh. zu § 374$^{101-105}$; desgl. bei positiver Vertragsverletzung Anh. zu § 374^{113}; Wegfall des Interesses infolge des Verzugs Anh. zu § 374^{101a}; desgl. nach Setzung der Nachfrist Anh. zu § 374^{101b}; Wirkung des Wegfalls des Interesses Anh. zu § 374$^{102-104}$; mitwirkendes Verschulden des Nichtsäumigen Anh. zu § 374^{103}; keine Pflicht zur Nachfristsetzung Anh. zu § 374 ^{104}; Ausnahme von Fristsetzung und Androhung nur bei Erfüllungsverweigerung und Erfüllungsunmöglichkeit Anh. zu § 374^{105}; vertraglicher Verzicht des Säumigen Anh. zu § 374^{107}; Wirkungen der Wahlrechtsausübung Anh. zu § 374 $^{108-115a}$; endgültige Wahl des Gläubigers Anh. zu § 374^{108}; Ausschluß des Anspruchs auf Erfüllung Anh. zu § 374^{108}; Erlöschen des Schuldverhältnisses bei Rücktritt Anh. zu § 374^{107}; desgl. bei Anspruch auf Schadensersatz wegen Nichterfüllung Anh. zu § 374$^{111, 111a}$; Unmöglichkeit der Heilung des Verzuges Anh. zu § 374 $^{112-115a}$; Erfüllung innerhalb der Nachfrist Anh. zu § 374^{112}; zulässige Ausübung des Rechts des Nichtsäumigen als Voraussetzung der Wirkungen Anh. zu § 374$^{115, 115a}$; Wegfall der Wirkungen bei vertraglicher Einigung Anh. zu § 374^{115b}.

Besonderheiten bei teilweiser Erfüllung des Säumigen Anh. zu § 374$^{126-134}$; Interesse des Nichtsäumigen an teilweiser Erfüllung Anh. zu § 374$^{128-131}$; Zurückbehaltungsrecht Anh. zu § 374^{133}; Sukzessivgeschäfte Anh. zu § 374$^{124, 135}$; Mehrheit selbständiger Geschäfte Anh. zu § 374$^{145, 146}$; Verwirkung des Verzugsrechts durch illoyal verspätete Geltendmachung Anh. zu § 374$^{147-148b}$; Verzug nach rechtskräftiger Verurteilung Anh. zu § 374$^{149-152}$; Fristsetzung mit Androhung Anh. zu § 374$^{e, f, g}$; Teilverzug Anh. zu § 374^{150}; Verzug des Erben Anh. zu § 374 $^{153-159}$; Verzug in der Erfüllung von Nebenverpflichtungen Anh. zu § 374$^{160, 163, 168, 169}$; Verzug im Konkurse Anh. zu § 374^{171}, Anh. zu § 382 $^{79, 79a, b, 80, 82}$; Eintritt des Verzugs vor Konkurseröffnung Anh. zu § 382$^{79, 79a, b}$; desgl. nach Konkurseröffnung Anh. zu § 382^{80}; Leistungsverzug des Gegners nach Vertragseintritt des Konkursverwalters Anh. zu § 382^{82}.

2. **Verzug des Käufers.**

a) **Annahmeverzug**, Erfordernisse § 373 E,$^{1-15}$; Gläubigerverzug § 373 E; Annahmepflicht § 373 $^{1-8}$; Unterschied gegen Abnahmeverzug § 374^{6}; Übernahme der Ware § 373^{1}; kein A. bei constitutum possessorium § 373^{2}; kein A. bei Zurückweisung der Ware als vertragswidrig § 373^{2a}; Annahme unter Vorbehalt § 373^{3}; Niederlegung der Ware bei Dritten § 373^{4}; Zurverfügungstellung § 373^{5}; Zurücksendung als nicht empfangbar nach der Annahme § 373^{6};

Kauf.

Leistung Zug um Zug § 373[7]; Kauf gegen Dispositionspapier, verweigerte Annahme des Papiers § 373[8]; Verschulden nicht erforderlich § 373[9]; Unerheblichkeit der Gründe der Weigerung § 373[10]; Leistungsbereitschaft des Verkäufers § 373[11–14a]; Unterlassung der Mitwirkung durch den Käufer § 373[12]; vorher erklärte Annahmeverweigerung § 373[13, 13a, 13b]; Angebot der Ware in vertragsmäßiger Beschaffenheit § 373[14]; Angebot an richtige Person § 373[14]; richtige Art, am rechten Ort § 373[14]; Angebot unter Vorbehalt § 373[14a], Anh. zu § 374[12a]; Leistungsfähigkeit des Verkäufers § 373[15]; A. als alleinige Voraussetzung für Hinterlegung und Selbsthilfeverkauf § 373[16]; Beweislast § 373[17]; Gattungskauf § 373[18]; Heilung des A. durch Nachholung gehöriger Annahme § 373[19]; desgl. durch Zurücknahme der Ware durch den Verkäufer unter Verzicht auf die Folgen § 373[20]; Geltendmachung des gleichzeitigen Zahlungsverzuges § 373[21]; gerichtliche Anordnungen, abweichende Vereinbarungen § 373[22]; Niederlegung und Selbsthilfeverkauf, Verhältnis zueinander § 373[23–27]; Verhältnis zu anderen Rechten § 373[26]; Geltung für Dauer des A. § 373[27]; Rechte des leistenden Dritten? § 373[27a]; Niederlegung § 373[28, 29, 30]; Selbsthilfeverkauf § 373[31–55]; Androhung § 373[31, 32]; öffentliche Versteigerung § 373[33]; nichtöffentlicher Verkauf von Waren mit Markt- oder Börsenpreis § 373[34]; Gegenstand des Selbsthilfeverkaufs § 373[35–40]; Dispositionspapier, Konnossement § 373[35]; Teillieferungen § 373[36]; Sukzessivlieferungsvertrag § 373[36]; Bedingungen des ursprünglichen Kaufvertrags § 373[38]; Verkauf mit Spezifikationsbefugnis § 373[39]; gesetzliche Veräußerungsverbote § 373[40]; Ort des Selbsthilfeverkaufs § 373[41]; Zeit § 373[42]; Beweislast für ordnungsmäßigen Verkauf § 373[43]; nicht ordnungsmäßiger Selbsthilfeverkauf § 373[44–48]; Benachrichtigung des Käufers von der Versteigerung § 373[49]; desgl. vom vollzogenen Verkauf § 373[50]; für Rechnung des Käufers § 373[51–55]; Verkauf durch Lieferanten des Verkäufers § 373[53]; Provision des Verkäufers § 373[54]; Rechte des Verkäufers nach bürgerlichem Recht § 374[1–4]; Ersatz der Mehraufwendungen § 374[2]; öffentliche Versteigerung, Hinterlegung des Erlöses § 374[3]; öffentliche Hinterlegung § 374[4].

b) Abnahmeverzug § 374[6], Anh. zu § 374[165–170]; Fälligkeit bei Leistungen Zug um Zug Anh. zu § 374[8, 170]; Gattungskauf Anh. zu § 374[166]; geringfügige Mängel Anh. zu § 374[166]; Nebenverpflichtungen Anh. zu § 374[161, 165–168].

c) Zahlungsverzug Anh. zu § 374[6–18]; Fälligkeit der Zahlung Anh. zu § 374[7–10]; Zahlung Zug um Zug gegen Lieferung Anh. zu § 374[8, 9]; Angebot der Ware Anh. zu § 374[8, 9, 14]; Lieferungsfähigkeit des Verkäufers Anh. zu § 374[10]; schuldhafte Unterlassung der Zahlung Anh. zu § 374[7, 11–18]; Teilzahlung Anh. zu § 374[11]; Zahlung unter Vorbehalt Anh. zu § 374[12a]; Irrtum in der Vertragsauslegung Anh. zu § 374[13]; gleichzeitiger Annahmeverzug bei Leistungen

Kauf.

Zug um Zug Anh. zu § 374[14]; Mahnung Anh. zu § 374[15–17b]; Wegfall bei der Mahnung bei erklärter Weigerung Anh. zu § 374[16]; bei vorsätzlicher oder fahrlässiger Verzögerung Anh. zu § 374[16a]; Kalendertag Anh. zu § 374[17]; Anerkenntnis des Käufers Anh. zu § 374[17b]; Heilung des Verzuges Anh. zu § 374[17c, 112]; Beweislast Anh. zu § 374[18]; Nichterfüllung seitens des Verkäufers Anh. zu § 374[19]; Wahlrecht des Verkäufers Anh. zu § 374[2–5, 20–38b]; Recht auf Erfüllung Anh. zu § 374[21]; Schadensersatz wegen verspäteter Erfüllung Anh. zu § 374[21, 22, 23]; Schadensersatz wegen Nichterfüllung § 374[24–34]; Inhalt Anh. zu § 374[24–27a]; Austausch- oder Surrogationstheorie Anh. zu § 374[25a]; Rechtsprechung des Reichsgerichts Anh. zu § 374[25a, 26]; kein Angebot der Ware § 374[26]; Vereinbarungen Anh. zu § 374[26a]; Lieferungsfähigkeit des Verkäufers Anh. zu § 374[26b]; Anspruch aus dem Vertrage Anh. zu § 374[27]; abstrakter Schaden Anh. zu § 374[28, 29, 33a]; konkreter Schaden Anh. zu § 374[28, 30, 33, 33a]; Geltendmachung des Anspruchs Anh. zu § 374[34]; Rücktrittsrecht Anh. zu § 374[3, 35]; Zurückbehaltungsrecht Anh. zu § 374[36–38b]; Zusammenhang von Leistung und Gegenleistung Anh. zu § 374[37]; teilweise Erfüllung Anh. zu § 374[38]; drohende Vertragsverletzung des Käufers Anh. zu § 374[38a]; aufschiebende Wirkung Anh. zu § 374[38b]; Ausübung des Wahlrechts Anh. zu § 374[77–106]; Fristbestimmung Anh. zu § 374[78–92b]; Sukzessivlieferungsvertrag Anh. zu § 374[93]; Nebenerklärungen Anh. zu § 374[95a]; Nachfrist Anh. zu § 374[96–98a]; fruchtloser Fristablauf Anh. zu § 374[98]; Androhung der Ablehnung Anh. zu § 374[93–104]; Wegfall von Fristsetzung und Androhung bei mangelndem Interesse Anh. zu § 374[101–104]; desgl. bei bestimmter Verweigerung der Erfüllung Anh. zu § 374[105]; vertraglicher Verzicht auf Fristsetzung und Androhung Anh. zu § 374[106]; Wirkungen des fruchtlosen Fristablaufs Anh. zu § 374[108–115b]; Ausschluß des Erfüllungsanspruchs Anh. zu § 374[108, 111, 111a], Anh. zu § 374[108]; Rücktritt Anh. zu § 374[109]; Schadensersatz wegen Nichterfüllung Anh. zu § 374[110]; Ausschluß der Heilung des Verzuges Anh. zu § 374[112, 113, 114]; Wegfall der Wirkungen des gehörig ausgeübten Wahlrechts durch Vereinbarung Anh. zu § 374[115]; Besonderheiten bei ganzer oder teilweiser Erfüllung seitens des Nichtsäumigen Anh. zu § 374[116–125]; Stundung des Kaufpreises, Verzug des Käufers Anh. zu § 374[117]; desgl. bei vollständiger Erfüllung seitens des Verkäufers Anh. zu § 374[118–120]; bei Sukzessivlieferungsgeschäften Anh. zu § 374[124]; teilweise Erfüllung des Käufers Anh. zu § 374[126–134]; desgl. bei Sukzessivlieferungsgeschäften Anh. zu § 374[136–139a].

d) Verzug mit der Spezifikation § 375[2–22]; Voraussetzungen § 375[2, 3, 4]; Rechte des Verkäufers § 375[5–17]; Klage auf Vornahme der Spezifikation? § 375[5]; keine Klage auf Abnahme vor Spezifikation § 375[5a]; Schadensersatz wegen verspäteter Spezifikation § 375[5b]; Spezifikation

Kauf.
durch Verkäufer § 375^{6-11}; Fristsetzung § 375 $^{7, 8}$; Mitteilung von erfolgter Spezifikation mit Aufforderung zur anderen Spezifikation § 375^{10}; Folgen § 375^{11}; Schadensersatz wegen Nichterfüllung und Rücktritt § $375^{12, 13, 14}$; Sukzessivlieferungsvertrag § 375^{13}; Zahlung des Mindestpreises § 375^{15}; Selbsthilfeverkauf § 375 $^{16, 17}$; Verhältnis der Rechte des Verkäufers § 375^{18-22}; Zusammentreffen mit Zahlungsverzug § 375^{23}.

3. **Verzug des Verkäufers.**

a) Annahmeverzug § 374^{5}.

b) Übergabeverzug Anh. zu § 374^{39-76}; Übergabe und Eigentumsverschaffung Anh. zu § 374^{39}; Übergabe Anh. zu § 374^{40-43}; Ersatzübergabe Anh. zu § $374^{40, 41}$; Bereithaltung bei Abholung durch den Käufer Anh. zu § 374^{40}; Kauf gegen Dispositionspapier Anh. zu § 374^{40}; Lieferung mangelhafter Ware? Anh. zu § $374^{42, 42a, 44}$; Teillieferungen Anh. zu § $374^{42b, 45}$; Lieferung anderer Sache Anh. zu § 374^{43}; Prüfung der Gattungsware am Bestimmungsort beim Übersendungskauf Anh. zu § 374^{42a}; Verzug Anh. zu § 374^{43-53}; schuldhaftes Unterlassen der Lieferung Anh. zu § 374^{44-47b}; Fälligkeit der Lieferung Anh. zu § 374^{44}; Lieferung Zug um Zug gegen Zahlung Anh. zu § 374^{44}; Unterlassung Anh. zu § 374^{45}; Verschulden des Verkäufers Anh. zu § 374^{46}; Verschulden der Vertreter und Erfüllungsgehilfen Anh. zu § 374^{46}; Gattungskauf, subjektive Unmöglichkeit der Lieferung Anh. zu § 374^{47}; Betriebsstörungen Anh. zu § 374^{47}; Geschäftsbedingungen, Freizeichnungsklauseln Anh. zu § $374^{47, 49f, g}$, § $346^{3, 17}$, Anh. zu § 346^{35}; Erzeugnisse einer bestimmten Fabrik Anh. zu § $374^{47a, b}$; Spezieskauf Anh. zu § 374^{48}; objektive Unmöglichkeit der Lieferung Anh. zu § 374^{49-49h}; Eintritt der Unmöglichkeit nach Abschluß des Kaufes Anh. zu § 374^{49a}; feststehende Unmöglichkeit Anh. zu § 374^{49b}; teilweise Unmöglichkeit Anh. zu § 374^{49c}; veränderte Umstände Anh. zu § 374^{49d}; veränderte Gesetzgebung Anh. zu § 374^{49e}; Einfluß des Krieges Anh. zu § $374^{49f, g, h, i, k}$; Vereinbarung Anh. zu § $374^{49i, k}$; Mahnung Anh. zu § 374^{50-52c}; Wegfall der Mahnung bei schuldhafter Vertragsverletzung durch Säumnis Anh. zu § 374^{51a}; desgl. bei Bestimmung des Kalendertages Anh. zu § 374^{52}; Heilung des Verzuges Anh. zu § $374^{52c, 112}$; Beweislast Anh. zu § $374^{18, 44, 53}$; dreifaches Wahlrecht des Käufers Anh. zu § 374^{54-76}; Recht auf Erfüllung und Schadensersatz wegen verspäteter Erfüllung Anh. zu § $374^{55, 56}$; Schadensersatz wegen Nichterfüllung Anh. zu § 374 $^{57-74}$; Berechnung in Geld Anh. zu § 374^{59}; abstrakter Schaden Anh. zu § 374^{59-64}; Unterschied zwischen Vertragspreis und Marktpreis Anh. zu § 374^{60-64}; Verkäuflichkeitswert Anh. zu § 374^{60b}; Deckungspflicht des Käufers? Anh. zu § 374^{61}; Zeit der geschuldeten Lieferung Anh. zu § 374^{62-63}; verweigerte Erfüllung Anh. zu § 374^{63}; Ort der geschuldeten Lieferung Anh. zu § 374^{64}; konkreter Schaden Anh. zu § 374^{65-74};

Kauf.
Deckungskauf Anh. zu § 374^{67-73}; Treu und Glauben bei Deckungskauf Anh. zu § $374^{69, 71}$; Zeit und Ort desselben Anh. zu § $374^{69, 70}$; Bedingungen desselben Anh. zu § 374^{72}; Gewinn beim Deckungskauf Anh. zu § 374^{73}; Geltendmachung Anh. zu § 374^{74}; Rücktrittsrecht Anh. zu § $374^{35, 75, 94, 95, 123}$; Ersatz für Auslagen Anh. zu § 374^{75}; Zurückbehaltungsrecht Anh. zu § 374^{76}; Rechte des Käufers, der erfüllt hat Anh. zu § $374^{121, 122, 123}$; Sukzessivlieferungsvertrag Anh. zu § $374^{140-144}$; Nebenverpflichtungen Anh. zu § $374^{164, 167, 168}$.

Kaufmann, Begriff § 1^{1-30}; Anwendungsbereich des Begriffs § 1^{1}; Betrieb eines Handelsgewerbes § 1^{3-30}; Handelsgewerbe § 1^{6-14}; Begriff des Gewerbes § 1^{6-13}; zusammenhängende Gesamtheit von Geschäften § 1^{6}; dauernder Gewinn § $1^{6, 7, 8}$; kaufmännische Tätigkeit § 1^{9}; Gewerbsmäßigkeit § 1^{9-13}; Betrieb des Handelsgewerbes § 1^{15-22}; Geschäfte im eigenen Namen § 1^{15-19a}; Handlungsgehilfe, Prokurist, Liquidator der fremden Gesellschaft keine Kaufleute § 1^{18}; Kommanditist kein K. § 1^{18}; Kommanditist der AG. kein K. § 320^{11}; Rechtsgültigkeit des Betriebes § $1^{20, 21, 22}$; Dauer der Erfordernisse § $1^{23, 24, 25}$; Verlust der Kaufmannseigenschaft § 1^{25}; Handelsfrau E^{39}; juristische Person § 1^{25}; Unzulässigkeit weiterer Erfordernisse § 1^{26-30}; I. Klasse, Grundhandelsgeschäfte § 1^{31-85}; Arten § 1^{32-85}; Beispiele § 1^{84}; II. Klasse § 2; Voraussetzungen § 2^{2-11}; gewerbliches Unternehmen § $2^{2, 3, 4}$; kaufmännische Einrichtung § $2^{5, 6, 7}$; Umfang § $2^{7, 8}$; Art des Unternehmens § 2^{9}; Handwerker § 2^{10}; Firmeneintragung § 2^{11}; Wirkung § $2^{12, 13, 14}$; Fortdauer der Voraussetzungen § $2^{15, 16, 17}$; land- und forstwirtschaftliche Betriebe § 3; Nebengewerbe § 3^{3-4}; Eintragung § 3^{10-17}; Bedeutungslosigkeit öffentlich-rechtlicher Verbote § 1^{26}, § $7^{1, 2, 3}$; Vermutung der Kaufmannseigenschaft infolge Eintragung § 5^{1-7}; kaufmännisches Auftreten, Scheinkaufmann Anh. zu § 5; Buchführung §§ 38 bis Anh. zu § 47; s. Handelsbücher; Handlungsagent § 84^{13}; Zivilmäkler? Anh. zu § 93^{8}; Handelsmäkler § 93^{5}; o. HG., Begriffsbestimmung § 105 $^{1-21}$; o. HG. in Liquidation? § 156^{3}; Komplementar § 161^{5}; desgl. der Aktienkommanditgesellschaft kein K. § 320^{10}; Handelsgeschäfte § 343; Vermutung der Zugehörigkeit zum Betriebe des Handelsgewerbes § 344; Gewohnheiten und Gebräuche unter Kaufleuten § 346 $^{1, 10-13}$; Sorgfaltspflicht § 347; Vertragsstrafe § 348; Bürgschaft, Formlosigkeit bei Vollkaufleuten § 349^{9}, § 350^{9}; desgl. Wegfall der Einrede der Vorausklage § $349^{24, 25}$; desgl. Widerrufsrecht § 349^{40}; Rat, Empfehlung, Auskunft Anh. zu § 349; abstraktes Schuldversprechen und Schuldanerkenntnis, Formfreiheit § 350, $350^{12, 19}$; Zinsen § 352, § 353; Geschäftsbesorgung, Lagergeld, Zinsen § 354; Kontokorrentverhältnis mit K., Verzinsung des Überschusses § $355^{9, 11, 14, 33, 35}$; Geschäftszeit § 358; Jahreszeit § 359; Handelsgut mittlerer Art und Güte bei Gattungsschuld § 360; Schweigen als Annahme bei Geschäftsbesorgung § 362; Anweisungen § 363[1–18]; Verpflichtungsscheine § 363[19–32]; kaufmännische Orderpapiere § 363[33–38]; Veräußerung beweglicher Sachen, Eigentumsübergang, guter Glauben des Erwerbers § 366[18, 19, 20]; Verpfändung beweglicher Sachen § 366[80]; Rügepflicht § 377[1]; Zusendung unbestellter Ware § 377[202]; Kommissionär? § 383[1, 4]; Speditionsgeschäfte des Kaufmanns § 407[5], § 415; desgl. Lagergeschäfte § 451; Postfiskus kein K. § 452; Eisenbahnfiskus § 452.

Kaufmännische Anweisung § 363E, [1–18]; Wechsel? § 363E; Begriff § 363[1–4]; Schriftform § 363[1]; Kaufmannseigenschaft des Angewiesenen § 363[3]; Unabhängigkeit von Gegenleistung § 363[3]; Anweisung auf Schuld § 363[4, 7, 12a]; Akkreditierung § 363[4]; Indossierbarkeit § 363[5, 6]; Wirkungen § 365[7–15]; Widerruf § 363[7]; Annahme § 363[8]; Lieferscheine § 363[8]; Verpflichtung des Angewiesenen durch Annahme § 363[10–12a]; Nachricht von der Annahmeverweigerung § 363[14]; kein Rückgriffsanspruch des Anweisungsempfängers gegen den Anweisenden § 363[15]; zivilrechtliche Anweisung § 363[16]; Konkurs des Anweisenden § 363[18].

Kaufmännische Dienste des Handlungsgehilfen § 59[12–14a].

Kaufmännische Orderpapiere § 363[33, 34].

Kaufmännischer Verpflichtungsschein § 363[19–32]; Begriff und Form § 363[19, 20]; Kaufmannseigenschaft des Ausstellers § 363[22]; vertretbare Leistung § 363[23]; Unabhängigkeit von Gegenleistung § 363[24]; Person des Berechtigten § 363[25]; Angabe des Verpflichtungsgrundes nicht erforderlich § 363[26]; Indossierbarkeit § 363[28, 29]; Wirkung § 363[30, 31, 32]; Verjährung § 363[32].

Kaufmännischer Geschäftsbetrieb § 2.

Kaufmannsgericht, Handlungsgehilfe § 59[5, 5a, 5b], § 62[16]; Wettbewerbsverbot § 74[4].

Kaufmannsgüte § 360.

Kaufmuster § 377[33a].

Kaufpreis, Beurkundung von Grundstücksveräußerung § 350[26]; vgl. Kauf zu I.

Kellner, Gewerbegehilfe § 59[17].

Kennenmüssen von Eintragungen und Bekanntmachung § 15[7].

Kenntnis von Eintragungen und Bekanntmachungen § 15[7]; der Vermittlertätigkeit des Zivilmäklers Vorb. v. § 93[29]; der Beschränkung der Vertretungsbefugnis des Vorstandes der AG. § 235[17]; der Warenmängel § 377[117, 118].

Kettenhandel Vorb. v. § 373[32a, g, h].

Kies, Ausbeutung von K. § 350[38].

Kinder des Kaufmanns als Handlungsgehilfen § 59[9].

Kinderkrankheiten des Geschäfts § 133[18].

Klagbarkeit des Anspruchs auf Saldofestsetzung § 355[23].

Klage auf Erfüllung beim Kauf bindet nicht an das Recht auf Erfüllung Anh. zu § 374[98]; des Verkäufers auf Zahlung Vorb. v. § 373[76–81]; desgl. auf Abnahme Vorb. v. § 373[67–74, 82]; des Käufers auf Lieferung Vorb. v. § 373[76–81, 83]; Leistung der Dienste des Handlungsgehilfen § 59[30].

Klageänderung, Ausdehnung der Klage gegen die o. HG. auf die Gesellschafter zulässig § 129[2]; Unzulässigkeit der umgekehrten Änderung § 129[3]; kein Rückgriff von Saldofeststellung auf Einzelposten § 355[28]; Wahlrecht des Käufers § 377[108–113]; Wandelung und Minderung § 377[70].

Klagerecht des Aufsichtsrats § 247[1–7]; Gläubigerschutzvorschriften § 289[12].

Klagerücknahme, Zurücknahme der Mängelanzeige? § 377[116]; Aufhebung der Verjährungsunterbrechung § 377[138].

Klausel, Bedeutung verschiedener Arten § 346[19]; Verfallklausel (clausula cassatoria), Verwirkungsklausel § 346[19]; desgl. beim Kauf Anh. zu § 374[4]; Umtauschklausel § 346[19]; Kostfracht (cost and freight) § 346[19]; rebus sic stantibus Anh. zu § 346[16], Vorb. v. § 373[40]; Irrtum vorbehalten (salvis erroribus et omissionibus § 355[29]; Netto ab hier, Rein Netto, Netto Kass Anh. zu § 359[17], Anh. zu § 372[46a]; Kasse gegen Lieferschein, Netto Kasse gegen Konnossement Anh. zu § 372[46b]; tel quel § 360[3–5]; wie besehen § 360[3, 6]; die Ware falle, wie sie wolle § 360[3, 5]; nach Besicht § 360[6]; Empfang erklärt, besehen und akzeptiert (vue et agréé) § 360[6]; Arbitrageklausel § 360[8], Anh. zu § 372[46b], Vorb. v. § 373[24a]; freight payable at current exchange § 361[2]; freibleibend, ohne Verbindlichkeit, ohne Obligo Anh. zu § 361[17]; franko, frei hier, franko Waggon, Lieferung frei Wohnsitz Anh. zu § 372[31], Anh. zu § 382[49]; Kasse gegen Dokumente Anh. zu § 372[31, 42], Anh. zu § 382[49]; ausgeliefertes Gewicht garantiert Anh. zu § 372[32, 42]; Wiedereröffnung der Schiffahrt Anh. zu § 372[45]; Hausse-Klausel, Baisse-Klausel Vorb. v. § 373[28]; „wie besehen, tel quel, nach Besicht, genau nach Muster, nur nach Muster, Verzicht auf Mängelrüge § 377[36]; Ausschluß der Mängelhaftung § 377[121]; wie besehen, tel quel, ohne Nachlieferung, vertragliche Änderung der Mängelhaftung § 377[187]; lieferbar ab Kai, lieferbar aus Schiff, franko Spediteur, Abladegewicht gleich Fakturagewicht, Gefahrübergang bei Versendung der Ware Anh. zu § 382[49]; s. cif, fob.

Kleidungsstücke der Handlungsgehilfen, Aufbewahrung § 62[5a].

Kleinbahn, keine Geltung der Eisenbahnverkehrsordnung § 453[2], § 473; Eisenbahnfrachtrecht § 473.

Kleinbetrieb § 2[8].

Kleingewerbe, Umfang des Unternehmens § 2[8]; landesrechtliche Begriffsbestimmungen § 4[21, 22]; Handwerk und K. § 4[22b]; Nichtanwendung der Bestimmungen über Vertragsstrafe, Bürgschaft, Schuldversprechen und Schuldanerkenntnis § 351.

Kleingewerbetreibende § 4[17–22]; gesellschaftliche Vereinigung von K. Anh. zu § 342[8].

Kleinverkehr, Krämermäkler § 104.

Knebelungsverträge Anh. zu § 346[16b]; s. Biersklaverei Anh. zu § 346[16], Lohnsklaverei Anh. zu § 346[16b].

Koch, Gewerbegehilfe § 59[17].

Kollektivprokura § 48[9].

Kollektivsendungen, Mängelanzeigen § 377[23].

Kollisionsnormen, Erfüllungsort Anh. zu § 372^{5}.
Kollusion, Prokurist § 59^{2}; o. H.-Gesellschafter § 124^{38}, § 126^{15}; Vorstandsmitglied § 235^{17}; Aufsichtsrat § 247^{4}.
Kommanditgesellschaft.

I. Allgemeines.

Begriffsmerkmale § 161^{1-10}; Gesellschaft § 161^{1}; keine juristische Person § 161^{2}; Betrieb eines Handelsgewerbes § 161^{3}; gemeinschaftliche Firma § 161^{4}; Haftung § 161^{5-9}; unbeschränkte Haftung des persönlich haftenden Gesellschafters, Komplementars § 161^{5}; Kaufmannseigenschaft § 161^{5}; beschränkte Haftung des Kommanditisten § 161^{6-9}; kein Kaufmann § 161^{5}; Ehefrau, Minderjährige als Kommanditisten § 161^{5}; Erbengemeinschaft nicht Kommanditistin § 161^{6}; Vermögenseinlage § 161^{7}, ^{9}; Entstehung der Kommanditisteneigenschaft § 161^{8}; Arbeitskraft als Einlage? § 161^{9}; Eintragung § 161^{4}, ^{10}; ersatzweise Geltung des Rechts der o. HG. § 161^{11-18}. Formfreiheit des Kommanditvertrags § 161^{14}; Inhalt des Vertrags § 161^{15}; rechtliche Selbständigkeit der K. § 161^{17}; Rechtsfähigkeit, Parteifähigkeit § 161^{17}; Gesellschafter keine Zeugen § 161^{17}; Anmeldung und Bekanntmachung bei Errichtung § 161^{1-5}; bei Eintritt und Austritt eines Kommanditisten § 161^{6-9}; Umwandlung in o. HG. § 162^{7}; Bedeutung der Eintragungen § 162^{9-12}; der Nichteintragung § 162^{12}; Eintragung der Zweigniederlassung § 162^{13}; Firmenzeichnung § 162^{14}; Beginn der Wirksamkeit der K. nach außen § 162^{15-20}; Verbleiben der Erben eines o. H.-Gesellschafters als Kommanditisten § 139; Verjährung Anh. zu § 177^{28}, ^{29}, ^{30}.

II. Verhältnisse nach innen (§§ 163—169).

Gesellschaftsvertrag § 163^{3}; Anwendung des Rechts der o. HG. § 163^{4-12}; Geschäftsführung § 164 $^{1-7}$; nicht durch Kommanditisten § 164^{1}, ^{6}; Entziehung § 164^{5}; Widerspruchsrecht des Kommanditisten bei außergewöhnlichen Geschäften § 164^{3}; Prokurabestellung § 164^{4}; Wettbewerbsverbot für Kommanditisten? § 165^{1}, ^{2}; desgl. für persönlich haftende Gesellschafter § 165^{3}; Aufnahme neuer Gesellschafter § 163^{10}; Beiträge § 163^{11}; Aufsichtsrechte der Kommanditisten § 166; Bilanzabschrift, Einsicht von Büchern und Papieren § 166^{1-4}; Anfechtung der Bilanz § 166^{4}; gerichtliche Anordnungen bei wichtigen Gründen § 166^{6-10}; vertragliche Erweiterung und Einschränkung der Rechte § 166 ^{11}, ^{12}; Gewinn- und Verlustbeteiligung §§ 167, 168, 169; Berechnung des Geschäftsergebnisses § 167^{1}; Zuschreibung des Gewinnanteils, Belastung mit dem Verlust § 167^{2}; Beteiligung am Verlust § 167^{2}; Gewinnverteilung § 168^{1-3}; Verlustverteilung § 168^{4}, ^{5}; Entnahmebefugnis nur der persönlich haftenden Gesellschafter § 169^{1} Auszahlungsanspruch des Kommanditisten § 169 $^{2-5}$; Beschränkung der Auszahlung bei ungenügender Einlage § 169^{4}, ^{5}; Kapitalkonten § 167^{7} § 120^{7}; keine Rückzahlungspflicht des Kommanditisten wegen späterer Verluste § 169^{6-8}; Haftung des Kommanditisten gegenüber dem Gläubiger § 169^{6}; vertragliche Verminderung des Kapitalanteiles § 169^{9}.

III. Rechtsverhältnisse nach außen.

Keine juristische Person § 161^{2}; rechtliche Selbständigkeit, Parteifähigkeit § 161^{17}; keine Vernehmung als Zeuge § 161^{17}; Entstehung der K.-Gesellschaft § 161^{9}, ^{10}, ^{11}; Beginn der Wirksamkeit nach außen § 162^{15}; unbeschränkte Haftung des Komplementars § 161^{5}; beschränkte Haftung des Kommanditisten § 161^{6}; keine Wirkung der Verminderung des Kapitalanteils § 169^{9}; Eintritt in Geschäft eines Einzelkaufmanns § 28^{1-10}; Ausschluß der Kommanditisten von der Vertretung § 170E^{4}; Vertretung durch persönlich haftenden Gesellschafter § 170^{1-3}; Umfang § 170^{2}; Entziehung § 170^{3}; Haftung des persönlich haftenden Gesellschafters § 170 ^{1}, ^{2}; Haftung des Kommanditisten § 171^{3-7}, §§ 172—176; unmittelbare Haftung § 171^{3}, ^{13}, ^{14}; Gesamtschuld § 171^{6}; Beschränkung der Haftung auf die Einlage § 171^{4}, ^{5}; Geltendmachung im Konkurse und durch den Konkursverwalter § 171^{7-12}; Einreden des Kommanditisten § 171^{15}; Klage gegen den Kommanditisten § 171^{16-21}; Befreiung durch Einlage § 171^{16-19}; Aufrechnung mit Forderungen gegen die Gesellschaft § 171^{20}; Haftung des Kommanditisten nach Ausscheiden und Auflösung § 171^{22}, § 172^{4}, § 174^{4}; Name des K. in der Firma § 171^{23}; Schutz gegen Herabsetzung der Einlage § 174; der Grenze der Haftung § 172^{1}, ^{2}; Eintragung, Bekanntmachung § 172^{1}; Unwirksamkeit des Erlasses oder Stundung der Einlage § 172^{3}; der Rückzahlung § 172^{4-7}; guter Glaube des Kommanditisten bei Gewinnbezug § 172^{8}, ^{9}; Haftung des neu eintretenden Kommanditisten § 173, § 176^{8}, ^{9}; Unwirksamkeit der Herabsetzung den bisherigen Gläubigern gegenüber vor der Eintragung § 174; Anmeldung, Eintragung, Bekanntmachung von Erhöhung und Herabsetzung § 175; Haftung des Kommanditisten für Geschäfte vor der Eintragung § 176^{1-4}; keine Vollhaftung bei Kenntnis des Dritten von der Kommanditisteneigenschaft § 176^{5}; Ausnahme Kommanditgesellschaft nach § 2 HGB. § 176^{6}; Haftung des ausscheidenden Kommanditisten § 174^{4}; Verjährung Anh. zu § 177^{28}, ^{29}, ^{30}.

IV. Auflösung, Ausscheiden von Gesellschaftern, Liquidation Anh. zu § 177; Auflösungsgründe Anh. zu § 177^{1}, § 130; Kündigung eines Gesellschafters Anh. zu § 177^{2}; erzwungene Auflösung, Anfechtung Anh. zu § 177^{3}; lebenslängliche Gesellschaft Anh. zu § 177^{4}; Recht des Privatgläubigers eines Gesellschafters nach Auflösung Anh. zu § 177^{5}; Fortdauer der Geschäftsführung Anh. zu § 177^{6}; Pflichten der Erben des Gesellschafters Anh. zu § 177^{7}; Ausscheiden eines Gesellschafters Anh. zu § 177^{8}, ^{9}; Fortsetzung der Gesellschaft mit den Erben Anh. zu § 177^{10}; Ausschließung Anh. zu § 177^{11}; Fortsetzung der Gesellschaft bei Kündigung durch Privatgläubiger Anh. zu § 177^{12};

desgl. bei Konkurs eines Gesellschafters Anh. zu § 177[12]; Auseinandersetzung mit dem ausscheidenden Gesellschafter Anh. zu § 177[13]; Recht auf alleinige Geschäftsübernahme Anh. zu § 177[14]; Anmeldung und Eintragung der Auflösung und des Ausscheidens Anh. zu § 177[15]; Fortsetzung nach Beendigung des Konkurses der Gesellschaft Anh. zu § 177[16]; Tod des Kommanditisten § 177; Auflösung einer als Kommanditistin beteiligten Gesellschaft § 177[3]; Liquidation Anh. zu § 177 [17–27]; Liquidatoren Anh. zu § 177[18–24]; Firma, Bücher, Papiere Anh. zu § 177[26]; Verjährung Anh. zu § 177[28]; desgl. bei Rückgriffsansprüchen der Gesellschafter untereinander § 166[7], Anh. zu § 177[30].

Kommanditgesellschaft auf Aktien.

I. Allgemeines; Begriffsmerkmale § 320[1–16]; Rechtsregeln § 320[3], [4]; Übergangsfragen § 320 [116], [117]; juristische Person § 320[2], [7]; Gesetzesvorschriften § 320[5], [6]; Handelsgesellschaft § 320[9].

II. Gründung § 320[17–45], § 321; aktienrechtliche Regeln § 320[17], [18]; Festsetzung des Gesellschaftsvertrages § 320[19–25]; Gründer § 320[20], [26]; Simultangründung § 320[18], [19], [27], § 321[1]; Sukzessivgründung § 320[18], [19], [28], [34], § 321[1]; gerichtliche Errichtungsverhandlung § 323[3]; Bestellung des ersten Aufsichtsrats § 320[29], [30]; Gründererklärung § 320[31]; Gründungsprüfung § 320[32]; Revisoren § 320[32]; Anmeldung § 320 [33], [39]; Eintragung § 320[36]; Bekanntmachung § 320[37]; Rechtsverhältnisse vor der Eintragung § 320[38]; Zweigregister § 320[39]; Verantwortlichkeit der Gründer § 320[40–44]; Verzichte, Vergleiche § 320[43]; Verjährung § 320[44]; Nachgründungen § 320[45], § 324; Gründungshergang § 321; Zeichnungsscheine § 323[1].

III. Gesellschaftsvertrag. Notwendigkeit § 320[19]; Feststellung durch Gründer § 320 [20–25]; Zahl der Gründer § 320[20]; Beteiligung sämtlicher Komplementare § 320[20], § 321[2]; der Kommanditisten § 320[20]; Form § 321; Inhalt § 320[24], [25], [26]; Aktiengattung § 320[25]; Verbot der Unterpariausgabe § 320[25]; besondere Vorteile der Aktionäre bei Sacheinlagen § 320[25]; desgl. der Komplementare § 322[3]; Einlagen der Komplementare § 320[25], § 322[2]; besondere Vorteile für Komplementare § 322[3]; Übernahme der Aktien § 321; Personalien der Komplementare § 322 Abs. I; Firma § 320[24], § 322[6]; Gründungshergang § 321.

Änderungen § 320[108–112]; Erhöhung der Kapitalanteile § 320[109]; Aufnahme neuer Mitglieder § 320[109]; Erhöhung des Nennbetrages der Aktien § 320[110]; Kapitalsherabsetzung § 320 [111], [112]; Ausscheiden von Mitgliedern § 320[111].

IV. Komplementar. Beitragspflicht, Einbringung § 320[47], [48]; kein Gesamteigentum am Gesellschaftsvermögen § 320[49]; Sorgfaltspflicht § 320[50]; Übertragbarkeit der gesellschaftlichen Rechte § 320[51]; Aufwendungen § 320[51]; Verzinsung unbefugter Entnahmen § 320[52]; unbeschränkte Haftung § 320[53–57]; Gesamthaftung § 320[56]; Erfüllungsort § 320[56]; Einfluß des Konkurses der Gesellschaft § 320[56]; Prozeß gegen K. § 320[56]; Ausschluß der Haftung der Gesellschaft für Privatschulden § 320[57]; Aufrechnungsrecht § 320[57]; Verjährung § 320[57]; Eintritt in bestehende Gesellschaft § 320[58]; Gewinnbeteiligung § 320[51], [65–68], [71], § 329; Verlustbeteiligung § 320[70], [71], § 329; Vertretungsbefugnis § 320[51], [72–80]; Alleinvertretung § 320[74]; Umfang der Vertretungsmacht § 320[75], [76]; Klage gegen die Gesellschaft § 320[76]; Entziehung der Befugnis § 320[77], [78], [79]; keine Vertretungsbefugnisse anderer Organe § 320[80]; Geschäftsführung § 320[51], [81–91]; Prokurabestellung § 320[84]; Entziehung der Befugnis § 320[85]; Buchführung § 320[87]; Verantwortlichkeit für Geschäftsführung § 320[90]; Anwendung von Vorschriften über Vorstand der AG. § 325; Zustimmung zur Satzungsänderung § 320[108]; Herabsetzung der Kapitalanteile durch Abschreibung des Verlustanteils § 320[111]; besondere im Gesellschaftsvertrage festgesetzte Vorteile § 322[3]; Kontrolle durch Kommanditisten § 320[53]; desgl. durch den Aufsichtsrat § 320[89]; durch Generalversammlung § 320[101]; Anfechtung der Beschlüsse der Generalversammlung § 320[101]; Wettbewerbsverbot § 326[1–10]; kein Stimmrecht in der Generalversammlung § 327[1], [2], [3]; Zustimmung zu Beschlüssen der Generalversammlung § 327 [4–7]; Prozesse gegen Kommanditistengesamtheit § 328[2]; Klage des Aufsichtsratsmitgliedes gegen K. § 328[3]; Anfechtung der Beschlüsse der Generalversammlung § 327[7]; Ausscheiden einzelner Kommanditisten § 330E, [29–36]; freiwilliges Ausscheiden § 330[29], [30]; desgl. unfreiwilliges § 330 [31], [32], [33]; Kündigung des Pfändungsgläubigers § 330[33]; Ausschließung § 330[34]; Auseinandersetzung § 330[35]; Anmeldung § 330[36]; K. als Liquidatoren § 330[17], § 331; Verteilung des Ausschüttungsguthabens vor Beachtung der Gläubigerschutzvorschriften § 330[19]; Zustimmung zur Fortsetzung der aufgelösten Gesellschaft § 330[21]; Umwandlung der Gesellschaft § 332[2]; Anmeldung des Umwandelungsbeschlusses § 333[1]; Fortdauer der Haftung § 333[6].

V. Kommanditist, Rechtsstellung § 320[13–16]; kein Kaufmann § 320[14]; AG., o. HG., Kommanditgesellschaft als K. § 320[14]; Zeuge § 320[8]; Grundkapital § 320[16]; Aktien als Anteilrechte § 320[16]; Grenze der Verpflichtung § 320[59]; Rechte am Gesellschaftsvermögen § 320[60]; Bauzinsen § 320[60]; Haftung für die Gesellschaft? § 320[61]; Verpflichtung zur Zahlung des Aktienbetrages § 320[62]; Übertragung der Aktienrechte § 320[63]; Gewinnverteilung § 320[65], [67], [69], [71]; Verlustverteilung § 320[70], [71]; Wahl des Aufsichtsrats § 320[92]; Aufnahme neuer K. § 320[110]; Kapitalsherabsetzung § 320[112]; Prozesse der Kommanditistengesamtheit gegen die Supplementare § 328[2]; Ausführung der Beschlüsse durch den Aufsichtsrat § 328[1]; Tod des K. § 330[9]; Konkurs des K. § 330[10]; keine Zuzahlung bei Umwandlung in AG. § 332[9].

Aktien, Anteilrechte des Kommanditisten § 320[16]; Übernahme bei der Gründung § 320[23] § 321; Aktienarten § 320[25]; keine Ausgabe unter Nennwert § 320[25]; Übertragung der Aktienrechte § 320[63]; Verbot des Erwerbes eigener

Aktien § 320^{64}; Kraftloserklärung § 320^{64}; Ersatz vernichteter oder beschädigter Aktien § 320^{64}; Erhöhung des Nennbetrages § 320^{100}; Herabsetzung § 320^{112}; Vereinigung in einer Hand kein Auflösungsgrund § 330^{24}.

Generalversammlung. Rechtsstellung § 320$^{99-102}$; Errichtungsversammlung § 320^{34}; Berufung und Beschlußfassung vor der Eintragung § 320^{35}; Kontrollrechte § 320^{101}; Prüfung von Bilanz, Gewinn- und Verlustrechnung, Vorlegung des Geschäftsberichts § 320^{101}; Beschlußfassung, Stimmrecht, Mehrheiten § 320^{103}; Berufung § 320^{104}, ^{105}; Recht der Minderheit auf Berufung § 320^{105}; Tagesordnung § 320^{105}; Form und Einreichung der Beschlüsse § 320^{105}; Bilanzgenehmigung, Gewinnverteilung, Entlastung des Vorstandes § 320^{106}, ^{107}; Vertagung § 320^{107}; Prüfung durch Revisoren § 320^{107}; Anfechtung der Beschlüsse § 320^{107}, § 327^{7}; Satzungsänderungen § 320^{108}; Erhöhung der Anteile § 320^{110}; Aufnahme neuer Mitglieder § 320^{110}; Herabsetzung der Anteile § 320^{112}; Ausscheiden von Mitgliedern § 320^{12}; kein Stimmrecht der Komplementare § 327^{1}; Zustimmung der Komplementare zu Beschlüssen § 327^{4}, ^{5}, ^{6}; Beschluß über Auflösung § 330^{4}; Wahl von Liquidatoren § 330^{17}, § 331; Umwandlung in AG. § 332$^{2-5}$; Genehmigung der Umwandlungsbilanz § 333.

VI. Aufsichtsrat. Rechtliche Stellung § 320 $^{92-96}$; Bestellung im Zustand der Gründung § 320^{29}; Zusammensetzung, Wahl, Amtsdauer, Widerrufsrecht § 320^{95}, § 328^{4}; Tantieme § 320^{96}; Aufsichtsrecht § 320^{97}, ^{98}; Vertretung der Gesellschaft § 320^{97}; keine Komplementare als Mitglieder § 320^{97}; Sorgfaltspflicht § 320^{98}; Folgen der Pflichtverletzung § 320^{98}; Ausführung der Beschlüsse der Generalversammlung § 328^{1}; Klage des einzelnen Mitglieds gegen Komplementar § 328^{3}.

VII. Auflösung. Begriff § 330^{1}; Gründe § 330 $^{2-16}$; Zeitablauf § 330^{3}; Beschluß § 330^{4}; Konkurs § 330$^{3-8}$; Zwangsvergleich § 330^{8}; Tod des Komplementars § 330^{9}; Konkurs des Komplementars § 330^{10}; Kündigung § 330^{11}, ^{12}; Kündigung des Pfändungsgläubigers § 330^{15}, ^{16}, ^{33}; Antrag auf gerichtliche Entscheidung § 330^{13}, ^{14}.

Veräußerung des Vermögens im ganzen § 330^{22}; Verstaatlichung § 330^{22}; Fusion § 330^{22}; Entziehung der obrigkeitlichen Genehmigung oder aus sonstigen öffentlichen Gründen § 330^{22}; Vereinigung der Aktien in einer Hand kein Grund zur Auflösung § 330^{24}; Einziehung aller Aktien § 330^{25}; Verlegung des Sitzes in das Ausland § 330^{26}; Anmeldung zur Eintragung § 330^{27}.

Ausscheiden von Gesellschaftern § 330$^{28-36}$; s. oben zu IV; Ausscheiden des Kommanditisten? § 330^{28}; freiwilliges Ausscheiden des Komplementars § 330^{29}, ^{30}; unfreiwilliges Ausscheiden § 330^{31}, ^{32}, ^{33}; Ausschließung § 330^{34}; Auseinandersetzung mit dem Ausscheidenden § 330^{35}.

Nichtigkeit § 330^{7}.

Liquidation § 330$^{17-21}$, § 331. Fortsetzung der aufgelösten Gesellschaft § 330^{21}.

Gläubigerschutzvorschriften § 330^{19}.

VIII. Umwandlung in andere Gesellschaftsarten. Umwandlung in AG. § 332$^{1-11}$; Wahrung der Identität § 332^{1}; Beschluß der Generalversammlung und der Komplementare § 332$^{2-10}$; besondere Mehrheit § 332^{4}; besondere Bilanz § 332^{5}; Maßregeln zur Durchführung § 332^{6}, ^{7}; Abfindung der Komplementare § 332^{8}; keine Zuzahlung der Kommanditisten § 332^{9}; Tagesordnung § 332^{10}; Gang der Umwandlung § 332^{11}; Anmeldung des Beschlusses § 333^{1}, ^{2}, ^{3}; Eintragung § 333^{4}, ^{5}, ^{6}; Wirkung der Eintragung § 333^{6}; Bekanntmachung § 333^{7}; Bilanzveröffentlichung § 334^{1}; Aufforderung an Gläubiger § 334^{2}; Befriedigung oder Sicherstellung derselben § 334^{3}; Haftung für Nichtbeobachtung der Schutzvorschriften § 334^{4}; kein Sperrjahr § 334^{5}.

Fusion mit gleicher Gesellschaft oder AG. § 334^{6}; Umwandlung in einfache Kommanditgesellschaft § 334^{7}; in G. m. b. H. § 334^{9}; der G. m. b. H. in Kommanditgesellschaft auf Aktien § 334^{8}.

IX. Strafrecht § 320^{114}; Ordnungsstrafrecht § 320^{115}.

Kommanditist, kein Kaufmann § 1^{18}; als Prokurist § 48^{3}; kein gesetzlicher Vertreter § 170^{4}; Erbe des o. H.-Gesellschafters als K. § 139 E, $^{6-11}$, $^{15-19}$, $^{21-26}$; K. der AG. kein K. § 320^{11}; desgl. als Zeuge § 320^{8}; Tod des K. § 177; Tod des K. der AG. § 330^{9}; Konkurs Anh. zu § 177^{1}; desgl. bei der AG. § 330^{7}; vgl. Kommanditgesellschaft zu III; Kommanditgesellschaft auf Aktien zu E.

Kommission der AG. zum Einkauf eigener Aktien § 226^{7}; Veräußerung eigener Aktien § 226^{8}.

Kommissionsagent § 84^{8}.

Kommissionsbank, Firmenzusatz § 18^{12b}.

Kommissionsbuch § 38^{6}.

Kommissionsgeschäft §§ 383—406.

I. Allgemeines.

Begriff des Kommissionärs § 383$^{1-19}$; Kaufmannseigenschaft § 383^{1}; Person des Kommissionärs § 383^{3}; Gegenstand der Tätigkeit § 383$^{2-8}$; Kauf und Verkauf § 383^{4}; Lieferung nicht vertretbarer Sachen § 383^{2}, ^{4}, § 406^{3}; Tauschverträge § 383^{6}; Einkauf und Veräußerung eigener Aktien § 226^{7}; Waren oder Wertpapiere § 383 ^{7}, ^{8}; Börsentermingeschäfte Anh. zu § 376^{77}; Differenzgeschäfte Anh. zu § 376^{180}; amtlich nicht notierte Werte § 383^{10}; Geschäfte anderer Art § 406; Handeln für fremde Rechnung § 383 $^{9-12}$; Propergeschäfte § 383^{9}; Beweislast § 383^{11}; Handeln im eigenen Namen § 383^{13}, ^{14}, ^{15}; Handeln ohne Auftrag in fremdem Namen, Unwirksamkeit gegen Kommittenten § 383^{14}; Gewerbsmäßigkeit § 383^{16}, ^{17}; Übernahme von Abschlüssen § 383^{18}, ^{19}; Dienstvertrag § 383^{19}.

Rechtsverhältnisse zwischen K. und Drittem § 383^{20}; keine Beziehungen zwischen Kommittenten und Drittem; Rechtsverhältnis zwischen Kommittent und K. § 383$^{22-26}$, § 392$^{2-13}$, § 399; Widerruf § 383^{23}, ^{24}; Kündigung § 383^{24}; Konkurs des Kommittenten § 383^{25}, § 391^{6}, § 397 ^{7}, ^{14}, § 399^{1}, Anh. zu § 382^{98}, ^{99}, ^{100}; desgl. des

Kommissionsgeschäft.

Kommissionärs § 383[25], § 390[9], § 392[5, 11]; widerstreitende Aufträge § 383[26]; dingliche Wirkungen des Kommissionsverhältnisses § 383[27–36]; Bankdepotgesetz § 383[27–30]; Vorschriften des bürgerlichen Rechts § 383[31–36]; Einkaufskommissionär § 383[31–35]; Gelderwerb § 383[32]; Depotfixen § 383[32]; Besitz und Eigentumsübertragung, Übergabeakt § 383[33]; Vermerk in die Handelsbücher § 383[35]; Verkaufskommissionär § 383[35a, 36]; Eigentumserwerb beim Selbsteintritt § 383[35a]; Veränderung des Eigentums durch Vermischung § 383[36].

Erfüllungsort § 383[37]; Zustandekommen des Kommissionsverhältnisses § 383[38, 39, 40]; Annahme der Aufträge durch sofortige Ausführung § 383[40]; Konsignationskommission § 383[41], Anh. zu § 424[18]; Exportkommission § 383[41], § 406[2]; überseeische Verkaufskommission § 383; Pacotillevertrag § 383[42]; Unterschied gegen Spedition § 407[2, 3]; Inkassokommission § 406[2]; Umtauschkommission Anh. zu § 424[28–32]; Einkaufskommission § 391; Untersuchung, Rügepflicht, Aufbewahrung § 391[3, 4]; Mängelfeststellungsrecht § 391[5], Anh. zu § 379; Forderungen gegen den Dritten § 392; Abtretung an Kommittenten § 392[1, 2]; Verhältnis der Forderungen zum Kommissionär § 392[2, 3, 4, 9, 10]; desgl. zu den Gläubigern des Kommissionärs § 392[5]; desgl. zum Schuldner § 392[1, 11]; Delkrederekommission § 392[6], § 394; Delkredereprovision § 394[6, 7, 8]; Begrenzung der Haftung § 394[9]; Kreditassekuranz § 394[5, 10]; Ankauf eines Wechsels, Verpflichtung zum Indossament § 395; unbefugte Vorschußleistung und Kreditgewährung § 393; Selbsteintritt §§ 400—405; Begriff § 460[1, 2, 3]; Voraussetzungen § 400[4–10]; Zeit und Form § 400[11–14]; Eintrittsanzeige § 400[15]; Wirkungen § 400[16–29]; Preis § 400[20, 21]; Rechenschaftspflicht § 400[23], § 402; mangelhafte Erfüllung § 400[25, 26, 27], § 402; Verjährung § 400[28]; günstigerer Abschluß §§ 401, 402; Nichterwähnung des Selbsteintritts in der Ausführungsanzeige § 405[1–8]; Widerrufsrecht des Kommittenten § 405[7–15]; Anwendung der Vorschriften über Kommission auf andere Geschäfte des Kommissionärs § 406[1]; Kommissionsgeschäfte anderer Kaufleute § 406[2]; Werklieferungsvertrag § 406[3]; Kommissionsgut des Einkaufskommissionärs in Bilanz § 40[4]; Verfolgungsrecht des Einkaufskommissionärs im Konkurse Anh. zu § 382[98–117]; Lokalbankier Anh. zu § 424[29, 30, 31, 33]; Zentralbankier Anh. zu § 424[29, 33], § 397[13]; Provinzbankier § 397[13]; Umtauschkommission Anh. zu § 424[28]; Aufträge zu Börsentermingeschäften Anh. zu § 376[76, 77, 78, 123]; desgl. zu Differenzgeschäften Anh. zu § 376[200]; Strafvorschriften § 401[9], Anh. zu § 424[26].

II. Besondere Pflichten des Kommissionärs gegenüber dem Kommittenten.

1. Sorgfaltspflicht bei der Auftragserteilung § 384[1]; Verschärfung bei wissentlich falscher Rats- und Auskunfterteilung § 384[1a]; bei der Ausführung § 384[2, 3, 4]; Auslosungskontrolle § 384[2]; Zeit der Ausführung § 384[3]; persönliche Ausführung § 384[4]; Unterkommissionäre § 384[4]; Weisungen des Kommittenten § 384[5, 6, 7]; Abschluß zu günstigeren Bedingungen § 384[6]; Auslegung des Auftrags § 384[7]; Interesse des Kommittenten § 384[8]; widerstreitende Interessen § 384[8]; Sorgfalt des ordentlichen Kaufmanns § 384[9]; rückwirkendes Verschulden des Kommittenten § 385[9]; Abweichung von den Anweisungen §§ 385—387; Voraussetzung § 385[1–5]; Rechtsfolgen § 385[6, 7, 8]; Zurückweisung des Geschäfts § 385[7]; Recht auf Schadensersatz § 385[8]; Beseitigung der Rechtsfolgen § 385[9, 10]; Genehmigung § 385[9]; Ersatzangebot des Kommissionärs § 385[10]; berechtigte Abweichung bei Gefahr im Verzuge § 385[11]; Wille des Kommittenten § 385[12]; Limitoüberschreitung § 386; Rechtsfolgen derselben § 386[5–9]; Schnitt des Kommissionärs § 387[1–4], § 400[9], § 401[2]; Bonifikation § 387[4]; Mehrheit von Kommittenten § 401[6].

2. Benachrichtigung des Kommittenten § 384[10–16], § 400[32]; Mitteilungspflicht des Bankiers Anh. zu § 424[29–33]; Ausführungsanzeige § 384[11–16]; Namhaftmachung des Dritten § 384[13]; Unterlassung der Anzeige § 384[14, 16]; Folgen der Nichtnamhaftmachung § 384[37–44]; Zurückweisung des Geschäfts durch den Kommittenten § 384[37, 42]; Haftung des Kommissionärs für Erfüllung § 384[39, 40]; Unwiderruflichkeit der Erklärung über Ausübung des Wahlrechts § 384[42]; Unheilbarkeit des Mangels § 384[43]; Irrtum bei der Ausführungsanzeige § 384[34, 35, 36]; Konsignationsdepot Anh. zu § 424[17–28]; Übersendung des Stückeverzeichnisses § 384[46], Anh. zu § 424[18–27]; Fortfall der Übersendungspflicht Anh. zu § 424[21–24]; Frist Anh. zu § 424[25]; Versäumung der Frist Anh. zu § 424[26]; Wirkung der Übersendung Anh. zu § 424[27]; Umtauschkommission, Mitteilungspflicht Anh. zu § 424[28–33]; Rechtsfolgen der Mitteilung Anh. zu § 424[33]; Fortfall der Mitteilungspflicht Anh. zu § 424[31, 32]; Ausführungsanzeige bei Limitoüberschreitung § 386; Nachricht von Beschädigung des Gutes § 388[5, 6]; desgl. von drohender Gefahr § 388.

3. Rechenschaftsablegung § 384[17–27]; Offenbarungseid § 387[17]; Rechnungslegung § 384[17, 25, 26, 27]; Belege § 384[19]; Auskunftserteilung § 384[18]; Delkrederekommission § 384[21]; Mehrheit von Berechtigten § 384[17]; Verjährung § 384[26]; Erlaß § 384[27].

4. Herausgabepflicht § 384[28–32], § 392[2, 9]; Rechtsgrund § 384[28]; Gegenstand § 384[29]; Leistungsart § 384[30]; Transportgefahr § 384[30]; Erfüllungsort § 384[30]; Folgen der Nichtleistung § 384[31]; Klage auf Leistung § 384[32].

5. Pflichten bezüglich des Kommissionsgutes §§ 388, 390, 391; beschädigter oder mangelhafter Zustand der Ware bei Ankunft § 388[1, 2]; äußerliche Erkennbarkeit § 388[2]; Wahrung der Rechte gegen Frachtführer und Schiffer § 388[3]; Beweissicherung § 388[4]; Benachrichtigung des Kommittenten § 388[5];

Kommissionsgeschäft.
Schadensersatzpflicht § 388[6]; drohendes Verderben § 388[7]; gefahrdrohende Veränderungen § 388[8]; Haftung § 388[9]; Verkauf des Gutes, Notverkauf § 388[10]; Verantwortung für Verlust und Beschädigung bei der Aufbewahrung § 390[1–4]; unterlassene Versicherung? § 390[5–10]; Untersuchungs- und Rügepflicht des Einkaufskommissionärs, Abtretung der Gewährleistungsansprüche § 391.
6. Haftung bei Delkrederekommission § 394; Begriff des Delkrederekommissionärs § 394[1, 2, 3]; Übernahme § 394[2, 6]; Gegenstand § 394[3]; Wirkungen § 394[4, 5]; unmittelbare persönliche Haftung § 394[4]; Umfang der Haftung, Gleichstellung mit dem Vertragsgegner § 394[5]; Begrenzung der Haftung § 394[9]; Kreditassekuranz § 394[5, 10]; Delkredereähnliche Haftungsübernahme, Garantieübernahme § 394[11].
7. Verschiedene Pflichten; Haftung für Agenten § 384[1]; desgl. für Gehilfen und Bevollmächtigte § 384[4]; für Unterkommissionär § 384[4]; Rat, Empfehlung, Auskunft Anh. zu § 349[12]; Rückgabe des Gutes bei Widerruf der Verkaufskommission § 383[24]; Besorgung unverschieblicher Geschäfte beim Konkurs des Kommittenten § 383[25]; unbefugte Vorschuß- und Kreditgewährung § 393[6–11]; wechselmäßige Haftung für Indossament bei Wechselankauf § 395[4, 7]; Haftung für mangelhafte Erfüllung beim Selbsteintritt § 400[26]; Selbsteintritt bei Effekteneinkaufskommission § 381[5], § 400[27]; Preisbestimmung beim Selbsteintritt des Einkaufskommissionärs § 400[19], § 401[5–9]; Strafbarkeit des absichtlichen Handelns zum Nachteil des Kommittenten; vgl. Selbsteintrittsrecht unten zu III 4.

III. Besondere Rechte des Kommissionärs.

1. Provision § 396; Fälligkeit nach Ausführung des Geschäfts § 396[2–6]; Auslieferungsprovision bei Verkaufsk. § 396[7]; Abschlußprovision § 396[8]; bei beiderseitigem Kommissionsauftrag § 396[9]; Verjährung § 396[10], § 400[28]; desgl. beim Selbsteintritt § 400[28]; Pfandrecht für P. § 397[1]; P. für Pfandverwertung § 397[10]; bei Selbsteintritt § 403; Delkredereprovision § 394[6, 7, 8]; Erfüllungsort § 383[37], § 396[22]; Gerichtsstand § 384[30], § 396[22].
2. Erstattung von Aufwendungen § 396[11–20]; wirkliche Auslagen § 396[12]; zweckdienliche Auslagen § 396[13]; Anspruch bei Widerruf § 393[13]; Vorschuß § 396[14]; Leistungen an Dritten? § 396[15]; Benutzung eigener Lagerräume und Beförderungsmittel § 396[16, 17]; Versicherungsprämie § 390[10], § 396[19]; Prozeßkosten § 396[20]; Verzinsung § 396[23]; Befreiung von Verbindlichkeiten § 396[23]; Erfüllungsort § 383[37], § 396[22]; Gerichtsstand § 384[30], § 396[22].
3. Pfandrecht am Gut § 397, § 404; Voraussetzungen § 397[1, 2]; gutgläubiger Erwerb § 366[60–66]; Forderung aus dem Kommissionsverhältnis § 397[1]; desgl. aus laufender Rechnung in Kommissionsgeschäften § 397[1, 2]; Ausnahme nach Bankdepotgesetz § 397[2]; Gegenstand § 397

Kommissionsgeschäft.
[3–6]; Besitz § 397[7]; fremdes Eigentum § 397[5]; Eigentumsrecht des Kommittenten nicht erforderlich § 397[6]; Absonderungsrecht im Konkurs § 397[7]; Widerspruchsrecht bei Zwangsvollstreckung § 397[7]; Ausschluß der Abwendung durch Sicherheitsleistung § 397[7]; Verwirklichung § 397[8, 9, 10]; Verkauf § 368[41–71b], § 397[8]; Sorgfalt § 397[9]; Provision für Pfandverwertung § 397[10]; Verhältnis zu anderen gesetzlichen Pfandrechten § 443 E, [3, 6, 8–11]; Verhältnis zu Zurückbehaltungsrechten § 443[10, 11]; Zurückbehaltungsrecht § 397[11, 13]; Aufrechnung § 397[1]; Verfügungsrecht im Konkurse § 397[14], Anh. zu § 382[98–117]; Vorrecht vor den ausstehenden Forderungen des Kommittenten § 399; Anwendung der Bestimmungen auf Eigentum des Kommissionärs § 398.
4. Selbsteintrittsrecht; Begriff § 400[1, 2, 3]; Voraussetzungen § 400[4–10]; Ein- oder Verkauf von Waren oder Wertpapieren mit Börsen- oder Marktpreis § 400[4]; Verhältnisse am Sitz des Kommissionärs § 400[4]; Zeitpunkt der Ausführung der Kommission § 400[4]; vertragliche Änderung § 400[5]; Verbot des Kommittenten § 400[6]; Ausschluß durch Ausführungsanzeige § 400[10]; Zeit des Selbsteintritts § 400[11, 12, 13]; Form § 400[14]; Eintrittsanzeige § 400[15]; Wirkungen § 400[16–29]; Doppelcharakter als Kommissionär und Kontrahent § 400[16–20]; Preis, Kurs § 400[20, 21]; Rechenschaftspflicht § 400[22]; Erfüllungsort § 400[23]; Pfandrecht § 400[24]; Erfüllungsverzug § 400[25]; mangelhafte Erfüllung § 400[26]; Anwendung der Bestimmungen über Kauf § 400[27]; Verjährung § 400[28]; Nichtigkeit entgegenstehender Vereinbarungen § 400[30], Ausschluß des Selbsteintritts, Verkauf eigener Aktien § 400[31]; Wegfall der Mitteilungspflicht § 400[32], Anh. zu § 424[31]; Provision und Kosten § 403; Pfandrecht § 404.
5. Weitere Rechte § 396[23]; Vergütung beim Widerruf? § 383[23]; Anwendung der Verzugsrechte des Verkäufers bei Nichtverfügung des Kommittenten über das Gut § 389.

Kommissionsgut § 397[3]; s. Kommissionsgeschäft zu II 5 und III 3.
Kommissionskopie, Erfüllungsort Anh. zu § 372[35]; Übersendung von Geldschulden Anh. zu § 372[60, 61]; Erfüllungszeit Anh. zu § 372[44]; „limit" Anh. zu § 372[35].
Kommissionslager, Handelsniederlassung des Kommissionärs § 13[5].
Kommissionsnote Anh. zu § 372[35, 36].
Kommissionstratte § 395[1].
Kommissionsverlag § 406[1].
Kommunalverband, Eintragung der gewerblichen Unternehmen § 36; Rechnungsabschlüsse § 42; Mindestbetrag der Aktien bei Gewährleistung durch den K. § 180 Abs. 2; sog. Verstaatlichung der AG. § 304.
Komplementär, Kaufmann § 1[18]; s. Kommanditgesellschaft zu I; Kommanditgesellschaft auf Aktien zu C.
Komplizierter Spezifikationskauf § 375[1].
Kondition Anh. zu § 359[14].

Konditionsgeschäft Anh. zu § 382[14].
Konfektionär § 59[14].
Konfektioneuse § 59[14].
Konkreter Schaden Anh. zu § 374[30–33a, 65, 66, 67].
Konkretisierung des Gattungskaufs Vorb. v. § 373[70a].
Konkurrenz s. Wettbewerb.
Konkurrenzfirma § 30[2].
Konkurrenzklausel § 74[2].
Konkurrenzpreise Vorb. v. § 373[28].
Konkurs, Verlust der Kaufmannseigenschaft § 1[25]; Ergreifen der unter verschiedenen Firmen betriebenen Niederlassungen § 17[3]; Fortbestehen wirtschaftlicher Grundlagen des Geschäfts trotz K. § 22[5]; Firmenübergang bei K. des Inhabers § 22[7]; Einstellung des Geschäftsbetriebes läßt Eintragung gleichnamiger Firma zu § 30[2]; Eintragung in Handelsregister § 32; kein Eröffnungsantrag des Prokuristen § 49[1]; Erlöschen der Prokura § 52[12]; Erlöschen des Geschäftsführungsauftrages Anh. zu § 58[100]; Erlöschen der Handlungsvollmacht § 58[100]; Kündigung des Handlungsgehilfen § 70[28]; K. über Vermögen des Handlungsgehilfen als Entlassungsgrund? § 72[10]; K. des Prinzipals, Handlungsgehilfe, Wettbewerbsverbot § 74b[2], § 75e; Kündigung durch Konkursverwalter § 75[7]; kein Vorzugsrecht des Agenten § 388[21]; Aufhebung des Agenturvertrags durch Verwalter § 88[11]; K. des Geschäftsherrn, Erlöschen des Agenturvertrags § 92[12]; K. des Agenten § 92[13]; Zivilmäkler, K. des Auftraggebers Vorb. v. § 373[42a]; K. der o. HG., Gesamthaftung der Gesellschafter § 128[5, 28]; Auflösung der o. HG. § 131[9]; Wiederaufnahme des Handelsgewerbes nach dem K. § 128[10]; desgl. nach Auflösung der o. HG. § 128[11]; sämtliche Gesellschafter Gemeinschuldner § 128[12]; K. der anfechtbaren und nichtigen o. HG. § 131[11]; K. nach Auflösung der o. HG. § 131[11]; gesellschaftliche Ansprüche keine Konkursforderungen § 131[13]; keine Einforderung rückständiger Einlagen § 131[13]; Aufrechnung des o. H.-Gesellschafters § 131[14]; Liquidation nach Beendigung des K. § 131[16]; K. über den einzelnen o. H.-Gesellschafter, Auflösung der o. HG. § 131[18], § 139[21]; vorläufige Fortführung § 137; Fortsetzung der o. HG. nach Auflösung im K. § 131[19], § 144; Beseitigung anderer Liquidationsverfahren durch den K. § 145[5]; Fortbestehen der o. HG. trotz K. eines Gesellschafters unter den übrigen § 138; Kündigungsrecht des Privatgläubigers § 141[3, 4, 5]; Komplementare § 171[1]; Gesamthaftung der Kommanditisten, Geltendmachung der Ansprüche nur durch den Konkursverwalter § 177[7–15]; K. des Gründers § 188[4]; K. des Aktienzeichners § 189[24, 27]; K. der AG., Rückforderung rechtswidriger Zahlungen gegen Aktionäre, Geltendmachung durch den K.-Verwalter § 217 Abs. 2; Vollzahlung des Aktionärs § 218[15]; K. des Aktionärs, rückständige Einlagen § 218[15]; Ausfall der Einlage als Konkursforderung § 219[5], § 222[15]; K. der AG., Vorstandsmitglieder § 231[34]; Schadensersatzansprüche gegen Vorstand § 241[16, 17]; Antragspflicht des Vorstandes § 240[9–16]; Strafvorschrift § 315[3–6]; kein Vorrecht der Aufsichtsratstantieme § 245[18]; Hinfälligkeit der Kapitalserhöhung § 281[2].
Auflösung der AG. § 292[7–14]; keine Anmeldung des K. § 293[7]; Wiedereröffnung der Liquidation nach Beendigung des K. § 302[24]; K. bei Fusion der AG. § 306[19]; Sonderkonkurs über das getrennt verwaltete Vermögen § 306[21]; Fortsetzung der aufgelösten AG. nach Beendigung des K. § 307[6, 7, 10–14]; K. der nichtigen AG. § 311[8]; K. der Aktienkommanditgesellschaft Gesamthaftung der Komplementare § 320[57]; Antragspflicht derselben § 320[88]; Antragsberechtigung § 330[5]; Überschuldung § 330[6]; Auflösung als Folge § 330[7]; Zwangsvergleich § 330[8]; Fortsetzung der aufgelösten Gesellschaft nach beendetem K. § 330[21]; K. des Komplementars § 330[10]; K. des Kommanditisten § 330[10]; stille Gesellschaft, Auflösung durch K. eines Gesellschafters § 339[6]; Auseinandersetzung § 340[17]; Einfluß des K. des Geschäftsinhabers auf den stillen Gesellschafter § 341; Anfechtungsrecht der Gläubiger § 342.
K. des Kartells? Anh. zu § 346[39]; Vertragsstrafe im K. des Schuldners § 348[40]; Bürgschaft, K. des Hauptschuldners § 349[12, 20, 47]; K. des Bürgen § 349[48]; gleichzeitiger K. des Hauptschuldners und des Bürgen § 349[48]; Präventivkonkurs Anh. zu § 350; Aufhebung des Kontokorrentverhältnisses durch K. § 355[41]; K. des Anweisenden § 363[18]; K. des Anweisungsempfängers § 355[18]; K. des Angewiesenen § 363[18]; gutgläubiger Rechtserwerb vom Gemeinschuldner § 366[81]; K. des Pfandeigentümers, redlicher Pfandnehmer § 366[82]; Nachlaßverwaltung § 366[83]; K. des Pfandschuldners § 368[44]; K. des Pfandeigentümers § 368[81–86]; Sicherungsübereignung, K. des Schuldners § 368[111]; desgl. des Treuhänders § 368[112]; Zurückbehaltungsrecht im K. des Schuldners Vorb. v. § 369[17, 37, 38, 59–62]; Notzurückbehaltungsrecht § 370[1]; Kreditkauf Vorb. v. § 373[46]; Sicherungskauf Vorb. v. § 373[53]; Einfluß auf schwebenden Kaufvertrag Anh. zu § 382[76–97]; K. des Käufers nach Leistung des Verkäufers Anh. zu § 382[76a]; K. des Verkäufers nach Zahlung des Käufers Anh. zu § 382[77]; Teilleistungen im K. § 382[78, 79]; Konkurseröffnung nach Verzug Anh. zu § 382[79, 79a, b]; Eintrittsrecht des K.-Verwalters Anh. zu § 382[82–89]; Eigentumsvorbehalt im K. des Käufers Anh. zu § 382[90, 91, 95a]; desgl. im K. des Verkäufers Anh. zu § 382[92]; Abzahlungsgeschäft Anh. zu § 382[93]; Möbelleihvertrag Anh. zu § 382[94]; Ablehnung des Eintritts Anh. zu § 382[95, 95a]; Fixgeschäft Anh. zu § 382[96]; Eigentum Anh. zu § 382[97]; Übersendungskauf, Verfolgungsrecht des Verkäufers Anh. zu § 382[98–118]; K. des Kommittenten § 383[25], § 397[7, 14]; K. des Kommissionärs § 383[25], § 390[9], § 395[5]; Vorrecht des Kommissionärs an Forderungen § 399[1]; Speditionsgeschäft, K. des Versenders § 407[22]; des Spediteurs § 407[22a]; Pfandrecht des Spediteurs § 410[10].
Konkursmasse, Zugehörigkeit der Handelsbücher § 38[9].

Konkursverwalter kein Kaufmann § 1[18]; Geschäftserwerb vom K. § 25[1c]; keine Prokuristenbestellung § 48[4]; Kündigung von Handlungsgehilfen § 75[6]; Ausschluß der Liquidation der o. HG. § 145[17, 18]; K. des Kommantidisten § 171[7–12]; Vergleich im Konkurse der AG. § 241[16]; Ersatzklagen gegen die Gesellschaftsorgane der AG. § 268[3]; Verwaltung des Vermögens der AG. § 292[7], Kenntnis von Pfandrechten § 368[81]; Eintrittsrecht beim Kauf Anh. zu § 382[80–83a].

Konnossement der Seeschiffer, Orderpapier § 363[33]; Wirkung der Übergabe § 363[35–38], § 366[14]; Eigentumsübergang ohne Übergabe § 366[14a]; Verpfändung § 368[19–23, 28–31]; Zurückbehaltungsrecht § 366[29]; „netto Kasse gegen K.", Distanzkauf, Anh. zu § 372[40b]; Kauf gegen K., Zahlung gegen K., Selbsthilfeverkauf § 373[35]; fixer Abladetermin § 376[39]; Rektakonnossement § 365[1]; s. Dispositionspapier, Orderpapier.

Konnossementsanteilscheine § 363[38].

Konserven, verborgene Mängel § 376[184].

Konsignationsdepot Anh. zu § 424[17].

Konsignationsfakturen § 386[1].

Konsignationskommission § 383[41].

Konsignationsware Anh. zu § 382[63a].

Konsortium Anh. zu § 342[1–4].

Konsortialleiter Anh. zu § 342[3].

Konstituierende Generalversammlung § 196 E.

Konsulargerichtsbezirk E[6], § 8[4].

Konsumverein § 1[7], § 105[13]; keine Handlungsgehilfen § 59[11].

Kontingentsziffer Anh. zu § 346[40].

Kontobücher Anh. zu § 47[2].

Kontogeschäfte, verbotenes Börsentermingeschäft Anh. zu § 376[102].

Kontokorrentverhältnis, Wesen § 355 E, [1–11]; **Unterschied gegen uneigentliche laufende Rechnung** § 355[1], Anh. zu § 357[1]; gegenseitige Saldofeststellung § 355[2–5]; Novation § 355[2, 5, 6]; Verrechnung, Ausgleichung § 355[3]; Tilgung § 355[3, 4]; kein Kreditöffnungsvertrag § 355[7]; beiderseitige Forderungen § 355[8–15]; Kaufmannseigenschaft eines Teiles § 355[9, 14]; K. zwischen Nichtkaufleuten § 355[10, 11], Anh. zu § 357[1]; Verzinslichkeit der Einzelposten § 355[11, 16, 33–38]; formlose Eingehung § 355[12]; buchhalterische Grundsätze § 355[15]; pfandgesicherte Forderungen § 355[15]; Buchung von Wertpapieren § 355[15]; keine Novation durch Einstellung § 355[16]; Stundung? § 355[16]; Ausschluß der Geltendmachung von Einzelposten § 355[7, 17]; keine Abtretung, Verpfändung, Pfändung der Einzelposten § 355[18]; keine Aufrechnung derselben § 355[19]; Ausschluß der Verjährung § 355[19]; Vortrag des Saldos auf neue Rechnung § 355[20]; Erfüllungsort Anh. zu § 372[28]; Gerichtsstand § 355[20]; Mehrheit von K. § 355[42]; Geschäftsbedingungen § 355[43].

Saldofeststellung § 355[22–32]; Anspruch auf Feststellung § 355[22, 23, 24]; Klage auf Anerkennung und Zahlung § 355[23]; Formlosigkeit § 355[25]; Übersendung des Abschlusses § 355[26]; Anerkennung § 355[26]; Wirkung § 355[27–32]; Selbständigkeit des Saldoguthabens § 355[27]; Aufrechnung, Börsentermingeschäfte Anh. zu § 376[61, 62]; Klagbarkeit § 355[28]; Einwendungen § 355[29]; Anfechtung § 355[30, 31]; Erfüllungsort § 355[28]; kein Rückgriff auf die ursprünglichen Posten § 355[28]; Anfechtung § 355[29, 30, 31]; Verjährung § 355[32]; Verzinsung des Saldos § 355[37]; Provision § 355[36].

Dauer des K. § 355[39]; Kündigung § 355[39]; Fortsetzung nach Ablauf der Rechnungsperiode § 355[40], Konkurs eines Teiles § 355[41]; Fortbestand von Sicherungen und Mithaftung für Einzelposten vor Saldofeststellung § 356[1–9]; Unzulässigkeit der Pfändung einzelner Forderungen § 357[1]; uneigentliche laufende Rechnung Anh. zu § 357; Einschüsse als Erfüllungsleistung bei Börsentermingeschäften Anh. zu § 376[49]; verbotene Börsentermingeschäfte Anh. zu § 376[109, 114]; Getreidegeschäfte Anh. zu § 376[151].

Kontokorrentbürgschaft § 349[31, 32, 49, 63].

Kontokorrentvertrag § 349[63].

Kontenbuch § 38[6].

Kontraktanschluß Anh. zu § 374[2d].

Kontraktkauf Anh. zu § 374[2d].

Kontrollrechte der o. H.-Gesellschafter § 118; desgl. bei Liquidation § 156[9]; des Kommanditisten § 166; des Aufsichtsrats § 246[4, 5, 6]; desgl. der KGaA. § 320[97], des stillen Gesellschafters § 338; des Lagerhalters § 418.

Konzentration, Gattungskauf Vorb. v. § 373[70a].

Konzessionspflichtige Unternehmen § 277[5]; Entziehung der Konzession zum Gewerbebetriebe § 292[16].

Kopierbuch § 38[7]; Briefkopierbuch Anh. zu § 47[3].

Körperschaften, öffentliche, Rechnungsabschlüsse § 42.

Körperverletzung auf Eisenbahnen, Haftpflicht § 472[21].

Korporation, öffentlichrechtliche, Verstaatlichung der AG. § 304[12].

Korrekturen in Handelsbüchern Anh. zu § 47[3]; vgl. § 43[3] (Verbesserungen).

Korrespondenzmittel Anh. zu § 361[38].

Kostbarkeiten, Frachtgeschäft § 429[20, 21, 22]; Haftung der Eisenbahn § 456[17], § 462.

Kosten, des Agenten § 90, der Eintragung von Niederlassungen ausländischer AG. § 201[40]; der vom Aufsichtsrat berufenen Generalversammlung § 246[9]; der außerordentlichen Generalversammlung § 254[25]; der Revision § 267[4]; der Liquidation § 295[9]; der Ersatzklage der Minderheit § 269[5]; Prozeßkosten der Anfechtungsklage § 272[16, 17]; Übernahme der Versendungskosten, keine Änderung des Erfüllungsortes Anh. zu § 372[32]; der Geldübersendung Anh. zu § 372[49, 58]; der Quittung Anh. zu § 372[69]; des Vertrages bei Verzug des Verkäufers Anh. zu § 374[75]; der Rücksendung unbestellter Ware § 377[201]; der Aufbewahrung und Versicherung beanstandeter Ware § 379[17]; der Beweissicherung Anh. zu § 379[6]; der Übersendung und Aufbewahrung der Probe beim Kauf auf Probe Anh. zu § 382[22]; der Übergabe Anh. zu § 382[118, 119]; der Abnahme Anh. zu § 382[120]; der Versendung Anh. zu § 382[44, 120]; der Verpackung Anh. zu § 382[120–124]; des Transports Anh. zu

§ 382[125]; der Abrollung am Bestimmungsort Anh. zu § 382[126]; Haftung des Bürgen für Kosten der Kündigung § 349[12].
Kostennachnahme § 407[23a].
Kostenvoranschlag Anh. zu § 372[37].
Kostfracht § 346[19].
Kostgeschäft § 252[8].
Kostprobe § 377[33].
Kraftloserklärung der abhanden gekommenen oder vernichteten Aktie § 228[1–5], § 320[64]; Gleichstellung mit Kaduzierung § 219[8]; Unterschied gegen Einziehung der Aktie § 227[1]; des Interimsscheins § 228[1–5], der Aktie bei Kapitalherabsetzung § 290[6]; des Orderpapiers § 365[13]; des Wertpapiers, Gewährleistung des Verkäufers § 377[102]; des Lagerscheins § 424[10]; s. Kaduzierung, Verfallerklärung.
Krämermäkler § 104[1].
Krankenhaus, Zugang des Antrags Anh. zu § 361[7].
Krankenpflege, öffentliche § 63[9].
Krankenversicherungspflicht betr. Handlungsgehilfen § 63[6].
Krankheit des Handlungsgehilfen § 63[1, 2, 4, 8]; der nächsten Angehörigen § 63[1], § 72[6]; Anfechtung des Dienstvertrags wegen verschwiegener K. § 70[25]; Entlassungsgrund § 72[2]; Beweispflicht § 72[6]; anhaltende Krankheit § 72[8]; desgl. Auflösungsgrund bei o. HG.? § 133[17]; des Agenten, Kündigung? § 92[14]; des Vorstandes der AG. § 231[25].
Kränklichkeit, Entlassungsgrund? § 72[8].
Kreationstheorie betr. Inhaberpapierverpflichtung Anh. zu § 365[8], § 381[3].
Kredit, bestätigter, Wechselremboursgeschäft Vorb. v. § 373[65].
Kreditassekuranz § 394[5, 10, 11].
Kreditauftrag § 349[56–62]; Vorausklage Anh. zu § 349[30]; Erfüllungsort Anh. zu § 372[8]; Wechselremboursgeschäft Vorb. v. § 373[65].
Kreditbrief § 349[64], § 363[4], Vorb. v. § 373[65].
Kreditbürgschaft § 349[31, 32, 40]; bürgschaftliche Haftung des Kreditauftraggebers § 349[62]; Ähnlichkeit des Garantievertrags § 349[65]; desgl. der Delkrederehaftung § 349[68], § 394[1].
Kreditempfehlung § 349[56], Anh. zu § 349[22].
Krediteröffnungsvertrag § 349[63]; Kontokorrentverhältnis als K.? § 355 E, [7].
Kreditgewährung, Einlage des stillen Gesellschafters § 335[17]; Begriffsmerkmal des Kreditauftrags § 349[56–61]; unbefugte K. des Kommissionärs § 393.
Kreditkauf Anh. zu § 372[44]; Vorb. v. § 373[38–48]; s. Kauf zu II.
Kreditschädigung, Unterlassungsklage Anh. zu § 349[33].
Kreditverein, allgemeine Geschäftsbedingungen § 346[17].
Kreditvermittlung, Grundhandelsgeschäft § 1[67].
Kreditversicherung § 349[69].
Kreditvertrag § 349[63], revolvierender K. § 356[2].
Kreditwürdigkeit Vorb. v. § 373[39, 47].
Kreuzen von Bestätigungsschreiben Anh. zu § 372[38b].
Krieg, Unmöglichkeit der Leistung Anh. zu § 374[49c–k]; Einfluß auf Schiedsgerichtsabrede Anh. zu § 372[6b]; feindliche Handelsverbote während des Krieges Anh. zu § 372[11]; Speditionsgeschäft, Verjährungsfrist § 414[5].
Kriegsdauer, Gehaltsherabsetzung § 63[13].
Kriegsgesellschaften § 178[14d].
Kriegsklausel, Versendung von Waren Anh. zu § 382[37].
Kriegsnotgesetze Vorb. v. § 373[32a–i].
Kriegsrecht E[4].
Kriegsunterstützung, Handlungsgehilfe § 63[13].
Kumulative Schuldübernahme § 349[54].
Kundenüblicher Preis Vorb. v. § 373[26, 28].
Kundenwechsel Vorb. v. § 373[64].
Kündigung, Recht des Ehemanns wegen persönlicher Leistungen der Frau E[73, 74]; Handlungsgehilfe §§ 66—72, s. Handlungsgehilfe; Lehrling § 77; Volontär § 59[10]; Einfluß der K. auf das Wettbewerbsverbot § 75[1–8]; Agenturvertrag § 92; K. der o. HG. s. o. HG. IV; der Kommanditgesellschaft Anh. zu § 177[1, 2, 3, 12]; der Kommanditgesellschaft auf Aktien § 330[11, 12, 15]; Amortisation der Aktie durch K. § 227[5]; Vorstand der AG. § 231[29–32, 34]; stille Gesellschaft § 339[16–24, 28]; K. als Handelsgeschäft § 343[19]; K. verzinslicher Schulden § 352[14]; des Kontokorrentvertrags § 355[39]; des Kommissionsverhältnisses § 383[24]; des Lagerhalters § 422[2, 3]; s. o. HG.
Kundschaft, Bilanz § 40[5]; Auseinandersetzungsbilanz der o. HG. Anh. zu § 141[5]; Gegenstand der Einlage auf das Grundkapital der AG. § 186[6]; Verkauf der K. Vorb. v. § 373[3].
Künftige Forderungen, Rangordnung im Konkurse § 368[79]; als Gegenstand der Sicherungsübereignung § 368[102].
Künftige Sachen, Verpfändbarkeit § 368[2].
Kunst, kein Handelsgewerbe § 1[9].
Kunstgegenstände, Haftung des Frachtführers § 429[19]; desgl. der Eisenbahn § 456[17], § 462.
Kunsthandel, Handelsgewerbe § 1[78, 79].
Künstler als Handlungsgehilfen § 59[18].
Künstlername als Unterschrift § 350[56].
Künstliche Handelsgewerbe § 1[31].
Kuponbogen, Eigenschaft des Wertpapiers § 381[10].
Kuponprozesse § 361[1].
Kupons, Eigenschaft des Wertpapiers § 381[10].
Kurs Vorb. v. § 373[29–32]; Feststellung Vorb. v. § 373[29, 30, 31]; sinkender K. verpfändeter Wertpapiere § 368[35]; Börsen- oder Marktpreis des Wertpapiers § 381[12]; Ausgabekurs der Aktien § 184.
Kursmäkler § 93 E, [5]; kein Handlungsgehilfe § 59[23]; Selbsthilfeverkauf durch K. § 373[33, 34].
Kurssteigerung, entgangener Gewinn § 347[21].
Kursverlust, Haftung des Bankiers für Rat Anh. zu § 349[25].
Kuxe, Anschaffungsgeschäfte § 1[40]; Neukuxe als Wertpapiere § 1[40]; Pfandrecht § 368[72]; Gegenstand des Börsentermingeschäfts? Anh. zu § 376[7, 8, 104]; Differenz- und Spielgeschäft Anh. zu § 376[169]; Kauf von K. § 381[146].

L

Laden, offener, Schild § 56[2]; Schild Anh. zu § 37.

Ladenangestellte, gesetzliche Vollmacht § 56[1–15].

Ladenmädchen § 59[11, 14].

Ladenpreis, Preisbestimmung Vorb. v. § 373[28]; im Buchhandel § 346[19].

Ladenschluß § 59[28].

Ladeschein, Frachtgeschäft § 426[18], §§ 444—450, § 363[33]; Wesen § 444; Erfordernisse § 445; Unterzeichnung § 445[1], [4]; Abschrift § 445[5]; als Rektapapier Anh. zu § 365[1]; als Inhaberpapier Anh. zu § 365[2]; Orderpapier, Wirkung der Übergabe § 363[35], [36], [37], § 446[7], § 450; Verpfändung § 368[19–23], [28–31]; Zurückbehaltungsrecht § 369[29], [36]; rechtliche Bedeutung § 446; Legitimation des Empfängers § 447; Ablieferung der Ware gegen Rückgabe des L. § 448; Haftpflicht des Unterfrachtführers § 449.

Ladungen, Zustellung an o. HG. § 124[10]; an AG. § 231[4], § 232[49].

Lagergeld, Vergütung für geleistete Dienste § 354 [11–17]; Anspruch des Verkäufers § 374[2]; Käufer § 379[17]; Kommissionär § 396[11]; Spediteur § 409[12]; Wandelung § 377[71b].

Lagergeschäft.

I. Allgemeines. Begriff § 416[1–10]; Kaufmannseigenschaft § 416[1]; Gewerbsmäßigkeit § 416[2]; besondere Verträge § 416[3–6]; L. als Nebenleistung § 416[3]; Packhöfe, Zollniederlagen § 416[4]; Aufbewahrungsvertrag § 416[5], [5a], [6]; Lagerung und Aufbewahrung § 416[7], [8], [9]; Platzmiete § 416[7]; unregelmäßiger Verwahrungsvertrag § 416[8]; Handgepäck § 416[9]; Güter § 416[10]; Tiere § 416[10]; Erhaltung des Gutes § 417[1–7]; verderbliche Güter § 417[2]; Benachrichtigungspflicht § 417[3]; Niederlegung und Selbsthilfeverkauf § 417[4], § 389[2], § 373[23–55]; Haftung § 417[5], [6]; Versicherung § 417[6]; vertragliche Beschränkung der Haftung § 417[7]; bürgerlichrechtliche Bestimmungen § 417[8], [9], [10]; Recht des Einlagerers, Besichtigung, Proben, Handlungen zur Erhaltung des Gutes § 418; Lagerung vertretbarer Sachen § 419; Vermischung ohne Genehmigung § 419[1], [2]; desgl. mit Genehmigung § 419[3–8]; Miteigentum der Einlagerer § 419[3]; Rechte Dritter § 419[7]; Abtretung des Anteilsrechts § 419[8]; Verpfändung, Pfändung § 419[8a], [b]; Summenlagergeschäft § 419[9]; Erfüllungsort § 420[5]; Lagerzeit § 422; sofortige Kündigung aus wichtigem Grunde § 422[3]; Lagerschein, dingliche Wirkungen § 424; indossable Scheine § 424[1–6]; Namenslagerscheine, Rektalagerscheine § 424[7]; Inhaberlagerschein § 424[8], [9]; hinkende Inhaberpapiere, Empfangschein, Besitzschein § 424[10]; Auslieferungsschein § 424[11]; Lagerpfandschein § 424[13]; vgl. Bankverwahrungsgeschäft.

II. Rechte des Lagerhalters. Lagergeld § 420 [1], [2]; Auslagenerstattung § 420[3]; Fälligkeit der Lagerkosten § 420[4]; Erfüllungsort § 420[5]; Verjährung § 420[6], § 423[2]; Recht auf Zurücknahme § 422, auf Kündigung § 422[2]; Recht zur sofortigen Kündigung § 422[4]. Gesetzliches Pfandrecht § 421; gutgläubiger Erwerb des gesetzlichen Pfandrechts § 366[61]; vertragsmäßiges Pfandrecht § 421[6]; Rangordnung der verschiedenen gesetzlichen Pfandrechte § 443; Zurückbehaltungsrecht § 421[7], § 433[10]; Hinterlegung? § 417[8], [9]; Pflichten des Einlagerers aus der Beschaffenheit der Sache § 417[10]; Selbsthilfeverkauf § 417[2], [3], [4], § 422[2]; Recht zur Vermischung? § 419 E, [1], [2], [3]; desgl. mit Genehmigung des Einlagerers § 419[2–8]; Miteigentum der Einlagerer § 419[3–6]; Fortbestehen der Rechte Dritter § 419[7]; Eigentumserwerb beim Summenlagergeschäft § 419[9].

III. Pflichten des Lagerhalters. Erhaltung des Gutes § 417[1–7]; Anzeige von Veränderungen § 417[2], [9]; Aufbewahrung § 417; desgl. bei Dritten? § 417[8]; Versicherung? § 417[6]; Lagerungspflicht § 422; Lagerzeit § 422[2]; sofortige Kündigung § 422[3]; Recht des Einlagerers auf Besichtigung, Probeentnahme und der zur Erhaltung des Gutes notwendigen Handlungen § 418.

Lagergeld bei Geschäftsbesorgungen und Diensten § 354[13], [14].

Lagerhaus, Fürsorgepflicht des Antragsempfängers, Niederlegung im öffentlichen L. § 362[18]; Niederlegung im L. bei Annahmeverzug des Käufers § 373[28].

Lagerpfandschein § 424[13].

Lagerräume des Kommissionärs § 390[16].

Lagerschein § 424[1–9]; Orderpapier § 363[33–37], § 424[1–6]; Wirkung der Übergabe § 363[35], [36], [37]; Pfanderwerb § 368[28], [29], [30]; Zurückbehaltungsrecht § 369[29], [30], [36]; Namens- oder Rektalagerschein § 424[7]; Inhaberlagerschein § 424[8], [9]; Empfangschein, Besitzschein als hinkendes Inhaberpapier § 424[10]; Extraditions- oder Auslieferungsschein § 424[11]; Lagerpfandschein § 424 [13]; s. Lagergeschäft.

Lagerung, Lagergeschäft § 416[7], [9], [10].

Landesgesetzliche Vorschriften über Gültigkeit von Rechtshandlungen der AG. § 235[11]; Eisenbahn, Haftungsbeschränkungen § 459[21]; Zahlung aus öffentlichen Kassen Anh. zu § 372[68].

Landesgewohnheitsrecht E[20], [25], [26], [28].

Landesrecht als Rechtsquelle in Handelssachen E[19], [20]; Beschränkungen des Eigentums für AG. § 210[7].

Landesregierung, Festsetzung des Begriffs Kleingewerbe § 4[21], [22]; Behandlung mehrerer Orte als ein Ort § 30[12].

Landwirtschaft, Begriff § 3[1], [2]; Nebengewerbe der L. als Handelsgewerbe § 3[2–17]; Handelsgeschäfte § 343[5].

Laufbursche § 59[22], Unterschied gegen Lehrling § 76[4].

Laufende Rechnung, uneigentliche Anh. zu § 357; s. Kontokorrentverhältnis.

Laufender Preis Vorb. v. § 373[30].

Lebende Gesellschaft Anh. zu § 141[5].

Lebende Sprache § 43[1].

Lebende Tiere, Lagergeschäft § 416[10]; Beförderung durch Eisenbahn § 453[5], § 459[10].

Lebenslängliche Gesellschaft, Kommanditgesellschaft Anh. zu § 177[4].

Lebensversicherungspolice nicht indossierbar § 363[34].

Lebensversicherungsscheine, sinkende Inhaberpapiere Anh. zu § 365[10]; Verpfändung? § 368[1].

Lebensversicherungsverträge, Handelsgeschäft § 344[3].

Lebenszeit, Anstellung des Handlungsgehilfen auf L. § 66[3]; o. HG. auf L. § 134[1]; Kündigung des auf L. angestellten Vorstandsmitgliedes der AG. § 231[29].

Leckage, Haftung der Eisenbahn § 456[10].

Legitimation des Erwerbers gebundener Namensaktien § 222[13], [14]; des Aktionärs in der Generalversammlung § 255[3]; des Besitzers handelsrechtlicher Orderpapiere § 364[13], § 365[7].

Legitimationskarte des reisenden Ein- und Verkaufsagenten § 84[32].

Legitimationsübertragung der Aktie § 222[16–23]; der gemeinschaftlichen Aktie § 225[4].

Legitimationsurkunden keine Wertpapiere § 1[40].

Legitimationszeichen Anh. zu § 365[9].

Legitimationszession § 368[117].

Legitimer Börsenterminhandel Anh. zu § 376[2].

Lehrherr s. Handlungslehrling.

Lehrling s. Handlungslehrling.

Lehrvertrag § 76[5], [13–16].

Leibrente § 350[44], [52].

Leichen, Frachtgeschäft § 425[5], § 426[18]; Eisenbahn § 453[5].

Leihanstalten, Handelsgewerbe? § 2[3].

Leihbibliotheksbesitzer kein Kaufmann § 1[42], [80].

Leihe von Aktien gegen Entgelt strafbar § 318[8]; Milderung der Haftung des Kaufmanns § 347[6]; Sachmiete § 380[6].

Leistung, Bestimmbarkeit Vorb. v. § 373[23–36]; kein Zwischenzins für Vorleistung bei betagten Verbindlichkeiten Anh. zu § 359[12]; Leistung als Annahmeerklärung Anh. zu § 361[73]; Leistungen im Zeugnis des Handlungsgehilfen § 73[4].

Leistungsbereitschaft Vorb. v. § 373[76], [83], § 373[17].

Leistungsklage des Verkäufers Vorb. v. § 373[76]; des Käufers Vorb. v. § 373[83], Beweislast § 373[17].

Leitung der Generalversammlung § 256[10], [12], [13]; der Errichtungsversammlung bei Sukzessivgründung durch das Gericht § 196[4], [5].

Leute des Frachtführers, Haftung § 431; desgl. der Eisenbahn § 458.

Lex commissoria § 368[43], [99], Anh. zu § 382[63b].

Lieferbarkeit der Ware Anh. zu § 376[143], des Wertpapiers § 381[10].

Lieferfrist der Eisenbahn, Haftung für Versäumung § 466.

Lieferschein § 363[8].

Lieferungsbereitschaft des Verkäufers, Annahmeverzug des Käufers § 373[15].

Lieferungsgeschäfte, handelsrechtliche, in Getreide, Anh. zu § 376[131–161]; s. Börsentermingeschäft.

Lieferungsvertrag Vorb. v. § 373[13]; Werklieferungsvertrag Vorb. v. § 373[14], [15]; Elektrizitätslieferungsvertrag Vorb. v. § 373[16]; Gas-, Wasser-, Dampflieferungsvertrag Vorb. v. § 373[16a].

Lieferzeit § 359[1], Anh. zu § 359[26].

Liegegelder § 436[6].

„limit" auf der Kommissionskopie Anh. zu § 372[35].

„limited" § 201[22].

Limito, Überschreitung durch Kommissionär § 386; beim Selbsteintritt des Kommissionärs § 401[4]; Differenzgeschäft Anh. zu § 376[177].

Liquidation, keine L. des Einzelkaufmanns § 145E; Firma § 22[5], [7], [14], § 30[6]; Buchführung § 38[3]; keine Prokuristenbestellung § 48[4]; L. der o. HG. §§ 145—158; nach Beendigung des Konkurses § 131[16]; s. o. HG. zu V; feindliche Unternehmungen § 131[20a]; Kommanditgesellschaft § 177[17–27]; s. Kommanditgesellschaft zu IV; Aktiengesellschaft s. Aktiengesellschaft zu J III; der KGaA. s. Kommanditgesellschaft auf Aktien zu VII; von Börsentermingeschäften Anh. zu § 376[9], [27].

Liquidationsfirma § 148[5], § 153.

Liquidationskasse Anh. zu § 376[27].

Liquidationskurse Anh. zu § 376[27].

Liquidationsvertrag, Präventivkonkurs Anh. zu § 350.

Liquidator kein Kaufmann § 1[18]; Eintragung § 15[8]; Buchführung § 38[3]; s. Liquidation.

Liste, schwarze, öffentliche Aussperrung Anh. zu § 346[53]; Auskunftei Anh. zu § 349[34].

Lizenz Vorb. v. § 373[9]; s. Patent, Patentlizenzverkauf.

Lohn, Gründerlohn § 186[10], [11]; Zivilmäkler Vorb. v. § 93[1]; Mäklerlohn Vorb. v. § 93[10], § 99[1], [2]; Lagerhalter § 420[1].

Lohnbeschlagnahmebeschränkungen § 70[21], § 59[47].

Lohnhandwerker kein Kaufmann § 1[56], § 4[5].

Lohnsklaverei Anh. zu § 346[16b].

Lokalbankier Anh. zu § 424[29], [30], [31], [33].

Lokomotivfunken § 459[4].

Lokoware Anh. zu § 382[48a], [49a]; Fixgeschäft § 376[39].

Lombardgeschäft, uneigentliches, Grundhandelsgeschäft? § 1[35], [42], § 368[87].

Lombardierung von Getreide, Börsentermingeschäft, Geschäftsfähigkeit für handelsrechtliches Lieferungsgeschäft Anh. zu § 376[139].

Los, Bestellung von L. beim Kollekteur, Anbieten von L. Anh. zu § 361[68]; Abstimmung des Aufsichtsrats § 246[14].

Losgesellschaft § 1[19a].

Löschung der Firma, Beendigung der Kaufmannseigenschaft § 2[17]; Nebengewerbe § 3[10], [16]; keine L. auf Grund einstweiliger Verfügung § 16[2]; der Eintragung über Entziehung der Vertretungsbefugnis § 16[2]; bei Handelsgesellschaften § 31[4]; bei juristischen Personen § 31[4]; Zweigniederlassung § 31[4]; L. von Amts wegen § 31[5], § 284[7], § 309[16]; der Eintragung der Kapitalserhöhung § 284[7]; der nichtigen AG. § 309[16]; s. Firma, Handelsregister, Erlöschen.

Lose Zettel § 43[2].

Lotteriekollekteur, Kaufmann § 1[29].

Lotterielos, keine Abzahlungsgeschäfte Anh. zu § 382[74a]; s. Los.

Lotteriespiel, Handelsgeschäft § 343[13], [27]; Börsentermingeschäft, Spielgeschäft Anh. zu § 376[184].

„lt. bz. B.", „lt. bz. G." Vorb. v. § 373[29].

Lübecker Staat, Lagerhalter § 36[10].

Lücken in Handelsbüchern § 43^{3}.
Luftdruckbahn § 453^{6}.
Luxuria § 202^{13}.

M

Mahnung, Voraussetzung des Zahlungsverzuges Anh. zu § 374$^{15, 15a, 15b, 16-17b, 18}$; **Fortfall** der M. Anh. zu § 374^{16-17b}; **Beweislast Anh. zu** § 374^{18}; Kosten der M. **Anh. zu § 374**^{22}; **Vor**aussetzung für **Übergabeverzug** Anh. zu § 374$^{50-53}$; **Fortfall der M. Anh. zu** § 374^{51-52c}; **Be**weislast **Anh.** zu § 374^{53}; **Verbindung** mit **An**drohung **der** Ablehnung der Erfüllungsannahme Anh. zu § 374^{96}.

Mäkler.

I. Amtliche Handelsmäkler § 93E; Kursmäkler § 93E, § 93^{5}.

II. Nichtamtliche Mäkler § 93E, § 93$^{1-4}$; **Ge**werbsmäßigkeit § 93^{1}; **kein ständiges Verhältnis** zum Auftraggeber § 93^{2}; **Vermittlung** von Verträgen, Herbeiführung des Abschlusses, Beurkundung des Abschlusses § 93^{3}; Beziehung des Vertrages auf Geschäfte des Handelsverkehrs § 93^{4}; nicht Grundstücksvermittler § 93^{4}; **Theateragenten** § 93^{4}; **Kaufmannseigenschaft** § 1 Nr. 7, § 93^{5}; **H. als Minderkaufleute** § 93^{5}; **Kursmäkler** § 93^{5}; **rechtliche Stellung zu den Parteien** § 93^{6}; **Prüfungspflicht bezüglich Zahlungsfähigkeit des Vertragsgegners** § 93^{7}, **Vorb. v.** § 93$^{25, 37}$; **Zeugnisverweigerungsrecht?** § 93^{8}; unverzügliche **Zustellung** von Schlußnoten an beide Parteien § 94, vgl. auch § 95^{6}; Schlußnoten als Beweismittel § 94^{1}; **Zeitgeschäfte** § 94^{1}; Schadensersatzpflicht **des M.** § 94^{2}; **Verzicht auf Schlußnoten** § 94^{4}; **keine Schlußnoten im Kleinverkehr** § 94^{5}, § 104; **Reichsstempelgesetz** § 94^{6}; **Vorbehalt der Be**zeichnung **des Vertragsgegners** § 95E, § 95^{1}; **kein Zwang zur Annahme** § 95^{1}; **rechtzeitige Auf**gabe **des Vertragsgegners** § 95^{2}; **Ermächtigung** des M. seitens **der Gegenpartei** § 95^{2}; **Erfül**lungsanspruch gegen den M. § 95$^{3, 4}$; **Recht auf** Zurückweisung des Geschäftes § 95^{4}; bestimmte Eigenschaften des Vertragsgegners § 95^{5}; ungenannter Vertragsgegner § 95^{7}; Aufbewahrung der **Probe** § 96^{1}; **Verletzung** der Aufbewahrungspflicht § 96^{2}; **Ermächtigung zur Emp**fangnahme der bedungenen Leistung? § 93; **Haftung** für **Verschulden** § 98, § 93^{7}, § 96^{2}; **Haftung** bei Vertretung ohne **Vertretungsvoll**macht § 98^{3}; Mäklerlohn § 99$^{1-5}$; **Entrichtung** von jeder **Partei** zur Hälfte § 99^{1}; **Fortfall** der Mäklergebühr bei Vertretung widerstrebender Interessen § 99^{3}, Vorb. v. § 93^{35}; **Verjährung** § 99^{6}; **Tagebuch** § 100$^{1-7}$; kein Handelsbuch § 100^{1}; eigenhändige Unterzeichnung § 100^{2}; **Eintragung** der **vermittelten** Abschlüsse § 100$^{3, 4}$; **Einrichtung und Führung** § 100^{6}; keine zivilrechtlichen Folgen der Nichteintragung § 100^{5}; strafrechtliche **Folgen** von **Verstößen** betr. Tagebuch § 100^{7}, § 103; **Tagebuch des Kursmäklers** § 100^{8}; Auszüge aus den Tagebüchern, Verpflichtung von Erteilung an die Parteien § 101; Vorlegung des **Tagebuches** im Rechtsstreit § 102; **Kleinverkehr, Krämermäkler, kein Zwang zu Schlußnote und Tagebuch** § 104.

III. Zivilmäkler. Begriff Vorb. v. § 93$^{1-5}$; Unterschied vom Handelsmäkler Vorb. v. § 93$^{3-5}$; Nachweismäkler Vorb. v. § 93^{6}; **Rechts**verhältnis des Vermittelungsmäklers **Vorb. v.** § 93^{7}; Kaufmannseigenschaft Vorb. v. § 93^{8}; Schweigen als Auftragsannahme Vorb. v. § 93^{8}, § 362; o. HG. mehrere M. Vorb. v. § 93^{8}; Schiffsmäkler Vorb. v. § 93^{8a}; rechtliche Bestandteile des Zivilmäklervertrags Vorb. v. § 93$^{9-35}$; **Übertragung eines Auftrages Vorb.** v. § 93$^{10, 10a}$; stillschweigende **Übertragung des** Auftrags Vorb. v. § 93^{10a}; **Mäklerprovision** Vorb. v. § 93$^{11-14}$; Taxe, freie Vereinbarung, Beweislast Vorb. v. § 93^{11}; Herabsetzung, Unverhältnismäßigkeit zur Leistung Vorb. v. § 93$^{12, 13}$; Stellenvermittlung **Vorb.** v. § 93^{12}; **Be**trag der **Provision Vorb. v.** § 93^{14}; **Auslagen Vorb.** v. § 93^{15}; **Vertragsabschluß als Voraus**setzung der verdienten Mäklergebühr **Vorb.** v. § 97$^{16-34}$; **Widerrufsrecht des Auftraggebers** Vorb. v. § 93^{17}; Abschluß eines rechtsgültigen Vertrags Vorb. v. § 93$^{18-22}$; materielle **Rechts**gültigkeit **Vorb.** v. § 93^{21}; Nichtigkeit, **Anfecht**barkeit, **behördliche Genehmigung Vorb.** v. § 93^{21}; **ehemännliche Genehmigung? Vorb.** v. § 93^{21}; **formelle Rechtsgültigkeit Vorb. v.** § 93^{22}; Grundstücksveräußerung Vorb. v. § 93^{22}; tatsächliche Erfüllung? Vorb. v. § 93$^{23-28}$; mangelhafte **Erfüllung Vorb. v.** § 93$^{24, 25}$; **Gewähr**leistung **für Güte der Ware und Sicherheit des anderen Vertragsteiles? Vorb.** v. § 93^{25}; **Wiederaufhebung des Vertrags Vorb.** v. § 93^{26}; Realverträge, Darlehnsvertrag Vorb. v. § 93$^{27, 28}$; Kenntnis des Geschäftsherrn von der Vermittelungstätigkeit Vorb. v. § 93^{29}; bedingter Vertrag, Widerruf, Reurecht Vorb. v. § 93^{30}; ursächlicher Zusammenhang Vorb. v. § 93$^{31, 32, 33}$; **persönliche Tätigkeit des M.? Unter- und Zwischenmäkler Vorb. v.** § 93^{34}; **Vertretung widerstrebender Interessen durch den M. Vorb.** v. § 93$^{35, 37, 43}$; Auskunftspflicht des Auftraggebers Vorb. v. § 93^{36}; Treupflicht, Mäklertreue Vorb. v. § 93^{37}; Haftpflicht des M. Vorb. v. § 93^{38}; Übernahme der **Verpflichtung zur Ausübung der Vermittlertätigkeit Vorb. v.** § 93^{39}; **Verjährung der Ansprüche des M. Vorb.** v. § 93^{40}; **Rechnungslegung, Büchervorlegung** Vorb. v. § 93^{41}; Erfüllungsort Vorb. v. § 93^{42}; **Tod und Konkurs des Auftraggebers, Tod des M. Vorb. v.** § 93^{42a}; **Pflichten gegenüber der anderen Partei, Redlichkeit Vorb. v.** § 93^{43}; gewerberechtliche Vorschriften Vorb. v. § 93^{44}.

Mäklercourtage des Kommissionärs § 403.
Mäklerlohn § 99$^{1, 2, 3, 5}$; s. Mäkler.
Mäklertreue Vorb. v. § 93^{37}; s. Mäkler.
Mala fides superveniens § 366^{29}.
Maler, kein Kaufmann § 1^{9}.
Mängel, Zeichnungsschein § 189$^{10-19}$; unheilbare M. § 189^{10}; heilbare § 189$^{11-15}$; Beschränkungen der Verpflichtung § 189$^{16-19}$; M. im Gesellschaftsvertrage der AG. §§ 309, 310, 311; Nichtigkeit § 309; Voraussetzungen § 309$^{2-10}$; Rechtsfolgen § 309$^{11-16}$, § 310$^{1, 2}$; eingetragene

Nichtigkeit § 309^{13}; Nichtigkeitsklage § 309^{15}; Heilung der Nichtigkeit § 309^{14}, § 310^{3}, ^{4}, ^{5}; Satzungsänderung § 310^{3}; Einberufung der Generalversammlung; Rechtsfolgen der Heilung § 309^{14}, § 310^{5}; Zweigniederlassung ausländischer AG. § 309^{17}; Waren mittlerer Art und Güte § 360^{4-7}, ^{9}; M. des materiellen Begebungsvertrags, Indossament § 365^{9}; geringfügige M. der Ware Anh. zu § 374^{166}; Viehmängel § 382; Kommissionsgut § 388^{2-12}, § 391 ^{3}, ^{4}, ^{5}; Frachtgeschäft § 438 Abs. 3, § 438^{12-18}; s. Kauf zu V.

Mängelanzeige gegenüber dem Agenten § 86^{4}; Geschäft eines Kaufmanns, Handelsgeschäft § 343^{19}; Kommissionsgeschäft § 391^{3}, ^{4}; s. Kauf zu V.

Mangelhafte Schulbildung des Handlungsgehilfen § 70^{10}.

Mangelhafte Ware, Unterschied gegen Übergabeverzug Anh. zu § 374^{42}; m. Erfüllung, Haftung des Kommissionärs § 400^{26}; s. Kauf zu V.

Mängelhaftung für Aktie § 209^{2}.

Mankohaftung des Handlungsgehilfen § 59^{31}.

Mantel des Wertpapiers § 381^{10}.

Margen (Einschüsse) Anh. zu § 376^{52}.

Marken des täglichen Verkehrs Anh. zu § 365^{9}.

Marktlage Vorb. v. § 373^{29-32b}; normale M. Vorb. v. § 373^{29-32}; anormale M. Vorb. v. § 373^{32a}, ^{b}.

Marktpreis Vorb. v. § 373^{29}; Selbsthilfeverkauf § 373^{33}, ^{34}; abstrakter Schaden Anh. zu § 374^{62}; Fixgeschäft § 376^{15}, ^{16}, ^{17}; Bilanz § 40^{9}; Bilanz der AG. § 261^{18}, ^{19}.

Maschinen § 1^{51}; Werklieferungsvertrag § 381^{15}; Eigentumsvorbehalt Anh. zu § 382^{72}.

Maschinenfabriken, Haftungsbeschränkung als Bedingung § 377^{121}; Nachbesserung § 377^{55c}.

Maschinenschreiber, Handlungsgehilfe § 59^{14a}.

Maß, Auslegungsregel § 361^{1}, ^{2}.

Massenartikel, Probemäßigkeit Anh. zu § 382^{6}.

Mästen von Tieren § 1^{57}.

Maurermeister § 1^{48}, § 2^{9}.

Mechanische Dienstverrichtungen des Lehrlings § 77^{7}.

Mehl, Verbot von Börsentermingeschäften Anh. zu § 376^{132}; handelsrechtliches Lieferungsgeschäft Anh. zu § 376^{138}, ^{139}, ^{144}, ^{145}.

Mehrere Gewerbe § 1^{23}; Niederlassungen § 13^{4}; Firmen des Einzelkaufmanns § 17^{3}; mehrere Geschäfte mit mehreren Firmen, Veräußerlichkeit § 22^{3a}; mehrere Erben, Fortführung des Geschäfts § 27^{25}, ^{26}, ^{27}, ^{31}; Eintritt in Geschäft, Fortführung des bisherigen § 28^{5}; desgl. o. HG. § 139^{7}, ^{8}; Zivilmäkler Vorb. v. § 93^{8}, ^{32}, ^{34}; mehrere o. HG. derselben Personen § 105^{39}; Unterschriften auf Aktienzeichnungsschein § 189^{2}; Mitberechtigte der Aktie § 225; mehrere Gegenstände zum Gesamtpreise, Bilanz der AG. § 261^{33}; stille Gesellschafter § 355^{5}; Mitbürgen § 349^{49}, ^{50}, ^{51}; Nachbürge § 349^{52}; Rückbürge § 349^{53}; Urkunden Anh. zu § 361^{24}; gleichzeitige Bestellung mehrerer Gegenstände Anh. zu § 361^{63}; mehrere Pfänder § 368^{36}, ^{52}; Pfandrechte gleichen Ranges § 368^{40}; Wohnsitze, Erfüllungsort Anh. zu § 372^{23}; desgl. Bestimmungsort bei Geldzahlungen Anh. zu § 372^{56}; Gläubiger einer unteilbaren Leistung Vorb. v. § 373^{77}; desgl. einer teilbaren Leistung Vorb. v. § 373^{77}; beiderseitige Beteiligte am Rücktrittsrecht Anh. zu § 374^{35}; Gesamtvertreter bei Androhung und Fristsetzung Anh. zu § 374^{78}; selbständige Geschäfte zwischen gleichen Personen Anh. zu § 374^{145}, ^{146}; mehrere Mängel § 377^{23}; Verkäufer, Zusicherung von Eigenschaften; desgl. Arglist § 377^{77}; Käufer, Kenntnis des Mangels § 377^{117}; mehrere einheitliche Geschäfte, Arglist § 377^{165}; Nichtigkeit, Anfechtungsgegner § 377^{165a}; Teilnehmer an unerlaubter Handlung § 377^{166}, ^{172}; Miteigentümer, Eigentumsvorbehalt Anh. zu § 382^{64}; Kommissionsgeschäft, mehrere Auftraggeber § 384^{4}, § 401^{6}; Frachtführer, Spediteure § 441; s. Gemeinschaftlich, Liquidator, Vertreter, Vollmacht.

Mehrfache Sitze der AG. § 182^{17}.

Mehrheit, Beschlüsse der o. HG. § 119^{2-5}; Errichtungsversammlung der AG. § 196^{10}; der Generalversammlung § 251, s. Mehrere.

Mehrheitsbeschluß der Liquidatoren der o. HG. § 152^{7}.

Meinungsverschiedenheiten zwischen Revisoren und Gründern § 194^{1}.

Meistgebot, Abtretung der Rechte aus dem M. § 350^{23}.

Menge, Mehrlieferung § 378^{11}, ^{12a}; Minderlieferung § 378^{12}, ^{12a}; unbestellte Ware § 378^{14}; unrichtige Preisberechnung § 378^{15}.

Messezeit, Zeitbestimmung § 359^{1}.

Miete, kein Anschaffungsgeschäft § 1^{36}; Handelsgeschäft § 343^{22}.

Mietstaler Anh. zu § 348^{1}.

Mietverträge über Grundstücke, Form § 350 $^{36-40}$.

Milchfahrer, Gewerbegehilfe § 59^{17}.

Milchpacht § 1^{37}.

Militärische Dienstleistung des Handlungsgehilfen § 63^{2}, ^{8}, § 72^{8}.

Minderheit der Aktionäre, kein Recht auf Auflösung der AG. § 292^{21}; s. Aktiengesellschaft zu F IV.

Minderjährige, Betrieb eines Handelsgewerbes § 1^{21}; Prokura § 48^{3}; Handlungsgehilfen, Vertragsstrafe § 59^{34b}; Nichtigkeit des Wettbewerbverbotes § 74^{2}, ^{3}, § $74a^{11}$; o. HG.-Vertrag § 109^{3}; Auseinandersetzung der o. HG. § 145^{16}; Anmeldung der Liquidatoren der o. HG. § 148^{3}; Kommanditist § 161^{6}; Gründer § 182^{9}; Aufsichtsrat § 243^{4}; Vorstand der AG. § 231^{10}; Bürgschaft § 349^{5}.

Minderkaufleute, Begriff § 4E, ^{1}, ^{4}, ^{7}, ^{13}; Beispiele § 4^{16}; Anmeldung § 4^{22a}; Anwendung der Bestimmungen des HGB. § 4^{28}; nicht anwendbare Vorschriften § 4^{23-29}; Geschäftsbezeichnung § 4^{23}; Warenzeichen § 4^{23}; Firma § 4^{23}, § 22^{1}; Fortführung des Geschäfts mit Firma § 25^{6}; Handelsbücher § 4^{24}, § 45^{3}, Anh. zu § 47^{4}; Prokura § 4^{25}; Handlungsbevollmächtigte § 4^{25}; Handlungsgehilfen § 4^{25}, § 59^{11}; o. HG. § 4^{26}, § 123^{6}; Kommanditgesellschaft § 4^{26}; richterliche Ermäßigungsbefugnis betr. Vertragsstrafe § 4^{27}, § 351^{1}; selbstschuldnerische Bürgschaft § 4^{27};

Formvorschrift für Bürgschaft § 4[27], § 349[24], § 351; Schuldversprechen § 4[27], § 351; Schuldanerkenntnis § 4[27], § 351; vereinbarte Anwendung der Vorschriften für Vollkaufleute § 4[29]; M. und Vollkaufmann zugleich? § 4[30]; Geltung als Vollkaufmann infolge der Eintragung § 5; Handelsmäkler § 93[5]; stille Gesellschaft § 4[26], § 335[9], § 338[6]; gesellschaftliche Vereinigungen Anh. zu § 342[8, 9, 10]; Handelsgeschäfte § 4[26], § 343[6]; Zurückbehaltungsrecht § 369[4]; Kontokorrentvertrag § 355[9].

Minderung; wesentliche M. des Wertes des Pfandes § 368[34]; s. Kauf zu V 3e; M. der Vergütung für erteilten Rat § 349[14]; des Speditionsgutes § 414[3]; des Lagergutes § 424[4]; des Frachtgutes § 438[12]; des Eisenbahnfrachtgutes §§ 457, 464.

Minderheitsrechte s. Aktiengesellschaft zu F IV.

Mindestbetrag der Aktie § 180[3–13, 21]; des Interimsscheines § 180[14]; Mindesthöhe des Grundkapitals § 182.

minima non curat praetor Anh. zu § 374[40].

Minoritätsrechte, s. Aktiengesellschaft zu F IV.

Mißbrauch des ehemännlichen Untersagungsrechtes E[64]; fremder Aktien § 318; einer Vertrauensstellung unsittlich Anh. zu § 346[21].

Mißhandlung, Auflösung der o. HG. § 133[20].

Mißverständnis am Fernsprecher Anh. zu § 361[42].

Mitberechtigte, Aktie § 179[1], § 225.

Mitbesitz, Bestellung des Pfandrechts § 368[10].

Mitbieten des Pfandgläubigers und Eigentümers bei Versteigerung § 368[56]; des Käufers, Verkäufers beim Selbsthilfeverkauf § 373[34]; desgl. kein Recht des Versteigerers § 373[31]; Abhalten vom M. bei öffentlicher Versteigerung Anh. zu § 346[19].

Mitbürge, s. Bürgschaft, s. Mehrere.

Miteigentum, Aktie § 179[1], § 225; Kommissionsgut § 383[36]; Lagergut § 419[1, 3]; Sammeldepot Anh. zu § 424[4]; Erwerb des M. § 419[1–4, 8].

Mitgift, Bilanz § 40[7].

Mittagspause, Handlungsgehilfe § 59[28].

Mitte des Monats Anh. zu § 359[33].

Mitteilung, Fortführung des Geschäfts § 25[17–21].

Mitteilungspflicht des Verkäufers § 377[148a].

Mittelbare Stellvertretung Anh. zu § 58[109, 110], § 392[3].

Mittlere Art und Güte § 360[1, 2, 7–10]; Wertpapiere § 381[9]; mittlerer Preis Vorb. v. § 373[29, 32].

Mitverschulden, s. Mitwirkendes Verschulden.

Mitverwaltungsrecht des Aktionärs § 254[1].

Mitwirkendes Verschulden des Prinzipals § 62[11]; des Verletzten § 62[12], § 347[12, 14]; des Vertreters und der Hilfspersonen § 347; Rat, Auskunft, Empfehlung Anh. zu § 349[29, 30].

Mitwirkendes Versehen des Käufers Anh. zu § 374[66]; des Kommissionärs § 384[9]; des Versenders, Speditionsgeschäft § 408[3]; des Absenders, Frachtgeschäfts § 429[13].

Möbelleihvertrag, Handelsgeschäft § 343[27]; Begriff Anh. zu § 382[93].

Monatsfristen Anh. zu § 359[25, 26, 27].

Monatsschluß, Gehaltszahlung des Handlungsgehilfen § 64[2].

Monopol Anh. zu § 346[35, 36]; Eisenbahn § 453[8].

Montagefehler, Nachbesserung § 377[55].

Montierung der Maschine § 379[4].

Moratorium, richterliches Anh. zu § 350; Verzinsung? § 353[7].

Mühewaltung § 354E.

Mühlenbetrieb als Nebengewerbe § 3[5].

Mühlenfabrikate, Börsentermingeschäft Anh. zu § 376[132–161].

Müllabfuhr kein Frachtgeschäft § 425[3].

Multiplex, Rabattsystem, Ausspielung Vorb. v. § 373[55].

Mündel, Kaufmann? § 1[18].

Mündliche Nebenabreden zur Bürgschaftserklärung § 350[6].

Münze § 361[5, 7].

Münzsorte § 361[3, 7].

Münzfuß, Erfüllungsort Anh. zu § 372[66].

Muster; kein Zurückbehaltungsrecht des Reisenden § 59[45]; Agent § 84[17a, 29a]; Kauf nach M. Anh. zu § 382[1–11]; s. Kauf zu II; Klauseln § 377[121].

Musterschutz der ausländischen Firma § 13[20].

Mustersendung § 377[261].

N

„Nach Besicht" § 360[5].

Nachbesserung § 377[54–55c]; Vereinbarung als Voraussetzung § 377[54, 55]; Maschinenfabriken § 377[55c].

Nachbarorte § 30[1, 12].

Nachbezugsrecht der Vorzugsaktie § 185[7].

Nachbürge § 349[52].

Nacherbe § 22[5].

Nachfolgerzusätze, Firma § 18[12], § 22[11, 12], § 24[3b], § 30[6].

Nachfrist, Kaduzierung der Aktie § 219[2, 3]; Kauf, Erfüllungsverweigerung Anh. zu § 374[81, 83, 84, 85, 87–92b, 98a–100, 104, 107, 108, 111, 111a, 112, 115, 115b]; desgl. Sukzessivlieferungsgeschäft Anh. zu § 374[127, 134, 137]; nach Verurteilung des Säumigen Anh. zu § 374[149e]; keine N. bei positiver Vertragsverletzung Anh. zu § 374[174, 180, 183a]; Aufforderung zur Auflassung Anh. zu § 374[83]; Börsentermingeschäft Anh. zu § 376[9]; handelsrechtliche Lieferungsgeschäfte Anh. zu § 376[140, 141, 142]; Gattungskauf, Anspruch auf Lieferung mangelfreier Ware § 77[94]; schwebender Kaufvertrag im Konkurse Anh. zu § 382[79a, b].

Nachgründung, AG. §§ 207, 208, § 279[8]; KGaA. § 320[25], § 324.

Nachlaß, Geschäftsverbindlichkeiten § 27; Nachlaßforderungen § 27[30]; Kauf Vorb. v. § 373[3]; Agent § 88[7].

Nachlaßgericht § 27[19].

Nachlaßpfleger, Fortführung des Geschäfts § 27[33]; Fixgeschäft § 376[37].

Nachlaßverwaltung, gutgläubiger Erwerb § 366[83].

Nachlieferung, Gewährleistungsanspruch? § 377[54, 91].

Nachnahme, Annahmepflicht? Anh. zu § 372[46]; Gefahrübergang Anh. zu § 382[52]; Speditionsgeschäft § 408[18]; Frachtgeschäft § 441[5, 7]; Kommissionär § 441[7].

Nachorder, Provision des Agenten § 88[2].

Nachpfändung § 368[80].
„Nachstechen" Anh. zu § 382[15].
Nachträglich, Entlassungsgründe § 70[7], [20]; Zeugnis § 73[5].
Nachtzeit § 358[2].
Nachweismäkler Vorb. v. § 93[6].
Nachzahlung, Aktionäre § 211[5]; Frachtgeschäft § 436[5]; Eisenbahnfracht § 470[4].
Nachzahlungsversprechen § 350[13].
„Nachziehen" Anh. zu § 382[15].
Nachzoll § 436[5].
Name der Firma § 17[4]; des Geschäfts § 17[6]; Geschäfte im N. des Prinzipals § 1[15], [16]; Ladenschild Anh. zu § 37[1].
Namenspapiere Anh. zu § 365[1].
Namenslagerschein § 424[7].
Namensänderung ohne Änderung der Person § 21 [1], [2].
Namensaktie § 179[2], [3], § 180[10–13], § 183, § 222[8]; Eintragung § 223; Orderpapier § 222[8], Anh. zu § 365[1]; Verpfändung § 368[14–18]; s. Aktiengesellschaft zu D.
Namensrecht § 17[4], § 18[5].
Namensunterschrift, Anmeldung der AG. durch Vorstand § 195[22]; s. Unterschrift, Faksimile.
Namhaftmachung des Dritten, Kommissionsgeschäft § 384[33]; Folgen der Nichtnamhaftmachung § 384[34–37], [43], [44].
Naturalleistungen der Aktionäre § 211[6], [7], [8], § 212; Rübenzucker-AG. § 211[15], § 212[1]; Vergütung § 216; Übertragung der Aktien § 222[2]; Konkurs der AG. § 292[11]; s. Aktiengesellschaft zu D.
Naturalvergütung, Handlungsgehilfe § 59[33].
Natürliche Handelsgewerbe § 1[31]; Beschaffenheit des Eisenbahnfrachtgutes § 459 Abs. 1 Nr. 4.
Nebenabreden, Bürgschaft § 350[6]; Gesellschaftsvertrag der AG. § 212[3]; Grundstücksübereignung § 350[28]; Mietvertrag § 350[36]; Gültigkeit formloser N.? § 350[71–76], [85], [89], [90]; Einigung durch Bestätigungsschreiben Anh. zu § 372[38c].
Nebengeschäfte, Handelsgeschäfte § 343[3].
Nebengewerbe der Land- und Forstwirtschaft § 3; Begriff § 3[4]; kaufmännischer Betrieb § 3[9]; Berechtigung, nicht Verpflichtung zur Eintragung § 3[10–16]; Veräußerung § 3[19].
Nebenintervention des o. H.-Gesellschafters § 124 [14], [15]; des Aktionärs bei der Anfechtungsklage § 271[16].
Nebenleistungen der Aktionäre § 211[6], [7], [8], § 212; Rat, Empfehlung, Auskunft als N. Anh. zu § 349[17]; Minderung § 377[80c]; Mängel § 377[179a]; s. Nebenverpflichtungen.
Nebenrechte, Übergang auf zahlenden Bürgen § 349[43], [44]; Garantievertrag, Forderungsabtretung § 349[67]; keine Übertragung Indossament § 364[4]; Kauf von Wertpapieren, zugesicherte N. § 381[7].
Nebenverpflichtungen, Erfüllungsort Anh. zu § 372[16a]; Kauf, Verzug Anh. zu § 374[22], [160–169]; s. Nebenleistungen.
Negatives Schuldanerkenntnis § 350[20].
Negatives Vertragsinteresse, Schadenshaftung Anh. zu § 346[12a].
Nennbetrag der Aktien, Ausgabe der Aktien § 184; Stempel § 179[13]; Kapitalserhöhung § 278[1]; Reservefonds § 262[15].
Nennwert, Bilanz § 40[7].
„Netto"-Klauseln, Zeit Anh. zu § 359[6]; Zahlung Anh. zu § 359[17], Anh. zu § 372[46a], [b]; Abzug der Spesen § 380[1]; Gewicht § 380[1].
Nettogewicht § 380[1]; Refaktie Abzug vom N. § 380[2], [5].
Neue Aktien § 229.
Neue Interimsscheine § 230.
Neukuxe Anh. zu § 376[169].
Nichtannahme des Vertragsantrags Anh. zu § 361[40].
Nichtbeobachtung der Form § 359[81–93].
Nichteigentum, gutgläubiger Erwerb § 366[30], [31]; desgl. Pfanderwerb § 366[54].
Nichtentschuldigung des Handlungsgehilfen § 72[7].
Nichterfüllung, Schadensersatz wegen N. s. Kauf zu V.
Nichtgebrauch der Firma, Erlöschen der Firma § 31[3].
Nichthandelsgeschäfte § 343[30].
Nichtigkeit der Aktiengesellschaft, Fehler im Gesellschaftsvertrage § 182[15], [31], [32]; Aktien und Interimsscheine § 209; Beschlüsse der Generalversammlung § 273; eingetragene AG. §§ 309, 310, 311, s. Aktiengesellschaft zu J II; Kommanditgesellschaft auf Aktien § 320[113], § 330; des unsittlichen Rechtsgeschäfts Anh. zu § 346[1–8]; Wirkungen Anh. zu § 346[6], [7]; Grundgeschäft Anh. zu § 346[7]; Erfüllungsgeschäft Anh. zu § 346[5], [6]; Heilung des nichtigen Anh. zu § 346[8]; Kauf, Anfechtung wegen Arglist § 377[165], [165a]; Ausschluß der Heilung der N. § 377[167]; Eisenbahnverkehrsordnung, zuwiderlaufende Vereinbarungen § 471[4].
Nichtigkeitserklärung bezüglich verkauften Patentes Vorb. v. § 373[12].
Nichtigkeitsklage, Aktiengesellschaft § 309[15].
Nichtkaufleute, Beweiskraft der Handelsbücher Anh. zu § 47[4]; keine Handelsgeschäfte § 343[2]; Kontokorrentverhältnis § 355[10]; s. Einseitiges Handelsgeschäft, Einseitiger Handelskauf.
Niederlassung, Begriff § 13[3]; mehrere N. § 13[3]; Hauptniederlassung § 13[3]; Erfüllungsort Anh. zu § 372[20]; Verlegung § 31[1]; s. Zweigniederlassung.
Niederlegung der Prokura § 52[5]; der Vollmacht Anh. zu § 58[103]; der Geschäftsführung des o. H.-Gesellschafters § 117[7]; der Vertretung § 127[8]; des Amtes durch Liquidatoren der o. HG. § 149[40]; desgl. des Vorstandsmitglieds § 231[21]; desgl. des Aufsichtsratsmitgliedes § 243[9–13]; Komplementar der KGaA. § 320[29]; der mit Vertragsantrag übersandten Gegenstände § 362[18]; Recht des Verkäufers bei Annahmeverzug des Käufers § 373[23–30].
Nießbrauch, Firma § 15[11]; Geschäftsübergang durch N. § 22[15–19], § 25[1a]; Stimmrecht des Aktionärs § 252[6]; Verpflichtung zur Belastung des Vermögens § 350[42].
Normalsätze der Eisenbahnverkehrsordnung für Gewichtsverluste § 460.
Notar, kein Recht zur Anmeldung der AG. § 195[6];

Hinterlegung von Aktien § 255[5]; Ausschließung des befangenen N. § 259[4].
Notariatsurkunden, Unterschrift des o. H.-Gesellschafters § 108[4].
Notarielle Beurkundung § 350[66–69]; Gesellschaftsvertrag der AG. § 182[13, 14]; Vorgründungsverträge § 182[34]; Protokoll der Generalversammlung § 259[1–4].
Notmarktlage, Marktpreis Vorb. v. § 373[29, 32a–i].
Notverkauf s. Kauf zu IV; **Kommissionär** § 388[10]; Spediteur § 408[9]; Lagerhalter § 417[2, 3]; Frachtführer § 437[4].
Notwendige Streitgenossenschaft, o. HG. § 128[5].
Notzurückbehaltungsrecht § 370E, [1–4].
Novation, Einlagepflicht des stillen Gesellschafters § 335[28]; Schuldanerkenntnis, Kontokorrentverhältnis § 355[2–6, 16, 27]; s. Umwandlung.
Nummernangabe, Kommissionsgeschäft § 384[18]; s. Stückeverzeichnis.
Nummernverzeichnis, Differenz- und Spielgeschäft Anh. zu § 376[177].
„Nur nach Muster" § 377[121].
Nürnberger Kommission E[1].
Nutznießung, Eltern § 1[21]; Ehemann § 22[19]; Erlöschen der Rechte Dritter beim gutgläubigen Erwerb § 366[36].

O

Oberkellner § 59[17].
Obligationen der AG. § 185[10]; als Orderpapier § 363[22, 22a]; Vorzugsobligationen der AG. § 185[10]; Prioritätsobligationen § 363[2].
Obligatorischer Grundstücksveräußerungsvertrag § 350[22]; s. Schuldrechtlicher Veräußerungsvertrag.
ohne Obligo Anh. zu § 361[17].
Obrigkeitliche Genehmigung der AG., Entziehung § 292[16].
Observanz E[28].
Offenbarungseid, Pflicht des Geschäftsherrn gegen Agenten § 91[4]; o. H.-Gesellschafter § 124[15]; desgl. im Konkurse § 131[12]; Liquidator § 149[21]; AG., Auskunftspflicht des geschäftsführenden Gesellschafters § 114[8]; Vorstandsmitglieder § 210, § 231[4]; Kommissionär § 384[17].
Offene Handelsgesellschaft.
I. Allgemeines. Begriff § 105[1–37]; Gesellschaft § 105[2–4]; Gemeinsamkeit des Zwecks § 105[4, 11], § 109[11]; Errichtung durch Vertrag § 105[5–7]; zwischen Ehegatten § 105[5]; keine juristische Person § 105[8]; Eigentum zur gesamten Hand § 105 [8, 28]; kein Armenrecht § 105[9]; nicht Inhaberin einer Einzelfirma § 105[9]; keine Ordnungsstrafen gegen o. HG. als solche § 105[9]; Betrieb eines Handelsgewerbes als Zweck § 105[11–19]; Geltung als o. HG. § 105[17, 18, 19]; gemeinschaftliche Firma § 105[20, 21]; nur eine Firma § 17[3]; Mitglieder § 105[22–24]; juristische Personen § 105[22]; Aktiengesellschaft als Mitglied § 105[22]; o. HG. als Mitglied einer anderen o. HG.? § 105[23]; Minderjährige, Ehefrauen als Mitglieder § 105[24]; unbeschränkte Haftung der Gesellschaft § 105[25]; Bedeutung der Eintragung § 105[26, 27]; ergänzende Geltung der Vorschriften über bürgerliche

Offene Handelsgesellschaft.
Gesellschaft § 105[38]; mehrere o. HG. derselben Personen § 105[39]; Übergang des Geschäfts vom Einzelkaufmann auf mehrere Erben § 105[40]; Formfreiheit des Gesellschaftsvertrags § 105 [41–44]; ausländische o. HG. § 105[45, 46]; Übergang am 1. Januar 1900 § 105[47]; Umwandelung der o. HG. durch Änderung der Personen § 105[48]; durch Änderung der Rechtsform § 105[49]; Fortsetzung der aufgelösten o. HG. § 105[51]; Änderung der Firma § 105[51]; Verlegung des Sitzes § 105[51]; Vorverträge § 105[53]; Anmeldung zur Eintragung § 106; Frist, Form § 106[1]; Inhalt der Anmeldung § 106[2–5]; Prüfungspflicht des Registerrichters § 106[6]; Anmeldung von Firmenänderung, Verlegung, Eintritt eines Gesellschafters § 107; Anmeldung durch sämtliche Gesellschafter § 108[1]; Zeichnung der Firma durch sämtliche Gesellschafter § 108[2]; Formen der Firmenzeichnung durch persönlich haftenden o. H.-Gesellschafter § 108[4]; Notariatsurkunden § 108[4].
Unübertragbarkeit der Gesellschaftsrechte § 109 [11–14, 16, 17]; unübertragbare Rechte § 109[14, 15, 17, 18]; Pfändbarkeit § 109[17]; Vereinbarung über Nichtabtretung § 109[20]; vereinbarte Änderung in den Personen § 109[19]; Unterbeteiligung § 109[21]; Buchführung § 38[3]; Gründung der AG. § 182[7]; als Aktionär § 225[3]; Beteiligung an stiller Gesellschaft § 335[5]; desgl. an Vereinigung zum Abschluß von Börsentermingeschäften Anh. zu § 376[78]; Eintritt in Geschäft des Einzelkaufmanns § 28.
II. Rechtsverhältnis der Gesellschafter untereinander. Entscheidende Bedeutung des Gesellschaftsvertrags § 109[1–7]; erhöhtes persönliches Vertrauen, Offenheit, Ehrlichkeit § 109 [1, 9]; Form § 109[1]; gemeinsamer Endzweck § 109[2]; societas leonina? § 105[4], § 109[2]; Vertrag mit Minderjährigen § 109[3]; Gegenseitigkeit des Vertrags § 109[5]; Einrede des nicht erfüllten Vertrags § 109[5]; Rücktritt wegen Verzuges § 109[5]; Anfechtung § 133E; nachträgliche Abreden § 109[7]; Beweislast § 109[10]; vermögensrechtliche Bezüge § 109[12–14, 16]; Ersatzansprüche für Aufwendungen und Verluste § 110[1–4]; Anspruch auf Verzinsung § 110[5]; Belohnung für Bemühungen § 110[6]; Entlohnung für Geschäftsführung § 110[6]; Vorschüsse § 100[7]; besondere Pflichtverletzungen § 111; Einlagepflicht § 111[1–9]; Einlage, Betrag § 111[3, 6–9]; Einbringung § 111[9]; vereinbartes Maß § 109 [7, 8]; Zinspflicht bei nicht rechtzeitiger Geldeinlage, Geldablieferung und bei unbefugter Geldentnahme § 111[10, 11]; weitere Schadensersatzpflicht § 111[12]; bei sonstigen unbefugten Verfügungen § 111[15]; Rückzahlungspflicht § 111[14]; Verbot des Wettbewerbbetriebes § 112[1–9]; Verbot der Beteiligung als persönlich haftender Gesellschafter bei gleichartiger Handelsgesellschaft § 112[3]; Einwilligung der übrigen Gesellschafter § 112[4, 5]; Erlöschen des Verbots § 112 [6, 7]; Wettbewerbverbots für die Zeit nach Auflösung § 112[8]; indirekte Beteiligung § 112[8]; Verletzung des Wettbewerbverbots § 113[1–10]; Schadens-

Offene Handelsgesellschaft.
ersatz und Eintrittsrecht § 113[1], [2], [3]; Schadensersatz § 113[1], [2], [3], § 61[2]; Eintrittsrecht § 113 [1], [2], [4], § 61[3]; Auskunftserteilung, Rechnungslegung § 113[6], § 61[6]; Unterlassungsklage § 113[5]; Recht auf Auflösung der Gesellschaft § 113, § 133[2]; Verjährung § 113[9]; Vertragsstrafe § 113[19]; Geschäftsführung §§ 114—118; gleiche Berechtigung und Verpflichtung § 114[1], [2], [3]; vertraglich festgesetzte Ausnahmen § 114[4], [5]; Rechte und Pflichten des Geschäftsführers § 114 [6–10]; Übertragbarkeit § 114[6]; Abweichung von den Weisungen § 114[7]; Auskunftspflicht § 114[8]; Uneigennützigkeit § 114[9]; heimliche Provision § 114[9]; unbefugte Verwendung von Geschäftsgeld § 114[10]; Haftung für Sorgfalt § 114[11–19]; Vorsatz § 114[13]; grobes Versehen § 114[14]; Sorgfalt, wie in eigenen Angelegenheiten § 114[14]; Genehmigung durch die übrigen Gesellschafter § 114[16]; Beweislast § 114[17]; vertragliche Änderung der Sorgfaltspflicht § 114[18]; Haftung für Gehilfen § 114[19]; Inhalt der Geschäftsführungsbefugnis § 115; Einzelberechtigung aller Gesellschafter § 115[1]; Widerspruchsrecht § 115[3], [4], [5]; Umfang § 115[4a]; Geltendmachung § 115[4b]; Wirkung § 115[5]; vereinbarte Gesamtgeschäftsführung § 115[1], [6], [7]; abweichende Vereinbarung § 115[8]; richterliche Eingriffe § 115[9]; Beschränkung der selbständigen Geschäftsführung auf gewöhnliche Betriebsgeschäfte § 116[1]; ungewöhnliche Betriebsgeschäfte § 116[2–5]; Beschluß sämtlicher Gesellschafter § 116[2], [3]; Wirkung des Beschlusses § 116[4]; Folgen des Nichtzustandekommens des Beschlusses § 116[5]; Erteilung der Prokura § 116[6]; Widerruf der Prokura § 116 [7–10]; Erteilung und Widerruf von Handlungsvollmachten, Anstellung von Gehilfen und Generalbevollmächtigten § 116[11]; Entziehung der Geschäftsführung § 117[1–6]; Klage § 117[2]; wichtiger Grund § 117[3]; Wirkung § 117[4]; Entziehung durch einstweilige Verfügung § 117[6]; Niederlegung § 117[7]; persönliches Kontrollrecht jedes Gesellschafters § 118[1]; Recht auf Einsicht § 118[1], [5], [9]; Verzicht auf Kontrollrecht § 118[6]; Anspruch auf Führung der Bücher § 118[7]; Recht auf Rechnungslegung § 118[8]; Einstimmigkeit der Beschlüsse § 119[1]; Mehrheitsbeschlüsse § 119 [2–5]; Form der Beschlüsse § 119[6]; Beteiligung an Gewinn und Verlust §§ 120—122; Berechnung des Geschäftsergebnisses § 120[2]; Bilanz § 120[2]; stille Reserven § 120[3]; Schluß des Geschäftsjahres § 120[1]; Beteiligung am Geschäftsergebnis § 120[3]; Verteilung nach Köpfen § 120[1]; Gewinn- und Verlustberechnung § 120[4]; Passivsaldo § 120[4]; Entnahme auf Kapitalanteil, Privatkonto § 120[5]; Zuschreibung von Leistungen zum Kapitalkonto § 120[6]; Kapitalkonto, Aktiv-, Passivsaldo § 120[7]; Verteilung des Gewinns § 121[1], [2], [3]; prozentualer Anteil des Aktivsaldos § 121[1], [2]; Verteilung des Restes nach Köpfen § 121[3]; Verjährung des Anspruchs § 121[6]; Verteilung des Verlustes nach Köpfen, Belastung des Kapitalkontos § 121[4]; Entnahme aus der Gesellschaftskasse § 122E, [1–7]; 4 % Zinsen des Kapitalanteils § 122[1–7]; im ersten Ge-

Offene Handelsgesellschaft.
schäftsjahr § 122[4]; im letzten Geschäftsjahr § 122[4]; selbständige Entnahme § 122[5]; Wirkung der Entnahme, Verminderung des Aktivsaldos, Vermehrung des Passivsaldos § 122[7]; Abtretbarkeit § 109[13]; Entnahme des Restes des Jahresgewinns § 122[8–12]; Ausschluß des Rechts bei offenbarem Schaden der Gesellschaft § 122[8]; letzter Jahresgewinn § 122[8–10]; keine Entnahme im ersten Geschäftsjahr § 122[10]; Entnahme nur von Geld § 122; selbständige Entnahme § 122[12]; Unzulässigkeit der einseitigen Kapitalsverminderung § 122[13]; vertragliche Abänderungen § 122[14]; keine Einzahlung des Verlustanteils § 122[15].

III. Rechtsverhältnis der Gesellschafter zu Dritten. Zeitpunkt der Wirksamkeit nach außen § 123[1]; Zeitpunkt der Eintragung § 123[2–12]; Gültigkeit des Geschäftsvertrags § 123[6], [8], [9], [10]; Ungültigkeit infolge Geschäftsunfähigkeit eines Gesellschafters § 123[11]; Anfechtung wegen Betruges oder Irrtums § 123[12]; Zeitpunkt des Geschäftsbeginns § 123[13–17]; vorbereitende Rechtsgeschäfte § 123[15]; o. HG. der das Geschäft fortsetzenden Erben § 123[15]; Gültigkeit des Geschäftsvertrags § 123[16]; Handelsgewerbe nach § 2: § 123[17]; Wirkungslosigkeit der Vereinbarung eines späteren Zeitpunktes § 123[18]; rechtliche Selbständigkeit der o. HG. § 124 Abs. 1; keine juristische Person § 124[1]; Selbständigkeit nur in einzeln bezeichneten Beziehungen § 124[1]; Anfechtung wegen persönlicher Beziehungen § 124[2]; Erwerb von Rechten § 124[3]; Einziehung von Verbindlichkeiten § 124[3]; keine strafbaren Handlungen der o. HG. § 124[3]; keine Ordnungsstrafen gegen die o. HG. § 126[4]; Erbfähigkeit § 124[3]; Urheberrecht § 124[3]; Vollmacht § 124[3]; Mitgliedschaft bei einer AG., G. m. b. H., Genossenschaft § 124[3]; nicht Inhaberin einer Einzelfirma § 124[3]; Eigentum, dingliche Rechte an Grundstücken § 124[4]; Stellung der o. HG. im Zivilprozeß § 124[5–27]; formelle Parteifähigkeit, keine Prozeßfähigkeit § 124 [5–27]; Auftreten vor Gericht durch gesetzliche Vertreter § 124[9–17a]; Prüfung der Legitimation durch das Gericht § 124[9]; Zustellungen, Ladungen § 124[10]; Wegfall eines Vertreters § 124[11]; Eidesleistung § 124[12], [15]; Vernehmung als Zeuge § 124[13], [15]; Nebenintervention der Gesellschafter § 124[14], [15]; Offenbarungseid § 124[15]; Sicherheitsleistung § 124[16], § 105[45]; widersprechende Erklärungen der Vertreter § 124[16]; Gerichtsstand § 124[17]; Passivlegitimation § 124[17a]; Einfluß der Auflösung der Gesellschaft auf Prozeß § 124[18–21]; Zwangsvollstreckung gegen die o. HG. § 124[22], [23]; Wirkung des gegen die o. HG. ergangenen Urteils § 124[24–27]; Vollstreckbarkeit § 124[24]; Rechtskraftwirkungen § 124 [25], [26], [27]; keine Haftung des Gesellschaftsvermögens für persönliche Schulden des Einzelgesellschafters § 124[28–32]; Anfechtungsrecht der o. HG. § 124[33–38]; vertragsmäßige Aufrechnung § 124[38]; Geltendmachung von Forderungen der Gesellschaft durch Einzelgesellschafter § 124[3].

Vertretungsermächtigung des Einzelgesellschafters als Regel § 125E, [1]; Ausnahme § 125E,

Offene Handelsgesellschaft.
[2–23]; gänzlicher Ausschluß eines Gesellschafters § 125[2], [5]; Ausschluß aller Gesellschafter § 125[3]; Ermächtigung des Ausgeschlossenen zur Vornahme einzelner Geschäfte oder Geschäftsarten § 125[4]; keine Handlungsvollmacht oder Prokura für den Ausgeschlossenen § 125[4]; Gesamtvertretung § 125[6–13]; Ausübung § 125[7]; persönliche Haftung des allein handelnden Gesamtvertreters § 125[9]; Ermächtigung einzelner Gesamtvertreter zur Vornahme einzelner Geschäfte oder Geschäftsarten § 125[10–13]; nachträgliche Zustimmung zu eigenmächtigen Handlungen § 125[11]; gesetzliche Vertretungsbefugnis des Gesamtvertreters § 125[12]; keine Entlassung von Handlungsgehilfen durch einzelnen Gesamtvertreter § 125[12]; Form der Zeichnung der Gesamtvertretung § 125[13]; Gemeinschaft mit Prokuristen § 125[14]; desgl. mit Handlungsgehilfen § 125[14]; uneigentliche Gesamtvertretung § 125[16]; Eintragung der Ausnahmen von der Einzelvertretung § 125[24–27]; Wirkung der Eintragung und Nichteintragung § 125[26], [27]; Legitimation im Grundbuchverkehr § 125[28]; Fehlen von Vertretungsberechtigten § 125[29]; Umfang der Vertretungsmacht § 126E, [1–10]; Vertretung bei allen Geschäften und Rechtshandlungen § 126 [1–3]; Schadensersatzhaftung der Gesellschaft § 126[4]; Vertretung bei allen gerichtlichen Handlungen § 126[5–8]; Veräußerung und Belastung von Grundstücken § 126[9]; Erteilung und Widerruf der Prokura § 126[10]; grundsätzliche Wirkungslosigkeit der Beschränkungen nach außen § 126[11]; Beschränkung auf eine von mehreren Niederlassungen § 126[12]; scheinbare Ausnahmen § 126[13–15]; keine Vertretungsbefugnis für Geschäfte mit sich selbst § 126[14], Anh. zu § 58[31–37]; absichtliches Handeln zum Nachteil der Gesellschaft § 126[15]; Wirkung der Vertretung § 126[16]; stillschweigendes Verhalten des Vertreters § 126[17]; desgl. bei Formalverpflichtungen § 126[17]; unrichtige Zeichnung bei gültigem Geschäft § 126[18]; Nachweis der Vertretungsbefugnis § 126[19].

Entziehung der Vertretungsbefugnis § 127; Geltendmachung durch Klage der übrigen Gesellschafter § 127[2], [3]; wichtiger Grund § 127[4]; Wirkung der Entziehung § 127[5]; vertragliche Bestimmungsänderung § 127[6]; Entziehung durch einstweilige Verfügung § 127[7]; Niederlegung § 127[8].

Gesamthaftung der Gesellschafter § 128E; Rechtsgrund und Rechtscharakter der Gesamthaftung § 128[1], § 105[8], [27]; Vertragspartei für die Verträge der Gesellschafter? § 128[2]; Beginn der Gesamthaftung § 128[3]; persönliche Gesamthaftung neben der Gesellschaftsschuld § 128[4], [5]; desgl. bei Liquidation und Konkurs der Gesellschaft § 128[5]; bei Geschäftsaufsicht § 128[5]; Befreiung durch Erfüllung durch einen Gesamtschuldner § 128[7], [8]; vereinbarter Erlaß gegenüber einem Gesamtschuldner § 128[9]; Verzug des Gläubigers § 128[10], [11]; Erfüllungsort für die Gesamthaftung § 128[14]; Gegenstand § 128[15]; Vollstreckung § 128[16]; Wirkungslosigkeit ent-

Offene Handelsgesellschaft.
gegenstehender Vereinbarungen gegen Dritte § 128[17]; Weiterbestehen der Gesamthaftung des ausgeschiedenen Gesellschafters § 128[18], § 129 [13–18]; Rückgriff der Gesellschafter gegeneinander § 128[19]; Haftung der angeblichen Gesellschafter § 128[20]; Gesellschafter als Gläubiger der Gesellschaft § 128[21–27]; Einfluß des Konkurses der Gesellschaft auf die Gesamthaftung der Gesellschafter § 128[28]; Prozesse des Gesellschaftsgläubigers gegen den Gesellschafter § 129; Verbindung mit der Klage gegen die Gesellschaft § 129[2]; Umwandlung in Klage gegen die Gesellschaft § 129[2]; Ausdehnung der Klage gegen die Gesellschaft auf den einzelnen Gesellschafter § 129[2]; Gerichtsstand § 129[4]; Einwendungen des auf Grund der Gesamthaft beklagten Gesellschafters § 129[4–11]; Einwendungen aus seiner Person § 129[5]; Einwendungen, die der Gesellschaft zustehen § 129[4], [6], [7]; Beschränkung bei Anfechtungsrecht der Gesellschaft für den einzelnen Gesellschafter § 129[9]; bei Aufrechnungsrecht der Gesellschaft § 129[10], [11]; Zwangsvollstreckung gegen den Gesellschafter § 129[12]; Stellung des bei Klageerhebung ausgeschiedenen Gesellschafters § 129[13–18]; Haftung des neueintretenden Gesellschafters § 130[1–7]; Nichthaftung der Gesellschaft für die Schulden des Eintretenden § 130[4].

IV. *Gesellschaftsvermögen.* Rechtsnatur § 105 [28–37]; Vermögen zur gesamten Hand § 105[28]; Selbständigkeit des Vermögens § 105[28]; Eigentum an Grundstücken, Grundbuch § 105[29–34]; Einbringung als Eigentumsveränderung § 105[35]; Einbringung von Forderungen § 105[36]; Rechtsgeschäfte mit dem Einzelgesellschafter § 105[37]; Belastung des Gesellschaftsgrundstücks für Einzelgesellschafter § 105[37]; Unterschlagung von Gesellschaftsgut § 105[37]; Privatkonto § 120[5]; Kapital-, Aktiv- und Passivkonto § 120[7]; Ausschluß der Haftung für persönliche Schulden der Einzelgesellschafter § 124[28], [29], [30]; Geschäftsveräußerung § 22[20].

V. *Auflösung der Gesellschaft.* Begriff der Auflösung § 131[1–4]; vereinbarte Fortsetzung § 131[2], [3], [4]; gesetzliche Auflösungsgründe § 131 [5–20]; *Zeitablauf* § 131[5]; Vermutung der unbestimmten Dauer bei o. HG. auf Lebenszeit eines Gesellschafters § 134[1]; desgl. bei Fortsetzung nach Zeitablauf § 134; stillschweigende Fortsetzung § 134[2]; *Beschluß der Gesellschafter* § 131 [6], [7], [8]; *Konkurs über Gesellschaftsvermögen* § 131[9–16]; sämtliche Gesellschafter Gemeinschuldner § 131[12]; gesellschaftliche Ansprüche keine Konkursforderungen § 131[13]; Auseinandersetzungsguthaben als Konkursforderung § 131[13]; Einziehung rückständiger Einlagen § 131[13]; Aufrechnung § 131[14]; Zwangsvergleich § 131[15]; Liquidation nach Konkurs § 131[16].

Tod eines Gesellschafters § 131[17], § 137E, [1], [2]; Gesellschaftsvertrag auf Lebenszeit eines Gesellschafters § 132[1], § 134[1]; Pflicht des Erben zur Anzeige § 137[1]; desgl. zur Fortführung der Geschäfte bei Gefahr im Verzuge, desgl. durch die übrigen Gesellschafter § 131[2];

Offene Handelsgesellschaft.

Abwickelungsgesellschaft § 171[5]; Konkurs über Vermögen eines Gesellschafters § 131[18, 19]; vereinbarte Fortsetzung ohne Gemeinschuldner § 131[19]; Fortführung der Geschäfte § 137[3]; Abwickelungsgesellschaft § 171[5]; Kündigung eines Gesellschafters §§ 132, 133; gesetzliche Frist § 132[2]; abweichende Vereinbarung § 132[3]; Unzulässigkeit völligen Ausschlusses der Kündigung § 132[3]; Form der Kündigung § 132[5]; Empfangsbedürftigkeit § 132[6]; Berechnung der Frist § 132[8]; Bestimmtheit des Inhalts § 132[9]; Wirkung der Kündigung § 132[10]; Zurücknahme § 132[10]; verspätete Kündigung § 132[4]; Beweislast § 132[12]; Auflösung durch gerichtliche Entscheidung § 133; Unterschied gegen Anfechtung § 133E; wichtige Gründe § 133[2, 3, 4, 13–20]; Art der Feststellung § 133[3]; Geltendmachung des Rechts auf Auflösung § 133[5–8]; Klage gegen widersprechenden Gesellschafter § 133[5]; gerichtliche Entscheidung § 133[9–12]; einstweilige Verfügung § 133[10]; vorläufige Vollstreckbarkeit § 133[11]; Schadensersatz? § 133[12]; Verletzung wesentlicher vertraglicher Pflichten § 133[14, 15, 16]; Unredlichkeit bei Geschäftsführung und Rechnungslegung § 133[16]; Mißbrauch von Firma und Geschäftsvermögen zu Privatzwecken § 133[16]; Unmöglichkeit der Erfüllung wesentlicher Verpflichtungen § 133[17]; Beispiele § 133[20]; Unerreichbarkeit des Gesellschaftszwecks § 133[18]; mangelnde Rentabilität § 133[18]; Unmöglichkeit in der Ausübung von Rechten § 133[3, 17, 19]; Bestrafung wegen Verbrechen § 133[20]; Beleidigung, Mißhandlung § 133[20]; vertrauenswidriges, unehrenhaftes, unanständiges Verhalten § 133[20]; stillschweigende Verzeihung § 133[14]; feindlicher Ausländer § 133[20]; Nichtigkeit entgegenstehender Vereinbarungen § 133[21, 22, 23]; Kündigungsrecht des Privatgläubigers eines Gesellschafters § 135[1–8]; Privatforderung § 135[1]; Voraussetzungen § 135[3, 4]; fruchtlose Vollstreckung in das bewegliche Vermögen des Gesellschafters § 135[3]; Pfändung und Überweisung des Auseinandersetzungsguthabens § 135[4]; Rechtskraft des Schuldtitels § 135[4]; Kündigungsfrist § 135[5]; Auflösung als Folge § 135[6]; Abwendung der Auflösung durch die Gesellschaft § 135[6]; Vereinbarung des Ausscheidens des Gesellschafters § 135[6], § 138[5], s. unten zu VI; desgl. durch frühere Auflösung infolge Beschlusses der Gesellschafter § 135[6]; Recht des Gläubigers auf Liquidation, Auskunfterteilung, Rechnungslegung § 135[7]; Ausschluß weiterer Rechte des Gläubigers § 135[6, 8]; Liquidation feindlicher Unternehmungen § 131[20a].

Fortbestehen der Geschäftsführungsbefugnis bis zur Kenntnis von der Auflösung § 136; Fortführung der Geschäfte bei Tod oder Konkurs des Einzelgesellschafters durch die übrigen Gesellschafter § 137[2–4]; Fortbestehen der o. HG. als Abwickelungsgesellschaft § 137[5]; vertragliche Fortsetzung der o. HG. bei Kündigung, Tod oder Konkurs eines Gesellschafters § 138[1–4]; Übrig-

bleiben von mindestens zwei Gesellschaftern § 138[2]; Anmeldung der Auflösung und des Ausscheidens § 143[1–15]; Anmeldung durch alle Gesellschafter § 143[3]; Wirkung der nicht erfolgten Eintragung und Bekanntmachung § 143[5–11, 13]; bei nicht eingetragenen Gesellschaften § 143[7]; Wirkung der Eintragung und Bekanntmachung gegen Dritte § 143[12]; Fortsetzung der Gesellschaft bei Konkursverfahren § 144; Wirkung § 144[3]; Anmeldung § 144[5]; s. unten zu VI.

VI. Fortbestehen der Gesellschaft trotz Vorliegens von Auflösungstatsachen. Ausscheiden des Gesellschafters § 138[3]; Fortsetzung der o. HG. im Falle der Kündigung § 138[5]; vertragliche Fortsetzung des Geschäfts durch den allein verbleibenden Gesellschafter § 138[6]; Fortsetzung der o. HG. nach Auflösung? § 138[7]; vertragliche Bestimmung der Fortsetzung mit den Erben § 138[1–26]; Testamentsbestimmung nicht genügend § 139[4]; Annahme der Erbschaft § 139[4]; Vor- und Nacherbe § 139[4]; Pflichtteilsberechtigter § 139[4]; kein Recht der Erbschaftskäufer § 139[4]; besondere Eigenschaften des Erben? § 139[5]; Fortsetzung nur mit einem Erben § 139[5]; Wahlrecht des Erben § 139[6–20]; Inhalt des Wahlrechts § 139[6]; Verbleiben des Erben als Gesellschafter § 139[6]; Kommanditistenantrag des Erben § 139[6]; Berechtigung aller Erben § 139[7]; Ausübung des Wahlrechts, Frist § 139[8]; Antwortspflicht der übrigen Gesellschafter § 139[9]; Recht des Erben zum Ausscheiden bei Ablehnung durch die übrigen Gesellschafter § 139[10]; Wirkung der Ausübung des Wahlrechts § 139[12–20]; Erbe als o. H.-Gesellschafter § 139[13, 14]; als Kommanditist § 139[15–18]; Eintragung der Kommanditistenbeteiligung § 139[17]; Ausscheiden des Erben § 139[19, 20]; Auszahlung des Anteils am Aktivsaldo § 139[15]; Auseinandersetzungsguthaben beim Übrigbleiben nur eines Gesellschafters § 139[20]; Fortsetzung der Gesellschaft durch mindestens zwei Gesellschafter § 139[20]; Stellung der Erben bei Auflösung der Gesellschaft § 139[21]; Nichtigkeit abweichender Bestimmungen des Gesellschaftsvertrags § 139[22, 23, 24]; Schwebezeit § 139[25, 26].

Ausschließung eines Gesellschafters anstatt Auflösung der Gesellschaft § 140; Voraussetzungen § 140[1–5]; Antrag aller übrigen Gesellschafter § 140[1]; Klage § 140[1]; Begründung § 140[2–5]; Beschränkung der Gründe § 140[2]; vertragliche Festsetzung der Ausschließungsgründe § 140[4]; Beispiele wichtiger Ausschließungsgründe § 140[5]; Ausschließung nur durch Urteil § 140[6]; rechtserzeugende Bedeutung § 140[6]; einstweiliger Ausschluß durch einstweilige Verfügung § 140[7]; Fortbestehen der Gesellschaft § 140[9]; Auseinandersetzung § 140[9].

Fortsetzung der Gesellschaft trotz Kündigung seitens des Privatgläubigers § 141[1, 2]; Beschluß der übrigen Gesellschafter § 141[1]; Wirkung, Ausscheiden des Privatschuldners, Fortsetzung trotz Konkurses eines Gesellschafters § 141[3–5].

Offene Handelsgesellschaft.
Auseinandersetzung mit dem ausscheidenden Gesellschafter Anh. zu § 141; Rechte der verbleibenden Gesellschafter Anh. zu § 141[3]; des Ausscheidenden Anh. zu § 141[4–9]; Ausantwortung von Gesellschaftsvermögen Anh. zu § 141[3, 4]; Geldabsendung Anh. zu § 141[5–9]; Wert der lebenden Gesellschaft Anh. zu § 141[5]; Geschäftswert, Kundschaft Anh. zu § 141[5]; Feststellung Anh. zu § 141[6]; Rechtscharakter des Abfindungsguthabens Anh. zu § 141[7, 8]; Zeit der Auszahlung, Sicherheit Anh. zu § 141[9]; Gesellschaftsschulden Anh. zu § 141[11–14]; Konkurrenzverbot Anh. zu § 141[15–31]; Ersatz eines Fehlbetrags Anh. zu § 141[16–20]; schwebende Geschäfte Anh. zu § 141[21, 30]; Beteiligung an den Abwicklungsgeschäften Anh. zu § 141[22–26]; Erledigung der Abwicklungsgeschäfte durch die verbleibenden Gesellschafter Anh. zu § 141[27]; Rechenschaftslegung über erledigte Geschäfte Anh. zu § 141[28]; Auszahlung des Guthabens Anh. zu § 141[29]; Übernahme des Geschäfts mit Aktiven und Passiven durch einen Gesellschafter Anh. zu § 141[32]; Übernahme des Geschäfts einer aus zwei Personen bestehenden o. HG. durch einen Gesellschafter bei Vorliegen von Ausschließungstatsachen § 142[1–4]; desgl. bei Konkurs des anderen Gesellschafters § 142[5]; Anmeldung § 143[1–4]; Wirkung der Nichteintragung § 143[5–11]; nicht eingetragene Gesellschafter § 143[7]; Wirkung der Eintragung und Bekanntmachung § 143[7, 12, 13, 14].

VII. Liquidation der Gesellschaft. Inhalt und juristisches Wesen der Liquidation § 145[2, 3, 4]; außergerichtliches Verfahren § 145[2]; Zwangsliquidation § 145[2], § 131[20a]; Fortfall der Erwerbstätigkeit § 145[3]; Fortfall der Bestimmungen über Geschäftsführung und gesetzliche Vertretung § 145[4]; Fortbestehen der Personeneinheit, der Selbständigkeit des Gesellschaftsvermögens § 145[4]; Fortbestehen von schwebenden Verträgen § 145[4]; Einfluß auf Prozesse § 124[18] ff.; Liquidation als regelmäßige Form der Auflösung § 145[5–18]; Konkurs als Ausnahme § 145[5]; Vereinbarung anderer Arten der Auseinandersetzung § 145[7]; Veräußerung des Geschäfts § 145[8]; teilweise Veräußerung § 145[8]; Naturalteilung § 145[8]; Einbringung in andere Gesellschaft § 145[8]; Umwandlung durch Änderung der Person § 105[48], durch Änderung der Rechtsform § 105[49]; Vereinbarung nach Auflösung § 145[8]; Übertragung des Geschäfts auf einen Gesellschafter § 145[9–14]; Zustimmung aller Gesellschafter § 145[15]; Zustimmung des kündigenden Gläubigers, des Konkursverwalters § 145[16, 17, 18]; Berufung der Liquidatoren durch Vertrag § 146[1, 2]; kein Stimmrecht der Gläubiger eines Gesellschafters § 146[1]; Berufung der bisherigen Gesellschafter § 146[3, 4, 5]; Bestellungspflicht der Erben § 148[2], § 146[4]; Ablehnungsrecht des Berufenen? § 146[5]; Ernennung durch den Richter § 146[6–12]; wichtiger Grund § 146[6, 11]; Antrag eines Beteiligten § 146[7]; Antrag des Gläubigers, des Konkursverwalters § 146[7]; Zuständigkeit, Form der

Offene Handelsgesellschaft.
Ernennung § 146[9]; Beginn des Amtes § 146[13]; Abberufung § 147; Begriff § 147[1]; wichtiger Grund § 147[6]; Antrag § 147[7]; Abberufung durch Beschluß § 147[3], durch Gericht § 147[4, 5]; Anmeldung der Personen der Liquidatoren § 148[1, 2]; Anmeldungspflicht § 148[3, 4, 8]; Zeichnung der Liquidatoren § 148[5]; Bedeutung der Anmeldung § 148[7]; Aufgabe und Rechtsstellung der Liquidatoren § 149; Beendigung laufender Geschäfte § 149[4]; Einziehung der Forderungen § 149[5–10]; Klagerecht gegen Gesellschafter § 149[6]; keine Zuschußpflicht der Gesellschafter § 149[8]; keine Einklagung der Passivsaldi der Gesellschafter § 149[9]; Verwertung der Forderungen § 149[10]; Umsatz des Vermögens in Geld § 145[11]; Befriedigung der Gläubiger § 149[12–15]; Geschäftsguthaben der Gesellschafter § 149[15]; neue Geschäfte zur Beendigung schwebender § 149[16–19]; Hilfsgeschäfte § 149[18]; Verkauf in Bausch und Bogen § 149[18, 31]; Abwicklungsgeschäft § 149[19]; gerichtliche Vertretung § 149[20–23, 25, 35]; Geschäfte mit sich selbst § 149[24]; Vergleiche, Schiedsverträge, Schenkungen § 149[26]; Antrag auf Konkurseröffnung § 149[27]; keine Prokuristenbestellung § 149[29]; keine Verlegung des Sitzes der Gesellschaft § 149[30]; Veräußerung der Firma § 149[32]; Haftung § 149[33, 37]; Verantwortlichkeit nach außen § 145[39]; Rechnungslegung § 149[36]; Belohnung § 149[38]; Niederlegung des Amtes § 149[40]; Mehrheit der Liquidatoren § 150; Gesamtvertretungsmacht, -geschäftsführungsbefugnis § 150E, [1, 2]; Ausschluß der Beschränkung der Gesamtvertretungsbefugnis durch Vertrag oder Gericht § 150[3, 4]; Ermächtigung einzelner Liquidatoren § 150[5], § 125[2, 10, 12]; Empfang von Willenserklärungen § 150[5], § 125[2, 10, 12]; Art des Zusammenwirkens § 150[6], § 125[7–13]; Nichteinigung § 150[7]; Unbeschränkbarkeit der gesetzlichen Vertretungsmacht gegenüber Dritten § 151E, [1, 2]; Aufhebung derselben unmöglich § 151[3]; Erweiterung derselben § 151[5]; Abhängigkeit von einstimmigen Anordnungen sämtlicher Gesellschafter § 152E, [1–6]; Abhängigkeit von Mehrheitsbeschlüssen der Gesellschafter § 152[6]; Nichtbeobachtung der Anordnung § 152[6]; Unterschrift § 153[1, 2, 3]; Eröffnungsbilanz § 154[1, 2, 3]; Schlußbilanz § 154[4]; Zinsen § 154[4]; Gewinnanteile § 154[5]; Klage auf Aufstellung der Bilanz § 154[6]; Strafbarkeit bei Unterlassung und Verspätung § 154[6]; Jahresbilanz? § 154[7]; Rechnungslegung § 154[8]; Verteilung § 155; vorläufige Verteilung § 155[1–7]; entbehrliches Geld § 155[1]; Zurückbehaltung des erforderlichen Geldes § 155[5, 6, 7]; Schlußverteilung § 155[8, 9]; Streitigkeiten der Gesellschafter § 155[10, 11]; Aussetzung der Vertretung § 155[10, 11]; Herausgabeanspruch § 155[12]; Beendigung der Tätigkeit der Liquidatoren § 155[14]; Ansprüche der Gesellschafter untereinander § 155[15]; Geltung der Bestimmungen für die o. HG. auf die Liquidationsgesellschaft § 156[1–25]; Kaufmannseigenschaft? § 156[3]; Rechtsverhältnisse der Gesellschafter untereinander § 156[4–16]; desgl. zu Dritten § 156[17–23]; Beiträge § 156[11]; Übertragbarkeit der

Offene Handelsgesellschaft.
Gesellschafterrechte § 156[16]; Haftung bei Neueintritt § 156[22]; Ausschließung § 140[1]; Verjährung § 156[24]; Stellung im Prozeß § 156[25], § 124[18]ff.
Anspruch des Privatgläubigers auf Liquidation § 135[6]; Anmeldung des Erlöschens der Firma nach Beendigung der Liquidation § 157 [1–8]; Fortdauer von Rechtsverhältnissen § 157[2]; Löschung der Firma § 31[3, 4, 5]; Aufbewahrung der Bücher und Papiere nach Beendigung der Liquidation § 157[9–17]; Person des Verwahrers § 157[11, 12, 13]; Recht der Beendigung § 157[14]; Kosten der Aufbewahrung § 157[16]; Aufbewahrungspflicht und -zeit § 44[1–5]; Rechtsverhältnisse bei Ausschluß der Liquidation § 158[1–3]; Rechtsgeschäfte nach „Vollbeendigung" der Gesellschaft § 158[4, 5].
VIII. Verjährung. Ansprüche gegen die Gesellschafter aus Verbindlichkeiten der Gesellschaft § 159E; Gegenstand § 159[1–5]; Ansprüche aus Bereicherung und unerlaubter Handlung § 159[1]; Anspruch des ausgeschiedenen Gesellschafters § 159[1]; Anspruch aus rechtskräftigen Urteilen § 159[1]; Rückgriffsansprüche der Gesellschafter untereinander? § 159[1], § 160[7]; Ansprüche aus Bürgschaft für die Gesellschaft § 159[3]; Frist der Verjährung § 159[6–11]; Beginn der Verjährung § 159[6–11]; Zeitpunkt der Eintragung der Auflösung § 159[8, 9]; Eintritt der Fälligkeit bei später fällig werdenden Forderungen § 159[10]; Wirkung der Verjährung § 159[12]; Verkürzung und Verlängerung § 159[13]; Unterbrechung § 159[14]; Hemmung § 159[15, 16, 17]; Ende der Verjährungsfrist § 159[11]; Wirkung der Unterbrechung der Verjährung auch gegen die Gesellschafter zur Zeit der Auflösung § 160E; Unterbrechung, Begriff § 160[1]; durch Klageerhebung § 160[2–6]; durch Anerkenntnis § 160[3–6]; Rückgriffsansprüche der Gesellschafter unter sich § 160[8].
Offene Depots Anh. zu § 424.
Offene Mängel, Anzeigepflicht § 377[30]; Arglist? § 377[149a]; s. Kauf zu V.
Offene Rechnung Anh. zu § 357.
Offener Laden Anh. zu § 37[5].
Offenes Warenlager § 56[2].
Offenlegung der Verhältnisse der AG. § 314E, [1–4].
Offensichtliche Abweichung in Beschaffenheit und Menge der Ware § 378.
Öffentliche Anstalten, Vertragschließen mit § 356 [17]; Bestellung zur Besorgung von Geschäften, Ablehnung von Aufträgen § 362[2]; Blätter, Bekanntmachungen der AG. § 182[6]; Zeichnung von Aktien § 282[7]; Kassen, Zahlungen aus, Erfüllungsort Anh. zu § 372[68].
Öffentliche Beglaubigung § 12[2], Vorb. v. § 373[80]; Urkunde § 350[8].
Öffentliche Körperschaften, Rechnungsabschlüsse § 42; Verstaatlichung der AG. § 304.
Öffentliche Wirkung der Eintragung Anh. zu § 8; öffentlicher Glaube derselben Anh. zu § 8[18]; Öffentlichkeit des Handelsregisters § 9; Bücher und Register § 17[8–11]; der Firma § 17[19].
Öffentliches Interesse E[13], § 273[23].
Öffentliche Versteigerung, Pfandverkauf § 368 [48–58]; Annahmeverzug des Käufers, Selbsthilfeverkauf § 373[33]; desgl. nicht hinterlegungsfähige Gegenstände § 374[3].
Öffentlich-rechtliche Gründe zur Offenlegung des bürgerlichen Namens § 17[8]; Rechte und Pflichten der AG. § 210[6]; Verletzung ö. Vorschriften durch Generalversammlungsbeschlüsse § 273[23].
Offerte s. Vertragsantrag.
Offertvertrag Anh. zu § 361[43]; **Strafgedinge** Anh. zu § 361[43], s. auch § 377[3].
Offiziell s. Börsentermingeschäft.
„Ohne Obligo", ohne Verbindlichkeit Anh. zu § 361[17]; Empfehlung und Auskunft Anh. zu § 349[42]; „ohne Präjudiz" Anh. zu § 349[42].
Opinio juris, necessitatis E[29].
Optionsrecht, Vertragsantrag Anh. zu § 361[12].
Ordentlicher Kaufmann, Sorgfaltspflicht § 374[3, 4].
Order s. Orderpapier, Verpflichtungsschein, Scheck, Ladeschein, Lagerschein.
Orderpapier. O., Namensaktie § 222[8], § 364E; kaufmännische Anweisung § 363E, [1–13]; kaufmännischer Verpflichtungsschein § 363E, [22–32]; Konnossemente der Seeschiffer, Ladescheine der Frachtfahrer, Lagerscheine § 363[33, 35–38]; Wirkungen der Übergabe § 363[35–38]; Bodmereibriefe, Transportversicherungspolicen § 363 [33, 34]; Indossament § 364[1–4]; kein Übergang der Nebenrechte § 364[4]; Einreden § 364[4–17]; aus Gültigkeit der Erklärung § 364[5, 6]; aus dem Inhalt der Urkunde § 364[7]; aus unmittelbaren Beziehungen zwischen Schuldner und Besitzer § 364[8–16]; unbeschränkte Einreden gegen nicht legitimierte und unredliche Besitzer § 364[13, 14, 15]; Inkassomandat § 364[16]; Sicherheitsübereignung § 364[16]; Beweislast § 364[17]; Zahlung gegen Aushändigung der quittierten Urkunde § 364[18]; Teilzahlung § 364[18]; Inkassomandat zwecks Verpfändung § 368[15, 26]; Form des Inkassomandats § 365[1–6]; Niederschrift auf der Urkunde oder Allonge § 365[2]; Blankoindossament, Blankotradition § 365[3, 4]; Übergabe der Urkunde § 365[5]; gültiger Begebungsvertrag § 365[6]; Legitimation des Besitzers § 365[7]; Verpflichtung des Besitzers zur Herausgabe § 365[8, 9]; abhandengekommene, vernichtete O. § 365[13]; Aufgebot § 365[13]; Amortisation § 365[13]; Prokuraindossament § 365[14]; Bestellung des Pfandrechts § 368[14–18]; gutgläubiger Erwerb des Pfandrechts § 368 [26, 27]; Befriedigung aus dem Pfande § 368 [73, 74, 75]; Zurückbehaltungsrecht, Verwertung des Pfandrechts § 371[20]; Erfüllungsort Anh. zu § 372[26].
Ordnungsmäßige Buchführung § 38[6].
Ordnungsstrafen des Registerrichters § 2[18], § 14; keine O. von Amts wegen § 14[1]; Strafart § 14[2]; Verfahren § 14[3–14]; Zwangsverfahren § 14[3]; Androhung und Fristsetzung § 14[4]; ablehnender Bescheid § 14[4]; Straffestsetzung § 14[5]; Einspruch § 14[5–8]; Beschwerde § 14[9–12]; weitere Beschwerde § 14[13]; Kosten § 14[14]; Organe des Handelsstandes § 14[15], § 37[9]; unbefugter Firmengebrauch § 37[1–9, 9a]; Form des Einschreitens § 37[8]; O. gegen AG. § 319; Ein-

reichung der Bilanz der AG. § 265[5]; gegen Liquidatoren der AG. § 297[4], § 299[14], § 319; Komplementare der Aktienkommanditgesellschaften § 325[9]; s. Registerrichter.
Organisationskosten, Bilanz der AG. § 261[39–42].
Ort der Handelsniederlassung § 29[2, 7]; Firmenschutz § 30E, [1–3a]; Vorlegung der Handelsbücher § 46[4]; Anmeldung des Gesellschaftsvertrags der AG. § 195[2]; Generalversammlung § 256[17]; Pfandverkauf, Versteigerung § 368; Erfüllung der Handelsgeschäfte Anh. zu § 372[1–12]; s. Erfüllungsort, Bestimmungsort; Vertragsort Anh. zu § 372[15]; Selbsthilfeverkauf § 373[41]; Untersuchung der Ware § 377[20, 20a]; Wandelungsanspruch § 377[75–75c]; Distanzkauf § 379[6, 8, 9, 10]; Notverkauf beanstandeter Ware § 379[21]; zusammenhängende Ortschaften § 379[10].
Örtliches Anwendungsgebiet des HGB. E[6].
Örtliches Recht, Vertretungsmacht des Agenten Anh. zu § 85[6].
Ortsgebrauch, Begriff E[30a]; Dienste des Handlungsgehilfen § 59; Lehrling § 77 Abs. 1; Handelsmäkler, Aufbewahrungspflicht § 96; Mäklerlohn § 99; Provision des Kommissionärs § 396 Abs. 1; Frachtführer, Abgangsort § 428[1]; Liegegelder § 436[6].
Ortspolizei, Zeugnisbeglaubigung § 73 Abs. 2, § 80 Abs. 2.

P

„P." Vorb. v. § 373[29].
Pacht des Handelsgeschäfts, Eintragung § 15[8, 11]; Geschäftsübergang § 22[15–18], § 25[1a], Vorb. v. § 373[3a]; Form des Pachtvertrags über Grundstücke und Räume § 350[36, 38, 40]; desgl. über Steinbruch § 350[38]; Verpachtung des Inseratenteils einer Zeitung § 415[10]; Milchpacht keine P. § 1[37].
Packer § 417[5].
Packhof § 416[4].
Pacotillegeschäft § 383[42].
pactum de cedendo § 350[33], Anh. zu § 361[87]; de contrahendo § 350[55], Anh. zu § 361[87]; de deponendo Anh. zu § 424E; de emendo, de vendendo, de mutuo dando Anh. zu § 361[87]; de pignorando § 350[34].
Paketadresse, Eisenbahn- § 426[18], § 453[5].
„Papier" Vorb. v. § 373[29].
Papiere, Aufbewahrung der P. nach der Liquidation der AG. § 302[7–10].
Papiergeld § 361[5–7].
Parität Anh. zu § 382[31].
Parlamentarische Regeln für die Leitung der Generalversammlung § 256[13].
Partei, Firma § 17[32–49]; Liquidatoren nicht P. § 149[21]; vgl. Eid.
Parteifähigkeit der o. HG. § 124[7, 8]; der ausländischen o. HG. § 105[46]; der Kommanditgesellschaft § 161[17]; der AG. § 210[8–12].
Parteieid für die AG. § 231[6].
Partikulares Gewohnheitsrecht E[23].
Passagiere, Reisegepäck § 425[7]; Reisegeld § 472[6].
Passagiergut § 472[4]; s. Handgepäck, Reisegepäck.
Passiva, Firmenübergang § 22[29, 30, 31]; Geschäftsveräußerung § 25; Bilanz § 40[7]; Bilanz der AG. § 261[1, 8, 11–16a, 43–48].
Passivlegitimation, Anfechtung von Beschlüssen der Generalversammlung § 272[1–7].
Passivsaldo, o. HG. § 120[7]; Kommanditgesellschaft § 168[4]; s. o. HO. zu V.
Patent, Gegenstand des Handelsverkehrs § 93[4]; Bilanz der AG. § 261[10, 32]; Auslegung nach der Tragweite § 346[4]; Patentfähigkeit Vorb. v. § 373[8].
Patentanwalt, kein Kaufmann § 1[9]; als Handelsmäkler § 93[4].
Patentbureau, Handelsgewerbe § 2[3].
Patentkauf Vorb. v. § 373[5–8a]; Patentfähigkeit Vorb. v. § 373[8]; nachträgliche Nichtigkeitserklärung Vorb. v. § 373[7a].
Patentlizenzverkauf Vorb. v. § 373[9–12a]; Handelsgeschäft § 343[27].
Pauschalsatz für Versendungskosten des Spediteurs § 413[1–4].
Pension des Vorstandsmitglieds § 231[24].
„per comptant" Vorb. v. § 373[63c].
„per medio" Anh. zu § 376[12].
Personenbeförderungsanstalten, Handelsgewerbe § 1[70–75]; s. Eisenbahn, insbesondere § 472.
Personenfirma § 18[3].
Personenvereinigungen § 1[4].
Persönlich haftender Gesellschafter s. o. HG., Kommanditgesellschaft.
Persönliche Gläubiger des Mannes, Haftung des Frauengutes E[1–72]; Leistungen der Frau, Kündigungsrecht des Mannes E[73, 74]; p. Dienstleistung des Handlungsgehilfen § 59[25].
„per ultimo" Anh. zu § 376[12, 51].
Pfand, Bilanz § 40[6]; Kontokorrentverhältnis, Fortbestand nach Saldofestsetzung § 356; Börsentermingeschäft, Sicherheitsleistung bei nur einseitiger Börsentermingeschäftsfähigkeit Anh. zu § 376[34–45]; Pfandbestellung bei Prolongationsgeschäften Anh. zu § 376[52]; Unzulässigkeit von Pfandverträgen zur Erfüllung unklagbarer Börsentermingeschäfte Anh. zu § 376[71]; desgl. bei verbotenen Börsentermingeschäften Anh. zu § 376[110, 118]; Differenzgeschäfte Anh. zu § 376[184]; s. Pfandrecht, Pfandbestellung, Pfandverkauf, Verpfändung, Bürgschaft, Depot, Dispositionspapier.
Pfandartiges Recht des Kommissionärs § 398.
Pfändbarkeit, Beschränkung bei Lohnanspruch des Handlungsgehilfen, desgl. bei Teuerungszulagen und Reisegeld § 59[47]; desgl. Entschädigungsanspruch für Wettbewerbsverbot § 75e[1, 2]; desgl. Anspruch des Agenten auf Vergütung § 88[22]; Gesellschaftsrechte der o. HG. § 109[17]; Gehalt des Vorstandsmitglieds § 231[37]; Kontokorrentverhältnis, Unpfändbarkeit der Einzelforderungen § 355[17, 18], § 357[1]; s. Pfand, Pfändung, Verpfändung, Lohnbeschlagnahme, Zwangsvollstreckung.
Pfandbesitz § 368[9, 9a, 9c, 10]; kein Recht zur Vollstreckung in das übrige Vermögen § 368[86].
Pfandbestellung, Handelsgeschäft § 343[27]; auf bestimmte Zeit § 349[28]; Form § 350[4]; s. Pfandrecht; Erfüllungsort Anh. zu § 372[10]; s. Verpfändung.

Pfanderwerb an beweglichen Sachen und Inhaberpapieren § $366^{54, 55, 56}$; an Orderpapieren § 366^{57}; an Gegenständen der Dispositionspapiere § 366^{59}; gutgläubiger P. § 368^{25-31}; s. Verpfändung.

Pfandgläubiger der Aktie, kein Stimmrecht § 252^{5}; Rangordnung § $368^{78, 79, 80}$; Recht auf Vollstreckung in das übrige Vermögen des Schuldners § 368^{86}.

Pfandindossament § 368^{15}.

Pfandleihanstalt § 366^{54}.

Pfandleihgewerbe § 1^{69}, § 416^{3}.

Pfandnahme eigener Aktien und Interimsscheine § $226^{1, 5, 6, 9}$.

Pfandrecht.

Gegenstand § 368^{1-5}; bewegliche Sachen § 368^{1}; Forderungen § 368^{1}; Inhaber- und Orderpapiere § 368^{1}; Lebensversicherungsscheine § 368^{1}; Sparkassenbücher § 368^{1}; Hypothekenbriefe, Grundschuldbriefe § 368^{1}; künftige Sache § 368^{2}; Sachgesamtheiten, Warenlager § $368^{8, 11, 11a, 97}$; unpfändbare Sachen § 368^{5}; Legitimationspapier kein Gegenstand des P. § 368^{1}; irreguläres P. § 368^{87}; gesetzliche Pfandrechte § 366^{60}, § 368^{88-93}; Sicherungsübereignung § 368^{94-112}.

Bestellung § 368^{6-23}; bewegliche Sachen § 368^{6-12}; rechtsgültige Forderung § 368^{7}; Begründungsvertrag § 368^{8}; körperliche Übergabe § 368^{9-11a}; Warenlager § $368^{9, 11, 11a}$; Besitzdiener § 368^{9a}; keine Bestellung durch constitutum possessorium § 368^{9b}; Einräumung des Mitbesitzes § 368^{10}; Wegnahme durch Gerichtsvollzieher kraft rechtskräftigen Urteils § 368^{12}; Orderpapiere § $368^{15-18, 23}$; Ladeschein, Konnossement, indossabler Lagerschein § 368^{19-23}.

Schutz des gutgläubigen Pfanderwerbs § 368^{24-31}; bewegliche Sachen, Inhaberpapiere § 368^{25}; Orderpapiere § 368^{26}; Ladeschein, Konnossement, Lagerschein § $368^{28, 29, 31}$; Heilung aller Mängel der Veräußerung § 368^{31}.

Wirkungen des Pfanderwerbs § 368^{32-86}; Umfang der Haftung § $368^{32, 36, 37}$; Erzeugnisse § 368^{37}; Zinsscheine? § 363^{37}; Zubehör? § 368^{37}; Einreden des Verpfänders § 368^{33}; drohender Verderb und wesentliche Wertminderung, Anspruch auf Rückgabe gegen andere Sicherheit § 368^{34}; gehörige Verwahrung § 368^{35}; öffentliche Versteigerung nach Androhung und Fristsetzung § $368^{35, 35a}$; Erlöschen des P. § $368^{38, 39, 39a}$; Rückgabe des Pfandes § 368^{38}; Zurückbehaltungsrecht? § 368^{38}; Erlöschen aus allgemeinen Gründen § 368^{39}; kein Erlöschen durch unfreiwillige Wegnahme § 368^{39}; freiwillige Rückgabe § 368^{39}; gesetzmäßig erzwungene Rückgabe § 368^{39a}; Mehrheit von Pfandrechten § $368^{78, 79, 80}$; Rangordnung § 368^{79}; Konkurs des Pfandeigentümers § 368^{81-85}; Verwertung § $368^{82, 83, 84}$; Absonderungsrecht § 368^{85}; beneficium excussionis realis § 368^{86}.

Befriedigung aus dem Pfande § 368^{40-77a}; bewegliche Sachen § 368^{40-71b}; Pfandverkauf, bewegliche Sachen § 368^{41-71b}; Fälligkeit der Forderung § 368^{44}; Androhung § $368^{45, 46, 47}$; Wartefrist § $368^{46, 47}$; öffentliche Versteigerung § $368^{45, 49, 50}$; Ort der Versteigerung § 368^{51}; mehrere Pfänder § 368^{20}; öffentliche Bekanntgabe § $368^{53, 54}$; Barzahlung § 368^{55}; Mitbieten der Beteiligten § 368^{56}; Gold- und Silbersachen § 368^{57}; Benachrichtigung des Eigentümers § 368^{58}; Folgen der rechtmäßigen Veräußerung § 368^{59-65}; Übergang des lastenfreien Eigentums auf gutgläubigen Erwerber § $368^{65, 71b}$; Folgen der nichtrechtmäßigen Veräußerung § 368^{66-70}; Berichtigung der Forderung durch den Erlös § $368^{71, 71a, 71b}$; Befriedigung aus Inhaberpapieren § 368^{72}; desgl. aus Orderpapieren § 368^{73-75a}; desgl. aus Dispositionspapieren § $368^{76, 77, 77a}$; Zusammentreffen mit Bürgschaft § $349^{25, 43, 44}$; Übergang durch Indossament? § 364^{4}; Bankverwahrungsgeschäft Anh. zu § $424E^{13, 14}$; s. Frachtgeschäft, Speditionsgeschäft, Lagergeschäft, Kommissionsgeschäft.

Pfandscheine der Leihhäuser, sinkendes Inhaberpapier Anh. zu § 365^{10}.

Pfändung des Auseinandersetzungsguthabens des Gesellschafters, Voraussetzung für Aufkündigung der o. HG. durch Gläubiger § $135^{4, 5}$, § 141; der Aktie § 292^{22}; der Rechte des stillen Gesellschafters § 339^{27}; der Rechte des Gesellschafters der Vereinigung von Minderkaufleuten Anh. zu § 342^{9}; des dereinstigen Kontokorrentsaldos § 357^{2}; des gegenwärtigen Saldos § $357^{3-6, 8}$; des Anteilsrechts des Einlagerers § 419^{8b}; des verschlossenen Depots Anh. zu § 424E; des Rechts des Empfängers des Frachtgutes § 435^{1}; des Rechts des Absenders auf Rückgabe des Frachtgutes § 447^{5}; des Gutes der Handelsehefrau E^{51-54}; keine P. der Handelsbücher § 39^{9}; desgl. der Anteilsrechte der Aktionäre betr. Naturalleistungen § 212^{16}; desgl. der Einzelforderungen im Kontokorrentverhältnis § 355^{18}, § 357^{1}.

Pfändungspfandrecht, Erlöschen durch gutgläubigen Eigentumserwerb § 366^{39}; Unwirksamkeit des guten Glaubens von Vollstreckungsgläubiger und Gerichtsvollzieher § 366^{58}; Rangordnung § 368^{79}; Nachpfändung § 368^{80}; Wirkungen des Eigentumsvorbehalts Anh. zu § $382^{65, 66}$; s. Zwangsvollstreckung.

Pfandverkauf von beweglichen Sachen § 368^{40-71}; bei drohendem Verderb § $368^{35, 35a}$; Fälligkeit der Forderung § 368^{44}; Androhung, Wartefrist § $368^{45, 46, 47}$; öffentliche Versteigerung § $368^{48, 49, 50}$; Vereinbarung anderer Verkaufsart, gerichtliche Anordnung § 368^{49}; Ort der Versteigerung § 368^{51}; Auswahl des Pfandgläubigers zwischen mehreren Pfändern § 368^{52}; öffentliche Bekanntmachung § 368^{53}; Barzahlung § 368^{55}; Mitbieten der Beteiligten § 368^{56}; Gold- und Silbersachen § 368^{57}; Benachrichtigung des Eigentümers vom Verkauf § 368^{58}; Voraussetzungen der rechtmäßigen Veräußerung § 368^{59-63}; Folgen § $368^{64, 65}$; Eigentumsübergang auf redlichen Erwerber § 368^{64}; Rechte Dritter § 368^{65}; Berichtigung der Forderung § $368^{71, 71a}$; Übererlös § $368^{71, 71a, 71b}$; Folgen des nichtrechtmäßigen Verkaufs § $368^{50, 54, 57}$,

$^{66-70}$; Eigentumsübergang auf redlichen Erwerber bei amtlicher Veräußerung § 368^{67}, ^{68}, ^{71b}; gestohlene, verlorene Sachen § 368^{68}; Befriedigung aus Inhaberpapieren § 368^{72}; aus Orderpapieren § 368^{73}, ^{74}, ^{75}; aus Dispositionspapieren § 368^{76}, ^{77}, ^{77a}; P. im Konkurse § 368^{84}; freihändiger Verkauf durch Konkursverwalter § 368^{82}; Verwertung nach Vorschriften über Zwangsvollstreckung § 368^{83}; durch Kommissionär § 397^{8}; durch Spediteur § 410^{11}; durch Lagerhalter § 421^{5}; durch Frachtführer § 440^{12}.

Pferdebahn § 453^{6}.

Pferdeknecht, Haftung des Frachtführers § 431^{2}.

Pferderennen, Spielgeschäft Anh. zu § 376^{181}.

Pflichtteilsberechtigter, Erbe des o. H.-Gesellschafters § 139.

Physische Personen, Gründer § 182^{5}.

pignus irregulare § 366^{10}.

Platzagent § 55^{4}, § 84^{14}; Begriff § 86^{1}; Annahme von Zahlungen § 386^{2}, ^{3}; Stundung § 386^{2}; Empfangnahme beanstandeter Waren § 386^{3}.

Platzgeschäft, Erfüllungsort Anh. zu § 372^{18}, ^{47}; Zahlung vor Untersuchung der Ware Anh. zu § 372^{47}; kein Notverkauf § 379^{24}; keine Pflicht zur einstweiligen Aufbewahrung § 379^{28}; Gefahrübergang Anh. zu § 382^{45b}, ^{45c}, ^{46}.

Platzmiete § 416^{7}.

Politische Pflichten und Rechte des Handlungsgehilfen § 72^{5}.

Polizeibehörden, Fürsorgepflichten des Prinzipals § 62E.

Polizeilicher Charakter der sozialpolitischen Vorschriften E^{14}; rechtspolizeiliche Vorschrift über Firmeneintragung § 2^{18}; Ortspolizei, Zeugnisbeglaubigung § 72 Abs. 2, § 80 Abs. 2.

Portier, Leute des Frachtführers § 431^{2}.

Porto, Kosten des Agenten § 90^{1}; Portoabzug Anh. zu § 372^{58}, Anh. zu § 374^{11}.

Positive Vertragsverletzungen Anh. zu § 374 $^{171-204}$; Begriff Anh. zu § 374$^{174-177}$; erhebliche Gefährdung des Vertragszweckes Anh. zu § 374 $^{174-177}$; Verletzung von Nebenverträgen Anh. zu § 374^{176}; Rechtsfolgen Anh. zu § 374$^{178-183b}$; Befreiung von Mahnung Anh. zu § 374^{178}, ^{179}; desgl. von Nachfristsetzung und Androhung Anh. zu § 374^{92b}, ^{178}, ^{180}; Wahlrecht des Gläubigers § 374^{178}, ^{182}, ^{183}; Anwendung bei gewöhnlichen Verträgen Anh. zu § 374$^{184-187}$; einmalige Vertragsverletzung Anh. zu § 374^{184}; Erfüllungsverweigerung Anh. zu § 374^{185}, ^{186}; ungerechtfertigter Rücktritt Anh. zu § 374^{186}; wiederholte Vertragsverletzung Anh. zu § 374^{187}; Anwendung bei Sukzessivlieferungsverträgen Anh. zu § 374$^{188-197}$; p. V. des Käufers Anh. zu § 374 ^{190}, ^{191}; desgl. des Verkäufers Anh. zu § 374 $^{192-197}$; Wirkungen des ausgeübten Wahlrechts Anh. zu § 374^{198}, ^{199}, ^{200}; Rücktritt Anh. zu § 374^{198}; Schadensersatz wegen Nichterfüllung Anh. zu § 374^{199}; Zurückbehaltungsrecht Anh. zu § 374^{200}; Heilung der Vertragsuntreue Anh. zu § 374^{201}; Verzicht des Vertragstreuen Anh. zu § 374^{202}; Verjährung Anh. zu § 374^{203}; Erfüllungsort Anh. zu § 374^{204}; Schmiergelder Anh. zu § 346^{18}; Sorgfaltspflicht des Kaufmanns § 347^{11}; Vertragsstrafe § 348^{10}, ^{12}; Rat, Auskunft, Empfehlung Anh. zu § 349^{14}; Zahlungsverzug Anh. zu § 374^{11}; Berechnung des abstrakten Schadens Anh. zu § 374^{29}; desgl. des konkreten Schadens Anh. zu § 374^{31}; Schadensersatz wegen schuldhaft mangelhafter Lieferung § 377^{100a}; mangelhafte Teillieferung § 377^{183}.

Post, Haftung der Eisenbahn § 452^{2}.

Postbezirk, Übersendungskauf § 379^{10}.

Postfiskus kein Kaufmann § 33E, § 36E, § 452^{1}.

Posthalter kein Frachtführer § 425^{4}.

Postpakete, Haftung der Eisenbahn § 452^{2}.

Postschließfach, Zugehen des Antrags Anh. zu § 361^{6}.

Postsendungen an gelöschte Firma § 31^{6}.

Postvollmacht des Gesamtprokuristen § 48^{13}; Gesamtvertreter der o. HG. § 125^{10}; Vorstand der AG. § 232^{8}; Zugehen von Vertragsanträgen Anh. zu § 361^{6}.

Postwendende Antwort Anh. zu § 361^{49}.

Potestativbedingungen beim Kauf Vorb. v. § 373^{22a}.

Prahmführer kein Frachtführer § 425^{4}.

Prämie, Reugeld Anh. zu § 348^{7}, ^{8}.

Prämiengeschäft, kein Selbsteintrittsrecht des Kommissionärs § 400^{4}; Börsentermingeschäft Anh. zu § 376^{52}.

Prämienreservefonds § 1^{60}, § 239^{9}, § 261^{1}.

Prämienversicherung, Grundhandelsgeschäft § 1 $^{59-63}$.

Pränumerationskauf Anh. zu § 372^{44}, Vorb. v. § 373^{63a}, § 359^{9}, ^{10}, ^{11}.

Praesumptio juris, Zugehörigkeit zum Handelsbetriebe § 344^{3}, ^{4}.

Präventivakkord Anh. zu § 350.

Präventivkonkurs Anh. zu § 350.

Praxis des Arztes und Zahnarztes, Gegenstand des Handelskaufs Vorb. v. § 373^{3}.

Preis Vorb. v. § 373$^{21-36}$; Bestimmbarkeit ebd. $^{23-35}$; Bestimmung durch Dritten ebd. ^{24}, ^{24a}; desgl. durch einen Vertragschließenden ebd. ^{25}; Berechnung ebd. ^{23}; Fehler in Berechnung ebd. ^{23}; Irrtum ebd. ^{23}; angemessener ebd. ^{26}; kundenüblicher ebd. ^{26}, ^{28}; ortsüblicher ebd. ^{26}; Vorzugspreis ebd. ^{28}; Konkurrenzpreis ebd. ^{28}; Fabrikpreis ebd. ^{28}; annehmbarer ebd. ^{27}; Selbstkostenpreis ebd. ^{26a}; Ladenpreis ebd. ^{28}; Katalogpreis ebd. ^{28}; billigster P. ebd. ^{28}; Hausseklausel ebd. ^{28}; Baisseklausel ebd. ^{28}; Syndikatspreis ebd. ^{28}; Einkaufspreis ebd. ^{28}; Marktpreis bei normaler Marktlage ebd. $^{29-32}$; Börsenpreis ebd. ^{29}; laufender ebd. ^{30}; Tagespreis ebd. ^{30}; mittlerer ebd. ^{32}; Marktpreis bei anormaler Marktlage ebd. $^{32a-i}$; Kriegsnotgesetze ebd. ^{32a}; Höchstpreis ebd. ^{32a}, ^{b}, ^{c}; Preiswucher ebd. $^{32d, f}$; Durchschnittspreis ebd. ^{32e}; übermäßige Preissteigerung ebd. ^{32a}, Anh. zu § 374^{59}; Gestehungskosten ebd. ^{32d}; Kettenhandel ebd. ^{32a}, ^{g}, ^{h}, Anh. zu § 374^{59}; Erfüllungsort ebd. ^{33}; Erfüllungszeit ebd. ^{34}; ziviler ebd. ^{35}; „zirka" ebd. ^{35}; Barkauf ebd. ^{37}; Stundung bei Kreditkauf ebd. ^{38}; Beweislast ebd. ^{85}; Abweichung vom bedungenen P. kein „Mangel" § 377^{10}; Limitoüberschreitung des Kommissionärs § 386; Ausgabe neuer Aktien § 28[5]; Bilanz § 40[6]; desgl. der AG. § 261[18–25, 29–35]; Börsenterminpreise Anh. zu § 376.

Preiskartell Anh. zu § 346[37].

Preisliste, Auslegung von Willenserklärungen § 346[16]; Vertragsantrag Anh. zu § 361[13]; Annahmeerklärung Anh. zu § 361[68]; Erfüllungsort Anh. zu § 372[37]; Geldsendungen Anh. zu § 372[62].

Preismedaillen, Geschäftsveräußerung § 22[25].

Presse, Schutz berechtigter Interessen Anh. zu § 349[34].

Primaqualität, Haftung für zugesicherte Eigenschaften § 377[41].

Prinzipal, Begriff § 59[6]; s. Handlungsgehilfe, Handlungslehrling, Wettbewerbsverbot §§ 74 bis 75 f.

Prioritätsobligation, kaufmännischer Verpflichtungsschein § 363[22a].

Privatbanknoten § 361[5].

Privatgläubiger des o. H.-Gesellschafters, Kündigungsrecht § 135; s. Offene Handelsgesellschaft zu V.

Privatklage der Firma § 17[24].

Privatkonto des o. H.-Gesellschafters § 120[5]; s. Offene Handelsgesellschaft zu IV.

Privatkunde, beschränkte Haftung bei Börsentermingeschäft Anh. zu § 376[44, 45, 46].

Privatpost, Verbot § 425[5].

Privatrecht s. Internationales Privatrecht.

Privaturkunde, Beweiskraft § 350[80].

Privatvermögen des Kaufmanns, Bilanz § 38[5a].

Privatzwecke neben Zwecken des Handelsbetriebes? § 343[16]; Gegenbeweis gegen praesumptio juris § 344[3].

Probe, Anstellung des Handlungsgehilfen auf P. § 66[4], § 67[3], § 69[1]; Kauf auf P. Anh. zu § 382[12–23]; desgl. nach P. Anh. zu § 382[1–11]; desgl. zur P. Anh. zu § 382[24–27]; Entnahme von P. des Lagergutes § 418.

Probekollektion Anh. zu § 373[35].

Probereise des Handlungsreisenden § 59[37].

Probezeit des Lehrlings, gesetzliche § 77[1–4].

Probiermamsell § 59[17].

Produktenbörse, handelsrechtliche Lieferungsgeschäfte Anh. zu § 376[136].

Produktionskartell Anh. zu § 346[37].

Prokura §§ 48—53.

Begriff § 48[2]; Prokurist kein Kaufmann § 1[18]; keine Bestellung durch Minderkaufmann § 4[25]; Fähigkeit zur P. § 48[3]; Fähigkeit des Kommanditisten § 48[3]; Fähigkeit zur Erteilung § 48[4]; keine Erteilung während der Liquidation § 48[4]; Form der Erteilung § 48[5, 6, 8]; kein Eintragungszwang § 48[6]; Vorlegung schriftlichen Nachweises auf Verlangen des Gegners § 48[7]; Gesamtprokura § 48[9–19]; Ausübung § 48[10] ff.; Erteilung einer Handlungsvollmacht an Prokuristen § 48[13, 14]; Umfang der Vollmacht in der Prokura § 49[1] ff.; Darlehnsaufnahme, Wechselverpflichtungen, Prozeßführung, Veräußerung von Hypotheken § 49[1]; keine Veräußerung oder dingliche Belastung von Grundstücken § 49[2]; Immobilienklausel § 49[2]; Unbeschränkbarkeit § 50[1] ff.; Kollision § 50[2]; P. für Zweigniederlassung § 50[3]; gemeinsame Vertretung mit Gesellschafter oder Vorstandsmitglied § 50[5]; Zeichnung der P. § 51[2]; Widerruflichkeit § 52[1–5]; Niederlegung § 52[5]; Nichtübertragbarkeit § 52[6]; Nichterlöschen bei Tod des Prinzipals § 52[7]; Erlöschungsgründe § 52[9–15]; Tod des Prokuristen § 52[9]; Konkurs des Prinzipals § 52[12]; Einstellung des Gewerbebetriebs § 52[13]; Löschung der Firma § 52[14]; Löschung der P. § 52[14a]; Geschäftsveräußerung § 52[15]; Erlöschen der Mitprokura bei Gesamtprokura? § 52[17]; Anmeldung der P. § 53[1]; Zeichnung des Prokuristen § 53[2]; Anmeldung des Erlöschens § 53[3]; Folgen der Eintragung und Nichteintragung § 15[4]; versehentliche Eintragung der P. § 53E; Wirkungen der Stellvertretung Anh. zu § 53[1]; Rechtsgeschäfte mit sich selbst Anh. zu § 53[2]; Haftung des Prinzipals für Versehen und Arglist Anh. zu § 53[3]; Handeln des Prokuristen im eigenen Namen Anh. zu § 53[4]; Handeln als Prokurist, ohne Prokurist zu sein Anh. zu § 53[5].

O. HG., Erteilung und Widerruf der P. § 116[6–10]; keine Bestellung des von der Vertretung ausgeschlossenen Gesellschafters § 125[4]; keine Bestellung durch Liquidatoren § 149[29]; Kommanditgesellschaft § 164[4]; stiller Gesellschafter als Prokurist § 335[25].

AG., Prokurist als Gründer § 182[11]; Gesamtvertretung durch Vorstandsmitglied in Gemeinschaft mit Prokuristen § 232[17–27]; Bestellung § 238; Gesamtprokura § 238[4]; Umfang der Vollmacht § 238[5, 6]; Unbeschränkbarkeit § 238[7]; Zeichnung der P.-Zeichnung § 238[7]; Anmeldung, Eintragung, Löschung § 238[8–11]; Rechtswirkung angeschlossener Rechtsgeschäfte § 238[12, 13]; Widerruf § 238[14]; keine Bestellung bei Liquidation § 238[15], § 298[11]; Bestellung von Handelsbevollmächtigten § 238[16]; Aktienkommanditgesellschaft § 335[25].

Prokuraindossament § 365[15].

Prolongation, Fixgeschäft § 376[19].

Prolongationsgeschäfte, Börsentermingeschäfte Anh. zu § 376[51]; Differenz- und Spielgeschäfte Anh. zu § 376[179, 183].

Prolongationswechsel, keine Haftung des ausgeschiedenen o. H.-Gesellschafters Anh. zu § 141[23].

Prompt, keine fixe Zeitbestimmung § 376[6].

Promptgeschäfte, Kassageschäfte Anh. zu § 376[10].

Prompt zu verladen Vorb. v. § 373[70a].

Propergeschäfte des Kommissionärs § 383[9].

Prospekte, Werbung von Aktienzeichnern § 189[29]; Haftung der Emissionshäuser § 203[1, 11–16], § 381[12a]; Haftung der AG. für den Vorstand § 232[43]; Vertragschließen mit öffentlichen Anstalten § 346[17]; Erfüllungsort Anh. zu § 372[37].

Protokoll der Generalversammlung § 259; Inhalt § 259[5, 6]; Anlagen § 259[7]; Einreichung zum Handelsregister § 259[10]; Folgen der Formverletzung § 259[10]; Widerspruch des anfechtenden Aktionärs zu P. § 271[10].

Provinzbankier § 397[13].

Provision, heimliche (Schmiergeld), Handlungsgehilfe § 59[46]; desgl. geschäftsführender o. H.-Gesellschafter § 114[9]; desgl. Vorstand der AG. § 231[24]; provisionsberechtigter Handlungsgehilfe § 45[1], § 65[1], [2]; Agent § 88; Bezirksagent § 89; Buchauszug bezüglicher provisionspflichtiger Geschäfte § 91[1]; Zivilmäkler Vorb. v. § 93[10–14], [28], [32], [34], [35]; Handelsmäkler § 99[1], [2]; Garantiekonsortium § 184[1]; kaufmännische Dienstleistungen § 354[4]; Kontokorrentverhältnis § 355[33], [36]; Selbsthilfeverkauf, Verkäufer § 373[54]; desgl. Käufer § 379[25]; Kommissionär § 396[1–10]; Auslieferungsprovision § 396[7]; Delkredereprovision § 394[6], [7], [8]; Spediteur § 409 [1–6]; gesetzliches Pfandrecht des Spediteurs § 410; Selbsteintritt des Spediteurs als Frachtführer § 412[5], [7]; P. bei Pauschalsatz für Beförderungskosten? § 413[3], [4]; keine P. bei Sammelladungsspedition § 413[10], [12], [13]; s. Speditionsgeschäft zu C.

Provisionsgehilfe § 65[2], [4].

Provisionsreisender § 55[4], § 59[14]; freie P. § 59[36].

Provisor (Apotheker) kein Handlungsgehilfe § 59[20].

Prozentsätze § 352; s. Zinsen.

Prozeß der Zweigniederlassung § 13[16–19], § 17[48]; Firma im P. § 17; o. HG. im P. § 124[5–27]; Ersatzklage aus der Gründung der AG. und Geschäftsführung § 269; Anfechtung von Beschlüssen der Generalversammlung § 271[6–9], § 272; Folgen der Anfechtung während des P. § 273[13]; Folgen des Urteils § 272[14]; Nichtigkeitsklage gegen AG. § 309[15]; Vorlegung der Handelsbücher § 45; desgl. Anspruch des Agenten § 91[4].

Prozeßbevollmächtigter, Ausübung des Wahlrechts des Nichtsäumigen Anh. zu § 374[78]; Anfechtung Anh. zu § 374[78], § 377[163].

Prozeßfähigkeit der Ehefrau E[50]; keine P. der o. HG. § 124[7]; desgl. der AG. § 210[8].

Prozeßführung, keine Ermächtigung der Handlungsbevollmächtigten § 59[20].

Prozeßgericht, Entscheidungen über Eintragungen und Nichteintragungen in das Handelsregister § 16; Verhältnis zum Registerrichter § 37[26].

Prozeßkosten, AG., Ersatzklage aus Gründung § 269[5]; Anfechtung von Beschlüssen der Generalversammlung § 272[16]; richterliche Ermächtigung der Vertragsstrafe § 348[26]; Wandelungsklage § 377[71b].

Prozeßpfleger, Klage des Vorstands und Aufsichtsrats gegen die AG. § 231[4], § 272[5].

Prozeßvergleich § 350[2], [67].

Prozeßvertreter bei Ersatzklagen der AG. § 268 [8–11].

Prozeßvollmacht s. Prozeßbevollmächtigter.

Prozeßzinsen, nicht rechtzeitige Einzahlung des Aktionärs § 218[8]; Forderungen aus beiderseitigen Handelsgeschäften § 353[12].

Prüfung des Registerrichters Anh. zu § 8[7–11]; Firma § 29[9]; Vertrag der o. HG. § 106[6]; Gründung der AG., P. durch Vorstand und Aufsichtsrat § 192[1]; desgl. durch Revisoren § 192[2], § 260[14]; Gegenstand der P. § 193[1], [2], [3]; Registerrichter bei Anmeldung der AG. § 195[16]; desgl. bei Eintragung der AG. § 198[6–11]; Bilanz der AG. § 260; Gläubigerschutzvorschriften § 291[15]; Erlöschen der Firma der AG. nach Beendigung der Liquidation § 302[6]; Aufsichtsrat § 246[1], [8], § 260[21]; Inhaberpapiere, Legitimationsprüfung Anh. zu § 365[1]; desgl. bei inhaberähnlichen Papieren Anh. zu § 365[10]; desgl. bei Orderpapieren § 365[7]; Kauf auf Probe Anh. zu § 382[13–20]; s. Kauf zu V 2.

Prüfungsbericht bei Gründung der AG. § 193; s. AG. zu B V.

Prüfungspflicht des Bankiers bezüglich abhandengekommener Inhaberpapiere § 367[5]; s. Prüfung, Handelsregister, Aufsichtsrat.

Prüfungsrecht des Registerrichters s. Prüfung.

Pseudonym für Firma unzulässig § 18[4].

Publizität der Eintragungen in Handelsregister Anh. zu § 8[12].

Punktation (Traktat) Anh. zu § 361[87a].

purgatio morae Anh. zu § 374[99].

Q

Qualifizierte Gründungsarten § 186; s. Aktiengesellschaft zu B IV.

Qualifizierte Kapitalserhöhung der AG. § 279.

Qualitätsmängel § 377[3–10], § 378E, [2]; s. Kauf zu V 1.

Quantitätsmängel § 377[6], [7], [7a], § 378E, [2], [11], [12], [12a]; s. Kauf zu V 1.

Quittung, Ermächtigung des Überbringers Anh. zu § 58[42–50], Anh. zu § 372[71]; Ausstellung durch Vorstandsmitglieder § 232[8]; Auszahlung von Liquidationsraten § 300[12]; Gegensatz zu Schuldschein; Unterschied gegen andere Empfangsbekenntnisse § 344[11]; Orderpapiere § 364[18]; Pflicht, Verzicht, Vorbehalt, Form, Kosten Anh. zu § 372[69]; Beweismittel Anh. zu § 372[69]; Q. der Bank als abstraktes Schuldanerkenntnis Anh. zu § 372[70a].

R

Rabatt, Auslegung von Willenserklärungen § 346[6].

Rabattsparbücher Anh. zu § 365[21].

Ramschverkauf, Ramschware § 360[3], § 377[6], [40], [117a], [121], [181].

Randvermerk § 350[56].

Rangordnung s. Frachtführer, Konkurs, Pfand, Pfandgläubiger, Pfandrecht, Zurückbehaltungsrecht.

Rasuren § 43[3], Anh. zu § 347[3].

Rat Anh. zu § 349; Handelsgeschäft Anh. zu § 349 [2–5]; Haftung für R. ohne Vertragsverhältnis Anh. zu § 349[6–15], [43]; Arglist Anh. zu § 349 [7–10]; Anfechtungsgrund Anh. zu § 349[10]; Tatort Anh. zu § 349[11]; R. als selbständiger Vertrag Anh. zu § 349[13], [14], [15]; Vorsatz, Fahrlässigkeit Anh. zu § 349[15]; Haftung bei R. auf Grund eines Vertragsverhältnisses Anh. zu § 349[16–23]; Kommissionär Anh. zu § 349[16], [17], § 400[17]; Bankier Anh. zu § 349[17]; R. als Nebenleistung Anh. zu § 349[17]; bei bestehender Geschäftsverbindung Anh. zu § 349[18], [19]; Werkvertrag, Garantievertrag, Dienstvertrag? Anh. zu § 349; Fachzeitschriften Anh. zu § 349[21]; Schadensersatzpflicht Anh. zu § 349[23–29]; ursächlicher Zusammenhang Anh. zu § 349[23], [27]; Kursverlust Anh. zu § 349[24], [25]; Art des

Schadensersatzes Anh. zu § 349^{28}; mitwirkendes Verschulden Anh. zu § 349^{29}; Anspruchsberechtigter Anh. zu § 349^{30}; Haftung für Vertreter, Hilfspersonen, Angestellte Anh. zu § 349^{37}, ^{38}, ^{39}; Agenten Anh. zu § 349^{39}; Verjährung Anh. zu § 349^{40}; vertraglicher Ausschluß der Haftung Anh. zu § 349^{42}; s. Empfehlung, Auskunft.

Ratenweise Lieferung Anh. zu § 374^{135}; s. Sukzessivlieferung.

Realkreditagent § 84^{15}.

„Rebus sic stantibus“ Anh. zu § 346^{16}.

Récépisse, Besitzschein § 424^{10}.

Rechenschaftspflicht des Handlungsgehilfen bei Geschäftsbesorgung § 59^{44}; Anspruch des ausscheidenden o. H.-Gesellschafters Anh. zu § 141^{28}; Kommissionär § 384^{17-27}; Spediteur § 408^{27}.

Rechnung, für eigene, für fremde, Vorb. v. § 373^{81}; offene, uneigentliche laufende R. Anh. zu § 357; laufende R., Unterschied gegen Kontokorrentverhältnis § 355^{1}; s. Kontokorrentverhältnis.

Rechnungsabschlüsse öffentlicher Körperschaften § 42.

Rechnungsfehler bei offener Rechnung Anh. zu § 357^{5}.

Rechnungslegung des Handlungsgehilfen § 59^{44}, § 61^{6}; Recht des Zivilmäklers Vorb. v. § 93^{41}; Recht auf R. gegen geschäftsführenden o. H.-Gesellschafter § 118^{8}; Gegenstand der Gesamthaftung der o. H.-Gesellschafter § 128^{15}; Recht des Privatgläubigers § 135^{7}, § 141^{2}; der Liquidatoren der o. HG. § 149^{36}, § 154^{8}; Vorstand der AG. § 231^{36}, § 239^{4}, § 260^{24}.

Recht des Erfüllungsortes Anh. zu § 372^{7}; Rechte in Bilanz § 40^{5}, ^{8}; Bilanz der AG. § 260^{10}; Erwerb von Rechten durch die o. HG. § 124^{3}; desgl. von dinglichen Rechten § 124^{4}.

Rechtsanwalt kein Kaufmann § 1^{9}; Ratserteilung Anh. zu § 349^{2}.

Rechtsfähigkeit, ausländische Gesellschaften § 6^{3}; der AG. § 210^{2-7}; Zweigniederlassungen ausländischer AG. § 201^{39}.

Rechtsgeschäfte als Handelsgeschäfte § 343^{19}, § 344; Anwendung des Handelsrechts § 345; unsittliche R. Anh. zu § 346; R. mit sich selbst, Handlungsgehilfe Anh. zu § 58^{31-41}; o. HG. § 126^{14}; Liquidatoren § 149^{24}; Vorstand der AG. § 232^{48}, ^{49}.

Rechtshilfe, Versendung der Registerakten § 9^{5}.

Rechtsirrtum, guter Glaube? § 366^{24}; Verjährung § 377^{175}.

Rechtskollisionen, ausländisches und inländisches Recht, Erfüllungsort Anh. zu § 372^{5}.

Rechtskauf § 377^{102}.

Rechtskraft, Urteile gegen die o. HG. § 124^{25}, ^{26}, ^{27}; Verjährung der Gesellschaftsschuld § 159^{18}; Wandelungseinrede § 377^{62}; Verzug nach rechtskräftiger Verurteilung zur Erfüllung Anh. zu § $374^{149-151}$; Ersatz der Einigung durch rechtskräftiges Urteil und Übergabe § 366^{2c}, ^{15}.

Rechtsmängel § 377^{102}, § 381^{3}, ^{4}, ^{6}, ^{7}, ^{8}.

Rechtsnachfolge, Nachweis vor Registerrichter § 12^{6}; Zuständigkeit des Kaufmannsgerichts § 59^{5b}; s. Erben, Erbschaft.

Rechtsquellen des Handelsrechts E^{16-37a}, § 346E.

Rechtspolizeiliche Vorschrift § 2^{18}; Bedeutung der Firma § 17^{23}, § 18^{14}.

Rechtsübung § 346^{8}.

Rechtsverkehr § 343^{8}, § 346^{1}.

Rechtsweg, vereinbarter Ausschluß betr. Auflösung der o. HG. nichtig § 133^{21}.

Rechtswohltat des Inventars, Erbe des o. H.-Gesellschafters § 139^{19}.

Rechtzeitig abgesandte, verspätet ankommende Annahmeerklärung Anh. zu § 361^{51-56}.

Redlich, unentgeltlicher Erwerb § 366^{11}; s. Gutgläubig, Orderpapier, Inhaberpapier, Erwerb, Pfandrecht.

Refaktie § 380^{5}.

Referenzmuster § 377^{33}.

Regelmäßiger Geschäftsbetrieb, kein Erwerb eigener Aktien und Interimsscheine § 226^{2}.

Registereinwand Anh. zu § 376E, ^{18}, ^{26}.

Registergericht, Mitwirkung der Organe des Handelsstandes § 8^{3}, § 14^{15}; Zuständigkeit zur Bestellung von Revisoren; s. Registerrichter.

Registerrichter Anh. zu § 8; Disziplinargewalt? Anh. zu § 8^{1}; Registerakte Anh. zu § 8^{2}; Aufsichtsakte Anh. zu § 8^{3}; freiwillige Gerichtsbarkeit Anh. zu § 8^{4}; Eintragungen Anh. zu § 8^{2}, $^{5-19}$; Prüfungspflicht und -recht Anh. zu § 8^{7-11}; Prüfungspflicht bei Firmenübergang § 22^{2}; Stellung zu Eintragungen juristischer Personen des öffentlichen Rechts § 36^{6}; Einschreiten gegen Firmenmißbrauch § 37^{7-9a}; Löschung ungesetzlicher Firma § 37^{8}; s. Aktiengesellschaft zu B; Generalversammlungsbeschlüsse § 273^{21}, ^{22}, ^{23}; Liquidatoren der AG. § 299^{13}; Aufbewahrung von Handelsbüchern der AG. nach der Liquidation § 302^{7}; Erneuerung der Liquidation, Ernennung der Liquidatoren § 302^{19}, ^{20}; Ordnungsstrafen im Aktienwesen § 319; desgl. Aktienkommanditgesellschaft § 320^{18}; s. Registergericht, Handelsregister, Anmeldung, Prüfung, Eintragung, Ordnungsstrafen.

Registrator § 59^{17}.

Regreß s. Rückgriff.

Reich, Eintragung gewerblicher Unternehmen § 36; Rechnungsabschlüsse § 42; Herabsetzung des Mindestbetrages der Aktien § 180 Abs. 2, § 180 ^{7}, ^{8}, ^{9}; Verstaatlichung der AG. § 304.

Reichsanzeiger, Bekanntmachungen der AG. § 182^{27}; Verlust von Inhaberpapieren § 367^{5}.

Reichsbank, Rechnungsabschlüsse § 36E.

Reichsbankanteilscheine § 364E.

Reichsbanknoten § 361^{5}.

Reichsgewohnheitsrecht E^{27}.

Reichskassenscheine § 361^{5}.

Reichspost, dem Handelsrecht entzogen § 425^{5}.

Reichswährung, Bilanz § 40^{1}; Aktie § 180^{15}.

Reine Handelsgewerbe § 1^{31}.

Reingewinn, Dividendenrecht § 213^{7-13}; Aktienzinsen § 215E, $^{1-5}$; Vergütung für wiederkehrende Leistungen der Aktionäre § 216E, ^{5}; Zahlungen aus Nebenverpflichtungen der Aktionäre § 218^{14}; Amortisation von Aktien § 227 ^{12}, ^{13}, ^{14}; Tantieme des Vorstandes § 237^{5-18}; desgl. des Aufsichtsrats § 245^{5-11}; Bilanz der AG. § 261^{46}; Reservefonds § 262^{9}, ^{10}, ^{12}; AG.

in Liquidation § 204[9], [10]; Interessengemeinschaft § 306[25].
Reinigen, Bearbeitung § 1[53].
Reisegepäck, Haftung der Eisenbahn § 458[3], § 465, § 466[4], § 472[4], [10].
Reisehindernisse, Frachtgeschäft § 428[3–7].
Reisende, Vollmacht § 55; Mängelanzeige an R. § 377[27]; reisende Agenten § 55[4], § 84[14], § 87; Fernreisende § 55[4]; Stadtreisende § 55[4]; s. Handlungsreisender.
Reiseschecks § 363[1], [24].
Reisespesen § 59[37], [37a].
Reklamationen, Fakturenvermerk § 377[32].
Rektakonnossement Anh. zu § 365[1].
Rektapapier Anh. zu § 365[1].
Rektaladeschein Anh. zu § 365[1], § 445[3], § 446[1], § 450[1].
Rektalagerschein Anh. zu § 365[1], § 424[7].
Relative Handelsgewerbe § 1[31].
Religion des Handlungsgehilfen § 62[6]; religiöse Pflichten § 72[5].
Rembursgeschäft Vorb. v. § 373[65–65d]; s. Wechselrembursgeschäft.
Rennwetten, Spielgeschäft Anh. zu § 376[181].
Rentabilität, mangelnde als Auflösungsgrund für o. HG. § 133[18].
Rentenscheine, abhanden gekommene § 367[2].
Rentenschuld, Geschäftserwerb § 25[14].
Reparatur, Recht des Käufers auf Nachbesserung § 377[54].
Reparaturkosten, Minderungsanspruch § 377[80].
Reportgeschäft in eigenen Aktien § 226[3].
Reserven, stille § 261[6].
Reservefonds § 261[13], [16], [16a], [43], § 262; s. Aktiengesellschaft zu G.
Reservekonto § 261[13], [15], § 262[6–36]; Zweck § 262 [6], [7], [8]; Bildung § 262[9–14]; Umwandlung des gesetzlichen R. § 262[24], [25], [26]; freiwillige R. § 262 [27–35]; Sonderrücklagen für Kriegssteuern § 262[36].
Restaurateur, Kaufmann? § 1[44]; Pachtung § 350[38].
Reugeld Anh. zu § 348[6], [7], [8], § 348[33], Anh. zu § 372[16a].
Reurechte des Zivilmäklers Vorb. v. § 93[30].
Revision, wichtiger Grund zur Auflösung der o. HG. Tatfrage § 133[4]; Anfechtungsklage der Aktionäre § 272[8]; AG. in Liquidation § 299[12]; Auslegung von Willenserklärungen § 346[15]; unsittliche Rechtsgeschäfte Anh. zu § 346[15]; mitwirkendes Verschulden § 347[15].
Revisoren s. Aktiengesellschaften zu B V, F III, J III, Kommanditgesellschaft auf Aktien zu II.
Richter, Rechtsschöpfung E[37a]; Eingreifen in Geschäftsführung der o. HG.? § 115[9], § 117[6]; Recht des Kommanditisten auf Anordnung der Büchervorlegung § 166[6], [7], [9]; Errichtungsversammlung der AG. § 196[1–5]; Aktionär als R. § 210[8]; s. Prüfung, Liquidation, Beurkundung, Protokoll, Handelsregister, Registergericht, Registerrichter, Eintragung, Prozeß, Ordnungsstrafen.
Richterliche Ermächtigung zur Einberufung der außerordentlichen Generalversammlung § 254 [16–26].
Richterliche Ermäßigung, Vertragsstrafe § 348 [26–32], [34].
Richtigkeit der Gründungsangaben § 202[5], [6].
Ringklausel Anh. zu § 374[47].
Risikoprämie Vorb. v. § 373[32d].
Rollfuhrunternehmer keine Frachtführer § 432[5], § 433[5], § 458[3].
Rost, Haftungseinschränkung für Eisenbahn § 459 Abs. 1 Nr. 4.
Rotes Kreuz, Firmenzusatz § 18[10].
Roter Scheck Anh. zu § 363[1].
Roulette Anh. zu § 376[181].
Rübenzucker-Aktiengesellschaft § 211[1], § 212[1].
Rückbürgschaft § 349[53].
Rückerstattung von Fracht oder Gebühren, Eisenbahn § 470[4–7].
Rückforderung, keine R. der Einlage des Aktionärs § 213[1–5]; von Tantiemen § 217[24]; Börsentermingeschäft Anh. zu § 376[48], [49], [50], [68]; Differenzgeschäft Anh. zu § 376[183], [187].
Rückgabe des Pfandes § 368[38], [39], [39a]; Ort der R. beim Bankverwahrungsgeschäft Anh. zu § 424[17]; der Kaufsache, Wandelung § 377[71], [71b], [74].
Rückgängigmachung der Stundung Vorb. v. § 373[38].
Rückgriff der o. H.-Gesellschafter gegeneinander § 128[19]; desgl. nach Schlußverteilung der Liquidation § 155[15]; des ausscheidenden o. H.-Gesellschafters § 141[12]; Verjährung § 160[7]; Kaduzierungsverfahren § 219[2], [8], [9], § 220; des Bürgen gegen den Hauptschuldner § 349[41–46]; mehrere Mitbürgen § 349[49–52]; Rückbürgschaft § 349[53]; kaufmännische Anweisung, kein Rückgriffsrecht des Empfängers gegen Anweisenden § 363[5]; desgl. des Indossatars gegen Indossanten beim kaufmännischen Verpflichtungsschein § 363[31]; mehrere Frachtführer § 432[9]; Verlust des Rückgriffsrechts des Frachtführers § 442; Eisenbahnen untereinander § 469[8]; s. Ersatzklage.
Rückkauf eigener Aktien § 262[23]; Sicherungskauf, Kauf mit Rückkaufsrecht oder Pflicht Vorb. v. § 373[51].
Rücklagen, Berechnung der Tantieme § 245[8], [9]; Sonderrücklagen zur Sicherung der Kriegssteuern § 262[63]; Lagerhalter § 422[2]; s. Zurücknahme.
Rückprämie Anh. zu § 348[8].
Rückständige Einlagen der Aktionäre § 221[3].
Rücktritt aus §§ 325, 326 BGB., Handlungsgehilfe § 70[29]; des o. H.-Gesellschafters wegen Verzuges? § 109[5]; Vorstandsmitglieder § 231[21]; wegen veränderter Umstände § 346[2], Anh. zu § 374[3], § 377[39]; teilweiser R. Anh. zu § 374[75]; Kreditvertrag § 349[63]; Kreditkauf Vorb. v. § 373[38]; vertragsmäßiges Rücktrittsrecht Anh. zu § 374[2f–5]; Verzug des Käufers vor der Erfüllung Anh. zu § 374[20], [35]; kein R. bei Stundung des Kaufpreises und Erfüllung durch Verkäufer Anh. zu § 374[114]; Übergabeverzug des Verkäufers Anh. zu § 374[75]; Wegfall des Interesses Anh. zu § 374[102], [109]; desgl. bei Sukzessivlieferungsgeschäft Anh. zu § 374[136]; ungerechtfertigter R. als positive Vertragsverletzung Anh. zu § 374[186]; Recht des Käufers auf R. bei positiver Vertragsverletzung durch Verkäufer Anh. zu § 374[192], [193], [198]; Recht des Verkäufers bei

unterlassener Spezifikation § 375[12]; R. des Nichtsäumigen beim Fixgeschäft § 376[9], [10], [11]; Wandelung beim R. § 377[62], [65]; Kauf mit Eigentumsvorbehalt; R. des Kommittenten vom Kommissionsvertrage § 385[6], [7]; Kommissionär bei Erfüllungsverzug des Kommittenten § 379[11]; Einkaufskommissionär? § 398[2]; Recht des Kommissionärs beim Selbsteintritt § 400[25]; jederzeitiger R. des Absenders beim Frachtgeschäft § 425[1]; Absender bei Reisehindernissen § 428[3], [8].

Rückwirkende Kraft neuer Gesetze? E[10], Anh. zu § 346[3]; sozialpolitische Vorschriften E[14].

Rückzahlung, keine, von früheren Gewinnen des Kommanditisten § 169[6]; Einlage desselben § 172 [4], [5], [6]; Unzulässigkeit bei Einlagen des Aktionärs § 213[1], [2]; gesetzwidrige Zahlungen an Aktionäre, Anspruch der Gläubiger § 217[1–15]; desgl. Anspruch der AG. § 217[16–24]; Liquidation der AG., Gläubigerschutzvorschriften § 301[9]; keine R. des Gewinns stiller Gesellschafter § 337[7]; Anfechtungsrecht der Gläubiger des Geschäftsinhabers § 342[3].

Rückzahlungskurs, Bilanz § 40[7].

Rüge s. Kauf zu V; Rügepflicht bei Einkaufskommissionen § 391[3].

Ruhezeit des Handlungsgehilfen § 59[28].

S

Saatgut, zugesicherte Eigenschaft § 377[100].

Sacheinlagen, qualifizierte Gründung § 186E; Begriff § 186[4], [5]; Gegenstand § 186[6], [7]; Sachgesamtheiten § 186[7], [21], [21a]; bösliche Schädigung der AG. durch S. § 202[13], [14], [15]; vertragliche Haftung der einlegenden Gründer § 202[25]; Kapitalserhöhung § 279E, [1], § 281[6]; Kommanditgesellschaft auf Aktien § 322[3]; Gründerbezugsrechte § 283[7].

Sachen, Gegenstand der Anschaffung § 1[38].

Sachfirma § 20[1].

Sachgemäße Untersuchung § 377[13–16].

Sachgesamtheiten, Einlage bei qualifizierter Gründung § 186[7], [21], [21a]; s. Sacheinlagen; Besitzübertragung § 366[12]; Verpfändung § 368[3]; Sicherungsübereignung § 368[97]; Zurückbehaltungsrecht § 369[16].

Sachverständiger, Zuziehung bei Büchereinsicht § 118[3], § 157[14], § 166[9], § 302[15]; bei Feststellung der Abfindung des ausscheidenden o. H.-Gesellschafters Anh. zu § 141[6]; Aufsichtsrat § 246[13]; Untersuchung der Ware § 377[13].

Sachmiete Anh. zu § 372[60], § 380[6].

Safes Anh. zu § 424E.

Saisonware, Fixgeschäft § 376[3].

Saldo s. Kontokorrentgeschäft, Börsentermingeschäft, Aufrechnung Anh. zu § 376[61], [62]; Differenz- und Spielgeschäft Anh. zu § 376[186]; Saldoanerkenntnis Anh. zu § 376[61], [186]; Saldofeststellung § 355[2–6], [22–32]; uneigentlich laufende Rechnung, Anerkenntnis Anh. zu § 357[4].

s. e. & o. (salvis erroribus et omissionibus) § 355[29].

Sammeldepot Anh. zu § 424[2], [4].

Sammelladungen, Gefahrübergang Anh. zu § 382[52]; Erfüllungsort § 407[24]; Adreßspedition § 407[28]; Frachtberechnung des Spediteurs § 408[26]; gemeinsame Beförderungen in S. § 411[3].

Sanatorium als Gegenstand des Handelskaufs Vorb. v. § 373[3].

Sanierung der AG. § 185[2], § 290[13], [14].

Satzung, Anmeldung juristischer Personen § 33[8]; s. Aktiengesellschaft zu C, s. Kommanditgesellschaft auf Aktien zu III.

Satzungsänderungen §§ 274—291.

Säumig s. Verzug, Kauf zu VI.

Schablonenhaftigkeit des Börsentermingeschäfts Anh. zu § 376[5].

Schadensersatz, Firmenmißbrauch § 37[19], [23]; Haftung für Versehen der Bevollmächtigten Anh. zu § 58[60]; Wettbewerbsverbot für Handlungsgehilfen § 61[1], [2]; Fürsorgepflichten des Prinzipals § 62[7], [9–14]; Kündigung des Handlungsgehilfen wegen vertragswidrigen Verhaltens § 70[18–22a]; Nichtausstellung, Unrichtigkeit des Zeugnisses § 73[7], [8]; Lehrling § 76[8]; Zivilmäkler Vorb. v. § 93[38]; Handelsmäkler § 94[2], § 98; Pflicht des o. H.-Gesellschafters § 111[12]; Verletzung des Wettbewerbsverbots § 113[1], [3]; Verletzung der Sorgfaltsfrist § 114[15]; Haftung der o. HG. für den Gesellschafter § 126[4]; Auflösung der o. HG. durch Urteil § 133[12]; Liquidator der o. HG. § 152[6], § 155[5]; Ausgabe von Aktien unter Mindestbetrag § 209[3–7], [11]; Ausgabe von Interimsscheinen auf den Inhaber § 209[9], [11]; nicht rechtzeitige Einzahlung des Aktienbetrages § 218[7]; Vorstandsmitglied § 231[26]; unerlaubte Handlungen des Vorstandes § 232[46]; Sorgfalt bei Geschäftsführung § 241[1–6]; Aufsichtsrat § 249; unbegründete Anfechtungsklage gegen Generalversammlungsbeschluß § 273[8–11]; Ausgabe neuer Aktien vor Eintragung der Kapitalserhöhung § 287[2]; Kündigung der stillen Gesellschafter infolge von Vertragswidrigkeiten § 339[24]; vorsätzliche unsittliche Schädigungen Anh. zu § 346[9], [12–14]; Sorgfaltspflicht des Kaufmanns § 347[11]; mitwirkendes Verschulden § 347 [12–15]; Beweislast § 347[16]; Art und Umfang der Schadensvergütung § 347[17–26]; entgangener Gewinn § 347[17], [19–22]; Grad des Verschuldens § 347[24]; Vorteilsausgleichung § 347[25]; Voraussehbarkeit des Schadens § 347[26]; Rat, Empfehlung, Auskunft Anh. zu § 349[1], [23–29]; ursächlicher Zusammenhang Anh. zu § 349[23], [27]; Bankier Anh. zu § 349[24], [25]; mitwirkendes Verschulden Anh. zu § 349[29]; Ansprüche des Angefragten Anh. zu § 349[32]; Zinsen § 352[16]; Pfandveräußerung § 368E; Androhung des Verkaufs und Wartefrist § 368[47]; Nichtanzeige von drohendem Verderben § 368[34]; Pflicht des Verpfänders zur Anzeige von Beschaffenheit des Pfandes § 368[35a]; unrechtmäßige Veräußerung des zurückgehaltenen Gegenstandes § 371[9], [10]; Vereinbarungen über Erfüllungsort Anh. zu § 372[32]; Haftung des Verkäufers für gefahrlose Hinwegnahme Vorb. v. § 373[56a]; Kauf, Annahmeverzug § 373[14]; Verzug vor Erfüllung Anh. zu § 374[2], [24–34]; Sch. wegen verspäteter Erfüllung Anh. zu § 374[54], [55], [56]; Sch. wegen Nichterfüllung Anh. zu § 374[54], [57–75], [110], [122], [130],

[144], [149], [149g]; desgl. beim Spezifikationsverzuge des Käufers § 375[5], [12]; Sch. wegen verspäteter Spezifikation § 375[5b]; Fixgeschäft, Recht des nichtsäumigen Teils § 376[12–17]; Wandelung, kein Sch. für mangelhafte Erfüllung § 377[73]; Sch. wegen Nichterfüllung des Verkäufers § 377 [85–89]; Sch. wegen schuldhaft mangelhafter Lieferung § 377[100–106]; Verhältnis von Sch. wegen Nichterfüllung zu den anderen Gewährleistungsrechten § 377[112], [113]; Verlust durch vorbehaltslose Annahme § 377[120]; Beweislast § 377[130]; Verjährung § 377[134]; Aufrechnung trotz Verjährung § 377[142], [143]; Sch. wegen Nichterfüllung bei Arglist des Verkäufers § 377[85], [86], [87], [158], [169], [170], [172]; teilweise Mangelhaftigkeit § 377[180]; kein Sch. bei Verletzung vertraglicher Rechte durch Dritte Anh. zu § 377; unberechtigter Notverkauf § 379[19]; Versendungspflicht Anh. zu § 372[39]; Ansprüche des Konkursverwalters? Anh. zu § 382[83a]; Schadensersatzansprüche gegenüber dem Konkursverwalter Anh. zu § 382 [83a–85]; Schadensliquidation aus fremdem Interesse § 383[20]; Spediteur § 408[16–20]; Lagerhalter § 417[1], [3], [5–8]; Eisenbahn § 453[15], §§ 456 bis 460.

Schadlosbürgschaft § 349[25], [56].

Schaffner der Straßenbahn § 59[22].

Schankwirtschaft, Ladenschild Anh. zu § 37[5].

Schätzung des Schadens durch das Gericht § 347[24].

Schätzungseid § 347[28].

Scheck Anh. zu § 363[1]; weißer, roter Sch. Anh. zu § 363[1]; gefälschte Sch. Anh. zu § 363[6].

Scheckbuch Anh. zu § 363[6].

Scheckverkehr, Hilfsgeschäft § 1[68].

Scheinerwerb § 22[6].

Scheingeschäft, Sicherungsübereignung § 368[96], [100], [109]; Sicherungskauf Vorb. v. § 373[51]; Differenz- und Spielgeschäft Anh. zu § 376[172].

Scheinkauf § 368[96].

Scheinkaufleute Anh. zu § 5[1–7].

Scheinurteile § 346[24].

Scheinverträge § 350[88].

Schenkungen, Liquidatoren der o. HG. § 149[26]; Vorstand § 235[3]; Bilanz der AG. § 261[26]; Handelsgeschäft § 343[28]; Haftungsbeschränkung § 347[6]; Schenkungsverträge § 350[43]; Schenkungsversprechen § 350[88]; s. Geschenke.

Schiebungen Anh. zu § 382[31].

Schiedsgericht, ausländisches Anh. zu § 372[6b], [11].

Schiedsgerichtsklausel Anh. zu § 372[46b]; Börsentermingeschäft Anh. zu § 376[84]; Geschäftsbedingung § 346[17]; Zwang zum Vertragsschluß Anh. zu § 346[35]; Syndikate Anh. zu § 346[49]; einzelne Kontokorrentposten § 355[24].

Schiedsgutachter Vorb. v. § 373[24b].

Schiedsmänner, Bestimmbarkeit von Preis und Ware Vorb. v. § 373[24].

Schiedsrichter Anh. zu § 346[37]; keine Bestellung der Generalversammlung zum Sch. § 178[15], § 250[8]; Gegensatz zu Schiedsmännern Vorb. v. § 373[24].

Schiedsvertrag, Liquidatoren der o. HG. § 149[20]; Kartell Anh. zu § 346[37]; Prozeßvollmacht? § 350[2]; Börsentermingeschäft Anh. zu § 376[84], [85], [196].

Schiffahrt, Wiedereröffnung, Zeitbestimmung § 359[1], Anh. zu § 372[45]; Binnenschiffahrt § 425[6].

Schifferbörse Anh. zu § 376[22].

Schifferprobe § 377[33].

Schiffsmäkler Vorb. v. § 93[8a].

Schikane, Ausübung des Beaufsichtigungsrechts des Kommanditisten § 106[2]; Berufung der außerordentlichen Generalversammlung § 254[12]; Nachbesserungsrecht des Käufers § 377[55].

Schlafwagenunternehmen, kein Personenbeförderungsvertrag mit Reisenden § 1[74], § 472[10].

Schleppschiffahrt, Grundhandelsgeschäft § 1[75]; Schleppvertrag, Werkvertrag § 425[4].

Schleuderpreise Anh. zu § 346[36].

Schließfächer, Zugehen des Antrags Anh. zu § 361[6].

Schlüssel § 366[12], § 368[9], [9a], [10].

Schlußbilanz, Beendigung der Liquidation der o. HG. § 154[4], [5].

Schluß der Ernte § 359[1].

Schlußnote des Handelsmäklers § 94, § 95[6]; Erfüllungsort Anh. zu § 372[39].

Schlußrechnung, Liquidation der AG. § 302[1–5].

Schlußschein, keine Formvorschrift bei Börsengeschäften § 350[47]; Vertragsschluß Anh. zu § 368[84]; Erfüllungsort Anh. zu § 372[39]; Erfüllungszeit Anh. zu § 372[44]; Geldübersendung Anh. zu § 372[63]; Börsentermingeschäfte, Stempelpflicht Anh. zu § 376[98], [130]; Berliner Schlußschein Anh. zu § 376[132].

Schlußverteilung, Liquidation der o. HG. § 155E, [8], [9].

Schmiergelder, Verbot für Handlungsgehilfen § 59[46]; Kündigungsgrund § 72[2]; Verbot für Agenten § 84[16b]; unsittliches Geschäft Anh. zu § 346[6], [18].

Schmuggel, unsittliche Verträge Anh. zu § 346[21]; Sorgfaltspflicht des Spediteurs § 408[12].

Schneeballensystem, kein Kauf Vorb. v. § 373[55].

Schneider, Minderkaufleute § 4[16].

Schnitt des Bankiers § 387[1], § 400[9]; Kursschnitt § 401[2].

Schönheitsfehler § 377[41e].

Schrankfachmiete Anh. zu § 424E.

Schreibunkundige, Zeichnung § 12[4]; keine Formvorschriften § 350[61].

Schreibgebühren § 354[6].

Schriftform, Wettbewerbsverbot für Handlungsgehilfen § 74[8]; Lehrvertrag § 79[1], [2]; einseitige S. § 350[54–61]; zweiseitige Schriftlichkeit § 350 [62–65]; gerichtliche oder notarielle Beurkundung § 350[66], [67]; rechtsgeschäftliche Bestimmung § 350 [68], [69]; s. Handelsgeschäft zu III.

Schriftstücke, Herausgabepflicht des Agenten? § 84[20a].

Schriftzeichen § 43[1].

Schriftliche Willenserklärung Anh. zu § 361[5], [6], [7].

Schuldanerkenntnis § 350[17–21]; positives § 350[17]; negatives § 350[20]; Form § 350[18], [19], [20]; Einwendungen § 350[21]; Börsentermingeschäfte Anh. zu § 376[70], [117]; handelsrechtliches Lieferungsgeschäft Anh. zu § 376[155]; Differenz- und Spielgeschäft Anh. zu § 376[189]; s. Anerkenntnis, Saldo.

Schulden s. Bilanz, Passiva, Geschäftsveräußerung.

Schuldhafte Unterlassung der Zahlung Anh. zu § 374^{13-17c}; Vertragsverletzung durch den Käufer Anh. zu § 374^{16a}; Unterlassung der fälligen Lieferung Anh. zu § 374$^{43-53}$; mangelhafte Lieferung § 377$^{53, 100-106}$; Beweislast § 377^{130}.

Schuldort Anh. zu § 372^{7}.

Schuldscheine, Vermutung der Zugehörigkeit zum Handelsbetriebe § 344$^{8-14}$; S. beim Kreditauftrag § 349^{57}; Rückgabe Anh. zu § 372$^{69, 71a}$; Vernichtung Anh. zu § 372^{71a}; s. Verpflichtungsschein.

Schuldübernahme, Geschäftsübernahme § 22$^{29, 31}$, § 25; Unterschied gegen Bürgschaft § 349^{2}; kumulative § 349^{54}; Erlöschen der Bürgschaft durch befreiende S. § 349^{11}; Zurückbehaltungsrecht § 369^{8}; Börsentermingeschäft Anh. zu § 376$^{74, 121}$; handelsrechtliches Lieferungsgeschäft Anh. zu § 376^{158}; Differenz- und Spielgeschäft Anh. zu § 376^{193}.

Schuldverschreibungen auf Order § 363$^{22-29}$; auf den Inhaber Anh. zu § 365$^{2-10}$.

Schuldversprechen des Minderkaufmanns § 4^{27}, § 351; abstraktes § 350$^{10-16}$.

Schutz des gutgläubigen Rechtserwerbs bei beweglichen Sachen und Inhaberpapieren § 366$^{4-68, 84, 85}$; gutgläubiger Eigentumserwerb § 366$^{4-52}$; gutgläubiger Pfanderwerb § 366$^{53-59}$, § 368^{25}; gutgläubiger Pfanderwerb an Orderpapieren § 368$^{26, 27}$; Pfanderwerb an Gütern durch Pfanderwerb von Dispositionspapieren § 368$^{28, 29, 30}$; gutgläubiger Erwerb der gesetzlichen Pfandrechte § 366$^{60-68}$; des Eigentümers gegen gutgläubigen Erwerber § 366$^{69-72}$; desgl. gegen gutgläubigen Erwerber von gestohlenen oder abhandengekommenen Sachen § 366^{74}; desgl. gegen gutgläubigen Pfandgläubiger § 366$^{73, 75}$; landesrechtliche Veräußerungsverbote § 366^{76}; Verfügungen bei schwebenden Bedingungen § 366^{77}; desgl. des Vorerben § 366^{78}; desgl. des Testamentsvollstreckers § 366^{79}; kein Schutz vom gutgläubigen Rechtserwerb vom Gemeinschuldner § 366^{31}; Musterschutz § 13^{20}; s. Firma.

Schutzgebiete E$^{1, 6}$.

Schutzverbände, berechtigte Interessen Anh. zu § 349^{34}.

Schutzverpflichtungen des Prinzipals, Verweigerung wichtiger Kündigungsgrund § 71^{4}; vgl. Fürsorgepflicht.

Schutzvorschriften für Gläubiger bei Kapitalsherabsetzung der AG. § 289$^{2-12}$; Umwandlung der Kommanditgesellschaft auf Aktien in AG. § 334$^{2-5}$; s. Aktiengesellschaft zu J III, IV.

Schwamm § 377^{40}.

Schwammverdacht § 377^{40}.

Schwangerschaft, Handlungsgehilfin § 63^{2}, § 72$^{8, 10}$.

Schwarze Liste, Kartell Anh. zu § 346^{53}; Auskünfte Anh. zu § 349^{34}.

Schwebende Bedingungen, gutgläubiger Rechtserwerb § 366^{77}.

Schwebende Geschäfte, Übergangsvorschriften E^{15}; Bilanz § 407; Auseinandersetzung mit ausscheidendem o. H.-Gesellschafter Anh. zu § 141$^{21, 26, 30}$; Liquidatoren der o. HG., neue Geschäfte zur Beendigung schwebender Geschäfte § 149$^{16-19}$; Bilanz der AG. § 261$^{17, 24}$; Auflösung der stillen Gesellschaft § 340$^{10, 11}$.

Schwebezeit, Wahlrecht des Erben des o. H.-Gesellschafters § 139$^{25, 26}$.

Schweigegeld Anh. zu § 346^{17}.

Schweigen des Mäklers Vorb. v. § 93^{8}; Anerkenntnis der Saldofeststellung § 355^{26}; S. als Unterlassung, Willenserklärung § 346^{15}; als Genehmigung? § 346^{16}; Annahme des Antrags Anh. zu § 361$^{21, 22, 23, 66, 74}$; Anfechtung stillschweigender Annahme Anh. zu § 361^{42}; verspätete Annahme Anh. zu § 361^{58}; Geschäftsbesorgungsauftrag § 362; Art des Gewerbebetriebs § 362^{7}; Geschäftsverbindung § 362^{9}; Anerbieten zur Besorgung § 362^{11}; unbestellte Ware, Annahme und Ablehnung § 377$^{199-202}$; Quantitätsmängel und Lieferung anderer Ware § 378^{14}; Kauf auf Probe Anh. zu § 382$^{19, 20}$.

Schweigevertrag, unsittlich? Anh. zu § 346^{17}.

Schwimmende Ware § 372$^{31, 46b}$, Vorb. v. § 373^{55}; Gefahrübergang Anh. zu § 382^{48a}; Eigentumsübergang Anh. zu § 382^{62}.

Schwinden des Gutes, keine Haftung der Eisenbahn § 456^{10}.

Seekonnossemente § 444^{6}.

Seemäßig verpackte Ware, Untersuchung § 377^{32}.

Seeschiffe, Begriff des Speditionsgeschäfts § 407$^{9-13}$.

Sekuritätszession § 368$^{101-110}$.

Selbständigkeit, rechtliche S. der o. HG. § 124; desgl. der Kommanditgesellschaft § 161^{17}.

Selbsteintritt des Kommissionärs § 384$^{37, 40, 41}$, §§ 400—405; s. Kommissionsgeschäft zu III.

Selbsterzeugung kein Anschaffungsgeschäft § 1^{37}.

Selbsthilfeverkauf, Erfüllungsort Anh. zu § 372^{9}; Annahmeverzug des Käufers § 373$^{1, 23-55}$, § 374^{3}, Anh. zu § 374$^{30, 33, 33a}$; desgl. bei Sukzessivlieferungsgeschäft Anh. zu § 374^{136}; Spezifikationsverzug des Käufers § 375$^{2, 16}$; s. Kauf zu VI; Kommissionär § 389; Lagerhalter § 422^{2}.

Selbstkosten Vorb. v. § 373$^{26a, 32d}$, Anh. zu § 374$^{33, 33a}$.

Selbstschuldnerische Bürgschaft § 349$^{13, 23, 24, 25, 27}$; s. Bürgschaft.

Selbstverlag § 1^{78}.

Selbstversicherung des Spediteurs keine Versicherung § 408^{12}.

Sensale § 93E.

Shares, Börsentermingeschäft Anh. zu § 376^{80}.

Sicherheit, Fortbestand bei laufender Rechnung § 356$^{2, 3}$.

Sicherheitskauf Vorb. v. § 373$^{51, 52, 53}$.

Sicherheitsleistung der ausländischen o. HG. im Prozeß § 105^{45}; der verbleibenden o. H.-Gesellschafter gegen den ausscheidenden? Anh. zu § 141$^{9, 10, 11}$; der Zweigniederlassung ausländischer AG. § 201^{19}; Ersatzklage der Minderheit § 269^{4}; Rückgabe des Pfandes gegen andere S. § 368$^{34, 36}$; Abwendung des Zurückbehaltungsrechts § 369$^{53-57}$; Börsentermingeschäft Anh. zu § 376$^{34-46, 52, 71, 88, 95, 110, 118, 149, 184, 190}$.

Sicherheitspflicht, Anfechtungsklage des Aktionärs § 272$^{10, 11, 12}$.

Sicherstellung, Gläubigerschutz § 301^{2}, des Frachtgutes § 434^{2}.

Sicherungsgeschäfte Anh. zu § 376[88], [163], [184].
Sicherungskauf § 368[95], [96], Vorb. v. § 373[51], [52], [53].
Sicherungsmaßregeln des Nachlaßgerichts § 27[19]; des Empfängers beim Frachtgeschäft § 434[2].
Sicherungsrechte, Bürgschaft § 349[35], [51].
Sicherungsübereignung § 366[2a], [12], § 368[94–112], Vorb. v. § 373[51], [52]; Begriff § 368[95]; Gegenstand § 368[95a]; bewegliche Sachen § 368[96–100]; Warenlager § 368[97]; Wirkungen § 368[98], [99], [100]; Treuverhältnis § 368[99], [108]; Verhältnis zu den übrigen Gläubigern § 368[100]; Forderungen § 368 [101–110]; Diskontierung von Buchforderungen § 368[101]; abtretbare Forderungen § 368[102]; nicht abtretbare Forderungen § 368[103]; Formlosigkeit § 368[105]; Klage in eigenem Namen § 368[107]; Einwendungen des Drittschuldners § 368[109]; S. im Konkurse des Schuldners § 368[111]; desgl. des Treuhänders § 368[112]; Unterschied vom Sicherungskauf Vorb. v. § 373[50]; s. Abtretung zur Einziehung, Vinkulation.
Sicherungsvorschriften § 186.
Signum, Merkzeichen im Frachtbrief und am Brief Anh. zu § 346[12].
Silbermünzen § 361[5].
Silbersachen, Pfandverkauf § 368[57].
Simulation, Aktienzeichnung § 189[26].
Simultangründung § 188, § 320[18], [27], § 321[1]; s. Aktiengesellschaft zu B II, Kommanditgesellschaft auf Aktien zu II.
Sitte, gute S., Fürsorgepflicht des Prinzipals § 62[5]; s. Verkehrssitte, Unsittlich.
Sitz der juristischen Person § 33[11]; der AG. § 182[17]; der ausländischen AG. § 261[23]; Abänderung des Gesellschaftsvertrags § 274[1]; Verlegung ins Ausland § 292[26]; Erfüllungsort Anh. zu § 372[7]; Umwandlung der o. HG. § 105[48].
Sitzgelegenheit, Fürsorgepflicht des Prinzipals § 62[3].
Skonti, Vollmacht des Reisenden § 55[9]; Provision des Agenten § 88[13].
Skonto Anh. zu § 359[14–17].
Societas leonina § 109[2]; vgl. auch § 105[4].
Societas periculi Anh. zu § 382[53], [54].
Sociétés anonymes § 201[22], [32].
„Sofort" Begriff § 346[19], § 359[6]; Annahme des Antrags unter Anwesenden Anh. zu § 361[28], [49]; Erfüllungszeit § 359[6], Anh. zu § 372[45]; keine fixe Zeitbestimmung § 376[6].
Sofortige Verschmelzung, Fusion der AG. ohne f. V. § 305; desgl. mit f. V. § 306; s. Aktiengesellschaft zu J IV.
Sofortige Barzahlung s. Kasse Vorb. v. § 373[63c].
„Sogleich" keine fixe Zeitbestimmung § 376[6].
Sollvorschriften, Anfechtungsrecht der Aktionäre wegen Verletzung der S. § 271[3].
Sommer § 359[1].
Sonderbeschluß der benachteiligten Aktionäre bei Änderung des Verhältnisses mehrerer Aktiengattungen § 273[5], [6]; Kapitalserhöhung § 278[11]; Kapitalsherabsetzung § 288[18].
Sonderdepot Anh. zu § 424[3].
Sondergesetze E[21].
Sonderrechte, Ausschluß der Veräußerung der Firma ohne Geschäft § 23[1]; Vorzugsaktien § 185[2]; der Aktionäre § 213[11], § 250[9–13]; Recht auf Abschriftenerteilung § 256[7]; Eingriff in S., Voraussetzungen der Nichtigkeit der AG. § 273[18]; keine Änderung durch Generalversammlungsbeschluß § 274[10]; gesetzliches Bezugsrecht bei Ausgabe neuer Aktien? § 282[2]; Anspruch auf Liquidationsrate § 300[2]; s. Aktiengesellschaft zu F IV.
Sonderrücklagen § 262[36].
Sonderzug, Eisenbahn § 466[8].
Sondervorteile, Festsetzung im Gesellschaftsvertrage § 186[1], [2], [3].
Sonn- und Feiertage, Fristberechnung Anh. zu § 359[22], [34–41].
Sonntagsruhe, Handlungsgehilfe § 59[28].
Sorgfalt des o. H.-Gesellschafters § 114[11–19]; desgl. bei Liquidation § 156[14]; bei Liquidatoren § 149[33]; Kommanditgesellschafter § 163[12]; Haftung der Gründer § 202[9]; s. Aktiengesellschaft zu B VII; wiederkehrende Naturalleistungen des Aktionärs § 212[20]; Vorstandsmitglieder § 241E, [1], [2], [7], [18]; Aufsichtsratsmitglieder § 249[1]; S. des Kaufmanns § 347; des ordentlichen Kaufmanns § 347[3]; S. bei Geltendmachung des Zurückbehaltungsrechts Vorb. v. § 369[14]; Versendung der Ware Anh. zu § 382[38]; Kommissionär § 384[1–9], § 390; Spediteur § 408[1–12].
Sortenspezifikation § 375[1].
Sortimentsbuchhandel § 1[80].
Sortieren Vorb. v. § 373[70c], § 377[41c].
Sozialisierungsgesetze § 178[14c].
Sozialpolitische Vorschriften, rückwirkende Kraft E[14].
Spareinlagen bei Gewerbebank für Darlehn § 368[87].
Sparkasse, kein Gewerbe § 1[7].
Sparkassenbuch, inhaberähnliches Papier Anh. zu § 365[10]; Verpfändung § 368[1]; kein kaufmännisches Zurückbehaltungsrecht § 369[16].
Speditionsgeschäft.
I. Allgemeines. Begriffliches § 407[1–13]; Kaufmann § 407[4]; Dienstvertrag, Geschäftsbesorgung § 407[3], [13]; Besorgung von Güterversendungen § 407[6], [7], [8]; durch Frachtführer oder Verfrachter von Seeschiffen § 407[9]; „in eigenem Namen" § 407[9]; für fremde Rechnung § 407[11]; Gewerbsmäßigkeit § 407[12]; speditionsähnliche Geschäfte § 407[5], § 415; Rechtsverhältnisse zwischen Versender und Spediteur § 407[18]; desgl. zwischen Spediteur und Frachtführer § 407[14], [15]; keine vertraglichen Beziehungen zwischen Versender und Frachtführer § 407[16], [17]; kein Rechtsverhältnis zwischen Spediteur und Empfänger § 407[23]; Widerruflichkeit des Vertrags § 407 [19], [20], § 408[16]; Konkurs des Versenders § 407[22]; desgl. des Spediteurs § 407[22a]; Zwischenspediteur § 407[16], § 408[4], [5], § 411; Unterspediteur § 408[4], [5]; Nachnahme § 407[23a]; Erfüllungsort § 407[24], § 408[24], § 409[4]; Bestimmungsort Anh. zu § 372[13]; Nichtigkeit des Vertrags über unerlaubte Geschäfte § 407[25]; gesamter Jahrestransport zu festen Frachtsätzen § 413[6]; Sammelladungsspedition § 413[8–15]; Bahnspediteur § 407[27]; Adreßspediteur § 407[28]; Annoncenspediteur Anh. zu § 415[8]; Beteiligung

mehrerer Frachtführer und Spediteure § 441; Schweigen als Annahme von Aufträgen § 362[4]; Verhältnis zum Käufer und Verkäufer Anh. zu § 382[56, 56a].

II. Pflichten des Spediteurs. Sorgfalt des ordentlichen Kaufmanns § 408[1–12]; Kenntnis von Verkehrswegen und Gesetzen § 408[2]; Auswahl von Frachtführer, Verfrachter, Zwischenspediteur § 408[4]; Haftung für diese § 408[5]; Haftung des Spediteurs für seine Leute und Erfüllungsgehilfen § 408[6]; Sorgfalt bei Empfangnahme und Verwahrung § 408[7, 8, 10]; Versicherung des Gutes? § 408[10]; Verpackung § 408[12]; Begleitscheine, Deklaration § 408[12]; Wahrnehmung des Interesses des Versenders § 408[13]; Weisungen des Versenders § 408[14]; Abweichung von den Weisungen § 408[15]; Folgen der Pflichtverletzung bei der Versendung § 408[16–25]; Nachnahmepflicht § 408[18]; Schadensersatz § 408[18, 19, 20]; Beweislast § 408[21]; vertragliche Änderung der Haftpflicht § 408[25]; Auskunft, Rechenschaftslegung, Herausgabe des Erlangten § 408[27]; Vorschußpflicht? § 409[11]; Pflichtenübernahme bei Selbsteintritt als Frachtführer § 412[4]; Verjährung der Ansprüche gegen den Spediteur § 414; Gegenstand der Verjährung § 414[1, 2, 3]; Dauer der Verjährung § 414[4, 12]; Beginn der Frist § 414[5]; Einredeverjährung § 414[7, 8, 9]; Verjährung der Ansprüche aus vorsätzlichem Handeln § 414[10].

III. Rechte des Spediteurs. Provision § 409[1–6]; Fälligkeit § 409[1, 2, 3]; Überweisungsprovision § 409[2]; Zahlungspflicht des Versenders § 409[4]; Höhe des Anspruchs § 409[5]; tarifmäßige Provision § 409[5]; Verjährung § 409[6]; keine Provision bei festen Spesen § 413[4]; Auslagenerstattung § 409[7–11]; Zoll § 409[9]; Verjährung § 409[10]; Zinsen, Lagergeld § 409[12]; Pfandrecht § 410; Voraussetzungen § 410[1–5]; Gegenstand § 410[6, 7, 8]; Inhalt § 410[9]; Verhältnis zu anderen Gläubigern § 410[10], § 443; Pfandverkauf § 410[11]; Verzicht § 410[5]; gutgläubiger Erwerb des Pfandrechts § 366[60–66]; Schutz des guten Glaubens § 368[88–93]; Zurückbehaltungsrecht § 410[13, 14], § 369[47]; kein Verfolgungsrecht § 410[15]; Notverkauf § 408[9]; Wahrnehmung der Rechte durch den Zwischenspediteur § 411; Selbsteintritt als Frachtführer § 412; Rechte bei festen Spesen, Wegfall der Provision, Auslagenersatz § 413[10–13].

Speisewagen § 472[10].

Spekulationsgeschäfte Anh. zu § 376[170, 173, 176, 177, 180], Vorb. v. § 373[55], Anh. zu § 374[49d].

Sperre bei Aktienausgabe § 203[4].

Sperrjahr, AG. Kapitalsherabsetzung § 289[9]; Liquidation der AG. § 301[2]; Veräußerung des Vermögens der AG. im ganzen § 303[13]; Fusion § 305[22], § 306[20]; kein S. bei Umwandlung der Kommanditgesellschaft auf Aktien in AG. § 334[5].

Spesen, Reisespesen § 59[37, 37a]; feste S., Vertrauensspesen § 59[37]; Berechnung nicht verbrauchter S. Entlassungsgrund § 72[2]; s. Auslagen.

Spezialisierung Vorb. v. § 373[70a].

Spezieskauf, Handelsgut mittlerer Art und Güte § 360[8]; Unmöglichkeit der Leistung Anh. zu § 374[48, 49]; Abnahmepflicht des Käufers Vorb. v. § 373[70–70c]; Übergang des Gattungskaufs in S. Vorb. v. § 373[70a, b, c], § 377[3], Anh. zu § 382[55a]; Quantitätsmangel § 377[7a]; kein Recht des Käufers auf Nachbesserung § 377[54]; Zusicherung einer Eigenschaft § 377[41]; Beweislast § 377[126a]; s. Kauf zu II.

Spezifikationskauf, Begriff und Arten § 375[1]; Verzug des Käufers § 375[2–23]; Voraussetzungen § 375[2, 3, 4]; Klage des Verkäufers auf Vornahme des S. § 375[5, 18]; Schadensersatz wegen verspäteten S. § 375[5b]; Selbstbestimmungsrecht des Verkäufers § 375[6–11, 19]; Schadensersatz wegen Nichterfüllung, Rücktritt § 375[12, 13, 14, 20]; Recht auf Zahlung des Mindestpreises § 375[15, 21]; Selbsthilfeverkauf § 375[5]; keine Klage auf Lieferung oder Abnahme noch zu spezifizierender Ware § 375[5a, 24]; s. Kauf zu II.

Spiel, Begriff Anh. zu § 376[162, 181].

Spielgenosse (Lotteriespiel) Anh. zu § 361[22].

Spielgeschäfte, Saldoanerkenntnis § 355[30]; Handelsgeschäft § 343[18, 27]; Börsentermingeschäft Anh. zu § 376[162–207]; s. Börsentermingeschäft, Differenzgeschäft, Lotterie.

Spitzen, Abfindung bei Fusion der AG. § 305[3].

Sprache, lebende S. in Handelsbüchern § 43[1]; deutsche S., Berufung der Generalversammlung § 255[5].

Sprachgebrauch § 362[3].

Sprungrückgriff, Kaduzierungsverfahren § 220[3].

Staat als Kaufmann § 36; Bücher und Rechnungsabschlüsse § 42[1, 2, 3]; Klage gegen ausländischen S. Anh. zu § 372[12]; als Eisenbahnfiskus Kaufmann § 452[1]; als Postfiskus kein Kaufmann § 33E, § 36E, § 452[1].

Staatsbeamter kein Handlungsgehilfe § 36[11].

Staatliche Genehmigung der AG. § 178[12], § 195[14]; Ausgabe von Genußscheinen § 179[30].

Stadtreisende, Vollmacht § 55[4]; Dienste § 59[36a]; s. Handlungsgehilfe, Reisende.

Stahlkammer, Miete § 350[36]; Einräumung des Mitbesitzes statt Übergabe § 368[10]; gemischtes Rechtsgeschäft Vorb. v. § 373[16b]; Bankverwahrungsgeschäft Anh. zu § 424[1].

Stammaktien, Umwandlung in Vorzugsaktien § 185[2–12]; Stimmrecht § 252[10]; besondere Abstimmung bei Abänderung des Verhältnisses mehrerer Aktiengattungen § 275[4].

Standgelder, Übersendungskauf Anh. zu § 382[38].

Steckbrief, Schlechtgläubigkeit? § 367[5].

Steinbruch, Pacht § 350[38].

Stellenvermittler Vorb. v. § 93[12, 44].

Stellenvermittlung, kostenlose, kein Handelsgewerbe § 1[7].

Stellungsuchen, Urlaub § 66[13].

Stellvertretende Vorstandsmitglieder § 242.

Stellvertretung, Unterschied gegen Auftrag und Vollmacht § 48[1]; Prokura Anh. zu § 53[1]; Eigentumserwerb durch Stellvertreter § 366[12a]; Entgegennahme von Angeboten § 373[14]; s. Vertretung.

Stempel, Lehrvertrag § 76[16]; Errichtung der o. HG. § 105[52]; Erhöhung der Einlagen § 111[9a]; Auseinandersetzung mit ausscheidendem o. H.-Gesellschafter Anh. zu § 141[33], § 145[14]; Gründung der AG. § 179[11–21]; Genußscheine § 179[30]; kein S. bei Umwandlung der Namensaktie in Inhaberaktie und umgekehrt § 183[6]; desgl. der Stammaktien in Vorzugsaktien § 185[12]; Einbringung und Übernahme § 186[24], § 179[14], [16]; Simultangründung § 188[5], § 179[14d]; Aktienzeichnung bei Sukzessivgründung § 189[30]; Dividendenscheine § 213[14], [16]; Übertragung der Namensaktie § 223[1]; kein S. bei Umtausch beschädigter Aktien § 229; Kapitalserhöhungsbeschluß § 278[22]; Kapitalsherabsetzung, kein S. § 290[16]; Verstaatlichung der AG. § 304[13]; Fusion § 305[27], § 306[22], [23], [24]; Interessengemeinschaft § 306[25]; Gelegenheitsgesellschaft Anh. zu § 342[6]; Schlußscheine über Börsentermingeschäfte Anh. zu § 376[98], [130]; Frachturkunden § 426[19].

Stempelhinterziehung, Haftung der Vorstandsmitglieder § 232[45].

Stenograph, Handlungsgehilfe? § 59[14a].

Stenographie, Buchführung § 43[1].

Steuer s. Einkommensteuer, Stempel; Staatssteuerpflicht § 201[40]; Steuergesetze § 210[6]; **Grunderwerbsteuer bei Übergang des Grundstücks auf alleinigen Aktionär § 292[8].**

Steuervorschriften, Scheinkaufleute § 5[4].

Stichproben § 377[13]; bei Konserven § 377[134].

Stichtag, Fixgeschäft § 376[18], [20], [23]; Börsentermingeschäft Anh. zu § 376[9], [147]; Spielgeschäft Anh. zu § 376[178].

Stiftungen, Eintragung § 33[1].

Stille Gesellschaft, Begriff § 335[1–22]; keine Handelsgesellschaft § 335[1]; Person des stillen Gesellschafters § 355[5]; Handelsgewerbe eines anderen § 335[6–12]; Minderkaufmann § 335[9], [12]; keine öffentliche Bekanntgabe der Beteiligung § 335[11]; stiller Gesellschafter als Zeuge § 335[11]; Person des Geschäftsinhabers § 335[12]; Vermögenseinlage § 335[13–19]; Dienste als Einlage § 335[5]; Gebrauchsüberlassung § 335[16]; Kreditgewährung § 335[17]; Übergang der Einlage in Vermögen des Inhabers § 335[16], [28], [31], [35]; Bestimmbarkeit der Einlage § 335[19]; Grenze der Verpflichtung § 335[29]; bestimmungsgemäße Verwendung der Einlage § 335[32]; Gewinnbeteiligung § 335[20], [21], [22], §§ 336, 337; Zinsen § 335[21], [22], § 337[3]; Verlustbeteiligung § 355[20], [22], §§ 336, 337; Form des Gesellschaftsvertrags § 335[23], [24]; Vertragsinhalt § 335[25], [41]; Sicherstellung des stillen Gesellschafters § 335[25]; Abschluß des Gesellschaftsvertrags durch gesetzliche Vertreter § 335[26]; Übertragung der Gesellschaftsrechte nur bei beiderseitiger Zustimmung § 335[27]; Änderung der Gesellschaftsform, Aufnahme weiterer Gesellschafter? § 335[33]; Wettbewerbsverbot für Geschäftsinhaber § 335[34]; alleinige Berechtigung und Verpflichtung des Geschäftsinhabers aus den Betriebsgeschäften § 335[37]; Firma § 335[11], [38], [39], [40]; angemessener Anteil an Gewinn und Verlust bei fehlender Vereinbarung § 336; Berechnung von Gewinn und Verlust § 337[1], [2], [3]; Anspruch auf Gewinn § 337[4–8]; keine Zurückzahlung wegen späterer Verluste § 337[7]; Erfüllungsort für Auszahlung § 337[8]; vertragliche Änderungen § 337[9]; Überwachungsrecht des stillen Gesellschafters § 338; Prüfung der Bilanz § 338[1–4]; Überwachungsrecht bei Geschäft eines Minderkaufmanns § 338[6]; Büchereinsicht? § 338 [1], [7]; außerordentliche Überwachungsrechte § 338 [8], [9]; vertragliche Änderungen der Rechte § 338[9]; keine Geschäftsführung § 338[10]; Vereinigung zum Abschluß von Börsentermingeschäften Anh. zu § 376[78].

Auflösung der st. G. §§ 339—342; Tod des Inhabers § 339[2–5]; Konkurs eines Gesellschafters § 339[6], § 340[17]; Erreichung des Zwecks, Unmöglichkeit der Erreichung § 339[8]; Zeitablauf § 339[9]; Einstellung des Gewerbebetriebs § 339[10], [11]; Beschluß der Gesellschafter § 339[13], [14], [15]; befristete Kündigung § 339[16], [17], [18]; sofortige Kündigung, wichtige Gründe § 339[19–25]; Schadensersatz für Veranlassung durch vertragswidriges Verhalten § 339[24]; Kündigung durch Gläubiger eines Gesellschafters § 339[26], [27], [28]; Rechtsnatur der Auflösung, Untergang der Gesellschaft § 340[1]; Aufhören der Beteiligung an Gewinn und Verlust § 340[2]; Auseinandersetzung § 340 [3–13]; Rückgabe der zum Gebrauch überlassenen Sachen § 340[5]; Auszahlung des Guthabens in Geld § 340[5]; Maßgeblichkeit der Vermögenslage zur Zeit der Auflösung § 340[6]; Passivsaldo § 340[7]; Feststellung des Ergebnisses durch Inhaber § 340[8]; Anfechtung der Feststellung § 340[9]; Zeit der Auszahlung § 340[9]; schwebende Geschäfte § 340[10], [11], [12]; jährliche Rechenschaft und Auszahlung § 340[13]; Geltendmachung des Guthabens § 340[14]; Abtretbarkeit § 340[5], [15]; vertragliche Änderungen § 340[16]; Auseinandersetzung bei Auflösung durch Konkurs § 340[17]; Einfluß des Konkurses des Inhabers auf eingezahlte Einlage § 341[2–5]; stiller Gesellschafter nur einfacher Konkursgläubiger § 341[3], [4]; Einfluß auf rückständige Einzahlung § 341[6]; Anfechtungsrecht des Konkursverwalters gegenüber dem stillen Gesellschafter § 342; Voraussetzungen § 342[1–4]; Rückgewähr der Einlage § 342[1], [2], [3]; Befreiung von Verlusttragung § 342[1], [2], [4]; zeitliche Beschränkung § 342[2]; ausnahmsweiser Ausschluß der Anfechtung § 342[5]; Geltendmachung nach Konkursrecht § 342[6]; Wirkungen nach Konkursrecht § 342[7], [8], [9]; Erlaß der versprochenen Einlage § 342[11].

Vereinigung zum Abschluß von Börsentermingeschäften Anh. zu § 376[78].

Stille Reserven, o. HG. § 120[2]; AG. § 261[6].

Stiller Gesellschafter, kein Kaufmann § 1[18]; Prokurist § 48[3].

Stille Zession § 368[105].

Stillschweigende Vollmachtserteilung § 54[5–13]; Fortsetzung des Dienstverhältnisses § 66[2], [15]; Verhalten des o. H.-Gesellschafters § 126[17]; Fortsetzung der o. HG. § 134[3]; Abänderung des Erfüllungsortes Anh. zu § 372[28], [34]; Zusicherung von Eigenschaften § 377[41a]; Voraussetzungen § 377[39], [41]; s. Schweigen.

Stimmabgabe § 252[31a].

Stimmenkauf, Strafbarkeit § 317.

Stimmenmehrheit, o. HG. § 119[2], [3], [4]; General-

versammlung § 205[2], § 251.
Stimmenthaltung, Generalversammlung § 252[23–27a]; Strafbarkeit § 317[4].
Stimmrecht, Errichtungsversammlung der AG. § 196[8, 9, 10]; Vergleiche und Verzichte gegenüber den Gründern § 205[2]; Wirkung der Legitimationsübertragung § 222[21], § 223[19]; Namensaktie, Eintragung in Aktienbuch § 223[7]; eigene Aktien der AG. § 226[4]; Generalversammlungen § 251[4], § 252; Aktie § 252[1, 2, 3, 13]; Aktienbeträge § 252[3, 9–12a]; Rechte Dritter an der Aktie § 252[4–8a]; Beschränkungen § 252[12]; Ausübung durch Bevollmächtigte § 252[15–22]; Form der Ausübung § 252[28]; Bedingungen § 252[29, 30, 31]; Verhältnis zum Recht der Teilnahme an der Generalversammlung § 252[32–35]; kein St. des Komplementars der Kommanditgesellschaft auf Aktien § 327[1, 2]; s. Abstimmung; Aktiengesellschaft zu F III c.
Stimmrechtsbevorzugung § 185[6].
Stoff, Lieferung und Bearbeitung § 152; Werkvertrag Anh. zu § 381[18, 19, 20].
Stornierung, Handelsbücher § 43[3]; Kontokorrentvertrag § 355[15, 19].
Strafvorschriften, Buchführung § 38 E, [4]; Fürsorgepflicht des Lehrherrn § 82[2]; Handelsmäkler, Tagebuch § 103; Liquidationsbilanz der o. HG. § 154[6]; Anfertigung von Aktienformularen § 181[4]; Gründerbericht § 197[7]; Vorstandsmitglieder der AG. § 232[45]; desgl. bei Bilanzvorschriften § 261[1]; aktienrechtliche St. §§ 312 bis 319; Verleitung zu Börsentermingeschäften Anh. zu § 376[32]; Ordnungsstrafen § 319; s. Aktiengesellschaft zu K, Kommanditgesellschaft auf Aktien zu IX, Ordnungsstrafen.
Strafgedinge, Auslegung § 346[3]; Offertverträge Anh. zu § 361[43].
Strafverfahren gegen natürliche Personen, nicht gegen Firmen § 17[13, 24]; Prokurist, Strafantrag § 49[1].
Streik, Provision des Agenten § 88[11]; Auslegung von Willenserklärungen § 346[3]; Übergabeverzug des Verkäufers beim Gattungskauf Anh. zu § 374[47]; desgl. beim Spezieskauf Anh. zu § 374[48]; Schadensersatz wegen schuldhaft mangelhafter Lieferung § 377[101]; St. der Eisenbahnangestellten, Haftpflicht der Eisenbahn § 456[9].
Streikklausel, Fixgeschäft § 376[4].
Streitgenossenschaft, o. H.-Gesellschafter § 128[5]; Hauptschuldner und Bürge § 349[14]; keine notwendige St. bei Eheleuten E[53].
Streitverkündung, Mängelanzeige § 377[22]; Unterbrechung der Verjährung § 377[140].
Streitwert, Klage auf Auflösung der o. HG. § 133[8]; Anfechtungsklage des Aktionärs § 272[16].
Strohmann, Ladenschild Anh. zu § 37[8]; Gründer § 182[12], § 187[5]; Aktienzeichnung § 189[25]; Übertragung der Inhaberaktie § 223[17]; Anfechtungsrecht des Aktionärs § 271[13]; Bezugsrecht bei Kapitalserhöhung § 283[9]; Strafbestimmungen § 313[1], § 317[7], § 318[10]; Abschluß des Handelskaufs Vorb. v. § 373[21]; Beweislast Vorb. v. § 373[84].
Stückekonto Anh. zu § 424[5].
Stückeverzeichnis, Übersendung Anh. zu § 424[18–27]; Inhalt Anh. zu § 424[19]; Frist zur Übersendung Anh. zu § 424[25]; Versäumung der Frist Anh. zu § 424[26]; Wirkungen der Übersendung Anh. zu § 424[27].
Stückzinsen § 262[17].
Stumme, Generalversammlung § 259[2].
Stundenbuchhalter § 59[9].
Stundung, Auslegung § 346[19]; nachträgliche St. § 353[7]; Handlungsagent § 86[2], § 88[7]; Einlage des Kommanditisten, Unwirksamkeit § 172[3]; Bürgschaft, St. gegenüber dem Hauptschuldner § 349[13, 14]; Kontokorrentverhältnis § 355[16]; Beweislast Anh. zu § 359[3], Vorb. v. § 373[88]; Kreditkauf Vorb. v. § 373[38]; St. des Kaufpreises gegen Wechsel Vorb. v. § 373[64]; Verzug des Käufers Anh. zu § 374[7]; desgl. bei Erfüllung seitens des Verkäufers Anh. zu § 374[118, 119]; Minderung bei teilweiser St. des Kaufpreises § 377[80a]; Unterbrechung der Verjährung § 377[138a].
Stundungsbitte § 377[138a].
Subdirektionen von Versicherungsunternehmungen, Zweigniederlassungen? § 13[5].
Submissionen Anh. zu § 346[20]; s. Ausschreibung.
Subjahr § 346[2].
Sukzessivgründung der AG. § 189; s. Aktiengesellschaft zu B II, Kommanditgesellschaft auf Aktien zu II.
Sukzessivlieferungsgeschäft, Begriff Anh. zu § 374[135]; Bierabnahmevertrag Anh. zu § 346[16]; mehrjährige Warenbezugsverträge mit Alleinverkaufsrecht § 346[17]; Vertragsstrafe § 348[21]; Selbsthilfeverkauf § 373[36]; Rücktritt wegen Verzuges Anh. zu § 374[93]; Verzug bei Erfüllung seitens des Nichtsäumigen Anh. zu § 374[124]; Erfüllungsverzug des Käufers Anh. zu § 374[136–139a]; desgl. des Verkäufers Anh. zu § 374[140–144]; Zurückbehaltungsrecht Anh. zu § 374[136a, 142]; Unterschied gegen mehrere selbständige Geschäfte § 374[145]; positive Vertragsverletzung Anh. zu § 374[188–197]; ähnliche Vertragsarten Anh. zu § 374[197a]; Rücktritt des Verkäufers Anh. zu § 374[198]; Spezifikation § 375[13]; Fixgeschäft § 376[34]; s. Kauf zu II, VI.
Summendepot Anh. zu § 424[3, 9–12]; s. Bankverwahrungsgeschäft.
Summenlagergeschäft § 419[9]; s. Lagergeschäft.
Summenschuld § 361[3, 4].
Suspension des Vorstandes § 231[7].
Syndikat s. Kartell.

T

Tabelle im Konkurse der o. HG., keine Vollstreckung gegen Gesellschafter § 124[24], § 131[12].
Tag, Fristbeginn Anh. zu § 359[18–24]; Tagesfrist Anh. zu § 359[25, 26, 27].
Tagebuch des Handelsmäklers § 38[6], § 100; Auszüge § 101; Vorlegung § 102; Strafvorschrift § 103; keine Anwendung bei Krämermäkler § 104.
Tagesordnung der Generalversammlung, Ankündigung § 256[1–5, 8, 9, 11]; Mitteilung des Bilanzverlustes § 240[7]; Revisionsbericht § 267[1]; s. Aktiengesellschaft zu F III.

Tagespreis Vorb. v. § 373[30].
Tagnotizbuch § 38[6].
Talon, Erneuerungsschein § 213[14]; Ausgabe neuer Gewinnanteilscheine § 230; Zurückbehaltungsrecht? § 369[16]; Bestandteil des Wertpapiers § 381[10]; s. Erneuerungsschein.
Tantieme, Handlungsgehilfe § 65[4], [4a]; Handlungsagent § 88[17], § 91[7]; Rückzahlung bei Nichtvorhandensein von Gewinn und bei falscher Berechnung § 217[24]; Vorstand der AG. § 231[29], § 237; Berechnung § 237[4–18]; Aufsichtsrat § 243[9], § 245[5–19]; Berechnung § 245[6–12]; kein Vorrecht, Fortfall für die Zukunft im Konkurse § 245[18]; Fortfall bei Liquidation der AG. § 294[10], § 301[7]; Aufsichtsrat der Kommanditgesellschaft auf Aktien § 320[96].
Tantiemesteuer § 245[19].
Tara § 380[2], [3].
Tarif, Auslegung § 346[17]; Spediteur § 409[5]; Ausnahmetarife der Eisenbahn §§ 461, 462.
Tätlichkeiten des Prinzipals gegen Handlungsgehilfen § 71[5]; des Handlungsgehilfen gegen Prinzipal § 72[9].
Taube in Generalversammlung § 259[2].
Taubstumme, keine Formvorschriften über Schriftform § 350[61].
Tausch, Begriff Vorb. v. § 373[2], [63b]; Erfüllungsort bei Wandelung § 377[75a]; Minderung § 377[80].
Täuschung, Firmenzusätze § 18[10], [12b]; Firmenübergang § 24[5]; s. Arglist, Anfechtung.
Taxe, Mäklerprovision Vorb. v. § 93[11]; Provision für geleistete Dienste § 354[11].
Technisches Bureau keine Zweigniederlassung § 13; technischer Vertreter des Prinzipals, Handlungsgehilfen? § 59[19].
Teil, Mängel der Ware § 377[87a].
Teilbare Gegenstände, Notverkauf § 379[21].
Teilforderung gegen Bürgen § 349.
Teilfrachtführer § 432[6].
Teilklage, keine Unterbrechung der Verjährung des ganzen Anspruchs § 377[180].
Teillieferung, Annahmeverzug § 373[14]; kein Selbsthilfeverkauf § 373[36]; Sukzessivlieferungsvertrag, Selbsthilfeverkauf der fälligen Rate § 373[36]; desgl. bei Verkauf mehrerer Gegenstände ohne Gesamtpreis § 373[36]; Übergabeverzug des Verkäufers Anh. zu § 374[45]; Mängel § 377[178a–184]; s. Teilweise, Sukzessivlieferungsgeschäft.
Teilnahme des o. H.-Gesellschafters an anderer Gesellschaft, Wettbewerbsverbot § 112; Recht der T. an der Generalversammlung § 252[32–36]; Aktienhinterlegung als Voraussetzung der Zulassung zur T. § 255[4].
Teilquittung § 364[18].
Teilscheine § 363[38].
Teilschuldverschreibungen § 363[22].
Teilweise Erfüllung, Einrede des nichterfüllten Vertrags Vorb. v. § 373[78a]; Zurückbehaltungsrecht des Verkäufers Anh. zu § 374[38]; Wahlrecht des Nichtsäumigen Anh. zu § 374[126–134]; Sukzessivlieferungsgeschäft Anh. zu § 374 [135–145]; Fixgeschäft § 376[31]; teilweise Mangelhaftigkeit § 377[178–184]; Selbsteintritt des Spediteurs § 412[9]; Verlust und Beschädigung des Frachtguts § 430[4], § 438[5]; keine teilweise Anfechtung eines einheitlichen Vertrags § 377[164].
Teilzahlung, Agentenprovision § 88[5]; Quittung § 364[18]; des Käufers Anh. zu § 374[11].
Telegraphenanstalt, Frachtgeschäft § 425[5].
Telegraphie, Schriftform? § 350[60], [65].
Telegrammadresse § 17[1], [7]; Geschäftsveräußerung § 22[55].
Telegraphischer Verkehr, Erklärungen, Sorgfalt des ordentlichen Kaufmanns § 347[3]; Zugang von Anträgen Anh. zu § 361[5], [11], [14], [15], [17], [38], [49], [52]; Annahme unter Abänderungen Anh. zu § 361[59].
Tel quel, Begriff § 360[3], [4], [5]; Verzicht auf Mängelrüge § 377[36]; Ausschluß und Einschränkung der Gewährleistung § 377[121], [187].
Terminhandel s. Börsentermingeschäft.
Testamentsvollstrecker, Fortführung des Geschäfts § 27[33]; Anmeldung des Erlöschens der Firma § 31[38]; Erteilung der Prokura § 48[4]; kein Gründer § 182[11a]; AG. als T. § 210[4]; gutgläubiger Erwerb von Nachlaßsachen in Verwaltung des T. § 366[79].
Theateragent Vorb. v. § 93[12], § 93[4].
Theaterdirektor, Kaufmann? § 1[42].
Theatermäkler § 93[4].
Theaterpächter § 1[29].
Theaterunternehmungen, Handelsgewerbe § 1[9], § 2[3].
Tiere, Mästen, Aufziehen, Dressieren in Anstalten, Grundhandelsgeschäft? § 1[57]; Frachtgut § 425[5]; Reisegepäck § 465[7]; lebende T., Lagergeschäft § 416[10]; Frachtgeschäft § 453[5], § 459[10].
Titel des Vorstandes § 231[13].
Tod des klagenden Kaufmanns § 17[45]; des verklagten Kaufmanns § 17[46]; des Prinzipals, Prokura § 52[7], [8], Anh. zu § 58[96]; desgl. Handlungsgehilfe § 66[14], § 70[26]; des Lehrherrn § 77[8]; des Prokuristen § 52[9]; des Vollmachtgebers Anh. zu § 58[96]; des Bevollmächtigten Anh. zu § 58[97]; des Handlungsgehilfen § 66[14]; des Geschäftsherrn, Agenturverhältnis § 92[10]; des Auftraggebers, Mäklervertrag Vorb. v. § 93[42a]; des Mäklers Vorb. v. § 93[42a]; eines o. H.-Gesellschafters, Auflösung der o. HG. § 131[17]; desgl. Fortsetzung der o. HG. mit den Erben, Wahlrecht des Erben, Verbleiben der Erben als o. H.-Gesellschafter, Eintritt des Erben als Kommanditist § 139; T. des Kommanditisten § 177; des persönlich haftenden Gesellschafters Anh. zu § 177[1]; des Gründers § 188[4]; der anmeldungspflichtigen Personen § 195[5]; des Aktienzeichners § 195[5]; des Vorstandsmitgliedes § 231[34], § 234[3]; des Aufsichtsratsmitgliedes § 245[15]; des Liquidatoren der AG. § 296[1], [4]; des Gesellschafters der Kommanditgesellschaft auf Aktien § 330[9]; des Inhabers der stillen Gesellschaft § 339[2–5]; des stillen Gesellschafters § 339 Abs. 2; des Kartellgesellschafters Anh. zu § 346[38]; des Hauptschuldners, des Bürgen § 349[15]; des Antragstellers Anh. zu § 361[15], [79], [80]; des Antragsempfängers Anh. zu § 361[81]; des Verpflichteten beim Fixgeschäft § 376[37].
Totalfracht § 432[2].
Totalisator, Rennwetten Anh. zu § 376[181].

Tötung, Haftung der Eisenbahn § 472[21].
Traditio brevi manu § 366[2, 14a]; s. Übergabe.
Traditionspapier § 444[5].
Traktat Anh. zu § 361[87a].
Transitgut § 469[2].
Transportagent § 84[15].
Transportanstalten, öffentliche, Geschäftsbedingungen § 346[17].
Transportgefahr, Erfüllungsort Anh. zu § 372[32]; Geldsendung Anh. zu § 372[59]; Übersendungskauf Anh. z. § 382[45–55a]; Kommissionsgeschäft § 384[30].
Transportgeschäfte, Grundhandelsgeschäfte § 1 [70–75]; s. Frachtgeschäft, Eisenbahnen.
Transportkosten, Erfüllungsort beim Kauf Anh. zu § 372[31]; Wandelung § 377[71b]; Übersendungskauf Anh. zu § 382[125].
Transportversicherung Anh. zu § 372[32].
Transportversicherungspolice, Orderpapier § 363[33].
Transportzwang Anh. zu § 346[35].
Tratte, vorherige Anzeige, Auslegung von Willenserklärungen § 346[16]; Erfüllungsort Anh. zu § 372[9].
Tresor Anh. zu § 424E.
Treueverhältnis, Sicherungsübereignung § 368[108].
Treuhänder, Sicherungsübereignung § 368[95, 104, 108, 109, 112].
Treupflicht, Mäkler Vorb. v. § 93[37].
Treu und Glauben, Verkehrssitte E[31]; Wettbewerbsverbot § 74[17]; Auslegung von Willenserklärungen § 346 E, [2, 4–21]; veränderte Umstände, Aufhebung des Vertrags Anh. zu § 374[49d].
Trödelhandel, Kleingewerbe § 4[20].
Trödelvertrag § 387[3].
Trunksucht, Trunkenheit Entlassungsgrund § 72[10].
Typmuster, Kauf nach Probe Anh. zu § 382[5].

U

Überbieten, Abhalten vom Ü., unsittlich? Anh. zu § 346[19].
Überbringer einer Quittung, Anh. zu § 58[41–50].
Überbürge § 349[52].
Übereignung s. Sicherungsübereignung.
Übergabe der Namensaktie § 222[7], Ü. und Indossament § 363[5], § 364[1–4]; Eigentumserwerb § 366[1–2c, 12–15]; traditio brevi manu § 366[2, 14a]; constitutum possessorium § 366[2a, 13]; Abtretung des Herausgabeanspruchs § 366[2b, 13]; Wegnahme durch Gerichtsvollzieher § 366[2c, 15]; Ü. des Dispositionspapiers § 366[14]; Erwerb des Pfandrechts § 366[3]; Ü. des Dispositionspapiers an den legitimierten Empfänger § 368[19, 21, 22], s. Kauf zu III und V 2; Ü. des Frachtbriefs §§ 435, 436; des Ladescheins § 450.
Übergang des Firmenrechts §§ 22, 23, 24; der Geschäftsschulden und -forderungen bei Geschäftsveräußerung §§ 25, 26; der Forderungen bei Eintritt in Geschäft eines Einzelkaufmanns § 28; des Lehrlings zu anderem Beruf § 278; s. Übergabe, Nebenrechte, Gefahr, Firma, Erben, Eigentum, Veräußerung, Forderungen, Grundstücke, Orderpapier, Fusion, Aktiengesellschaft zu D.
Übergangsvorschriften E[8–15]; o. HG. § 142[7]; AG. § 178[1–5], § 190[5], § 211[15]; Aktienbezugsrechte § 283[3–11]; KGaA. § 320[116, 117]; Formvorschriften § 350[94]; Zinsen § 352[17].
Übergangszeit E[9–14].
Überlegungsfrist, Erben des o. H.-Gesellschafters § 137[1], § 139[13–26].
Übernahme des Geschäfts durch den anderen o. H.-Gesellschafter § 142; Kommanditgesellschaft Anh. zu § 177[14]; qualifizierte Gründung der AG. § 186 E, [4, 9, 19, 20, 23], § 195[10], § 202[13, 14]; Nachgründung § 207 E; Ü. aller Aktien durch Gründer, Simultangründung §§ 188, 190, 199; Ü. nicht aller Aktien durch Gründer, Sukzessivgründung § 189, § 195[11], § 196; Kapitalserhöhung § 279 E; s. AG. zu B; Firma, Geschäftsveräußerung, Fusion, Übergabe, Übernahme.
Überpariausgabe § 178[20], § 184[3–6]; Bildung des gesetzlichen Reservekontos § 262[15–19].
Überschreitung der Vollmacht Anh. zu § 58[16]; des Limitos, Kommissionsgeschäft § 386.
Überschuldung der AG., Konkursantrag des Vorstandes § 240[9–17].
Überschuß bei laufender Rechnung § 355 Abs. 3; Pfändung § 357[3, 6].
Überseeische Staaten, Tätigkeit in, Wettbewerbsverbot § 75b[2]; Konsignations-, Verkaufskommission § 383[41].
Übersendung des Saldoabschlusses § 355[26]; Geld Anh. zu § 372[48–67]; Kosten bei Kauf, Probe Anh. zu § 382[22]; Ü. der Ware Anh. zu § 382[28 bis 56a, 118]; s. Erfüllungsort, Bestimmungsort, Zusendung, Kauf zu II, III; desgl. Übergabeverzug s. Kauf zu V.
Übersendungskauf Anh. zu § 382[28–56a]; Bestimmungsort Anh. zu § 372[13]; Übergabeverzug Anh. zu § 374[42a]; Rügepflicht § 377[1, 3]; Verfolgungsrecht Anh. zu § 382[102, 103, 104]; s. Kauf zu II, III.
Überstunden, Handlungsgehilfe § 59[33a], Lehrling § 76[17].
Übertragbarkeit der Firma § 17[20]; o. HG., Gesellschaftsrechte § 109[11–14], § 114[6], § 156[16]; Kommanditgesellschaft, Gesellschaftsrechte § 163[13]; Namensaktien § 179[2], § 222[2–6a]; ungebundene Namensaktien § 222[12]; Unübertragbarkeit der Handlungsvollmacht § 58.
Übertragung, Anteilsrechte vor Eintragung der AG. § 200[15, 16, 17]; Namensaktien § 222[1–10], Voraussetzungen § 222[2–6a]; Form § 222[7–10]; gebundene Namensaktien § 222[11, 12]; Legitimationsübertragung § 222[16–23]; Aktienbuch § 223; Anfechtung? § 223[10, 11]; Einwendungen der AG. § 223[12]; Inhaberaktien § 223[15–24]; Gesellschaftsrechte der stillen Gesellschaft § 335[27]; Ü. des gegenwärtigen Vermögens oder eines Teiles, Vertragsform § 350[42]; s. Eigentum, Übergabe, Abtretbarkeit, Fortsetzung, Fusion, Indossament, Orderpapier.
Übertreibungen § 360[3].
Überweisungsprovision des Spediteurs § 409[2].
Ultimatum Anh. zu § 361[11, 63].

„Ultimo", keine fixe Zeitbestimmung § 376[6]; Rückprämie Anh. zu § 348[8].
Ultimogelder, kein Gegenstand des Kontokorrentverhältnisses § 355[15].
Umfang, Verkleinerung des Gewerbebetriebs § 31[3]; Prokura § 49; Unbeschränkbarkeit § 50; U. der Gesamtberechtigung § 50[5].
Umfüllung des Weins § 346[9].
„Umgehend" Anh. zu § 359[6]; umgehende Antwort Anh. zu § 361[49].
Umgehung, Wettbewerbsverbot § 74[15]; Vorschriften für Übernahmegründung § 186[9]; Nachgründung § 208[3].
Umgründung der nichtigen AG. in neue Gesellschaft § 311[9].
Umkehrung der Beweislast § 347[28]; nach besonderer Vereinbarung § 377[127]; kraft Gesetzes § 377[128].
Umladungskosten, Übersendungskauf Anh. zu § 382[38].
Umläufsfähigkeit des Wertpapiers § 381[10].
Umsatz des verkauften Geschäfts, Zusicherung § 377[46].
Umsatzprovision des Agenten § 88[15].
Umsatzstempel Anh. zu § 374[49e].
Umschreibung, Aktienbuch § 223 E, [1–9].
Umtausch beschädigter Aktie, Interimsschein § 229; der Aktien bei Kapitalsherabsetzung § 290[5]; geleistete Sicherheit beim Börsentermingeschäft Anh. zu § 376[36, 38, 45]; Umtauschabrede Anh. zu § 382[15].
Umtauschklausel § 346[19], Anh. zu § 382[15, 54].
Umtauschkommission, Inhaberpapiere § 368[13a]; Bankverwahrungsgeschäft Anh. zu § 424[28, 29].
Umwandlung der o. HG. durch Änderung der Personen § 105[48]; desgl. durch Änderung der Rechtsform § 105[49]; der Abwicklungs- und Liquidationsgesellschaft in o. HG. § 131[2, 19]; der Aktienart § 183[2, 3, 4, 6]; des gesetzlichen Reservekontos § 262[24, 25, 26]; desgl. der freiwilligen § 262[35]; der KGaA. in AG. §§ 332, 333, 334; desgl. in einfache Kommanditgesellschaft § 334[7]; desgl. in G. m. b. H. § 334[9]; der G. m. b. H. in Kommanditgesellschaft auf Aktien § 334[8]; keine Umwandlung der AG. in Kommanditgesellschaft auf Aktien § 334[6]; der Gattungsschuld in Speziesschuld Vorb. v. § 377 [70a, b]; keine U. der ungültigen Börsenterminschuld in andere Schuld Anh. zu § 376[75, 122]; s. Kommanditgesellschaft auf Aktien zu VIII.
Unanständiges Verhalten, Auflösungsgrund für o. HG. § 133[20].
Unbefugter Gebrauch der Firma § 37.
Unbeschränkbarkeit der Prokura § 50; Umfang der Vertretungsmacht des o. H.-Gesellschafters § 126[1, 3, 11]; Ausnahmen § 126[12–15]; Umfang der Befugnisse der Liquidatoren § 151; der Vertretungsbefugnis des Vorstandes § 231[4].
Unbestellte Ware, Stillschweigen keine Genehmigung § 346[16], § 377[199]; Verzicht auf Annahmeerklärung Anh. zu § 361[69]; Qualitätsmängel § 378[7]; keine Annahmepflicht; Befreiung von Haftbarkeit bei Zurückweisung § 379[30].
Unbewegliche Gegenstände, Nachgründung § 207[2]; s. Grundstücke.
Unbillige Erschwerung des Fortkommens des Handlungsgehilfen § 74a E, [5, 9].
Unechte Kündigung, Handlungsgehilfe § 67[4]; Reservekonten § 262[27, 28]; Vinkulation Vorb. v. § 373[66].
Uneigentliche laufende Rechnung Anh. zu § 357.
Uneigentliches Lombardgeschäft § 368[87].
Unentgeltliche Geschäfte, Handelsgeschäfte § 343[19], § 344[3]; u. redlicher Erwerb § 366[11]; Rat Anh. zu § 349[5, 13]; s. Schenkung.
Unerhebliche Minderung von Wert oder Tauglichkeit § 377[40]; u. Mängel, keine Gewährleistungsansprüche § 377[149c].
Unerlaubte Handlungen, keine Handelsgeschäfte § 343[19]; Bevollmächtigte und Gehilfen Anh. zu § 58[73–77], § 377[172, 173]; Zivilmäkler Vorb. v. § 93[43]; Vorstand § 232[37–46]; Verletzung einer Vertragspflicht, Schadenersatzpflicht Anh. zu § 346[9]; Kartell Anh. zu § 346[55]; Verhinderung des Zugehens einer Willenserklärung Anh. zu § 361[9a, b]; Zurückbehaltungsrecht bezüglich des durch unerlaubte Handlung Erlangten? Vorb. v. § 369[6]; arglistiges Verschweigen eines Fehlers, arglistige Vorspiegelung § 377[169]; mehrere Täter, Anstifter § 377[172]; unerlaubte Handlung Dritter § 377[172, 173]; Begünstigung § 377[172]; gesetzliche Vertreter juristischer Personen § 377 [173]; desgl. physischer Personen § 377[123]; Geschäftsvermittler § 377[174]; Verjährung der Ansprüche § 377[175, 175a, b]; Gerichtsstand § 377[175c]; Verhältnis zu den Gewährleistungsansprüchen § 377[177a]; desgl. zu Anfechtung wegen arglistiger Täuschung Anh. zu § 377[177b]; unerlaubte Geschäfte als Gegenstand des Speditionsvertrags § 407[25]; s. Schadenersatz, Haftung.
Unerreichbarkeit des Gesellschaftszwecks, Auflösung der o. HG. § 133[18].
Unerschwinglichkeit der Preise Anh. zu § 374[47, 47a].
Unfähigkeit des Handlungsgehilfen zur Fortsetzung der Dienste, wichtiger Kündigungsgrund § 71[2]; des o. H.-Gesellschafters zur ordnungsmäßigen Geschäftsführung; Entziehung der Befugnis § 117; desgl. zur Vertretung, Entziehung der Vertretungsmacht § 127.
Unfallversicherungspflicht, Handlungsgehilfe § 63[6].
„Ungefähr" Vorb. v. § 373[35].
Ungerechtfertigte Bereicherung, Einrede gegen abstraktes Schuldversprechen § 350[13]; Herausgabe nach Vollendung der Verjährung § 377[17b].
Ungewöhnliche Geschäfte, Prokura § 49[1]; Beschluß sämtlicher o. H.-Gesellschafter § 116[2–5].
Ungültigkeitserklärung, Beschluß der Generalversammlung, Folgen § 273[1–12]; s. Anfechtung.
Unglück, unverschuldetes, Handlungsgehilfe § 63 [1–7a]; Lehrling § 76[21].
Universalversammlung § 256[9a].
Unklarheiten des Antrags Anh. zu § 361[11].
Unlauter s. Wettbewerb.
Unleserliche Unterschriften § 350[56].
Unmittelbare Geschäfte, Provision des Agenten? § 88[15]; Besitzer gestohlener Gegenstände, kein Schutz des gutgläubigen Erwerbs § 366[46].
Unmöglichkeit der Erfüllung wesentlicher Ver-

pflichtungen, o. HG., Auflösungsgrund § 133^{17}; Ausübung von Rechten, desgl. § 133^{19}; Erreichung des Zwecks der stillen Gesellschaft § 339^{8}; verschuldete U. der Erfüllung, Nebenverpflichtungen des Aktionärs § 212^{24}; der Zahlung Anh. zu § 374^{13}; subjektive und objektive U. Anh. zu § 374^{46-49b}; Leistung Anh. zu § $374^{29, 31, 36-49g, 52c, 69, 105}$; Verhältnis zu Gewährleistungsansprüchen § 377^{56b}; Wandelung § $377^{65, 66, 71}$; Nachbesserung § 377^{55c}; Gattungskauf, Lieferung mangelfreier Sache § 377^{98}, Versendung beim Kauf Anh. zu § 382^{39}.

Unmündige, kein Handelsgewerbe § 1^{21}.

Unordentliche Buchführung § 43^{5}.

Unpfändbare Gegenstände, Verpfändung § 368^{5}.

Unredlichkeit s. böser Glauben.

Unrichtige Eintragungen § 15 E; Darstellungen, Strafbarkeit für Vorstand, Aufsichtsrat, Liquidatoren § 314^{5-9}.

Unsicherheit des Kunden beim Kreditkauf Vorb. v. § 373^{38}.

Unsittliche Geschäfte Anh. zu § 346^{1-21}; Beispiele Anh. zu § 346^{16-21}, Nichtigkeit Anh. zu § $346^{1, 4-8}$; Schadenshaftung Anh. zu § 346^{9-12e}; Anspruch auf Unterlassung Anh. zu § $346^{12, 13}$; Nichtgeltendmachung des verlangten Rechtes Anh. zu § $346^{12, 14}$; Hungerlöhne § 59^{33}, u. Zumutungen, sofortige Kündigung § 71^{5}; Betragen im Geschäft und außerhalb, Entlassungsgrund § 72^{10}; Wettbewerbsverbot § $74a^{14}$.

Unteilbarkeit der Aktien § 179^{1}; Quantitätsmangel auch Qualitätsmangel § 377^{6}, unteilbarer Kaufgegenstand § $377^{69, 178a}$.

Unteragent § 84^{14}.

Unterbeteiligung, o. HG. § 109^{21}; Gelegenheitsgesellschaft Anh. zu § 342^{5}.

Unterbilanz der Kommanditgesellschaft auf Aktien § 329.

Unterbrechung s. Verjährung.

Unterfrachtführer, Begriff § $432^{1, 2}$; Haftung des Frachtführers für U. § 431^{2}, § 432^{1-3}; Haftung des U. § 432^{4-10}, § 449; Verhältnis zu anderen Frachtführern § 432^{9}.

Untergang, zufälliger U. der Sache, Wandelung § 377^{65}.

Unterhalt des Handlungsgehilfen § 63^{5}; Nichtgewährung § 71^{3}.

Unterkommissionär § 384^{4}.

Unterkonsortialvertrag Anh. zu § $342^{5, 6}$.

Unterlassung des Formenmißbrauchs § 37^{22}; der Zahlung Anh. zu § 374^{6-18}; Handelsgeschäft § 343^{19}; unsittliches Geschäft Anh. zu § 346^{12}; falscher Auskunft Anh. zu § 349^{33}.

Unterlassungsklage, Firmenmißbrauch § 37^{10-25}; Schmiergelder § 59^{46}; Wettbewerbsverbot für o. H.-Gesellschafter § 113^{5}; unsittliches Geschäft Anh. zu § 346^{13}; falsche Auskunft Anh. zu § 349^{33}.

Unterlizenz Vorb. v. § 373^{10}.

Untermäkler Vorb. v. § 93^{34}.

Unternehmen öffentlicher Körperschaften, Rechnungsabschlüsse § 42; gemeinnützige, Betrag der Aktien § $180^{4, 13}$.

Unternehmer, Werklieferungsvertrag § 381^{14-20}.

Unternehmerlohn, Selbstkosten Vorb. v. § 373^{32d}.

Unterpariausgabe § 178^{20}, § $184^{1, 2}$.

Unterscheidung, neue Firma § 30.

Unterschlagene Sachen, kein gutgläubiger Eigentumserwerb § 366^{46}.

Unterschlagung des o. H.-Gesellschafters am Gesellschaftsgut § 105^{37}; Dividende § 213^{12}; bei Eigentumsvorbehalt Anh. zu § 382^{65}.

Unterschrift, Aufbewahrung § 35; Inventar und Bilanz § 41; Anmeldungen der o. HG. § 108; Liquidatoren der o. HG. § 153; **Aktien und** Interimsscheine § 181 E, $^{1, 2}$; **Vorstandsmitglieder**, Aufbewahrung § 234^{3}; Protokoll der Generalversammlung § 259^{8}; Anmeldung der Liquidation der AG. § 297, § 298^{8}; einseitige Schriftform § $350^{55-58, 80}$; kaufmännischer Verpflichtungsschein § 363^{22}; Frachtbrief § 425^{14}; Ladeschein § 445^{4}; s. Faksimile, Zeichnung, Form.

Unterspediteur § 408^{4}.

Unterstempelung, Schuldscheine § 344^{8}; einseitige Schriftform § 350^{56}, kaufmännischer Verpflichtungsschein § 363^{22}.

Untersuchung, Kauf auf Probe Anh. zu § 382^{16}; s. **Kauf zu V.**

Unterzeichnung s. Unterschrift.

Untrennbarkeit, Quantitätsmangel zugleich Qualitätsmangel § 377^{6}, Mängel bei teilweiser Lieferung § 377^{178a}.

Untreue, wichtiger Kündigungsgrund § 72^{2}; Agent, Strafbarkeit § 86^{6}.

Unübertragbarkeit der Prokura § 52^{6}, § 58^{3}; der Handlungsvollmacht § $58^{1, 2}$; Obliegenheiten des Aufsichtsrats § 246^{11}.

Unverbindliche Preise Vorb. v. § 373^{22}.

Unverschuldetes Unglück des Handlungsgehilfen § 63^{1-7a}; des Lehrlings § 76^{21}.

Unverträglichkeit § 346^{2}.

Unvertretbare Sachen, Werklieferungsvertrag § 381^{16}.

Unverzügliche Berufung der Generalversammlung bei Bilanzverlust § 240^{1}; Auslegung § 346^{19}; Antwort auf Geschäftsführungsauftrag bei Geschäftsverbindung § $362^{13, 20-24}$; Untersuchung § 377^{18}; Mängelanzeige § 377^{29}.

Unvollständige Angaben der Gründer § 203^{5}.

Unwahre Darstellungen der Leiter der AG., Strafbarkeit § $314^{6, 7}$.

Unwiderruflichkeit, Wahlrecht des Kommittenten zwischen Zurückweisung und Haftbarmachung des Kommissionärs § 384^{42}.

Unwirksamkeit, Kommanditgesellschaft, Erlaß oder Stundung der Einlage § 172^{3}; Rückzahlung der Einlage § 172^{4}; Gewinnbezug, Zinsen trotz Verminderung der Einlage § $172^{6, 7}$; nicht in der Satzung der AG. festgesetzte **Abkommen über** besondere Vorteile für Aktionäre § 186 E, $^{4-17}$; Zusicherungen auf außerordentliche Bezugsrechte vor Kapitalerhöhungsbeschluß § 283^{2}.

Unzulässige Verpflichtungen für Aktionäre § 211 $^{9-13}$; Ausgabe von Aktien, Strafbarkeit § 314^{10}; s. unerlaubt.

Urheberrechte der o. HG. § 124^{3}.

Urkunden über Bestellung von Vorstand und Aufsichtsrat, Anmeldung der AG. § $195^{12, 13, 14}$; gerichtliche und notarielle U. § $350^{66, 67}$; Ver-

mutung für Vollständigkeit § 350[71–78]; Auslegung § 350[79]; Beweiskraft § 350[80]; s. Vertrag, Beurkundung, Form, gerichtliche Beurkundung, desgl. notarielle.
Urkundenfälschung, unrichtige Anmeldung? Anh. zu § 8[10], § 15[15].
Urlaub, Handlungsgehilfe § 59[34c], § 63[4], § 66[13], § 67[9]; Vorstand § 231[28].
Ursächlicher Zusammenhang, Schadensersatz § 347 [14], [14a], [27], [28]; Zusammenwirken § 347[15].
Urteil, Fristbestimmung Anh. zu § 374[80]; Vollziehung der Wandelung § 377[63]; s. Anfechtung, Nichtigkeit, Verurteilung, Zwangsvollstreckung, Rechtskraft, Ausland.
Urteilszinsen § 352[16].
Usancen E[37], Börsenusancen E[36], [37]; s. Handelsgewohnheitsrecht.
Usus, Einbringung quoad usum § 111[9].

V

„Valuta per", Anh. zu § 372[44].
Veränderte Gesetzgebung Anh. zu § 374[49], § 377[39]; v. Umstände § 346[2], Anh. zu § 346[2], [16], Anh. zu § 374[3], [49], [49d], § 377[39].
Verarbeitung, Grundhandelsgeschäft § 1[44]; für andere § 1[52–55]; Erlöschen des Eigentumsvorbehalts durch V. der Kaufsache Anh. zu § 382[72].
Veräußerung, Gewerbebetrieb § 1[42–45]; Entgeltlichkeit § 1[42]; landwirtschaftliches Nebengewerbe § 3[17]; Geschäft während des Prozesses § 17[39–43]; gesamtes Vermögen § 17[43], § 25[21a]; desgl. Vertragsform § 350[42]; desgl. der AG. § 303; desgl. an öffentliche Korporation § 304; Fusion der AG. §§ 305, 306; Grundstücksveräußerungsverträge § 350[22–29]; bewegliche Sachen und Inhaberpapiere § 366[5–15]; s. Übergang, Geschäftsveräußerung, Wiederveräußerung.
Veräußerungsgrundgeschäft § 366[7–11].
Veräußerungsverbote, gesetzliche, gutgläubiger Erwerb § 366[76]; desgl. Zurückbehaltungsrecht § 369[18].
Verbesserungen in Handelsbüchern § 43[3].
Verbindung mehrerer Anfechtungsprozesse § 271[12], § 272[9].
Verborgene Mängel, Anzeige nach der Entdeckung § 377[31], [32], [149a]; Kauf nach Probe Anh. zu § 382[6a].
Verbot, Gewerbebetriebe § 7[4]; eigene Aktien und Interimsscheine § 226; s. Wettbewerbsverbot.
Verbotene Börsentermingeschäfte Anh. zu § 376 E, [99–130], [207]; keine Verbindlichkeit Anh. zu § 376 [107]; keine Zurückforderung Anh. zu § 376[108], Aufrechnung? Anh. zu § 376[109], [113]; Kontokorrent Anh. zu § 376[114]; Ungültigkeit von Verbindlichkeiten zur Erfüllung Anh. zu § 376[116–122]; Aufträge und Vereinigungen Anh. zu § 376[123]; Darlehn zum Zwecke des Abschlusses Anh. zu § 376[124]; ausländische Geschäfte Anh. zu § 376 [125]; Vergleich Anh. zu § 376[126]; Differenz- und Spieleinwand Anh. zu § 376[129]; handelsrechtliche Lieferungsgeschäfte in Getreide Anh. zu § 376[131]; Spielgeschäft Anh. zu § 376[202].
Verbrauch, Untersuchung § 377[13]; Wandelung § 377[68a], [69].
Verdacht, Kündigung? § 72[2].
Verderb, drohender V. des Pfandes § 368[34], [35]; Selbsthilfeverkauf § 373[32]; Notverkauf § 379[18]; Kommissionsgut § 388[7]; Frachtgut § 437 Abs. 2; desgl. innerer V., Ausschluß der Haftung der Eisenbahn § 456[10], § 459[9].
Vereidigung der öffentlich angestellten Mäkler, Kursmäkler § 93[5].
Verein, Eintragung § 33[1–4]; Anwendung des bürgerlichen Rechts auf AG. § 178[6a]; Kartell Anh. zu § 346[39].
Vereinbarung über Beurkundung von Verträgen Anh. zu § 361[83–86].
Vereinigung, V. aller Aktien in einer Hand kein Auflösungsgrund § 292[18]; desgl. Kommanditgesellschaft auf Aktien § 330[24]; Fusion § 305 E; Interessengemeinschaft § 306[25]; gesellschaftliche V. von Minderkaufleuten Anh. zu § 342[8], [9], [10]; V. zu Börsentermingeschäften Anh. zu § 376[76], [78]; Differenz- und Spieleinwand Anh. zu § 376 [92]; verbotene Börsentermingeschäfte Anh. zu § 376[123]; handelsrechtliche Lieferungsgeschäfte Anh. zu § 376[159]; Differenz- und Spielgeschäfte Anh. zu § 376[159].
Verfallserklärung, Kaduzierungsverfahren § 219[3], [4], [6].
Verfallklausel § 346[19], Anh. zu § 374[3].
Verfolgungsrecht, Erlöschen des konkursrechtlichen V. beim gutgläubigen Erwerb § 366[40]; Vorrang vor Zurückbehaltungsrecht § 369[38]; V. des Verkäufers, Einkaufskommissionärs Anh. zu § 382 [98–117]; Bedeutung und Rechtsnatur Anh. zu § 382[99], [100]; Voraussetzungen Anh. zu § 382 [101–111]; Ausübung Anh. zu § 382[112]; Wirkung Anh. zu § 382[113], [114], [115]; kein V. außerhalb des Konkurses Anh. zu § 382[116]; internationales Privatrecht Anh. zu § 382[117]; kein V. des Spediteurs § 410[15]; Frachtgeschäft § 435[10], § 447[4]; s. Konkurs.
Verfrachter, Haftung des Spediteurs § 408[6].
Verfügung, dingliche V. der Ehefrau E[45], Kaufmann als Veräußerer, guter Glaube des Erwerbers § 366[18]; Frachtgeschäft, Absender § 433 E, [1–5], § 447[4]; desgl. Empfänger § 433[6]; Sicherheitsmaßregeln des Empfängers § 434; Eisenbahn, Beschränkung der V.-Befugnis des Absenders § 455[2], [3], [5]; s. einstweilige V.
„zur Verfügung stellen" des entlassenen Handlungsgehilfen § 70[12]; desgl. der Ware, Zurückbehaltungsrecht § 369[24], [45].
Vergleich, keine Anmeldung auf Grund des V. § 16[2]; gerichtlicher V. § 350[2], [67]; außergerichtlicher § 350[3]; Abschluß durch Agenten § 88[7]; Gläubiger und o. H.-Gesellschafter § 128[9]; Konkursverwalter der Kommanditgesellschaft § 171[10]; Beschränkung in Prozessen gegen Gründer § 205; gerichtlicher Zwangsvergleich § 205[7], Frist § 205[9]; Kommanditgesellschaft auf Aktien, Gründerrückgriffansprüche § 320[43]; erschwerende Erfordernisse bei V. mit ersatzpflichtigen Personen § 270; Börsentermingeschäfte Anh. zu § 376[82], [83]; verbotenes Börsentermingeschäft Anh. zu § 376[126]; Differenz- und Spiel-

geschäfte Anh. zu § 376[195]; Veräußerungsgeschäft § 377[1].

Vergütung des Handlungsgehilfen § 59[33, 47]; für wiederkehrende Leistungen der Aktionäre § 216; Vorstand § 231[16, 24]; Aufsichtsrat § 245, s. AG. zu D, F I, II; für Geschäftsbesorgung und Dienstleistungen § 354; s. Provision.

Verhandlung, Generalversammlung § 256[11–15], § 257, § 259[5, 11].

Verheimlichter Gründungsaufwand § 202[20, 21, 22].

Verheiratung, Kündigungsgrund? § 71[6].

Verjährung, Haftung des Geschäftsveräußerers § 26; Frist § 377[136a]; Ansprüche aus Firmenmißbrauch § 37[25]; Vergütung des Handlungsgehilfen § 59[33]; Wettbewerbsverbot für denselben § 61[9]; Tantiemeanspruch § 65[10]; Recht auf Zeugniserteilung § 73[3]; Lehrgeld § 76[11]; Ansprüche des Agenten § 88[19]; desgl. des Mäklers Vorb. v. § 93[40]; Handelsmäkler § 99[6]; Wettbewerbsverbot für o. H.-Gesellschafter § 113[9]; Anspruch auf Gewinnanteil § 121[6]; Ansprüche gegen o. H.-Gesellschafter aus Verbindlichkeiten der o. HG. § 159; Unterbrechung der V. § 160; s. o. HG. zu VII; Ansprüche gegen Kommanditgesellschafter Anh. zu § 177[28, 29, 30]; Handeln vor Eintragung der AG. § 200[13]; Ansprüche aus Ausgabe von Aktien und Interimsscheinen § 209[7]; Ansprüche gegen die Gründer § 206; Dividendenrecht § 213[16]; Rückforderung rechtswidriger Zahlungen an Aktionär § 217[15, 23]; Rechte aus Inhaberschuldverschreibung, Zinsschein, Aktie, Dividendenschein § 223[29]; Ansprüche gegen Vorstandsmitglieder § 241[18, 19]; desgl. gegen Aufsichtsratsmitglieder § 249[10]; gegen Gründer der Kommanditgesellschaft auf Aktien § 320[44]; gegen Komplementare § 320[57]; Wettbewerbsverbot für Komplementare § 326[8]; stille Gesellschaft, Wettbewerbsverbot § 335[34]; Ansprüche aus Besserungsscheinen § 346[19]; Vertragsstrafe § 348[39]; Bürge, Einrede der V. § 349[14]; Rat, Empfehlung, Auskunft Anh. zu § 349[40, 41]; Schuldanerkenntnis § 350[17]; Zinsen § 352[16]; während des Kontokorrentverhältnisses keine V. § 355[19]; Saldo § 355[32]; kaufmännische Anweisung § 363[13]; kaufmännischer Verpflichtungsschein § 363[32]; Einrede des Verpfänders § 368[33]; Recht des Erfüllungsorts Anh. zu § 372[8]; Ansprüche aus positiver Vertragsverletzung Anh. zu § 374[203]; Gewährleistungsansprüche § 377[133–147a]; sechs Monate Frist § 377[133, 134, 137]; keine Anwendung auf Ansprüche aus vertraglicher Wandelung und Minderung, aus Schiedsspruch § 377[135]; Anwendung nur bei Qualitäts- und Quantitätsfehlern § 377[136]; Unterbrechung § 377[138, 138a, 139, 140], Anh. zu § 379[8]; Hemmung § 377[139a, 140, 140a]; Wirkung § 377[141]; Einrede der V. § 377[141, 141a]; Aufrechnung mit Anspruch auf Schadensersatz wegen Nichterfüllung und Lieferung mangelfreier Ware trotz V. § 377[142]; Schadensersatzanspruch wegen schuldhafter Lieferung mangelhafter Sache neben Gewährleistungsansprüchen § 377[143]; arglistiges Verschweigen und Vorspiegeln § 377[160]; Ansprüche aus unerlaubter Handlung § 377[175, 175a, b]; vertragliche Änderung der Frist § 377[188–191]; Verzicht auf V. § 377[192]; Garantieübernahme § 377[193]; Ansprüche aus Lieferung „anderer" Ware § 378[14]; Kauf von Wertpapieren § 381[2, 13b]; Werklieferungsvertrag § 381[14]; Kommissionsgeschäft, Recht des Erfüllungsortes § 383[37]; Ansprüche gegen Spediteur § 414; Gegenstand § 414[1, 2, 3]; Dauer § 414[4]; Beginn der V.-Frist § 414[5, 6]; Einrede-V. § 414[7, 8, 9]; vorsätzliches Handeln § 414[10]; vertragsmäßige Abänderung § 414[4, 12]; Recht des Erfüllungsortes § 414[14]; Ansprüche des Spediteurs gegen Versender § 414[15]; Ansprüche gegen Lagerhalter § 423; Ansprüche gegen Frachtführer § 439; Ansprüche aus Eisenbahnfrachtvertrag § 470; verjährte Forderungen in Bilanz § 40[6]; Zurückbehaltungsrecht an verjährten Forderungen? § 369[9].

Verkappte erlaubte, unerlaubte Termingeschäfte, Spielgeschäfte Anh. zu § 376[178].

Verkauf eigener Erzeugnisse, Berechnung des Schadens wegen Nichterfüllung Anh. zu § 374[29]; Haftung des Verkäufers Anh. zu § 374[47a]; eines Handelsgeschäfts, Anzeigepflicht bezüglich verborgener Mängel § 377[32]; s. Kauf, Pfandverkauf, Notverkauf, Selbsthilfeverkauf, Versteigerung.

Verkäufer s. Kauf.

Verkäuflichkeit der Ware § 347[20], Anh. zu § 374[29, 60–62], § 377[39d].

Verkaufsagent, Eingang als Zahlung Voraussetzung für Provision § 88[4–7]; s. Agent.

Verkaufsbrouillon § 40[8].

Verkaufskommission § 383[35, 41].

Verkaufskontor, Kartell Anh. zu § 346[43].

Verkaufsstand in der Markthalle § 29[2], Anh. zu § 372[20].

Verkaufsstelle § 13[6a], § 29[2]; Kartell Anh. zu § 346[43–46].

Verkaufsverein, Kartell Anh. zu § 346[43].

Verkehrsanschauungen, Auslegung § 346[7, 10]; Mitteilung von bekannten Mängeln § 377[148a].

Verkehrshypothek, Geschäftsveräußerung § 22[27].

Verkehrssitte E[29–36]; Auslegung § 346[1, 2, 6–13, 20, 21]; Vergütung für Dienstleistungen § 354[6]; Erfüllungszeit Anh. zu § 359[4, 5]; Waren mittlerer Art und Güte § 60[3]; stillschweigende Annahme des Vertragsangebots Anh. zu § 361[66, 67, 68], § 362[5]; einseitiger Handelskauf, Mängelanzeige § 377[196]; s. Handelsgewohnheitsrecht.

Verkehrsübung Anh. zu § 361[78].

Verladepapiere s. Konnossement, Ladeschein, Transport-, Order-, Dispositionspapier.

Verladestation Anh. zu § 382[28].

Verladungsanzeige, Abladegeschäft § 376[39]; Gefahrübergang Anh. zu § 382[49b].

Verlagsgeschäfte, Grundhandelsgeschäfte § 1[78, 79].

Verlängerung des Dienstverhältnisses des Handlungsgehilfen § 67[5].

Verlängerungsfristen Anh. zu § 359[29, 30, 31]; s. Frist, Nachfrist.

Verlegung des Geschäfts, Firmenschutz § 30[3, 11]; Anmeldung § 31[1]; Sitz der AG., Satzungsänderung, Eintragung § 182[17].

Verleihen von Aktien gegen Entgelt, Strafbarkeit § 318[8].

Verleitung zur Untreue, Entlassungsgrund § 72[10]; zum Vertragsbruch Anh. zu § 377[4], [5]; zu Börsengeschäften, Strafbarkeit Anh. zu § 376[32].

Verletzung des Gesetzes, Anfechtung von Generalversammlungsbeschlüssen § 271[2], [3]; des Aktienbezugsrechts § 282[10]; s. Anfechtung, Sorgfalt, Schadensersatz.

Verlorene Gegenstände, kein gutgläubiger Erwerb § 366 [46], [47], [48]; Ausnahmen § 366[49], [50]; Beweislast § 366[51]; Schlechtgläubigkeit des Bankiers nach amtlicher Bekanntmachung § 367; kein gutgläubiger Pfanderwerb § 366[55]; Pfandverkauf § 368[68].

Verlust, Haftung der o. HG. für V. in Geschäftsangelegenheiten § 110 E, [3], [4]; **Jahresbilanz** der o. HG. § 120; Verteilung des Verlustes § 121[4], [5]; Einzahlung des Verlustanteils § 122[15]; Liquidationsbilanz § 154[2], [3], [5]; Kommanditgesellschaft § 167 E, [1–4], § 168[4], [5], § 169[4], [6], § 172 Abs. 4; Anspruch der **Aktionäre auf Reingewinn** § 213[6], [11]; V. von Aktie und Interimschein § 228[1–5]; Anzeigepflicht des Vorstandes bei Verlust der Hälfte des Grundkapitals § 240[1–8]; **Bilanz der AG.** § 261[46], [49]; Deckung des V. **Zweck des gesetzlichen Reservekontos** § 262[6], [7], [8]; freiwillige Reservekonten § 263[29]; **Kommanditgesellschaft auf Aktien** § 320[68], [70]; stille Gesellschaft, Beteiligung am V. § 335[22], § 336[1], [2]; § 337[1], [2], [3]; V. der Probe Anh. zu § 382[9]; Verantwortlichkeit des Kommissionärs § 390[1], [3], [4]; Speditionsgut § 408[10], § 414[1], [2], [5–8], [10]; Lagergut § 417[5]; Frachtgut § 429[4], [5], [11]; V. von Kostbarkeiten, Kunstsachen, Geld, Wertpapieren § 429[19], [23]; V. des Ladescheins § 448[2]; **Eisenbahn, V. des Duplikatfrachtbriefes** § 455[5]; **Haftung der Eisenbahn** § 456 E, [2], [3], [18]; **Höhe des Schadensersatzes** § 457; **Ausschluß der Haftung** § 459[9]; **Gewichtsverlust** § 460; **Ausnahmetarife** § 461[1–4]; **Kostbarkeiten, Kunstsachen, Geld, Wertpapiere** § 462; **Deklaration** § 463; **Reisegepäck** § 465; **Kursverlust, Empfehlung** Anh. zu § 349[24]; s. **Verlorene, Bilanz,** o. HG., Kommanditgesellschaft, desgl. auf Aktien, AG., stille Gesellschaft, Aktionär, **Tantieme, Dividende,** Aufgebot.

Vermächtnis, Fortführung des Geschäfts § 25[2]; Geschäftsübergang § 27[32]; **Aktie als Gegenstand** § 222[15].

Vermengung s. Vermischung.

Vermengungsdepot Anh. zu § 424[4].

Vermieter, Erlöschen des Pfandrechts durch gutgläubigen Erwerb § 366[38]; Rang des Pfandrechts § 368[79a].

Vermischung gutgläubig erworbener Sachen mit andern § 366[74]; Erlöschen des Pfandrechts § 368[39]; **Erlöschen des Eigentumsvorbehalts** Anh. zu § 382[72]; **Kommissionsgut** § 383[36]; Lagergut § 419[1], [2].

Vermittler, Vorgründungsverträge § 182[33]; Zusicherungen des Geschäftsvermittlers § 377[47]; Arglist desselben § 377[151]; s. Mäkler.

Vermittlungsagent § 85.

Vermittlungsmäkler Vorb. v. § 393[7].

Vermögen s. Veräußerung.

Vermögensauseinandersetzung, Vorlegung der Handelsbücher § 47.

Vermögensveräußerung s. Veräußerung.

Vermutung von Veränderungen? § 1[24]; des Fortbestehens der Kaufmannseigenschaft § 1[24]; Zugehörigkeit der Rechtsgeschäfte eines Kaufmanns zum Handelsbetriebe § 344; Vollständigkeit des formgerecht abgefaßten Geschäfts § 350[71–79].

Vernichtete Aktien und Interimsscheine, Kraftloserklärung § 228; Orderpapiere, Aufgebot § 365[13].

Veröffentlichung im Reichsanzeiger, Verlust von Inhaberpapieren § 367[5]; s. Verlust, Bekanntmachung, AG. zu B VI.

Verpachtung s. Pacht.

Verpackung, Sacheigenschaft § 377[9]; Beseitigung bei Untersuchung § 377[13]; Mängel als Qualitätsmängel § 377[9], § 378[5]; Bruttogewicht § 380; **Übersendungskauf Anh. zu** § 382[34], [35]; **Kosten** Anh. zu § 382[121]; **Pflicht des Spediteurs?** § 408[12]; Ausschluß der Haftung der Eisenbahn durch Mängel der V. § 456[11], [13], § 459[5].

Verpfändung von Aktien unter gesetzlichem Mindestbetrage § 209[3]; der Anteilsrechte der Aktionäre bei Naturalleistungen? § 212[16]; Dividendenschein bei V. der Aktie § 213[15]; der Namensaktie § 223[13]; der gebundenen Namensaktie? § 222[11]; Stimmrecht § 252[5]; **von Rechten** § 350[34]; von Waren durch Indossierung der Dispositionspapiere § 365[11], § 368[28], [29]; Sicherungsübereignung § 368[104]; des Anteilrechts des Einlagerers § 419[8a]; des verschlossenen Depots Anh. zu § 424 E; s. **Sicherheitsleistung,** Pfandrecht.

Verpflegung des in die Hausgemeinschaft aufgenommenen Handlungsgehilfen und Lehrlings § 63[9].

Verpflichtungsgrund, keine Angabe im kaufmännischen Verpflichtungsschein § 363[26].

Verpflichtungsschein, vermutete **Zugehörigkeit zum Handelsgewerbe** § 344[10]; **kaufmännischer V.** § 363[19–32]; Begriff und Form § 363[19], [20], [21]; Erfordernisse § 363[22–29]; **Prioritätsobligationen** § 363[22a]; Aussteller § 363[22]; Berechtigter § 363 [25]; als Orderpapier § 363[27–32].

Verrechnung, Kontokorrentverhältnis § 355[3]; des Kaufpreises Vorb. v. § 373[63b].

Verringerung des **Gewerbebetriebes, Anmeldung des Erlöschens der Firma** § 31[3].

Verrufserklärung Anh. zu § 346[53].

Versagung der ehemännlichen Einwilligung E[59–66].

Verschlechterung der Vermögensverhältnisse, Verhältnis **vom Bürgen zum Hauptschuldner** § 349 [38], [40]; Kreditauftrag § 349[61]; **Krediteröffnungsvertrag** § 349[63]; Kreditkauf Vorb. v. § 373[38], [39], [40]; der Ware, Wandlung § 377[65].

Verschleierung der Unterpariausgabe unzulässig § 184[1]; der Gesellschaftsleiter in Darstellungen, Berichten, Vorträgen, Strafbarkeit § 314[8].

Verschlossenes Depot Anh. zu § 424 E.

Verschmelzung, Fusion der AG. § 305; s. AG. zu J IV.

Verschollenheit des Vollmachtgebers kein Erlöschungsgrund Anh. zu § 58[98].

Verschulden, mitwirkendes V. des Verletzten, Schadensersatzpflicht des Prinzipals bei Verstoß gegen Fürsorgepflicht § 62^{12}; V. keine Voraussetzung für Annahmeverzug als Gläubigerverzug § 373^{9}, Anh. zu § 374^{14}; kein Schadensersatzanspruch wegen verschuldeter Nichterfüllung beim Rücktritt Anh. zu § 374^{2}; keine Voraussetzung bei Gewährleistungsansprüchen Anh. zu § 374^{2}; Zahlungsverzug Anh. zu § 374$^{13, 14}$; Zusammentreffen von Arglist des Verkäufers und Mitverschuldung des Käufers § 377$^{150a, 170}$; Wegfall der Haftungsbeschränkungen bei V. der Eisenbahn § 459$^{17, 18, 19}$.

Verschweigen, arglistiges V. des Mangels § 377$^{38, 148–149a, 150, 154–162a, 169}$.

Verschwiegenheitspflicht, Handlungsgehilfe § 59$^{38–43}$; Lehrling § 76^{23}; Auskunft Anh. zu § 349$^{44, 45}$.

Versehen, Löschung der Firma § 31^{3}; Prokuraeintragung § 53 E; s. Fahrlässigkeit.

Versender s. Speditionsgeschäft, Absender, Frachtgeschäft.

Versendung, Art Anh. zu § 382$^{34, 35, 40a}$; Unmöglichkeit Anh. zu § 382^{39}; Kosten Anh. zu § 382^{44}; s. Übersendung, Absendung, Speditionsgeschäft, Frachtgeschäft, Kauf zu III.

Versicherung auf Gegenseitigkeit § 1$^{60, 61}$.

Versicherungsagent § 84$^{15, 31, 33}$, § 88^{3}.

Versicherungsbeiträge des Handlungsgehilfen § 63^{6}.

Versicherungsaktiengesellschaft, Buchführung § 38^{5}; Aktienausgabe § 179^{3}; Kapitalserhöhung § 278^{7}.

Versicherungsgesellschaften, Berufung der Generalversammlung § 254^{27}; Konkurs § 292^{14}; Sicherstellung der Versicherten bei Liquidation § 301^{13}.

Versicherungspflicht der Handlungsgehilfen § 63$^{6, 7}$; „Cif"-Klausel § 346^{19}; keine V. des Pfandgläubigers § 368^{34}; V. des Verkäufers bei Niederlegung infolge Annahmeverzugs des Käufers § 373^{30}; des Käufers bei Rücktritt Anh. zu § 374^{75}; desgl. bezüglich beanstandeter Ware § 379^{17}; des Verkäufers bei Übersendung Anh. zu § 382^{36}; des Kommissionärs § 390$^{3, 5–10}$; des Spediteurs? § 408^{12}; des Lagerhalters § 417^{6}; keine V. des Frachtführers § 429^{28}; s. Kranken-V., Unfall-V.

Versicherungspolicen, kein Pfandrecht des Kommissionärs § 397^{3}.

Versicherungsscheine, Zurückbehaltungsrecht § 369^{16}.

Versicherungsunternehmungen, Vertretungsmacht der Bevollmächtigten § 54^{6a}, ausländische § 1^{61}, § 33^{4}; Kredit-, Forderungs-, Hypothekenversicherung § 349^{69}.

Versicherungsverein auf Gegenseitigkeit § 1^{61}; Anmeldung § 33 E.

Versicherungsvertrag, Begriff § 1^{59}; Prämienversicherung Grundhandelsgeschäft § 1^{63}.

Versilberungswert § 40^{3}.

Verspätete Kündigung § 66^{8}, § 132^{11}; Annahme eines Antrags Anh. zu § 361$^{40, 48, 57, 58}$; verspätete Ankunft rechtzeitig abgesandter Annahmeerklärung Anh. zu § 361$^{51–56}$; Erfüllung durch Käufer Anh. zu § 374$^{21, 22, 23}$; illoyal verspätete Geltendmachung der Verzugsrechte Anh. zu § 374$^{147–148b}$; desgl. bei Fixgeschäft § 376^{35}; Verspätung als Folge positiver Vertragsverletzung Anh. zu § 374^{177}; Zuspätsendung kein Qualitätsmangel § 377^{8}; Absendung durch Verkäufer Anh. zu § 382^{52a}; Ablieferung des Speditionsgutes, Anspruchsverjährung § 414; desgl. des Lagergutes § 423; Versäumung der Lieferzeit beim Frachtgeschäft § 429^{10}, § 430^{2}; verspätete Ablieferung des Gutes durch Eisenbahn § 466; verspätete Abfahrt der Züge, kein Schadensersatz § 472^{20}.

Verspätungsschaden Anh. zu § 374$^{21, 22, 115b, 147, 148, 177}$; Fixgeschäft § 376^{25}; Eisenbahn § 456^{3}, § 466.

Versprechen auf Ehrenwort, Nichtigkeit des Wettbewerbverbots § 74a^{12}.

Verstaatlichung der AG. § 304; der Kommanditgesellschaft auf Aktien § 330^{22}.

Verstärkung des Aufsichtsrats, Satzungsänderung § 243^{7}.

Verstecktes mangelndes Einverständnis Anh. zu § 361^{91}; Inkassomandat § 364^{16}.

Versteigerung, öffentliche, kaduzierter Aktie § 220^{13}; gutgläubiger Erwerb § 366^{49}; des Pfandes bei drohendem Verderb § 368$^{35, 35a}$; öffentliche V. zur Befriedigung des Pfandgläubigers § 368$^{48, 51, 53, 56, 57}$; bahnamtliche V. § 373^{25}; Selbsthilfeverkauf § 373$^{33, 34, 49}$; keine Gewährleistung für Sachmängel des Pfandes § 376^{122}; Notverkauf § 379^{21}; s. Pfand, Pfandverkauf.

Vertagung der Errichtungsversammlung § 196^{11}; der Verhandlung der Generalversammlung § 256^{14}; der Bilanzgenehmigungsverhandlung § 264; der Generalversammlung der Kommanditgesellschaft auf Aktien § 320^{107}.

Verteilung von Gewinn und Verlust, o. HG. § 121; Liquidation der o. HG. § 155; desgl. Kommanditgesellschaft § 168; desgl. in Liquidation Anh. § 177^{24}; Gewinn der AG. § 214, § 215; Bilanz der AG. § 261$^{15, 16, 47}$; AG. in Liq. § 300$^{6–14}$; Kommanditgesellschaft auf Aktien in Liqu. § 330^{18}.

Verteilungsbilanz der AG. § 261$^{15, 16}$.

Vertrag, gesetzliche Formvorschriften, Bürgschaft § 350$^{4–9, 68}$; Grundstücksveräußerung § 350$^{22–32}$; Abtretung von Hypotheken und Grundschulden § 350$^{33, 34, 35}$; Mietverträge auf länger als ein Jahr § 350$^{36–40}$; Vermögensübertragung § 350^{42}; Schenkungsversprechen § 350^{43}; Vorvertrag § 350$^{50, 51, 52}$; vereinbarte Form § 350$^{48, 69}$; schriftlicher V. § 350$^{62–65}$, gerichtliche und notarielle Beurkundung § 350$^{66, 67}$; Vertragsantrag Anh. zu § 361$^{2–25}$; Annahme des Antrags Anh. zu § 361$^{26–81}$; Willenseinigung Anh. zu § 361$^{82–94}$; Schweigen als Annahme des Antrags § 362; Bedeutung von Bestätigungsschreiben Anh. zu § 372$^{38–38d}$.

Vertragliche Änderungen der Untersuchungs- und Anzeigepflicht § 377$^{16a, 32, 186}$; der Mängelhaftung § 377$^{121, 187}$; Verjährungsfrist § 377$^{188–191}$.

Vertraglicher Rat Anh. zu § 349^{42}.

Vertragsanschluß Anh. zu § 374^{2d}.

Vertragsbruch Anh. zu § 377$^{3, 4, 5}$; s. Positive Vertragsverletzung.

Vertragsfreiheit der Eisenbahn, Eingriffe in § 453[6].

Vertragsmäßige Empfehlung Anh. zu § 349[40, 41].

Vertragsort Anh. zu § 372[14].

Vertragsschluß mit sich selbst Anh. zu § 58[31–37]; für fremde Rechnung Anh. zu § 374[2e].

Vertragsstrafe, Begriff § 348[2–8]; akzessorischer Charakter § 348[3]; Nichtigkeit bei Verstoß gegen gute Sitten § 348[4, 5]; Zweck § 348[6, 7, 8]; Voraussetzungen § 348[9–13]; Beweislast § 348[14, 23]; Rechtsfolgen der Verwirkung § 348[15–24]; Geldstrafe für Nichterfüllung, Wahlrecht des Gläubigers zwischen Strafe und Erfüllung § 348[15–18]; Geldstrafe für nicht gehörige, verspätete Erfüllung § 348[19–23]; Strafe neben Anspruch auf Schadensersatz § 348[19]; Ausschluß durch vorbehaltslose Annahme der Erfüllung § 348[19, 20]; Vorbehalt des Gläubigers § 348[22, 23]; andere Strafarten § 348[24]; Höhe der Strafe § 348[25–32]; richterliches Ermäßigungsrecht § 348[26–32, 34]; keine Herabsetzung nach Entrichtung der Strafe § 348[28]; Fortfall des Ermäßigungsrechts bei Handelsgeschäften § 348[29–32]; nachgiebige und zwingende Bestimmungen § 348[33, 34]; Auslegung § 348[35]; Abtretbarkeit § 348[36]; Erfüllungsort § 348[37]; Verzicht § 348[38]; Verjährung § 348[39]; Konkurs des Schuldners § 348[40]; Draufgabe Anh. zu § 348[1–5]; Reugeld Anh. zu § 348[6]; Vorprämie, Wandelpön Anh. zu § 348[7]; Rückprämie Anh. zu § 348[8]; Minderkaufmann, richterliches Ermäßigungsrecht § 4[27], § 351[2]; Wettbewerbsverbot bei Geschäftsveräußerung § 22[37]; Widerruf der Vollmacht Anh. zu § 58[108]; verspäteter Dienstantritt des Handlungsgehilfen § 59[34b]; Verstoß des Handlungsgehilfen gegen Wettbewerbsverbot § 61[11], § 75c; Volontär § 75c[6]; Verstöße des o. H.-Gesellschafters gegen Wettbewerbsverbot § 113[10]; Verlust des Aktienrechts? § 212[22]; unpünktliche Einzahlung des Aktienbetrags § 218[5–9]; Wettbewerbsverbot für Vorstandsmitglieder § 236[11]; Auslegung § 346[3]; Kartellmitglieder Anh. zu § 346[48]; Übergang des Anspruchs auf zahlenden Bürgen § 349[43]; Nichtigkeit bei Nichtbeobachtung gesetzlicher Form für Hauptgeschäft § 350[81]; kein Übergang durch Indossament § 364[4]; Erfüllungsort Anh. zu § 372[8]; Berechnung des konkreten Schadens bei Schadensersatz wegen Nichterfüllung Anh. zu § 374; s. Wettbewerbsverbot, Strafgedinge.

Vertragstheorie, Wandelung § 377[59].

Vertragstreue Anh. zu § 374[38b, 76, 147, 148, 179].

Vertragsverletzung s. Positive V.

Vertragswidriges Verhalten, Kündigungsgrund § 70[18].

Vertragszwang der Eisenbahn § 453[10], § 472[8].

Vertrauensarzt § 63[2], § 72[6].

Vertrauensmißbrauch, Entlassungsgrund § 72[2].

Vertrauensspesen § 59[37].

Vertrauensunwürdigkeit; Anfechtung des Kreditkaufs Vorb. v. § 373[39, 47].

Vertrauensverhältnis, Sorgfaltspflichten des Kaufmanns § 347[2].

Vertrauenswürdigkeit Vorb. v. § 373[47].

Vertrauliche Auskunft Anh. zu § 349[44].

Vertretbare Sachen beim Werklieferungsvertrag, Regeln vom Handelskauf Vorb. v. § 373[14], § 381[14, 15]; kaufmännischer Verpflichtungsschein § 363[23]; Lagerung v. Sachen § 419[3]; Bankverwahrungsgeschäft Anh. zu § 424[3, 7, 8]; nicht vertretbare Sache beim Werklieferungsvertrage, Regeln vom Kauf und Werkvertrag Vorb. v. § 373[15], § 381[14, 16]; desgl. als Gegenstand des Kommissionsgeschäfts § 406[3].

Vertreter, Haftung des Prinzipals Anh. zu § 58[61–64]; Agent § 84, Anh. zu § 361[32]; gemeinschaftliche Aktie § 225[5, 6]; Rechtsgeschäfte mit sich selbst Anh. zu § 58[31, 35]; Stimmenkauf, gesetzliche V. § 317[6]; Gesellschaftsvertrag der stillen Gesellschaft, gesetzliche V. § 335[26]; Verletzung der Sorgfaltspflichten § 347[13]; Haftung für Rat und Empfehlung Anh. zu § 349[37]; Unterschrift § 350[58]; Übergabeverzug Anh. zu § 374[46]; Erstattung der Mängelanzeige § 377[27]; Arglist des V. § 377[150b, c, d, 173].

Vertretung, Stellvertretung, Vertretungsmacht, Begriff Anh. zu § 58 E; Voraussetzungen Anh. zu § 58[15–23]; Handeln innerhalb der V. Anh. zu § 58[16]; Handeln im Namen des Vertretenen Anh. zu § 58[17–22]; offene V. Anh. zu § 58[18]; Einigkeit der Parteien über Handeln in fremdem Namen Anh. zu § 58[19]; Folgen der Nichterkennbarkeit des Willens zum Handeln in fremdem Namen Anh. zu § 58[20]; Beweislast Anh. zu § 58[22]; rechtliche Fähigkeit des Vertreters Anh. zu § 58[23]; Wirkungen Anh. zu § 58[24–30]; Rechtsgeschäfte mit sich selbst Anh. zu § 58[31–40]; Ermächtigung des Überbringers einer Quittung Anh. zu § 58[41–50]; Haftung für Versehen Anh. zu § 58[51–87]; für Verschulden bei Eingehung von Verbindlichkeiten Anh. zu § 58[53–64]; desgl. bei Erfüllung einer Verbindlichkeit Anh. zu § 58[65–72]; Haftung für unerlaubte Handlungen Anh. zu § 58[73–82]; eigene Verantwortlichkeit der Vertreter für unerlaubte Handlungen Anh. zu § 58[83]; Haftung juristischer Personen für Vertreter Anh. zu § 58[84, 85, 86]; Erlöschen Anh. zu § 58[88]; Maßgeblichkeit des zugrunde liegenden Rechtsgeschäfts Anh. zu § 58[89–92]; Widerruf Anh. zu § 58[93, 94]; Inhalt der Vollmacht Anh. zu § 58[95]; Tod des Vertretenen Anh. zu § 58[96]; Tod des Vertreters Anh. zu § 58[97]; Geschäftsunfähigkeit des Vertretenen Anh. zu § 58[98]; desgl. des Vertreters Anh. zu § 58[99]; Konkurs des Vertretenen Anh. zu § 58[100]; desgl. des Vertreters Anh. zu § 58[101]; Einstellung des Gewerbebetriebes Anh. zu § 58[102]; Niederlegung der Vollmacht Anh. zu § 58[103]; Schutz des guten Glaubens bei Erlöschen Anh. zu § 58[104–108]; mittelbare Stellvertretung Anh. zu § 58[109, 110]; Vertretung ohne Vertretungsmacht Anh. zu § 58[111–137]; keine Bindung des Vertretenen Anh. zu § 58[113]; Genehmigung Anh. zu § 58[113–121]; Verhältnis zwischen den Vertragsteilen Anh. zu § 58[113–121]; Folgen für den Vertreter Anh. zu § 58[122–130]; Folgen für den anderen Vertragsteil Anh. zu § 58[131]; einseitige Rechtsgeschäfte Anh. zu § 58[134, 135, 136].

V. der Zweigniederlassung § 13[15]; der o. HG. § 125; desgl. in Liquidation § 150; V. der Kommanditgesellschaft nach außen § 170; der

AG. vor Eintragung § 200[5], [6], [9–13]; V. durch die AG. § 210[4]; der AG. durch Vorstand § 231 [1–6], § 232; desgl. durch Aufsichtsrat § 231[28], § 247; Stimmrecht § 252[15–22]; Liquidatoren der AG. § 298[1–7], [9], [10]; Kommanditgesellschaft auf Aktien § 320[72–80], [92], [97]; s. Vollmacht, Handlungsvollmacht, Prokura, Zwangsvertretung.

Verurteilung, Verzug nach rechtskräftiger V. zur Erfüllung Anh. zu § 374[149–151].

Verwahrung der Aktie, Stimmrecht? § 252[8]; des Pfandes § 368[34]; Zurückbehaltungsrecht Vorb. v. § 369[14], [46], Eisenbahn § 453[13], § 465[10]; Reisegepäck § 465[9]; zurückgelassenes Handgepäck § 465[10]; s. Bankverwahrungsvertrag, Lagergeschäft, Aufbewahrung.

Verwaltungskosten, Bilanz der AG. § 261[39], [42].

Verwaltungsrat § 246[15].

Verwaltungsrecht des Ehemanns, Erlöschen bei gutgläubigem Erwerb § 366[36–36d]; s. Ehemann, Ehefrau.

Verweigerung s. Weigerung, Zeugnis.

Verweisung in Gesetzen E[22].

Verwendungen, Zurückbehaltungsrecht Vorb. v. § 369[8]; s. Auslagen.

Verwertung s. Pfandrecht, Pfandverkauf.

Verwirkungsklausel § 346[3], [19], § 376[4].

Verzeichnis der erschienenen Aktionäre § 258.

Verzeihung, Entlassung des Handlungsgehilfen § 70[6]; Auflösung der o. HG. § 133[14].

Verzicht, kein V. des Handlungsreisenden auf wohlerworbene Rechte § 55[10]; des Handlungsgehilfen auf Gehalt und Unterhalt bei unverschuldeter Behinderung § 63[11]; des Prinzipals auf Dienste des Handlungsgehilfen § 70[30]; V. auf Dienstzeugnis? § 73[5]; V. des Prinzipals auf Wettbewerbverbot § 75a; auf Gründerersatzansprüche § 205, § 320[43]; auf Ansprüche der Minderheit § 270; Auslegung § 46[3], [19]; V. auf Einrede § 347[29]; auf Vertragsstrafe § 348[38]; V. als Antrag auf Abschluß eines Erlaßvertrags Anh. zu § 361[10]; V. auf Annahmeerklärung Anh. zu § 361[66–69]; auf Folgen des Annahmeverzugs § 373[20]; Annahme des Kapitals kein V. auf Verzugszinsen Anh. zu § 374[11]; auf Fristbestimmung und Androhung Anh. zu § 374[106]; auf Untersuchung § 377[34]; auf Mängelanzeige § 377[34], [36], [116], [117]; V. des Verkäufers auf Verspätungseinwand § 37[35]; V. auf Wandlung § 377[67], [68], [110]; V. auf Anfechtung wegen arglistigen Verschweigens, Betrugs, Irrtums, Drohung § 377[163]; kein V. auf Verjährung im voraus § 377[192].

Verzinsung des Kapitals, Zusammensetzung der Gestehungskosten Vorb. v. § 373[32d]; s. Zinsen, Verzugszinsen.

Verzug, bürgerlich-rechtliche Bestimmungen Anh. zu § 374[1]; V. des Prinzipals, Entschädigung für Wettbewerbverbot § 74b[2]; des o. H.-Gesellschafters § 111[15]; Sorgfaltspflicht des Kaufmanns § 347[11]; Vertragsstrafe § 348[10], [12], [14]; Ausschluß des V. durch Zurückbehaltungsrecht Vorb. v. § 369[11]; Fixgeschäft § 376[35], [36], [37]; vgl. Kauf zu VI.

Verzugszinsen, Einzahlung des Aktienbetrages? § 218[5]; keine V. neben Vertragsstrafe § 348[16]; gesetzliche V., Höhe § 352; keine Zinseszinsen § 353[4]; V. neben Warenskonto Anh. zu § 359[16]; Annahme des Kapitals kein Verzicht auf V. Anh. zu § 374[11].

Viehmängel § 382.

Viehtreiben, Gegenstand des Frachtgeschäfts § 425[2].

Viehzucht, Handelsgewerbe? § 3[1].

Vierwöchige Kündigung § 66[5], § 346[2].

Vierzehntägige Kündigung § 66[5].

Vinkulationsgeschäft Vorb. v. § 373[66–66e].

Vinkulierte s. gebundene, Namensaktie § 180[10–13]; s. AG. zu D.

Vis major s. Höhere Gewalt.

Vollbeendigung der o. HG. § 158[4].

Volleinzahlung auf Aktien § 179[3], [4].

Vollerwerb des Geschäfts § 22 E, [6].

Vollkaufmann § 2[13]; Landwirt § 3[13]; V. und Minderkaufmann § 3[30]; Geltung des nicht eingetragenen Nichtkaufmanns als V. § 5[3], [4], Anh. zu § 5[1], [2]; AG. als V. § 210[15]; Formfreiheit der Bürgschaft § 349[9], § 350[4]; Nichtherabsetzung der Vertragsstrafe, Ausschluß der Vorausklage bei Bürgschaft, Formfreiheit bei Bürgschaft, Schuldversprechen, Schuldanerkenntnis nur für V. § 351, § 349[24], [25]; Börsentermingeschäftsfähigkeit Anh. zu § 376[17].

Vollmacht zur Anmeldung § 12[3]; Unterschied gegen Auftrag § 54[2]; der Ladenangestellten § 56; Zeichnungsschein § 189[2]; Ausübung des Stimmrechts § 252[15–22]; Annahme angebotener Ware § 373[14]; s. Handlungsvollmacht, Prokura, Vertretung.

Vollständigkeit, Vermutung der V. für formgerecht abgefaßte Geschäfte § 350[71–79].

Vollstreckung s. Zwangsvollstreckung, Urteil, Pfändung, Versteigerung, Eintragung.

Volontär, kein Handlungsgehilfe § 59[10]; kein Lehrling § 76[1]; Wettbewerbverbot § 82a.

Vorausklage, Einwand des Bürgen § 349[22]; Kreditauftrag § 349[62], Anh. zu § 349[30]; Wegfall nur bei Vollkaufmann § 351.

Voraussehbarkeit des Schadens, Sorgfaltspflicht des Kaufmanns § 347[26]; Anspruch auf Schadensersatz wegen schuldhaft mangelhafter Lieferung § 377[101].

Vorauszahlung Anh. zu § 359[10], Anh. zu § 372[44]; Vorb. v. § 373[63a].

Vorbehalt bei Quittungserteilung Anh. zu § 372 [69]; Angebot von Leistungen § 373[14a]; Zahlung unter V. Anh. zu § 374[12a]; V. bei Annahme § 377[118], [118a], [119]; bei Bezahlung der Fracht § 438[7]; „Aufgabe vorbehalten" (Mäkler) § 95 E, [1].

Vorbehaltsgut der Ehefrau E[44], [46], [47], [55], [69].

Vorbereitungsgeschäfte, Gewerbsmäßigkeit § 1[10a]; Handelsgeschäfte § 343[14]; Bilanz § 39[2]; Geschäftsbeginn der o. HG. § 123[15].

Vorerbe des o. H.-Gesellschafters § 139[4]; Geschäfte über Erbschaftsache, gutgläubiger Erwerb § 366[78].

Vorgeneralversammlung § 197[6].

Vorgeschobener Strohmann kein Kaufmann § 1[17].

Vorgründungsverträge § 182[33]; s. AG. zu C.

Vorkaufsrecht Vorb. v. § 373[22a]; Unzulässigkeit bei Aktien § 222[6].

Vorläufig vollstreckbare Entscheidungen, Anmeldung zum Handelsregister § 16[2].
Vorlegung der Handelsbücher §§ 45, 46, 47.
Vorleistung Anh. zu § 372[46b], Vorb. v. § 373[40–46].
„vormals" Firmenzusatz § 37[20].
Vormann, gutgläubiger Erwerb § 366[17]; Vormänner des Aktionärs, Haftung bei Kaduzierung §§ 220, 221.
Vormerkung, keine Eintragung in Handelsregister Anh. zu § 8[6].
Vormund, Kaufmann § 1[18].
Vormundschaftsgericht, Genehmigung zum Gewerbebetrieb § 1[21]; Lehrling § 76[8], Lehrvertrag § 76[13].
Vornamen, Firma § 18[5], § 19[3].
Vorprämie Anh. zu § 348[7].
Vorprämiengeschäft Anh. zu § 348[7], Anh. zu § 376[52].
Vorrecht im Konkurs, Vorstand § 231[34]; kein V. des Aufsichtsrats § 245[18].
Vorrechte für Aktiengattungen § 185 E; bei Erhöhung des Grundkapitals § 278[1]; s. Vorzugsaktien.
Vorsatz, Übergabeverzug Anh. zu § 374[46]; Bewußtsein des schädigenden Erfolgs § 377[101]; **Haftung des Spediteurs § 408[25]; desgl. des** Frachtführers § 429[24], § 430[8–12], § 438[15]; desgl. der Eisenbahn § 457[5], § 464 Abs. 2, § 465[4], § 466[7].
Vorschuß, Handlungsgehilfe § 59[33b]; Reisender § 59[37]; Agent § 92[7]; o. H.-Gesellschafter § 110[7]; Zinsen für V. des Kaufmanns § 354[4], [10]; Kommissionär § 396[14]; Spediteur § 409[11].
Vorsitz, Generalversammlung § 254[23], § 256[10].
Vorsitzender des Aufsichtsrats § 246[14]; der Generalversammlung **§ 258 Satz 2, § 259[8].**
Vorspiegeln s. Arglist.
Vorstand, Anmeldung juristischer Personen § 33[7], [13], [14]; Firmenzeichnung § 35; AG. zu F I; Kommanditgesellschaft auf Aktien § 320[30]; Kartell als nicht rechtsfähiger Verein Anh. zu § 346[39].
Vorteile, besondere, für einzelne Aktionäre § 186 E, [1], [2], [3]; desgl. für Komplementare der Kommanditgesellschaft auf Aktien § 322[3]; Stimmenkauf § 317[1], [2], [3].
Vorteilsausgleichung § 347[25], Anh. zu § 374[32], [33], [73], [74], § 377[49], [87].
Vortrag des Saldos auf neue Rechnung § 355[20]; s. Gewinnvortrag.
Vorübergehende Aushilfe § 69.
Vorvertrag über Begründung einer o. HG. § 105 [53]; über Übernahme neuer Aktien § 281[10]; Handelsgeschäft § 343[19]; Form § 350[50–53], Anh. zu § 361[14], [87]; wegen Formmangels nichtiger V. Anh. zu § 361[10]; Vorgründungsvertrag § 182[33]; Grundstückskauf § 350[23]; pactum de pignorando § 350[30]; Vorverhandlungen Anh. zu § 372[38b].
Vorzeitige Kündigung § 66[8].
Vorzugsaktien § 185; Stimmrecht § 252[10], [11]; Abstimmung bei Änderung mehrerer Gattungen von Aktien § 275[4], [5], [6].
Vorzugsdividende § 214[2], [3]; Kommanditgesellschaft auf Aktien § 320[71]; keine V. bei stiller Gesellschaft § 337[3].
Vorzugsobligationen § 185[12].
Vorzugsrechte im Konkurse, kein V. des Agenten § 88[21]; Aufgabe durch den Gläubiger § 349[35]; Genußscheine § 179[23].
Vorzugspreise Vorb. v. § 373[28].
„Vue et agréé" § 366[6].

W

„W" Vorb. v. § 373[20].
Wach- und Schließgesellschaften § 2[3].
Wagenmangel, Auslegung § 346[3], Anh. zu § 374 [47], [48].
„Waggonfrei" Anh. zu § 372[31].
Wahl von Aufsichtsrat und Vorstand bei Gründung § 190; W. des Aufsichtsrats § 243[1–4]; Bestimmungen des Gesellschaftsvertrags § 251[3]; Zulässigkeit der eigenen W. § 252[26]; Aufsichtsrat der Kommanditgesellschaft auf Aktien § 320 [92], [95].
Wahlrecht, Erben des o. H.-Gesellschafters § 139; s. Kauf zu VI.
Wahlschuld Anh. zu § 374[49a].
Wahrer Wille § 346[2].
Währung § 361[1–7]; Erfüllungsort § 361[2]; Reichswährung § 361[5], desgl. Bilanz § 40[1]; Goldwährung § 361[5]; ausländische W. § 361[3], [6]; Kurs § 361[6].
Wandelpön § 348[33], Anh. zu § 348[7].
Wandlung, Erfüllungsort § 377[75–75c]; Beweislast § 377[129]; Rat, Empfehlung Anh. zu § 349[14].
Wandlungsklage § 377[69a].
Waren, Begriff § 1[38], [41], § 360[1]; Anbringung der Firma auf W. § 17[1], Bilanz der AG. § 261[18–24]; W. mittlerer Art und Güte § 360; Pflicht des ablehnenden Antragsempfängers § 362[17]; Preis der W. Vorb. v. § 373[29].
Warenagenten § 84[15].
Warenbezugsverträge mit Alleinverkaufsrecht Anh. zu § 346[16a].
Warenhandwerker § 1[44], § 4[3].
Warenlager, Vollmacht der Angestellten in offenem W. § 56; Eigentumserwerb § 366[12]; Verpfändung § 368[3], [9], [11], [11a]; Sicherungsübereignung § 366[2a], § 368[9a], [95a], [97]; Verkauf Anh. zu § 382[69].
Warenrabatt § 346[6].
Warenskonto Anh. zu § 359[14].
Warenzeichen, Minderkaufleute § 4[23]; Anmeldung und Eintragung § 17[11]; Geschäftsveräußerung § 22[25].
Warenzeichengesetz § 37[26], Anh. zu § 346[9].
Warenzeichenschutz Anh. zu § 8[11].
Warrant § 416 E, § 424.
Wartefrist, Pfandverkauf § 368[46], [47], [93]; Verwertung des zurückbehaltenen Gegenstandes § 371[15]; Pfandverkauf mit Frachtgeschäft § 440 [12].
Waschen; Be- und Verarbeitung § 1[53].
Wasserlieferungsvertrag Vorb. v. § 373[16a].
Wassermangel, Übergabeverzug Anh. zu § 374[47].
Wasserstandsklausel § 376[4], § 408[26].

Wechsel, Firmenzeichnung § 17[1]; Zeichnung des Prokuristen § 51[2]; keine Befugnis des Handlungsbevollmächtigten § 54[20]; Zeichnung der o. HG. § 126[17]; Haftung der o. HG. und des Gesellschafters § 128[6]; Unterschrift für AG. § 232[4, 11], § 233[2]; Handelsgeschäft § 344[10]; Sorgfalt bei Einziehung § 347[3]; wegen Formmangels ungültiger W. § 350[10a]; Zinsen § 352[12]; Gegenstand des Kontokorrentvertrags § 355[15]; offene Rechnung Anh. zu § 357; Orderpapier § 364 E; Bestellung des Pfandrechts § 368[14, 15, 16]; Zurückbehaltungsrecht Vorb. v. § 369[4], § 369[16, 19, 44]; W. mit Auftrag zur Diskontierung, Zurückbehaltungsrecht? § 369[49]; Zahlung in Wechseln des Käufers Vorb. v. § 373[64–64e]; Diskontierung Vorb. v. § 373[64]; gefälschte W. Vorb. v. § 373[64e], Bankwechsel Vorb. v. § 373 [65]; Börsentermingeschäft Anh. zu § 376[53, 54, 72, 111, 156]; Differenz- und Spielgeschäft Anh. zu § 376[191]; Kommissionär, Ankauf von W, § 395.
Wechselbürgschaft § 349[10], § 350[5].
Wechselremburs Vorb. v. § 373[65–65d].
Wechselschulden, Zinsen § 352[12].
Wechselvorvertrag, Schriftform? § 350[51].
Weigerung, Dienstverweigerung des Handlungsgehilfen § 72[3]; Annahmeverweigerung des Käufers § 373[13, 13a, b]; Erfüllungsverweigerung Anh. zu § 374[9, 51, 84a, 113]; Zahlungsverweigerung Anh. zu § 374[16].
Weihnachtsgratifikationen § 59[34]; Handelsgeschäft § 343[28].
Weinkauf Anh. zu § 348[1].
Weisungen des Kommittenten § 385.
Weißer Scheck Anh. zu § 363[1].
Weiterveräußerung, Grundhandelsgeschäft § 1[33, 42, 43]; Abnahmepflicht des Käufers trotz W.? Vorb. v. § 373[70].
Weiterverkauf, Mängelrüge § 377[22, 29]; Wandlung § 377[66, 67]; Minderung § 377[81, 83].
Weltkreditbrief § 349[64].
Werk, Werke, Firmenzusatz § 18[12b].
Werklieferungsvertrag, Begriff, Regeln vom Kauf bei Herstellung vertretbarer beweglicher Sache Vorb. v. § 373[14], § 381[14, 15]; Regeln von Kauf und Werkvertrag bei Herstellung nicht vertretbarer beweglicher Sache Vorb. v. § 373[15], § 381[14, 16]; Grenze zwischen Beweglichkeit und Unbeweglichkeit § 381[17]; Herstellung aus Stoff des Bestellers § 381[18]; desgl. aus Stoff teils des Bestellers, teils des Unternehmers § 381[19]; desgl. mit Vereinbarung, daß der Stoff durch andere ersetzt werden darf § 381[20].
Werkverdingungsverträge über Grundstücke keine Grundhandelsgeschäfte § 350[15]; Formlosigkeit § 350[31].
Werkvertrag Vorb. v. § 373[15], § 381[16]; Rat Anh. zu § 349[13, 20]; Empfehlung, Auskunft Anh. zu § 349[13].
Wert, objektiver § 40[2]; Auseinandersetzung mit ausscheidendem o. H.-Gesellschafter Anh. zu § 141[5]; Kurswert § 361[3]; wertmindernde Mängel § 377[40]; Eigenschaft des Wertpapiers § 381[12a]; Höhe des vom Frachtführer zu ersetzenden Wertes, Handelswert § 430[3, 4]; gemeiner W. § 430[3, 4], § 463[4]; Kurs § 381[12].
Wertangabe, Frachtgeschäft § 426[3], § 429[21, 22].
Wertansatz, Bilanz § 40[2–9]; desgl. der AG. § 261[4].
Wertlosigkeit der Ware, Erfüllungsverzug § 377[48].
Wertminderung des Pfandes, Rechte von Eigentümer und Verpfänder § 368[34].
Wertnachnahme, Speditionsgeschäft § 407[23a]; Frachtgeschäft § 440[1].
Wertpapier, Begriff § 381[1–4]; Anschaffungsgeschäft § 1[38–41]; Bankiergeschäft § 1[65]; Interimsschein § 179[7]; Aktie § 179[9]; Bilanz der AG. § 261[18]; Sorgfalt des Kaufmanns bei Versendung § 347[3]; W. mittlerer Art und Güte § 360[1], § 381[9]; Zurückbehaltungsrecht § 369[12–15]; Sachmängel? § 377[43, 102]; Lieferung anderer Ware § 378[6], § 381[11]; Kauf von W. § 381 E, [1–13b]; Anwendung der Vorschriften über Handelskauf § 381 E; Verschaffung des Eigentums am Papier § 381[5]; Haftung für Mängel im Recht § 381[6, 7, 8]; desgl. für rechtlichen Bestand § 381[6]; desgl. für Nebenrechte § 381[7]; desgl. für Fehlen besserer Rechte Dritter § 381[8]; Aufgebot § 381[8]; Haftung für Sachmängel § 381 [9–13]; Lieferbarkeit § 381[10]; Erneuerungsschein, Dividendenschein, Kupons § 381[10]; Zusicherungen tatsächlicher Art § 381[12, 12a]; Kurs § 381[12]; Dividendengarantie § 381[13]; Verjährung § 381[13b]; Kommissionsgeschäft § 383[1, 7, 8]; Bankverwahrungsgeschäft Anh. zu § 424[1, 3, 31]; beschränkte Haftung des Spediteurs § 429[19, 20]; desgl. der Eisenbahn § 456[17], § 462.
Wertzuwachssteuer, kein Sachmangel § 377[44].
Wettbewerb, unlauterer, Prüfung des Registerrichters Anh. zu § 8[11]; Geschäftsname § 17[6]; Firmenschutz § 37[26]; Verletzung der Verschwiegenheitspflicht des Handlungsgehilfen zu Zwecken des W. § 59[39]; o. HG. § 124[5]; Strafantragsrecht der AG. § 210[5].
Wettbewerbsverbot, Geschäftsveräußerung § 22 [33–40]; Handlungsgehilfe § 59[1, 5a]; gesetzliches W. § 60; Recht des Prinzipals auf Schadensersatz oder Eintritt § 61; Entlassungsgrund § 61 [8, 10]; Vertragsstrafe § 61[8, 11]; Übertretung Entlassungsgrund § 72[2]; vereinbartes W. §§ 74, 74a, b, c, 75, 75a—75f, 76; Beschränkung der gewerblichen Tätigkeit des Gehilfen § 74[6, 7]; Schriftform § 74[8, 9, 11]; Entschädigung § 74[11–14]; Höhe § 74[13, 14]; Nichtigkeit bei Zuwiderhandlungen § 74[15, 16]; Auslegung § 74[17–23]; W. bei Geschäftsveräußerung § 74[24]; Erfüllungsort § 74 [26]; keine Bindung für Dritte § 74[27]; Schutz eines berechtigten geschäftlichen Interesses des Prinzipals § 74a E, [1–4]; Unverbindlichkeit bei unbilliger Erschwerung des Fortkommens des Gehilfen § 74a[5, 6, 7]; Zeitbeschränkung § 74a[8]; Nichtigkeit bei Jahresgehalt unter 1500 ℳ § 74a [10]; desgl. bei Minderjährigkeit des Gehilfen § 74a[11]; desgl. bei ehrenwörtlichem Versprechen § 74a[12]; desgl. der Übernahme der Verpflichtung durch Dritten § 74a[13]; desgl. wegen Verstoßes gegen gute Sitten § 74a[14]; Fälligkeit der Entschädigung § 74b; Anrechnungspflicht des Gehilfen § 74c[1–6]; Fortfall der Entschädigung bei Freiheitsstrafe § 74c[7, 8]; Auskunftspflicht

des Gehilfen § 74c[9], [10]; Fälle der Unwirksamkeit § 75; Verzichtserklärung des Prinzipals § 75a; Wegfall der Entschädigungspflicht bei Tätigkeit außerhalb Europas, desgl. bei Hochbesoldeten § 75b; Vertragsstrafe für Nichterfüllung neben Schadensersatz § 75c[3]; Herabsetzung der Vertragsstrafe § 75c[4]; kein Schadensersatz neben Vertragsstrafe bei überseeischer Tätigkeit, Hochbesoldeten, Volontären § 75c[6]; Nichtigkeit von Vereinbarungen zum Nachteil des Gehilfen § 75d; Konkursvorrecht der Entschädigungsforderung, Beschränkung der Pfändbarkeit § 75e; geheime Konkurrenzklausel § 75f; Lehrling, gesetzliches W. § 76[19]; Nichtigkeit des vertraglichen W. § 76[24]; Volontäre § 82a, § 75c[6]; Agent? § 84[22], [22a]; o. H.-Gesellschafter § 112; Schadensersatz und Eintrittsrecht als Folgen § 113; Fortfall bei Liquidation § 145[4], § 156[7]; kein W. für Kommanditisten § 165[1], [2]; Komplementare § 165[3]; Vorstand § 236; kein W. gegen Aufsichtsratsmitglieder als stellvertretendes Vorstandsmitglied § 248[5]; kein W. gegen Liquidatoren der AG. § 298[12]; Komplementar der Kommanditgesellschaft auf Aktien § 326; Inhaber der stillen Gesellschaft § 335[34]; **kein W. gegen stillen Gesellschafter § 335[34]; unsittliche Geschäfte Anh. zu § 346[21], [35]; W.** selbständiger Kaufleute, Vertragsstrafe § 348[4].

Wetten, Saldofeststellung § 355[30]; Differenzgeschäft Anh. zu § 376[181]; W. über Rennen Anh. zu § 376[201].

Wichtige Gründe, Dienstverhältnis des Handlungsgehilfen § 70 E, [1–17b]; fristlose Kündigung seitens des Handlungsgehilfen § 71; desgl. des Prinzipals § 72; Lehrvertrag § 77[7]; Auflösung der o. HG. § 133 E, [2], [3], [4], [13–23]; Vorstand § 231[30], [31], [32]; s. Handlungsgehilfe zu II, o. HG. zu IV; Liquidatoren der o. HG., Ernennung § 146[11]; desgl. Abberufung § 147[6].

Widerklage, Anfechtung von Beschlüssen der Generalversammlung? § 271[6]; Eisenbahn § 469 Abs. 3.

Widerruf der Einwilligung des Mannes in Handelsbetrieb der Ehefrau E[59]; der Anmeldung § 12[10]; desgl. der AG. § 195[4]; der Prokura § 52 E, [1–4]; der Vollmacht Anh. zu § 58[93], [94]; des Mäklerauftrages Vorb. v. § 93[17], [30]; Vertretungsmacht, o. HG. § 127[4]; Vorstand § 231[7], [14–18]; Prokura der AG. § 238[14]; Amt des Aufsichtsrats § 243[8]; Vergütung des Aufsichtsrats § 245[4]; Recht des Bürgen § 349[40]; des Vertragsantrags Anh. zu § 361[15]; kaufmännische Anweisung § 363[7]; Kommissionsverhältnis § 383[23], [24]; kein Eintritt des Kommissionärs nach Eintreffen des W. § 405[14]; Speditionsvertrag § 407[19], § 408[16], § 412[3].

Widerspruch gegen Eintragung § 16[8]; gegen Beschluß der Generalversammlung, Anfechtungsberechtigung § 271[10].

Widerspruchsklage des Ehemanns E[55]; des o. H.-Gesellschafters § 124[15]; aus Sicherungsübereignung § 368[106].

Widerstreitende Interessen, Mäkler Vorb. v. § 93 [35], § 99[3]; Kommissionsgeschäft § 384[8].

„Wie besehen" § 360[3], [6], § 377[187].

Wiedereröffnung der Schiffahrt § 359[1], Anh. zu § 372[45]; der Liquidation der AG. § 302[21–24].

Wiederkehrende Leistungen § 185[7], § 212, § 216, § 292[11]; s. AG. zu D.

„Wie gehabt" § 377[41].

Willenserklärungen, Auslegung § 346; Übermittlung durch Boten § 346[4], [5]; Verhinderung des Zugehens Anh. zu § 361[9a]; desgl. der Kenntnisnahme durch Dritten Anh. zu § 361[9b]; gemeinschaftliche Eigentümer einer Aktie gegenüber der AG. § 225[11]; W. der AG., Gesamtvertretung § 232.

Willensübereinstimmung, kein Vertragsschluß beim Fehlen Anh. zu § 361[91–94].

Wirksamkeit der o. HG., Beginn § 123.

Wissen einer Tatsache, Kenntnis auch nur eines Gesamtvertreters zur Begründung der Unredlichkeit genügend § 232[13].

Wissenmüssen § 232[13], § 377[152].

Wissenschaft, keine Gewerbsmäßigkeit § 1[9].

Wochenbett der Handlungsgehilfin § 63[2], [8].

Wochenfristen Anh. zu § 359[25], [26].

Wohnraum des Handlungsgehilfen § 62 Abs. 2.

Wohnsitz, Erfüllungsort Anh. zu § 372[19–24]; Ehefrau Anh. zu § 372[20]; kein W., Aufenthalt maßgebend **Anh. zu § 372[22], mehrere W. Anh. zu** § 372[23]; **Wechsel des W. Anh. zu § 372[24].**

Wortlaut § 346[2].

Wortzeichen, Warenzeichen § 37[2].

Wucher, Nichtigkeit der Geschäfte § 1[22], Anh. zu § 346[22], Hungerlöhne § 59[33]; Bierabnahmevertrag Anh. zu § 346[16]; Zinsen § 352[14].

Z

Zahl, Mitglieder des Aufsichtsrats § 243[4]; Mitwirkung des Verkäufers zur Feststellung Vorb. v. § 373[56a].

„Zahlbar in", Erfüllungsort Anh. zu § 372[32].

Zahlstelle, behördliche Anh. zu § 372[68].

Zahlung an Reisenden § 55[5]; an Ladenangestellte § 56[4]; an Agenten? § 86[2], § 87; des Bürgen § 349[41–46]; „Zahlung Kasse" Anh. zu § 359[6], Anh. zu § 372[46a]; Z. Zug um Zug Anh. zu § 372[46]; Rechtsnatur Vorb. v. § 373[62a]; Vorauszahlung Vorb. v. § 373[63a]; **Z. durch Verrechnung Vorb. v. § 373[63b]; Barzahlung Vorb.** v. § 373[63c]; durch Wechsel Vorb. v. § 373[64–64e]; durch Bankwechsel, Wechselremburs Vorb. v. § 373[65–65d]; Unterlassung der Z., Zahlungsverzug Anh. zu § 374[6]; **Z. unter Vorbehalt** Anh. zu § 374[12a]; Ausschluß der Anfechtung durch Z. als Bestätigung § 377[163]; Speditionsgeschäft, Z. des Empfängers § 436; Z. gegen Duplikatfrachtbrief § 455[4], [6]; s. Fälligkeit, Quittung, Erfüllungszeit, Teilzahlung, s. Kauf zu VI.

Zahlungsbefehl, Verurteilung des Ehemanns zur Duldung der Zwangsvollstreckung E[53].

Zahlungseinstellung, Notzurückbehaltungsrecht § 370.

Zahlungsfähigkeit, Prüfung durch Mäkler § 93[7]; der Aktionäre, Gründerhaftung § 203[16]; des Käufers Vorb. v. § 373[47], [49]; s. Zahlungsunfähigkeit.

Zahlungsfristen, Bewilligung durch Reisende § 55^{5}; durch Agenten? § 86^{2}; richterliches Moratorium Anh. zu § 350.
Zahlungsmittel § 361.
Zahlungsskonto Anh. zu § 359$^{15, 16}$.
Zahlungssperre, Verlust von Inhaberaktien § 228^{3}, s. Sperrjahr.
Zahlungsstockung § 240^{9}.
Zahlungsunfähigkeit des Kunden, kein Provisionsanspruch des Agenten § 88^{10}, Sorgfaltspflicht des Mäklers Vorb. v. § 93^{37}; Z. der Aktionäre, Gründerhaftung § 202$^{17, 18}$; Antrag auf Konkurseröffnung § 240^{9}; Z. des Käufers Vorb. v. § 373$^{39, 46, 47}$.
Zahlungsverzug des Käufers Anh. zu § 374$^{6-39}$; s. Kauf zu VI.
Zahnarzt kein Kaufmann § 1^{9}.
Zeichenstelle § 203^{9}; s. Zeichnungsstelle.
Zeichner, Gebundenheit § 189^{22}.
Zeichnung der Firma § 29^{5}; bei teilweisem Wechsel der Inhaberschaft § 24^{7}; desgl. Vorstand und Liquidatoren der juristischen Person § 35; des Prokuristen § 51, § 53^{2}, § 57^{2}; des Handlungsbevollmächtigten § 57; der o. HG. § 108$^{2, 4}$; Liquidatoren der o. HG. § 153; der Kommanditgesellschaft § 162^{14}; keine Pflicht des Sacheinlegers § 186^{8}; Aktienzeichnung § 189; desgl. im Prüfungsbericht § 193^{2}; Anmeldung der AG., Z. der Namensunterschrift durch Vorstandsmitglieder § 195^{22}; Z. bei Kapitalserhöhung § 281; Liquidatoren der AG. § 296; Beseitigung der Nichtigkeit ungültiger Z. § 310^{2}; falsche Gründerangabe über Z., Strafbarkeit § 313^{1}; Kommanditgesellschaft auf Aktien § 320^{28}, § 323; s. Handelsregister, Unterschrift, Aktiengesellschaft zu B III, Zeichnungsschein.
Zeichnungsschein, AG. § 189E, $^{1-14}$; Kapitalserhöhung § 281; Kommanditgesellschaft auf Aktien § 323; s. Zeichnung, Aktiengesellschaft zu B III, Kommanditgesellschaft auf Aktien zu II.
Zeichnungsstelle § 189^{29}; s. Zeichenstelle.
Zeit für Inventur und Bilanz § 39; für Bilanz der AG. § 261^{22}; der Erfüllung Anh. zu § 372 $^{43-47}$; s. Erfüllungszeit; Bürgschaft auf bestimmte Z. § 349$^{26-30}$; Z. der Saldofeststellung § 355^{22}; Preisbestimmung Vorb. v. § 373^{34}; wesentliche Verschlechterung der Vermögensverhältnisse des Gegners zur Zeit der Verweigerung der Vorleistung Vorb. v. § 373^{43}; Z. des Selbsthilfeverkaufs § 373^{42}; der Mängelanzeige § 377^{29}.
Zeitablauf, Auflösung der o. HG. § 131^{5}; desgl. der Kommanditgesellschaft Anh. zu § 177^{1}; desgl. der AG. § 292$^{4, 5}$; desgl. der stillen Gesellschafter § 339^{9}.
Zeitbestimmungen § 359; s. Erfüllungszeit.
Zeitgeschäfte des Mäklers § 94^{1}; Börsentermingeschäfte Anh. zu § 376E.
Zeitliches Anwendungsgebiet des HGB. E$^{7-15}$.
Zeitpunkt des Vertragsabschlusses bei Annahme des Angebots Anh. zu § 361^{24}.
Zeitrechnung, Auslegungsregel § 361.
Zeitschriftenabonnement Vorb. v. § 373^{3a}.
Zeitungsspediteur § 407^{8}.
Zentralbankier § 369^{22}, § 397^{13}, Anh. zu § 424 $^{25, 27, 29, 30, 33}$.
Zerrüttete Vermögensverhältnisse des Prokuristen als Entlassungsgrund § 72^{10}.
Zettel, lose, keine ordnungsmäßige Buchführung.
Zeuge, Ladung des Handlungsgehilfen als Z., unverschuldete Dienstverhinderung § 63^{8}; o. H.-Gesellschafter kein Z. § 124$^{13, 15}$; Gesellschafter der Kommanditgesellschaft keine Z. § 161^{17}; Aktionär § 210^{8}; Vorstandsmitglieder keine Z. § 210^{8}, § 231^{4}; Aufsichtsratsmitglied als Vertreter der AG. kein Z. § 247^{6}; Kommanditgesellschaft auf Aktien, Kommanditist als Z. § 320^{8}; desgl. Komplementar kein Z. § 320^{8}; stiller Gesellschafter als Z. § 335^{11}.
Zeugnis des Handlungsgehilfen § 73; des Lehrlings § 80; kein Z. für Agent § 84^{34}; Vorstand der AG. § 231^{35}; Zeugnisverweigerungsrecht, Gewerbegeheimnisse des Kartells Anh. zu § 346^{57}; desgl. des Inhabers der Auskunftei des Bankiers Anh. zu § 349^{44}.
Ziegelei, Handelsgewerbe § 2^{3}, § 3^{5}, § 343$^{7, 22}$; Form des Pachtvertrags § 350^{38}.
Ziegelmeister § 59^{19}.
Ziel, Beweislast Vorb. v. § 373^{88}; s. Kreditkauf.
Zimmermeister § 1^{48}.
Zinsansprüche, Übergang auf Bürgen § 349^{43}.
Zinsen, aufgewendetes Geld des o. H.-Gesellschafters § 110^{5}; Gewinnverteilung der o. HG., 4 % des Aktivsaldos § 121$^{1, 2}$; Entnahme aus der Gesellschaftskasse § 122$^{1-4}$; Liquidationsbilanz § 154^{4}, § 155^{3}; Kommanditgesellschaften § 168$^{1, 5}$; keine festen Z. für Aktionär § 213^{3}; nicht rechtzeitige Einzahlung des Aktionärs § 218 $^{5, 8, 9}$; Reservefonds, Z. von Papieren § 262^{5}; Aktivsaldo des Komplementars der Kommanditgesellschaft auf Aktien § 320$^{67, 68, 69}$; Gewinnanteil des stillen Gesellschafters § 337^{4}; Übergang auf zahlenden Bürgen § 349^{43}; Höhe der gesetzlichen Z. bei beiderseitigen Handelsgeschäften § 352$^{1-12}$, § 353^{9}, Vorb. v. § 373^{63}; Wechselschulden § 352^{12}; Höhe der vertragsmäßigen Z. § 352$^{13, 14, 15}$; Amortisationszinsen § 352^{14}; Strafzinsen § 352, § 352^{14}; Verjährung von rückständigen Z. und Verzugszinsen § 352^{16}; gesetzliche Zinspflicht für Forderungen aus beiderseitigen Handelsgeschäften § 353; kein Zinseszins § 353^{4}; vereinbarte Zinserhöhung bei unpünktlicher Zahlung § 353^{4}; Fälligkeit § 353 $^{5, 6, 7}$; Holschulden § 353^{8}; Hinterlegung bei Annahmeverzug des Gläubigers § 353$^{10, 11}$; Zinspflichten des bürgerlichen Rechts § 353 $^{12, 13}$; Z. für Darlehen, Vorschüsse, Auslagen, Verwendungen § 354$^{15, 16, 17}$; Auslagen des Kommissionärs § 396^{23}; desgl. des Spediteurs § 409^{12}; Kontokorrentverhältnis § 355$^{11, 33-38}$; kein Abzug von Zwischenzins bei vorzeitiger Zahlung unverzinslicher Schuld Anh. zu § 359^{12}; Mitverpfändung der Z. § 368^{37}; Nichtzahlung von Z. als Verzugsbegründung Anh. zu § 374^{11}.
Zinseszins, Verbot § 353^{4}; Aufhebung des Verbots beim Kontokorrentsaldo § 355^{37}; s. Zinsen.
Zinspflicht des Käufers Vorb. v. § 373^{63}; Schadensersatzpflicht des Käufers wegen Nicht-

erfüllung Anh. zu § 374[22]; desgl. des Verkäufers Anh. zu § 374[122].
Zinsscheine, schlechtgläubiger Erwerb § 367[2]; Umfang des Pfandrechts § 368[37]; Pfandrecht des Spediteurs § 440[4].
Zirka, Bedeutung § 346[19]; Bestimmbarkeit von Ware und Preis Vorb. v. § 373[35].
Zirkus, Handelsgewerbe? § 2[3].
Zivilagent § 84[9].
Ziviler Preis Vorb. v. § 373[35].
Zivilmäkler Vorb. v. § 93; s. Mäkler zu III.
Zoll, Rangordnung der Pfandrechte § 368[79]; Änderung der Zollgesetzgebung, objektive Unmöglichkeit? Anh. zu § 374[49]; Umgehung von Zollgesetzen bei Speditionsvertrag § 407[25]; Sorgfalt des Spediteurs § 408[2]; Auslagen des Spediteurs § 409[8]; des Lagerhalters § 420[3]; desgl. des Frachtführers § 446[5].
Zollniederlage § 416[4].
Zollspediteur Anh. zu § 382[56a], § 408[20].
Zubehör, Be- und Verarbeitung § 1[45], [51]; gutgläubiger Erwerb § 366[13], § 368[37]; Übergabepflicht des Verkäufers Vorb. v. § 373[56]; Werklieferungsvertrag § 381[17]; Eigentumsvorbehalt § 382[72].
Züchtigung des Lehrlings, kein Recht des Prinzipals § 76[4].
Zufälliger Untergang, Wandelung § 377[65]; Gefahrübergang bei Platzgeschäft Anh. zu § 382[45b].
Zuführung des Käufers durch Mäkler, Provisionsanspruch des Mäklers Vorb. v. § 93[32].
Zugefrieren, Zeitbestimmung § 359[1].
Zugehen der Unterschriften bei schriftlichem Vertrag § 350[64]; des Antrags Anh. zu § 361[59b].
Zug-um-Zug-Leistung, Zurückbehaltungsrecht Vorb. v. § 369[3], [12]; Erfüllungsort Anh. zu § 372 [15], [42]; Erfüllungszeit Anh. zu § 372[46]; Einrede des nicht erfüllten Vertrags Vorb. v. § 373 [77], [79d], [80]; Zahlungsverzug des Käufers Anh. zu § 374[8], [14]; Übergabeverzug des Verkäufers Anh. zu § 374[44]; Wandelung § 377[74].
Zulassung zur Teilnahme an Generalversammlung § 255[1–5]; Z. zum Börsenterminhandel Anh. zu § 376[3], [8], [104]; zum Börsenbesuch Anh. zu § 376[22].
Zurückbehaltungsrecht.

A. Zurückbehaltungsrecht des BGB.

I. Allgemeines. Begriffliches Vorb. v. § 369[1]; rechtlicher Zusammenhang zwischen Anspruch und Gegenanspruch Vorb. v. § 369[2–7]; Gegenstand Vorb. v. § 369[2]; Voraussetzungen Vorb. v. § 369[3], [4], [5]; Fälligkeit des Gegenanspruchs Vorb. v. § 369[3]; einheitliches zugrunde liegendes Rechtsverhältnis Vorb. v. § 369[4]; Anwendung auf gegenseitige Verträge Vorb. v. § 369[5]; Ausschluß des Z. durch Natur des Schuldverhältnisses Vorb. v. § 369[6]; desgl. durch Gesetz Vorb. v. § 369[6a]; vereinbarte Änderungen Vorb. v. § 369[7]; Z. an unpfändbaren Sachen Vorb. v. § 369[7]; Z. wegen Verwendungen und wegen des durch die Sache verursachten Schadens Vorb. v. § 369[8]; Umfang Vorb. v. § 369[9]; Nichtbeachtung von Amts wegen Vorb. v. § 369[1]; Wirkung Vorb. v. § 369[11–14]; kein Verzug des Schuldners Vorb. v. § 369[11]; Zug-um-Zug-Leistung Vorb. v. § 369[12]; nur verzögerliche Einrede Vorb. v. § 369[13]; Sorgfaltspflicht des Zurückbehaltenden Vorb. v. § 369[14]; Abwendung durch Sicherheitsleistung Vorb. v. § 369[15]; Verhältnis zu anderen Rechten Vorb. v. § 369[16]; keine Wirkung im Konkurse des Schuldners Vorb. v. § 369[17]; Endigung Vorb. v. § 369[18].

II. Einzelfälle. Z. des Handlungsgehilfen, besonders des Reisenden § 59[45], § 70[17a]; kein Z. des Prinzipals an der Vergütung des Gehilfen § 59[47]; Z. des Agenten § 84[17a], § 88[20]; der Aktionäre am Gegenstande der Einlage § 221[5]; kein Z. am Gehalt der Vorstandsmitglieder § 231[17]; bei Kapitalserhöhung § 289[4]; Übergang auf zahlenden Bürgen? § 349[43]; Z. des Pfandgläubigers § 368[38]; kein Z. beim Vinkulationsgeschäft Anh. zu § 373[66d]; Kauf, Einrede des nicht erfüllten Vertrags Vorb. v. § 373 [77–80]; Kauf des Kontraktes Anh. zu § 374[2a]; kein Zahlungsverzug des Käufers bei Vorliegen des Z. Anh. zu § 374[13]; Recht des Verkäufers bei Zahlungsverzug des Käufers Anh. zu § 374[36]; Recht des Käufers bei Übergabeverzug des Verkäufers Anh. zu § 374[76]; Sukzessivlieferungsgeschäft, Recht des Verkäufers Anh. zu § 374[136a]; desgl. Recht des Käufers Anh. zu § 374[142]; Recht des vertragstreuen Teiles bei positiver Vertragsverletzung Anh. zu § 374[200]; Wandelung § 377[72]; Recht des Käufers bei Anspruch auf Nachlieferung § 377[97]; desgl. bei Anspruch auf Schadensersatz wegen schuldhaft mangelhafter Lieferung § 377[104]; des Zentralbankiers § 397[13]; des Einlagerers § 421[7]; Bankverwahrungsgeschäft Anh. zu § 424[15]; Recht des Frachtführers? § 440[13].

B. Kaufmännisches Zurückbehaltungsrecht.

I. Allgemeine Bestimmungen §§ 369—372. Begriff, pfandartiges nicht dingliches Recht § 369[1]; Voraussetzungen § 369[3–31], [40–52]; Kaufmannseigenschaft beider Teile § 369[4], [5], [6]; Entstehung aus beiderseitigen Handelsgeschäften zwischen Beteiligten § 369[7], [8], [11]; Fälligkeit der Forderung § 369[9]; Art der Forderung § 369 [10], [11]; Zusammenhang nicht erforderlich § 369[11]; Gegenstand § 369[12–30]; bewegliche Sachen, Wertpapiere § 369[13–18]; Beispiele für zurückbehaltungsfähige Gegenstände § 369[16], [17]; desgl. für nicht zurückbehaltungsfähige § 369[14], [16], [44], [49]; kein Z. bei gesetzlichen Veräußerungsverboten § 369[18]; Eigentum des Schuldners § 369 [19–25]; keine Wirkung des guten Glaubens des Gläubigers § 369[21]; rechtmäßiger Besitz des Gläubigers § 369[26–31]; Dispositionspapiere § 369[16], [29], [30]; Verhältnis zu Rechten Dritter § 369[32–39], [59], § 371[2]; Ausschluß des Z. bei widersprechender Anweisung oder Verpflichtung § 369[40–52]; praktische Einzelfragen § 369[43–52]; Abwendung durch Sicherheitsleistung § 369 [53–56]; Umfang des Z. § 369[57], [58]; Z. im Konkurse § 369[59–61]; beneficium excussionis realis für Schuldner § 369[62]; Endigung des Z. § 369 [63–67]; Endigung des Besitzes § 369[63]; gutgläubiger Erwerb Dritter § 369[64]; Untergang der

Sache § 369^{65}; Erlöschen der Forderung § 369^{66}; Verzicht des Gläubigers § 369^{67}; keine Beachtung von Amts wegen § 369^{68}; Notzurückbehaltungsrecht bei Konkurseröffnung, Zahlungseinstellung, fruchtloser Zwangsvollstreckung § 370 E, Fortfall der Fälligkeit als Voraussetzung § 370^{2}; desgl. der Wirkung widersprechender Anweisung oder Verpflichtung § 370^{3}; Befriedigung aus der zurückbehaltenen Sache § 369^{70}, §§ 371, 372; desgl. durch Zwangsvollstreckung § 371^{4}; desgl. nach Art der Pfandverwertung § 371^{5-29}; vollstreckbarer Schuldtitel § 371^{5-12}; Klage auf Gestattung der Befriedigung § 371^{5-9}; Unrechtmäßigkeit der Veräußerung bei Fehlen des Vollstreckungstitels § 371^{9-12}; Verwertung nach pfandrechtlichen Bestimmungen des BGB. § 371^{13-26}; Verwertung von beweglichen Sachen § 371^{13-18}; von Inhaberpapieren § 369^{19}, § 368^{72}; von Orderpapieren § $371^{20, 21, 22}$, § 368^{73-75a}; von Dispositionspapieren § 371^{23-26}, § $368^{76, 77}$; Unzulässigkeit der Parteivereinbarung über Wegfall des Vollstreckungstitels als Voraussetzung § 371^{28}; desgl. über Veräußerung der Sache vor Fälligkeit § 371^{29}; Stellung des Gläubigers bei Übergang des Eigentums § 372.

II. Einzelfälle. Kein kaufmännisches Z. des Handlungsgehilfen § 59^{45}; Z. des Agenten § 84^{17a}, § 88^{20}; eigene Aktien § 226^{5}; eigene Interimsscheine § 226^{9}; Übergang auf zahlenden Bürgen? § 349^{43}; des Hauptbankiers § 369^{11}; an Wechsel bei Diskontierungsauftrag § 369^{49}; bei Auswahlsendungen § 377^{201}; an beanstandeter Ware § $379^{18, 27}$, § 369^{24}; desgl. beim Gattungskauf, Eigentumsübergang Anh. zu § 382^{58}; desgl. Rang nach dem Verfolgungsrecht Anh. zu § 382^{113}; Z. des Kommissionärs § 397^{13}; des Spediteurs § 410^{13}, § 369^{47}; Recht des Einlagerers § 421^{7}; Bankverwahrungsgeschäft Anh. zu § 424^{15}; Recht des Frachtführers? § 440^{13}, § 369; desgl. beim Gattungskauf, Eigentumsübergang Anh. zu § 382^{58}; desgl. Rangordnung mehrerer Z. § $443^{10, 11}$.

Zurückberufung des Reisenden § 59^{37}.

Zurücknahme der sofortigen Entlassung § 70^{11}; der Kündigung der o. HG. § 132^{10}; der Klage zugleich Z. der Mängelanzeige? § 377^{116}; desgl. Aufhebung der Verjährungsunterbrechung § 377^{138}; des Lagerguts § 422.

Zurücksendung unbestellter Ware? § 379^{30}; von Auswahlsendungen? § 377^{201}.

Zurückweisung der Ware, Mängelanzeige § 377^{21}; von Waren mit äußerlich erkennbaren Mängeln § 379^{12}; des Geschäfts durch Kommittenten § $385^{6, 7}$, § 386^{5-10}.

Zurückzahlung, keine Z. des Gewinns durch Kommanditisten § 169^{5}; desgl. durch stillen Gesellschafter § 337^{7}.

Zuruf, Abstimmung § 252^{28}.

Zurverfügungstellung, Ermächtigung des Reisenden zur Entgegennahme § 55^{6}; Z. des entlassenen Handlungsgehilfen? § $70^{4, 12}$; Z. wegen Warenmängel, Zurückbehaltungsrecht § 369^{45}; Mängelanzeige, keine Verpflichtung des Käufers § 377^{21}; Z. keine Wahlerklärung § 377^{108}; Eigentumsübergang bei Übersendungskauf Anh. zu § $382^{60, 61}$.

Zusammengehörigkeit § $377^{180, 181, 181a, 182}$.

Zusammenhang, ursächlicher, Schadensersatz § $347^{14a, 27}$; zwischen Rat, Empfehlung, Auskunft und Schaden Anh. zu § 349^{23-27}; zwischen Anspruch und Gegenanspruch beim Zurückbehaltungsrecht des BGB. Vorb. v. § 369^{4}.

Zusammenhängende Beschlüsse der Generalversammlung § 251^{6}.

Zusammenlegung, Herabsetzung des Grundkapitals § 211^{4}, § 288^{8}, § 290 E, $^{1-14}$, § 291^{12}.

Zusätze zur Firma § 17^{6}, § 18^{7-13}; Bestandteil der Firma § 18^{7}; zulässige Z. § $18^{9, 9a, 11, 12}$; unzulässige Z. § $18^{10, 12a-d}$, § 22^{14}; Nachfolgerzusätze § $22^{11, 12}$; Annahme des Antrags mit Z. Anh. zu § 361^{63}.

Zuschlag in öffentlicher Versteigerung, gutgläubiger Erwerb § 366^{49}.

Zuschneider, Gewerbegehilfe § 59^{17}.

Zuschreibung, Gewinnanteil des o. H.-Gesellschafters § 120^{3}; desgl. des Kommanditisten § 167^{1}.

Zusendung unbestellter Ware, Auslegung § 346^{16}; Annahme ohne Annahmeerklärung? Anh. zu § 361^{68}; Schweigen als Annahme? § 362^{6}, § 377^{199}; keine Pflicht zur Mängelrüge § 377^{1}, § 378^{7}; keine Pflicht zur Z. § 379^{30}; Aufbewahrung § 377^{30}.

Zusicherung § 360^{3}; von Eigenschaften des Grundstücks § 350^{26}; desgl. der Ware § $377^{41-41e, 42}$; desgl. von Wertpapieren § 381^{12}.

Zuständigkeit des Gerichts der Zweigniederlassung für Klagen aus UnlWG. § 13^{18}; für Klagen gegen Versicherungsunternehmen § 13^{18}; der Kaufmannsgerichte § $59^{5, 5a, b}$; Ansprüche aus Fürsorgepflichten des Prinzipals § 62^{16}; Rechte aus Gründerverantwortlichkeit § 202^{26}; der Generalversammlung § $250^{7, 8}$; aktienrechtliche Anfechtungsklage § 272^{8}; Strafbestimmungen des Aktienrechts § 312^{3}.

Zustellung an o. HG. § 124^{10}; an AG. § 231^{4}; Klagen des Vorstandes gegen AG. § 232^{49}; Z. der aktienrechtlichen Anfechtungsklage § $272^{3, 14}$.

Zustimmung des Ehemanns zu Verfügungen über eingebrachtes Gut E^{45}; Z. zu Rechtsstreiten nicht erforderlich bei Einwilligung zum Handelsbetriebe E^{56}; ausdrückliche Z. des Geschäftsinhabers zum Firmenübergang § 22^{7}; s. Einwilligung, Genehmigung.

Zutaten, kein Gegenstand für Grundhandelsgeschäfte § 1^{43}.

Zuwiderhandlungen gegen Fürsorgeverpflichtungen des Prinzipals § 62^{7-13a}.

Zuzahlung, Vorzugsaktien § 185^{2}; Bildung des gesetzlichen Reservekontos § 262^{20}.

Zwang zum Vertragsschluß Anh. zu § 346^{35}; gegen Kartellmitglieder Anh. zu § $346^{47, 48, 49}$; gegen Nichtmitglieder zur Erwirkung des Beitritts Anh. zu § 346^{50-54}; kein Anmeldungszwang § 195^{7}.

Zwangsamortisation von Aktien § $227^{2, 3, 4, 10}$.

Zwangskurs § 361^{7}.

Zwangsregulierung Anh. zu § $376^{46, 142}$.

Zwangsvergleich, Wirkung auf o. H.-Gesellschafter

§ 128[9]; Beschränkung der Gesamthaftung § 128[28]; kein Rückgriffsrecht des ausscheidenden o. H.-Gesellschafters Anh. zu § 141[12]; Fortsetzung der aufgelösten o. HG. nach Z. § 144[2], [3], [4]; desgl. der Kommanditgesellschaft Anh. zu § 177[17]; Gründerhaftung § 205[7], [9]; Konkurs der AG. § 292[12]; Fortsetzung der aufgelösten AG. nach Z. § 307[6], [12], [13]; desgl. der Kommanditgesellschaft auf Aktien § 330[8]; Konkurs des Inhabers der stillen Gesellschaft § 340[17]; keine Berufung auf Z. für Bürgen § 349[20]; Verlust des Rückgriffsanspruches des Bürgen gegen Hauptschuldner § 349[47]; Form § 350[67]; Einrede des Verpfänders § 368[33]; Erlöschen des Pfandrechts durch Beteiligung am Z. als Verzicht § 368[39]; kein Einfluß auf kaufmännisches Zurückbehaltungsrecht § 369[59a]; Eigentumsvorbehalt Anh. zu § 382[72]; s. Konkurs.

Zwangsverkauf der Anteilsrechte, Zustimmung der AG. zur Übertragung § 212[17].

Zwangsversteigerung, Grundstückserwerb der AG. im Wege der Z. § 207[11]; Kauf in Z., Ansatz in Bilanz der AG. § 261[31]; s. Zwangsverkauf, Zwangsvollstreckung, Versteigerung, Pfandverkauf.

Zwangsvertretung bei Ausübung des Stimmrechts § 252[30].

Zwangsvollstreckung gegen die Handelsehefrau E[51–54]; nach Eintritt eines Gesellschafters in Geschäft des Einzelkaufmanns § 28[8]; auf Leistung der Dienste gegen Handlungsgehilfen § 59[30]; Anspruch des Provisionsgehilfen auf Buchauszug § 65[2]; desgl. des Agenten § 91[6]; Z. gegen o. HG. § 124[22], [23]; gegen o. H.-Gesellschafter § 128[16], § 129[12], [16]; Kündigungsrecht des Privatgläubigers bei fruchtloser Z. gegen o. H.-Gesellschafter § 135[3], [5]; Z. in Aktien § 223[14]; in Inhaberpapiere Anh. zu § 365[8]; Recht des Schuldners zur Verweisung auf das Pfand § 368[40]; Zug-um-Zug-Leistungen Vorb. v. § 373[80]; Wirkungen des Eigentumsvorbehalts Anh. zu § 382[66], [74]; s. Konkurs, Pfändung, Pfandverkauf, Versteigerung.

Zweck der Generalversammlung, Bekanntgabe bei der Berufung § 256.

Zwei Gesellschafter der o. HG., Voraussetzung für Fortbestehen der o. HG. § 138[2], [6]; Ausschließung § 142 E, [1–4]; Geschäftsübernahme durch den unschuldigen Teil § 142; Auseinandersetzung § 142[4]; Kündigung durch den einen o. H.-Gesellschafter § 142[6]; Kündigung durch Privatgläubiger des einen Gesellschafters § 142[5]; Konkurs des einen Gesellschafters § 142[5].

Zweigniederlassung, Begriff § 13[3], [4]; Verschiedenheit von Ort und Gerichtsbezirk § 13[4], [5], [7]; selbständige Tätigkeit § 13[5]; Niederlassung § 13[5]; Z. der Versicherungsunternehmen § 13[5]; kein selbständiges Rechtssubjekt § 13[6]; Anmeldungen, Zeichnungen, Eintragungen § 13[8], [8a], [9], § 53[1]; Z. ausländischer Hauptgeschäfte § 13[10], [11]; Teilnahme an Schicksalen der Hauptgesellschaft § 13[13]; Grundbucheintragungen § 13[14]; Vertretung § 13[5]; prozessuale Verhältnisse § 13 [16–19]; Musterschutz, Z. ausländischer Firma § 13[20]; Scheinzweigniederlassung § 13[21]; Wirkungen der Eintragung § 15[13]; Firma § 22[13], § 30[8], [9], [10]; desgl. der ausländischen Z. § 13[11], § 30[14]; Veräußerung § 30[11]; Anmeldung der Verlegung § 31[1]; Löschung § 31[4]; Bilanz § 39[1]; Prokura § 50[3]; Geschäftsführung § 116[2]; Anmeldung des Kommanditisten § 162[13].

Jede auswärtige Niederlassung der AG. eine Z. § 182[17]; Begriff der Z. der AG. § 182[17], § 201[1]; Errichtung § 201[2]; Eintragung § 201[3], [6], [7]; Zweigregister § 201[4]; Prozeßfähigkeit? § 201[5]; Firma § 201[8]; Vertretung § 201[9]; Grundbuchverkehr? § 201[10]; Anmeldung der Z. älterer Gesellschaften § 201[11]; Form der Anmeldung § 201[12]; Prüfungsrecht des Registerrichters § 201[13]; anmeldungspflichtige Personen § 201[14]; Inhalt der Anmeldung § 201[15]; Beilagen der Anmeldung § 201[16]; Inhalt der Eintragung § 201[17]; desgl. der Veröffentlichung § 201[18]; Anmeldung des Vorstandes beim Gericht der Z. § 234[5]; Bedeutung der Eintragung bei dem Gericht der Z. für Geschäftsverkehr mit Z. § 234[11]; Einreichung der Bekanntmachung über Personalveränderung an Registergericht der Z. § 244[4]; Anmeldung der Kapitalserhöhung § 286; s. Zweigregister, ausländische.

Z. der ausländischen AG. § 201[19–40]; Begriff der ausländischen AG. § 201[19]; Begriff der inländischen Z. § 201[19]; Inhalt der Anmeldung der ausländischen AG. § 201[20–29]; Beilagen der Anmeldung § 201[30], [31], [32]; Form der Anmeldung § 201[33]; Zwang der Anmeldung § 201[34]; Inhalt der Eintragung § 201[35]; Zweigregister der ausländischen AG. § 201[36]; Bedeutung der Eintragung und Veröffentlichung § 201[37]; Anwendung deutschen Rechts § 201[38], [39]; Nichtigkeit § 309[17].

Zweigregister § 13, § 15[13]; Herabsetzung der Einlage des Kommanditisten § 174[2]; Zweigniederlassung der AG. § 201[4], [6], [7]; Anmeldung der Satzungsänderung der AG. § 277[1]; Anmeldung der Kommanditgesellschaft auf Aktien § 320[39]; s. Zweigniederlassung, Anmeldung, Handelsregister.

Zweischeinsystem § 424[13].

Zwischenaktionäre, Kaduzierung der Aktie § 218[1], § 220[18].

Zwischenbankier, Zurückbehaltungsrecht § 369[11].

Zwischenbilanz, Begriff § 240[1]; Anzeigepflicht des Vorstandes von Bilanzverlust § 240[1].

Zwischenfrachtführer § 432[1].

Zwischenmäkler Vorb. v. § 93[34].

Zwischenspediteur § 407[16], § 408[4], [5]; Vormänner § 441.

Zwischenzinsen, kein Abzug bei vorzeitiger Zahlung Anh. zu § 359[12], [13].

Kolibri 360 GmbH
Ferdinand-Jühlke-Straße 7
99095 Erfurt, Deutschland
produktsicherheit@kolibri360.de